21世纪高等学校通识教育系列教材

中国文化概论

第3版

主 编　李建中

副主编　高文强　袁 劲

编 者　（以姓氏笔画为序）

马 洁　孙宗美　李 立　李建中

严 平　闵耀峰　高文强　袁 劲

武汉大学出版社
WUHAN UNIVERSITY PRESS

图书在版编目(CIP)数据

中国文化概论/李建中主编;高文强,袁劲副主编. —3 版. —武汉:
武汉大学出版社,2024.4(2025.7 重印)
21 世纪高等学校通识教育系列教材
ISBN 978-7-307-24339-2

Ⅰ.中…　Ⅱ.①李…　②袁…　Ⅲ.中华文化—高等学校—教材
Ⅳ.K203

中国国家版本馆 CIP 数据核字(2024)第 062183 号

责任编辑:白绍华　　　责任校对:李孟潇　　　版式设计:马　佳

出版发行:**武汉大学出版社**　(430072　武昌　珞珈山)
　　　　　(电子邮箱:cbs22@ whu.edu.cn　网址:www.wdp.com.cn)
印刷:武汉中科兴业印务有限公司
开本:720×1000　1/16　印张:27.75　　字数:449 千字　　插页:1
版次:2005 年 4 月第 1 版　　2014 年 2 月第 2 版
　　　2024 年 4 月第 3 版　　2025 年 7 月第 3 版第 5 次印刷
ISBN 978-7-307-24339-2　　定价:68.00 元

目　　录

导论 "中国文化"概说

"文化"这个词,我们每天都在使用,但要给它下一个准确的定义,却并不是一件容易的事。根据克罗博和克拉康 1952 年所作《文化——有关概念和定义的回顾》一书的统计,过去学者们给"文化"所下的定义已有 200 余种之多。而在这之后,关于"文化"的定义还在不断地产生。

什么是"文化"?"文化"的内涵和外延究竟如何界定?这是我们学习和研究中国文化首先要弄清楚的。

一 何为"文化"

"文化"一词在中国语言系统中古已有之。"文"的本义,指各色交错的纹理。《周易·系辞下》:"物相杂,故曰文。"《礼记·乐记》:"五色成文而不乱。"《说文解字》:"文,错画也,象交文。"上引三条材料中的"文"均含有纹理、纹饰、文采、文章之义。在此基础上,"文"又可引申为包括语言文字在内的各种象征性符号,以及文物典籍、礼仪制度等。"化"的本义,即为变易、生成、造化。《庄子·逍遥游》:"化而为鸟,其名为鹏。"《周易·系辞下》:"男女构精,万物化生。"《礼记·中庸》:"可以赞天地之化育。"上述三条材料中的"化",均指事物形态或性质的改变,亦可释为改造、教化、培育等。

"文"与"化"并联使用,最早似见于《周易·贲卦·象传》:

> 刚柔交错,天文也。文明以止,人文也。观乎天文,以察时变;观乎人文,以化成天下。

这段话的意思是说,刚美与柔美交相错杂,这是天的文采;文章灿明止于礼

《周易·贲卦》卦象
离下艮上　火下山上

义，这是人类的文采。观察天的文采，可以知道四季变更及其规律；观察人类的文采，可以推行教化以促成天下昌明。① 在这里，"人文"与"化成天下"紧密相连，实际上已经具备了以"文明教化"或"以文教化"为要义的"文化"一词的基本内涵。

"文"与"化"连缀为一个整词，是西汉以后的事。刘向《说苑·指武》："圣人之治天下也，先文德而后武力。凡武之兴，为不服也，文化不改，然后加诛。"晋束晳《补之诗》："文化内辑，武功外悠。"南齐王融之《三月三日曲水诗序》："设神理以景俗，敷文化以柔远。"在"文化"一词的早期用法中，与"武力"、"武功"对举，取其文明、文雅、文治教化之义；与"神理"对举，取其相近的精神教化之义。这诸多义项组合起来，便构成与天道自然（天文）相对的社会人伦（人文）。

西方语系中的"文化"一词，与汉语言的"文化"既相同又相异。英语的 Culture 和德语的 Kultur 均由拉丁语的 Cultura 转化而来。拉丁语的 Cultura 有耕作、掘垦、居住、动植物培育等与物质生活相关的意义，这种用法至今在"农业"（agriculture）和"园艺"（horticulture）中依然保存着。从 16 世纪初开始，英语的 Culture 在其物质性的栽培、种植的意义上逐步引申出神明拜祭、性情陶冶、品德教化等含义。由此可见，中国语言系统的"文化"一开始就专注于精神和人文的领域，而拉丁语系的 Cultura 则是从对人类物质生产活动的解说开始，逐渐延伸至精神活动的领域。

实际上，"文化"一词在中国古代并不很流行；而"文化"作为一个内涵丰富、外延宽广的概念，是由近代欧洲人开创的。1871 年，英国人类学家泰勒在《原始文化——神话、哲学、宗教、语言、艺术和习俗发展之研究》一书中对文化作了系统的阐释，他将"文化"界定为"包括全部的知识、信仰、艺术、道德、法律、

---

① 参见黄寿祺、张善文：《周易译注》，上海：上海古籍出版社，1989 年，第 189 页。

风俗以及作为社会成员的人所掌握和接受的任何其他的才能和习惯的复合体"①。泰勒强调了"文化"在精神层面的含义,与中国语言系统的"文化"有相通之处。

如果将拉丁语的 Cultura 和汉语的"文化"联系起来考虑,则可以得出对"文化"的广义理解:包括物质生产活动和精神创造活动在内的人类的所有的活动及其结果,均可称之为"文化"。正是在这个意义上,我国著名文化学家梁漱溟指出:"文化就是吾人生活所依靠之一切。……文化之本义,应在经济、政治,乃至一切无所不包。"②美国人类学家拉尔夫·林顿也指出:"文化指的是任何社会的全部生活方式……没有无文化的社会,甚至没有无文化的个人。每个社会,无论它的文化多么简陋,总是有一种文化。从个人跻身于一种或几种文化的意义上看,每个人都是有文化的人。"③显然,这与我们平常所说的谁有没有"文化"(意即有没有运用文字的能力及一般知识)是大不相同的。

广义的文化,着眼于人与自然的本质区分,着眼于人类的社会实践以及由此实践所导致的人与自然关系的变化,也就是人们常说的"自然的人化"。人生活于自然之中,人类将自己的才智、情感、创造力、想象力注入自然,使自然逐渐变得能被人理解、与人沟通并为人所用。人类正是在认识、适应、利用、改造自然的过程中,创造了自己的文化也创造了人自身。"……通过人并且为了人而对人的本质的真正占有……它是人和自然界之间、人和人之间的矛盾的真正解决,是存在和本质、对象化和自我确证、自然和必然、个体和类之间的斗争的真正解决。"④这一"解决"的结晶就是"文化"亦即"自然的人化"。正如"人文"是相对于"天文"而言,广义的"文化"则是相对于"自然"而言。文化由人所创造,文化也创造了人,一切文化都是属人的,是自然向属人的转化,是人类有史以来的全部创造活动及其结晶。

广义的文化(大文化)将人类社会—历史生活的全部内容统统摄入"文化"的

---

① [英]爱德华·泰勒著,连树声译:《原始文化——神话、哲学、宗教、语言、艺术和习俗发展之研究》,上海:上海文艺出版社,1992年,第1页。

② 梁漱溟:《中国文化要义》,上海:上海人民出版社,2003年,第1~2页。

③ [美]拉尔夫·林顿:《个性的文化背景》,转引自 C. 恩伯-M. 恩伯著,杜杉杉译:《文化的变异——现代文化人类学通论》,沈阳:辽宁人民出版社,1988年,第29页。

④ 《马克思恩格斯全集》,第三卷,北京:人民出版社,2002年,第297页。

定义域；而狭义的文化(小文化)则排除广义文化概念中的物质性成分，将文化限定在人类精神创造活动及其结果方面，前述《周易》的"观乎人文，以化成天下"，以及泰勒《原始文化》关于"文化"的定义，均属狭义的文化。中国文化学者田汝康亦从狭义(小文化)立场来界定文化的内涵，指出文化一词含有三个层面的内容："一、指一个国家或是民族长期积累下来的精神财富——实际指的就是思想史。二、指与物质文明相对的精神文明——简言之也就是教养问题，包括了语言、社会风气、道德规范等。三、指区别于经济、科技、教育的文化艺术活动。"①毛泽东《新民主主义论》称"一定的文化是一定社会的政治和经济在观念形态上的反映"，也是从狭义文化的角度立论。如果说，广义的文化是人类生活的总和，它包括精神生活、物质生活和社会生活等极其广泛的方面；那么狭义的文化则是人的全部精神创造活动的总和，它包括意识、观念、心态和习俗等内容。本书概述中国文化，对"文化"一词的理解，建立在广义(大文化)的基础之上；而对"中国文化"方方面面的阐释和介绍，则大体限定在狭义(小文化)的范围之内。

二　何为"中国文化"

我国著名文化学家柳诒徵著《中国文化史》，曾从幅员、种族、年纪三个方面概括中国文化的特征："就今日中国言之，其第一特殊之现象，即幅员之广袤，世罕其匹也。""第二，则种族之复杂，至可惊异也……其族之最大者，世称汉族。稽之史策，其血统之混杂，决非一单纯种族。数千年来，其所吸收同化之异族，无虑百数。""第三，则年祀之久远，相承勿替也。世界开化最早之国，曰巴比伦，曰埃及，曰印度，曰中国。比而观之，中国独寿。"②地域和民族是文化生长的土壤，国度性和民族性是文化的基本属性，延续力和生命力则是衡量文化价值的重要标志之一。总体上说，幅员之辽阔、民族之众多、历史之悠久，构成中国文化的重要特征。因此，所谓"中国文化"，正是指中华民族在古老华夏大地

---

① 庄锡昌、顾晓鸣、顾云深等编：《多维视野中的文化理论》，杭州：浙江人民出版社，1987 年，第 1 页。

② 柳诒徵：《中国文化史·绪论》，上海：上海古籍出版社，2001 年，第 2~5 页。

上所创造出来的具有恒久生命力的文化。

汉族古称华夏族，建国于黄河流域，因自认为居天下之中央，故称中国。《诗经·大雅·生民之什》："民亦劳止，汔可小康。惠此中国，以绥四方。"《庄子·田子方》："吾闻中国之君子，明乎礼义而陋于知人心。"可见"中国"是一个地域性概念。中国亦称中华，中华之"华"含有文采、精粹、光辉之义，意谓文化之发达。元人王元亮《唐律疏议释文》称："中华者，中国也。亲被王教，自属中国，衣冠威仪，习俗孝悌，居身礼仪，故谓之中华。"华夏民族在其发展壮大的过程中，与周边少数民族彼此交往、相互融合，使得华夏族的范围不断扩大，逐渐形成华夏文化。在漫长的历史进程中，中国境内各民族之间的联系纽带更加牢固，民族共同体诸要素(共同语言、共同地域、共同经济生活以及表现于共同文化上的共同心理素质)更趋完备，中国文化本身亦更趋成熟。进入近代之后，"中华民族"开始成为包括中国境内诸民族的共同称谓，中国人具备了更为自觉的民族观念：

> 中华之名词，不仅非一地域之国名，亦且非一血统之种名，乃为一文化之族名。故《春秋》之义，无论同姓之鲁卫，异姓之齐宋，非种之楚越，中国可以退为夷狄，夷狄可以进为中国，专以礼教为标准，而无有亲疏之别。其后经数千年，混杂数千百人种，而其称中华如故。以此推之，华之所以为华，以文化言之可决知也。①

英国历史学家汤因比认为，在近 6000 年的人类历史上，出现过 26 个文明形态，但是在全世界只有中国的文化体系是长期延续发展而从未中断过的文化。人类历史上，多次出现过因异族入侵而导致文化断裂的悲剧。如印度文化因雅利安人入侵而雅利安化，埃及文化因亚历山大大帝占领而希腊化、因恺撒占领而罗马化、因阿拉伯人移入而伊斯兰化，希腊、罗马文化因日耳曼蛮族入侵而中绝并沉睡千年……华夏文化在其漫长的发展历程中，也屡屡遭遇北方游牧民族的军事冲击，如春秋以前的"南夷与北狄交侵"，十六国时期的"五胡乱华"，宋元时期契

---

① 章太炎：《中华民国解》，《民报》第 15 期，1907 年 7 月。

丹、女真、蒙古人接连南下，明末满族入关。剽悍勇猛的游牧民族虽然在军事上大占上风，但在文化上却反复搬演着"征服者被征服"的正剧。中国文化长期以来以明显的先进性，多次"同化"以武力入主中原的北方游牧民族，从而显示出自身强大的生命力和无与伦比的延续力。

当然，华夏文化在"同化"北方游牧文化的同时，也从游牧文化中吸取了新鲜养料，如游牧民族的骑射技术，边疆地区的物产、技艺等，从而增添了新的生命活力。我们今天所说的"中国文化"，是中国境内各民族文化相互融合的产物，是56个民族共同拥有的精神的和物质的财富。值得指出的是，中国文化在与外部世界的接触中，也先后吸纳了"中国"这一地域之外的文化，如印度佛教文化、阿拉伯文化、波斯文化、欧洲文化等。外来文化的输入和补充，使得中国文化更具强盛的生命力。与此同时，中国文化通过海外华侨传播到域外，在世界各地形成众多中国文化社区，使中国文化的影响不再局限于"中国"这一地域之内。总之，中国文化是世界文化之瑰宝，"独具特色的语言文字，浩如烟海的文化典籍，嘉惠世界的科技工艺，精彩纷呈的文学艺术，充满智慧的哲学宗教，完备深刻的道德伦理，共同构成了中国文化的基本内容"①。

任何一种文化都是发生并存在于特定的时空之中。中国文化的空间性特征已如上所述；而从历时性角度看，中国文化既包括源远流长的传统文化，又包括中国文化传统发生剧烈演变的近代文化与现代文化。所谓"中国传统文化"，是指1840年鸦片战争之前的中国文化，大体上历经上古原始文化、殷商西周文化、春秋战国文化、秦汉文化、魏晋南北朝文化、隋唐文化、两宋文化、辽夏金元文化、明清文化等发展阶段或时期。党的二十大报告指出："中华优秀传统文化源远流长、博大精深，是中华文明的智慧结晶，其中蕴含的天下为公、民为邦本、为政以德、革故鼎新、任人唯贤、天人合一、自强不息、厚德载物、讲信修睦、亲仁善邻等，是中国人民在长期生产生活中积累的宇宙观、天下观、社会观、道德观的重要体现，同科学社会主义价值观主张具有高度契合性。"本书对中国文化的讲述，重点在于中国优秀传统文化。当然，对传统的观照，需要现代眼光，本

① 张岱年、方克立主编：《中国文化概论》，北京：北京师范大学出版社，2004年，第7页。

书在真实再现中国传统文化的源远流长与博大精深之时，也力求用现代眼光分析传统文化的复杂构成，并在此基础上探索中国传统文化的现代化之路。

三 "中国文化"特征何在

上面为"中国文化"定义之时，我们已经从地域、民族、历史等层面接触到了中国文化的一些基本特征。在下面的文字中，我们将深入到中国文化的内部，辨析中国文化区别于西方文化的类型特征及其复杂构成。

习近平总书记《在文化传承发展座谈会上的讲话》将中华文明的突出特性概括为连续性、创新性、统一性、包容性、和平性等五个方面。中华文明的连续性，从根本上决定了中华民族必然走自己的路。如果不从源远流长的历史连续性来认识中国，就不可能理解古代中国，也不可能理解现代中国，更不可能理解未来中国。中华文明的创新性，从根本上决定了中华民族守正不守旧、尊古不复古的进取精神，决定了中华民族不惧新挑战、勇于接受新事物的无畏品格。中华文明的统一性，从根本上决定了中华各民族文化融为一体，即使遭遇重大挫折也牢固凝聚，决定了国土不可分、国家不可乱、民族不可散、文明不可断的共同信念，决定了国家统一永远是中国核心利益所在，决定了一个坚强统一的国家是各族人民的命运所系。中华文明的包容性，从根本上决定了中华民族交往交流交融的历史取向，决定了中国各宗教信仰多元并存的和谐格局，决定了中华文化对世界文明兼收并蓄的开放胸怀。中华文明的和平性，从根本上决定了中国始终是世界和平的建设者、全球发展的贡献者、国际秩序的维护者，决定了中国不断追求文明交流互鉴而不搞文化霸权，决定了中国不会把自己的价值观念与政治体制强加于人，决定了中国坚持合作、不搞对抗，决不搞"党同伐异"的小圈子。

谈起中国文化与西方文化的差别，学术界以及相关的教科书习惯于作"A 与 B"式的比较，诸如人道与天道、礼治与法治、德性与智性、艺术与科学、精神与物质、群体与个体、封闭与开放、一统与多元、渐进与突进、思辨与直觉、顺应自然与征服自然等。这种区分，看似可以成立，若作深入研究则不难发现其简单化和先入为主之弊。中国文化是一种非常复杂的构成，其自身既有共时性的悖立，亦有历时性的变异；而在与外来文化的交流或碰撞中，既有排异或同

7

化，亦有接纳或顺应。我们只有从中国文化的实际状况出发，作实事求是的研究和辨析，才能真正把握中国文化的特征及要义。基于此，本节借用"A 与 B"的句式对中国文化的复杂构成作辩证式剖析，而不仅仅是对中西文化作差异性比较。

（一）一统与多元

自从汉武帝"罢黜百家，独尊儒术"，儒家便由先前的"百家之一"变为"百家唯一"，从而形成儒家文化一统天下的格局。中国传统文化在意识形态上的总体特征，可以概括为"儒学一统"，这与马克思多次论述过的从"亚细亚生产方式"土壤中生长出来的"东方专制主义"是相统一的。作为中国文化之正统，儒学的礼乐制度、血亲意识、等级观念、伦理规范等，构成了中国古代专制社会的文化支撑。汉代以后，中国历朝历代的统治者尊孔祭孔、崇儒奉儒，看中的正是孔子及其儒学的文化一统。

对于儒学在中国文化格局中的正宗地位及其巨大影响，我们也要作实事求是的分析。儒家的宗法等级观念及其相应的礼乐制度，对于维护专制制度的确提供了一种理论的和文化的支撑。而与此同时，儒家的仁爱精神、民本思想、人格理想、道德境界、学术意识、艺术理论等，也为几千年来中国的哲学文化、政治文化、学术文化和审美文化提供精神营养和思想资料。这一点，本书将在一至四章作较为详细的阐述和分析。从某种意义上说，中国文化恒久的生命力和强大的凝聚力，主要来源于儒家文化，以至于在全球化的今天，文化学界要用"儒家文化圈"来对中国文化作地域性界定。

所谓"儒学一统"是概而言之，若从历时性与共时性层面作具体的分析，则不难看出与儒学一统相悖相济的还有文化多元。汉武帝"独尊儒术"之前，先有殷商神本文化向西周人本文化的变迁，后有春秋战国的诸子蜂起、百家争鸣。西汉司马谈将先秦诸子概括为阴阳、儒、墨、名、法、道德六家，刘歆则在司马谈的"六家"之外增添农、纵横、杂、小说四家，合为十家。事实上，春秋战国时期的文化流派绝不止于六家或十家，而是真正的学派林立，文化多元。西汉中期，以儒学独尊为内核、以经学为主干的文化模式基本定型，中国文化由多元走向一元。而到了东汉末年，随着汉帝国的崩溃瓦解，儒学一统的文化模式为多元发展的文化局面所取代。整个魏晋南北朝时期，既有庄学复兴、玄学崛起，又有道教创制、佛教传入，从而形成二学(儒学、玄学)、二教(道教、佛教)的相互融合、相与激荡。

如果说，从两汉到六朝，中国文化大体上呈现出由一统到多元的趋势；那么，从隋唐到两宋，中国文化的发展趋向则正好相反：从多元开放、兼容并包、气魄宏大的唐型文化，走入相对封闭、内倾精致、尊崇理学的宋型文化。宋代理学家肩负儒学复兴的使命，力图在援佛、道入孔儒的前提下创立新儒学。当然，两宋已非两汉，宋儒亦非汉儒。宋代理学家不仅未能重温汉代"儒学一统"的旧梦，而且不曾预料，正是在他们精心营构的理学体系之中，于宋代之后逐渐衍生出与正统儒学相悖立的异端思潮。明清两代的文化，既有对文化专制和文化一统的强化，又有反叛意识和异端思潮的萌生。先是王阳明以"致良知"打破程朱理学的一统天下，后是"泰州学派"的传人李贽以"童心说"对抗假道学，而明清之际的三大思想家——黄宗羲、顾炎武、王夫之更是从不同侧面与理学正宗展开论战，从而形成早期启蒙思潮。中国文化的发展演变，正是在一统与多元的相悖相济之中，从专制走向启蒙的。

一统与多元的相生相悖，既有历时性衍生，亦有共时性呈现。而后者的主要特征是作为文化正宗的儒学与其他文化学派之间的互补和整合。司马谈《论六家之要指》已经涉及诸种文化学派之间的互补，比如他认为道家是"指约而易操，事少而功多"，而儒家则是"博而寡要，劳而少功，是以其事难尽从"。显然，道家之长能补儒家之短。而道家的特征正是能吸取诸家之长，所谓"因阴阳之大顺，采儒、墨之善，撮名、法之要"。儒学作为文化正宗能在中国历史上绵延几千年，其中一个重要的原因就是多种文化流派(尤其是道家和佛学)对它的补充和修正。关于儒道互补以及儒道释三教合流，我们在后面的论述中还要提及。

(二) 群体与个体

与西方文化强调个体、尊重个性的传统不同，中国文化有着"群体和谐"、"家族至上"的伦理传统，有人据此将中国文化归结为"伦理型文化"，大体上是可以成立的。中国文化的伦理型特征，根源于半封闭的大陆性地域环境、精耕细作的小农经济以及专制与宗法相结合的社会政治结构。黑格尔认为："中国纯粹建筑在这一种道德的结合上，国家的特性便是客观的'家庭孝敬'。"①与世界各国不同，中国是在血缘纽带解体不充分的情况下步入文明社会的，从而形成独特的宗法体系，并逐渐形成宗法式的伦理道德，长久地左右着人们的社会心理和行为规范。在这个强大的宗法体系之中，个体被群体重重包围着，个体必须严格遵守群体的行为规范，以至于"非礼勿视，非礼勿听，非礼勿言，非礼勿动"②。伦理型文化压抑个性的发展，限制个人的创造力，最终也会使群体缺乏必要的生机与活力，阻碍社会的正常发展。

应该看到，伦理型文化追求群体和谐，也有其优长的一面。《孟子·公孙丑下》："天时不如地利，地利不如人和。"所谓"人和"，就是建立人与人之间相互尊重、相互信任的关系，并通过相互沟通、相互理解而达到同心同德、四海一家。在这种伦理观念的制约下，社会有较强的凝聚力和向心力，国家、民族和家族，很容易形成"命运共同体"，在该共同体内，所有成员休戚相关，荣辱与共，有难同当，有福同享，团结一心，和谐一致。群体生活中的"人和"，既能促进事业的成功，又显示出较高的道德水准，颇具人情味。总之，以儒学为主体的中国伦理型文化，通过道德自觉而达到理想人格的建树，强化了中华民族注重气节和德操，注重社会责任与历史使命的文化性格。

在中国传统文化的复杂构成之中，既有占据主导地位的"群体认同"，也有作为补充甚至对抗的"个性关注"和"个性自由"。一般认为，儒家强调群体认同和群体和谐，道家关注个体生命和个体自由。道家所理解的人，首先并非以群体的形式出现，而是表现为一个一个的自我。《老子》三十三章有"自知者明"，"自知"即认识自我：既以肯定"我"的存在为前提，又意味着唤起"我"的自觉。《庄子·骈拇》反对以儒家普遍的仁义来规定并同化自我的内在之性："自虞氏招仁义以挠天下也，天下莫不奔命于仁义，是非以仁义易其性与？"由此可见，在群体与个体的关系问题上，道家终始关怀作为主体的自我。

魏晋时期，儒学式微，道学复兴，儒家的群体认同受到魏晋个性自由思潮的冲击。以阮籍、嵇康为代表的魏晋名士，反对以儒家名教束缚自我，主张"越名

---

① ［德］黑格尔著，王造时译：《历史哲学》，北京：三联书店，1956年，第165页。
② 《论语·颜渊》。

教而任自然"①，主张"彷徉足以舒其意，浮腾足以逞其情"②，其中的基本精神，就是道家尊重个性的原则。《世说新语》这部书里，记录了许许多多魏晋名士舒意逞情、张扬自我的故事。比如《品藻》篇：

> 桓公少与殷侯齐名，常有竞心。桓问殷："卿何如我?"殷云："我与我周旋久，宁作我。"

好一个"宁作我"！殷浩的这句话被视为魏晋名士的"个性宣言"。魏晋名士追求个性自由和人格独立，"以天地为栋宇，屋室为裈衣"③，"以天地为一朝，万期为须臾，日月为扃牖，八荒为庭衢。……幕天席地，纵意所如"④。魏晋人如此奔放的个性舒张，如此强烈的自我认同，对中国文化及其文化人格产生了巨大的影响，我们从唐代李白的飘逸、宋代苏轼的旷达、明代李贽的率性、清代曹雪芹的深情之中，都可以看到魏晋名士崇尚个性自由和人格独立的影响。

其实，在儒家文化的群体认同之中，也或多或少地涵泳着对个体价值的体认，《孟子·告子上》的"人人有贵于己者"，就是对主体内在价值的肯定。从这一前提出发，儒家提出了"为己"和"成己"之说。"为己"与"为人"相对，"为人"指迎合他人以获得外在的赞誉，个体的行为准则及评价标准以他人取向为转移；"为己"则指自我的完善，其目标在于实现自我的内在价值，即"成己"。孔子说："君子求诸己，小人求诸人。"⑤个体的人格塑造和道德实践，取决于主体自身的选择及努力，而不是依靠外部的力量。"为己"、"成己"是人格塑造的目标，"求诸己"则是人格塑造的方式，在这两个方面，儒家都是肯定个体价值的。儒家理想人格讲"达则兼济天下，穷则独善其身"，前者强调个体对于群体的责任和义务，后者强调个体自身的涵养和完善，二者兼综，则群体与个体臻于统一。

---

① （魏）嵇康：《释私论》。
② （魏）阮籍：《大人先生传》。
③ 《世说新语·任诞》。
④ （魏）刘伶：《酒德颂》。
⑤ 《论语·卫灵公》。

（三）事功与审美

中国传统文化是一种农业文化，其物质基础的主导方面和支配力量，是在自然经济轨道上运行的农业。"一分耕耘一分收获"的农耕生活，培育出华夏先民的务实精神和实用—经验理性。在中国早期文化中，墨家和法家尤其有着"重实际而黜玄想"①的特征。《墨子·兼爱中》："仁人之所以为事者，必兴天下之利，除去天下之害，以此为事者也。"墨家之"尚贤"、"尚同"、"节葬"、"节用"、"非攻"、"非乐"等主张，均以事功原则为终极根据。在墨子那里，功利追求的合理性得到了普遍的确认。比如，《墨子·尚贤中》认为，尚贤使能之所以合理，首先在于"天下皆得其利"。又比如，《墨子·经上》认为，即使是亲子关系，也同样不能离开功利的基础，所谓"孝，利亲也"。

较之墨家，法家的事功原则更是采取了极端的形式。《商君书·算地》："名与利交至，民之性。"在法家看来，追求功利，是人的本性。因此，人与人之间的关系，也必然以利益为纽带。《韩非子·难一》："臣尽死力以与君市，君垂爵禄以与臣市，君臣之际，非父子之亲也，计数之所出也。"臣之事君或君之使臣，全然是一种利益的交换。更有甚者，法家还将这种利益的交换和计较推广到父子、夫妇之间。利益计较的公开化和合理化，往往会导致社会的紧张与冲突。我们从法家价值原则占主导地位的秦代，可以看到这一点。

值得庆幸的是，法家这种极端的功利主义，在秦代之后并无嗣续，更没有成为中国文化的主要价值取向。中国传统文化价值观的主流，是事功与审美的统一，是儒家有为与道家无为的互补。儒家有三不朽：立德，立功，立言。儒家的人格理想是"内圣外王"，而实现这一理想的途径则是《大学》所说的"修身、齐家、治国、平天下"。这里的"立功"、"外王"和"治国平天下"均表现出儒家文化建功立业、兼济天下的功利主义价值取向。

道家文化从一开始就表现出与儒家功利主义不同的价值取向。儒家主张有为，甚至主张"知其不可而为之"②。道家则主张顺其自然，超迈无为。在社会政

---

① 鲁迅：《中国小说史略》，北京：人民文学出版社，2006年，第22页。

② 《论语·宪问》。

治领域，道家主张无为而治，希言(少施政令)自然；在人生哲学和伦理道德领域，道家主张虚静其心，行不言之教。无论是《老子》的"致虚极，守静笃"，还是庄子的"心斋"、"坐忘"，都是主张摆脱声色名利乃至礼教人伦的种种束缚而在精神世界作逍遥之游。就文学艺术而言，道家文化的"虚静论"不仅直接表现于文艺创作及批评理论，而且以不同于儒家的方式和旨趣，塑造着一种超功利的艺术人格。而儒家的文艺观，其主导思想是事功的和教化论的。先秦儒学的五经之中，《诗经》是纯粹的文学作品。但在孔子心目中，《诗经》并不仅仅是诗歌，更是"以文教化"的教科书。因此，孔儒的诗学理论是"诗教"，孔儒的文论策略是"用诗"，孔儒文论的文化要义是"教化论"。文学的性质和功能，首先被界定在社会政治和伦理道德的层面，文学的创作、接受和传播，是为了达于政事，使于四方，迩之事父，远之事君，用之于邦国，用之于乡人。儒家文化功利主义的价值取向，在赋予文学艺术以厚重的政治使命感和社会责任感的同时，却有意无意地忽略了文学艺术的审美特质。也正是在这一点上，道家文化的"法天贵真"、"自然无为"、"大音希声"、"得意忘言"，以其超功利、重审美的价值取向，弥补了儒家文化之不足。

《论语·述而》有孔子语录："志于道，据于德，依于仁，游于艺。"《礼记·学记》也说："不兴其艺，不能乐学。故君子之于学也，藏焉，修焉，息焉，游焉。"这里的"游"，有"游憩"和"游戏"之义，是指在文学艺术之中得到一种身心休憩和精神愉悦。《论语·先进》有"侍坐"的故事，叙孔子的四位弟子在老师面前各言其志，前三位的志向或治国或为邦或主祭，都有明显的事功色彩，孔子对他们不置可否。而最后一位(曾点)的志向与事功全无关系：是一次轻松愉快甚至富于诗情画意的春游。孔子喟然叹曰："吾与点也!"在这个著名的故事之中，我们看到事功与审美达到了完满的统一。事功与审美的契合，既是中国传统文化的重要特征之一，也是中国文化传统能够绵延数千年而不衰的重要原因之一。

当然，中国文化的类型特征及其复杂构成绝不止于上述三个方面。李大钊曾从十四个方面来界定中国文化，梁漱溟也曾提出中国文化的十四大特征，台湾地区学者韦政通则概括出中国文化的十大特征，其他学者还有各种不同的概括和总结。概言之，中国传统文化以儒家为主流或正宗，以伦理为主要类型，同时具有一统与多元、群体与个体、事功与审美等诸多层面的相悖相生、相兼相济。正是基于这一认识，本书对中国传统文化的介绍，既有哲学文化、审美文化等偏重于形而上之道的内容，也有科技文化、器物文化等偏重于形而下之器的内容，还有政治文化、学术文化、民俗文化等道器兼备的内容。更重要的是，本书对传统文化的阐释和论述，力求做到道与器、体与用、精神与物质、审美与事功的统一，从而真实而又深刻地展示中国文化的博大精深和源远流长。

◎ **思考题：**

1. 试从词源的角度分析中西"文化"概念的异同。

2. 如何理解"文化"即"自然的人化"？试论人、自然与文化三者的关系。

3. 如何认识与评价中国文化的基本特征以及中西文化的差异？

4. 试从儒道互补的角度谈谈中国传统文化的类型特征。

5. "儒学一统"对中国文化的性格塑造产生了怎样的影响？

6. 中西文化在对个体价值的体认上有何不同？

7. 试论中国传统文化的审美因素和诗性特征。

8. 结合自身的经历谈谈学习和研究中国文化的意义。

9. 结合本课的内容谈谈你对中国文化精神的理解。

◎ **关键词：**

【《周易》】《周易》是我国先秦时期的重要文化典籍，对中华文化的各个方面都产生了极为深远的影响，被誉为"群经之首，大道之源"。《周易》包括"经"与"传"两部分。《易经》是一部占筮书，由六十四卦象及卦爻辞组成。《易传》是对《易经》的解释和阐述，包括《彖》上下、《象》上下、《系辞》上下、《文言》、《说卦》、《序卦》、《杂卦》，共七种十篇，又称为"十翼"。相传《周易》最早由伏羲画八卦，由周文王推演而为六十四卦，又由孔子作"十翼"。实际上，《易传》的多数篇目大多产生于战国中期以后，其中的很多思想已经与《易经》相去甚远，但它融合了先秦多种文化思想，内容十分丰富，所以历来被看作是"弥纶天地，无所不包"。《周易》最显著的特点是儒道兼综，试图对自然、社会和精神现象作出总结性的宏观论述。它提出了一系列的命题和范畴，如天地人三才的关系、天人合一、阴阳、刚柔以及神、感、象、意等，成为中国古代思想的宝库。《周易》历来被视为儒家的经典，并被列为五经之首，但与此同时，它又被后世道家学派奉为经典，魏晋玄学家也将它与《老子》、《庄子》并称"三玄"，这体现出《周易》兼收并蓄的思想倾向。可以说，《易传》比较完美地实现了儒道两家思想的结合，是中国文化史上最早实行儒道互补的成功典范。

【中华民族】"中华民族"是一个与中国的国家、民族、地域、历史紧密相连的整体概念，是中国 56 个民族所组成的共同体的代称。中华民族公认的最早的祖先是炎帝与黄帝。约 5000 年以前，黄帝、炎帝在涿鹿之战中打败了蚩尤，后来黄帝又在阪泉大战中打败了炎帝，由此炎黄两族逐渐融合，黄帝统一了黄河流域各部落，成为部落联盟的首领。中华民族的主体是汉族，汉族由华夏族发展而来。"华夏"这一概念，最初是指部落联盟，后来经夏、商、周三代与夷、蛮、戎、狄等周边民族的融合，华夏族正式形成。我国在先秦时期，主体民族称为夏、华或华夏。"汉"这个族称产生于汉朝，历经许多朝代而固定下来，并逐渐替代了"夏"或"华夏"的族称。"中华民族"一词由梁启超于 1902 年在《中国学术思想变迁之大势》中正式提出，后来成为中华大地上所有民族及海外华人的统称，指中国以汉族为主体的多民族统一体。在几千年的历史进程中，中华民族形成了包含着各民族优秀文化在内的中华文化，这一独具特色的文化，增强了中华民族的凝聚力，也赋予其生生不息的生命力。

【文化同化】指相对弱势、落后的文化在与相对强势、先进、完善的文化接触以后，逐渐引进、学习后者，受后者影响，并逐渐具备后者特征的过程。当一个弱势文化具有强势文化的特征时，我们就称这个弱势文化被强势文化同化了。文化同化的规律是先进的同化落后的。华夏文化在其漫长的发展历程中，也屡屡遭遇北方游牧民族的军事冲击，如春秋以前的"南夷与北狄交侵"，十六国时期的"五胡乱华"，宋元时期契丹、女真、蒙古人接连南下，明末满族入关。剽悍勇猛的游牧民族虽然在军事上大占上风，但在文化上却反复上演着"征服者被征服"的正剧。中国文化长期以来以明显的先进性，多次"同化"以武力入主中原的北方游牧民族，从而显示出自身强大的生命力和无与伦比的延续力。

【百家争鸣】指中国古代战国时期不同学派的涌现及各流派争芳斗艳的局面。在战国时期的社会大变革中，各个学派的代表人物站在各自不同的立场上，为解决当时的社会现实问题，提出了不同的治国方略及其哲学理论，开创了"百家争鸣"的文化思潮，这对于当时的社会变革及文化学术的发展，都起到了促进作用。这时的各派各家之间，相互批判、辩论，而又相互影响；同一学派在发展过程中，也往往发生变化以至于分化。西汉初期的司马谈，曾把所谓"诸子百家"总括为阴阳、儒、墨、名、法、道德六家(《史记·太史公自序》)；西汉末年的刘歆，又曾总括为十家，即儒、墨、道、名、法、阴阳、农、纵横、杂及小说家。十家中除了小说一家之外，后人称为"九流"。东汉班固《汉书·艺文志》即录此九家。"百家争鸣"各种思想学术流派的成就，与同期的古希腊文明、古印度文明交相辉映，共同构成人类文化史"轴心时代"的创造性成果。

【罢黜百家，独尊儒术】"罢黜百家，独尊儒术"是西汉武帝实行的思想统治政策，后来由于受到历代统治者的推崇而使得儒家思想文化成为中国传统文化的正统和主流。西汉初年，主张"无为而治"的"黄老之学"受到统治者的重视，这对于休养生息无疑起到了积极作用，但是后来显然已不适应加强中央集权的需要。汉武帝即位以后，批准卫绾"或治申、商、韩非、苏秦、张仪之言，乱国政，请皆罢"的上奏，罢黜儒家以外的一切学说。儒学被用来代替黄老之学作为统治思想，一方面由于其本身包含有利于加强中央集权需要的思想因素，如天道观及"大一统"的思想，更重要的乃是汉代儒者如董仲舒等对先秦儒学的加工改造，使其成为维护集权统治的完整理论。董仲舒在《举贤良对策》中系统地提出了"天人感应，君权神授"、"大一统"学说和"罢黜百家，表彰六经"的主张，从理论上论证了封建君主专制的中央集权统治。"罢黜百家，独尊儒术"对中国文化的影响尤其深远，儒家思想文化在近两千年的时间里一直是中国的主流文化。

【内圣外王】出自《庄子·杂篇·天下》："是故内圣外王之道，暗而不明，郁而不发，天下之人，各为其所欲焉，以自为方。"但它更适合于阐释儒学，也是儒学的基本命题。概而言之，"内圣"指的是人格理想，是主体心性修养方面的要求，以达到仁、圣境界为极限；"外王"指的是政治理想，是在社会政治教化方面的要求，以实现王道、仁政为目标。从"修身""齐家"到"治国""平天下"，从"修己"到"安人"，"内圣"与"外王"的统一是儒家学者追求的最高境界。在"内圣"方面，孔子主张"为仁"完全取决于自己，所以他说："克己复礼为仁。一日克己复礼，天下归仁焉。为仁由己，而由人乎哉?"(《论语·颜渊》)因而明确地肯定了道德行为、道德实践和道德修养的主体性原则。孔子"为仁"的道德哲学，其最终目标是"成圣"。"何事于仁! 必也圣乎!"(《论语·雍也》)"成圣"构成他的最高的道德理想，而由之推动统治者以"圣人之道"治国，则构成他的最高的社会理想。道德与政治的统一，也就是由"内圣"到"外王"。"内圣"是"外王"的前提和基础，"外王"是"内圣"的自然延伸和必然结果。

【虚静论】出自《老子·十六章》："致虚极，守静笃。"庄子极大地发展了老子的"虚静"说，认为"虚静"是进入"道"的境界所必须具备的一种精神状态。庄子借"孔子问道于老聃"(《庄子·外篇·知北游》)的寓言指出，要想体验到最高的道，获得最大的美，就必须斋戒静处，虚心静气，疏通内心，洗涤精神，摒弃智慧，才能与道合为一体，体验到大道之美。抵达"虚静"境界的方式是"心斋""坐忘"。"心斋"就是摒除杂念，消弭自我意识，使心境虚静纯一。"坐忘"就是忘掉一切存在，也忘掉自己的存在，摒弃一切知识，达到与道合一的境界。老庄的"虚静"思想运用到艺术创作中就是创作主体要有比较纯净的心态，不能杂念丛生，不能有太强的功利目的，必须绝学弃智才能对客观世界有最完整最深刻最直接的认识，才能自由地进行审美观照，艺术创造力才最为旺盛，才能创作出和造化天工完全一致的作品。道家文化的"虚静论"塑造着一种超功利、重审美的艺术人格，它弥补了儒家文化的不足，赋予中国人以自由、超脱的精神归宿，也使中国文化免于走向极端的功利主义。

第一章 哲学文化

在中国的传统文化中，哲学文化是中华民族智慧的理性积淀和内在体现，代表了中华民族理论思维的最高水平。不仅如此，哲学文化还是整个传统文化的核心，它在整个传统文化体系中起着主导作用和制约作用。中国传统文化的诸形态如政治、学术、文学、艺术、教育、科技等无一不受到哲学观念的影响和制约。透过中国哲学的发展历程，我们可以从中发现中华民族自身精神的历史性展示。因此，学习中国传统哲学文化，对于提高民族素质，弘扬中国文化都是很有意义的。本章介绍中国古代哲学文化的主要代表儒家哲学、道家哲学和佛教哲学。

第一节 儒 家 哲 学

儒家哲学是中国哲学文化的主干。形成于春秋时期百家争鸣文化环境中的儒家哲学思想，自汉武帝"罢黜百家，独尊儒术"后，便一直占据着中国思想文化的统治地位，其基本精神贯穿于此后的中国历史长河，对中华民族的共同文化和共同心理的形成起了极其重要的作用。在整个中国文化思想、意识形态、风俗习惯上，处处都可以见到儒家思想的痕迹，正因如此，儒学几乎成了中国文化的代名词。本节主要介绍儒家哲学的基本观念、发展演变、基本特征。

一 儒家哲学的基本观念

儒家，是指春秋战国时期形成的以孔子为宗师的学派。这一学派以《诗》、《书》、《乐》、《礼》、《易》、《春秋》为经典；提倡仁义，以此为行为准则；强调维护君臣、父子、夫妇、兄弟等伦常关系。儒家之所以称"儒"，据《汉书·艺文志》说："儒家者流，盖出于司徒之官，助人君顺阴阳、明教化者也。""儒"本是古代专为贵族服务的巫、史、祝、卜之流，后来逐渐用来指称具有一定文化知识的学者和教师。孔子便曾以"儒"为业，《史记·孔子世家》记载："孔子以诗书礼乐教，弟子盖三千焉，身通六艺者七十有二人。"因此，以孔子为核心的这一学派后世称为"儒家"。

儒家思想具有深厚的土壤、绵延的历史、众多的流派，从而构成了极为丰富和庞杂的思想文化体系。从发展上看，儒家哲学历经不同时期形成不同的理论形态。但是，儒家作为一大思想文化学派，其哲学思想又有着共同的属性和一贯的道统。其中最核心的观念，在孔子的思想中便已形成。概括起来，主要包括以下几个方面。

(一)贵仁

"仁"，是儒家学派道德规范的最高原则，也是孔子思想体系的理论核心。"仁"的最初含义是指人与人的一种亲善关系，在此基础上孔子把"仁"进一步作为了伦理道德的最高范畴，修养的理想境界和最高标准。

孔子将"仁"的含义定义为：仁者"爱人"①。爱人是"仁"的核心内容。孔子认为，人之所以为人，正在于具有仁爱之心，这一仁爱之心是建立于人们血缘情感基础之上的。因此，强调血缘纽带是"仁"的最基本含义，这是儒家思想区别于其他派别的根本特征。当然，孔子的仁爱并非止于此，而是突破血缘亲近的狭隘，把爱人的范围从"亲亲"扩充到"泛爱"，进入到广阔的社会领域，使家族伦理转变成社会伦理，而主张以仁对待一切人。这有利于按照新兴地主阶级的愿望来调整统治阶级的内部关系。

正是基于此，孔子将"孝悌"视为仁的根本表现。"孝悌"在孔子的仁学中有着非常重要的地位，在孔子看来，从小培养"孝悌"品德，成人后自然就会移"孝"作"忠"，以事父母之心事君上，由孝子变为忠臣。这样，从孝亲始，至忠君止，从而使封建社会得以长治久安。

对于如何达到仁，孔子提出了两个根本标准，即忠恕。所谓"忠"，含有真

---

① 《论语·颜渊》。

心诚意、积极为人之意，包含着"己欲立而立人，己欲达而达人"①等一系列道德内容，以及由己及人，由父子及于君王以至整个社会、国家的多层次、完整的道德范畴；是一种以他人为重、以社会为重的人生观；是一种积极进取、无私无畏、与人为善的献身精神。所谓"恕"，是相对于做不到有利于别人的"忠"而言的，它的起码要求是做到不要有害于人。孔子强调的"己所不欲，勿施于人"②就是这个意思。"忠"与"恕"的结合就是为仁之道，也是仁本身。实现了忠恕之道，也就实现了对他人的爱。

"仁者爱人"这一命题，客观上具有泛爱之义，在道德原则上的确具有普遍的意义，这也是后人对这一思想重视的重要原因。

(二) 尊礼

"礼"，是指中国奴隶社会的典章制度，奴隶社会及封建社会的道德规范。作为典章制度，它是奴隶社会政治制度的体现，是维护宗法与等级制度的上层建筑以及与之相适应的人与人交往中的礼节仪式。作为道德规范，它是奴隶主贵族及封建地主阶级一切行为的准则。

"礼"是儒家政治哲学的核心。儒家认为，春秋时代的社会争乱，正是由于人欲横流、名分紊乱造成的。而要匡正这一时弊，唯一途径就是重建礼制。孔子就非常推崇周礼，要求用周礼来约束人们的一切行动："非礼勿视，非礼勿听，非礼勿言，非礼勿动。"③他非常强调的"正名"，就是要辨正礼制等级的名称和名分，严格遵守"君君、臣臣、父父、子子"的等级秩序，使人人明白自己在社会中的位置，控制自己的"欲"，不超出由"名分"规定的"度量"范围，从而消除争乱。

孔子说过，"克己复礼为仁"④，这体现了"礼"与"仁"二者的密切关系。"克己"与"复礼"既是"仁"的政治内容，也是达到"仁"的方法和途径。"克己"即克制自己的欲求，通过对个体道德的自觉培养，提高修养，使一切视听言动的行为

① 《论语·雍也》。
② 《论语·颜渊》。
③ 《论语·八佾》。
④ 《论语·颜渊》。

都符合"礼"的要求，以最终达到恢复周礼的政治目的。"复礼"，就是恢复周礼，让社会恢复到西周盛世。可见，"礼"作为实现"仁"的政治保证，既是社会伦理原则，又是社会政治原则。作为伦理原则，它保证每个人都必须遵守伦理道德规范；作为政治原则，它保证人与人之间的关系的协调以及整个社会的秩序稳定。

儒家的尊礼思想一方面有利于协调个体与社会的关系，有利于整个社会的和谐稳定；另一方面其严格的等级名分制度，也极大地限制了个体的主观能动精神和创造欲望。

（三）重教

要达到"克己复礼"的理想结果，孔子以为是可以"学而知之"①的，因此，服从于"克己复礼"的目的，儒家非常重视教育。

孔子认为，教育在政治统治中和个人品质形成中具有关键作用。他说："好仁不好学，其蔽也愚；好知不好学，其蔽也荡；好信不好学，其蔽也贼；好直不好学，其蔽也绞；好勇不好学，其蔽也乱；好刚不好学，其蔽也狂。"②这里的"学"，就是指受教育。《礼记·学记》一文也指出："玉不琢不成器，人不学不知道。是故古之王者建国君民，教学为先。"因此，儒家提出了德育优先的教育原则。孔子说："弟子入则孝，出则弟，谨而信，泛爱众，而亲仁，行有余力，则以学文。"③孔子认为，教育的目的，就是培养"圣人"、"君子"之类的理想人才。"圣人"、"君子"应具备"仁、义、礼、智、信"五个方面的品质。因此，教学内容应首先是"四教"（即文、行、忠、信），然后才是"六艺"（即礼、乐、射、御、书、数）。在孔子看来，教育的重要任务不仅是传授知识，而且更要注意品行修养。儒家的重教思想在本质上仍然是为了服务其仁学思想的。

孔子第一次提出"有教无类"的教育思想，打破氏族等级界限，使教育在一定程度上向群众开放。在教学实践中，孔子强调"诲人不倦"，"循循善诱"，善于进行启发式教学，注意发挥学生主观能动性，注意因材施教。这些教育思想在

---

① 《论语·季氏》。

② 《论语·阳货》。

③ 《论语·学而》。

中国教育史上产生了深远的影响，乃至今天仍具有积极意义。

(四) 尚中

"中庸"，是孔子对商周以来"中和"思想继承和总结而提出的一个哲学范畴，被他称为"至德"，他说："中庸之为德也，其至矣乎！"①也就是说，中庸是至高无上的道德准则。中庸的基本原则是"允执其中"，要求把握适当的限度，以保持事物的平衡，使人的言行合于既定的道德标准。

从总体上看，儒家的中庸理论是以中和观念为理论基础的。所谓"和"即事物的和谐状态，是最好的秩序和状态，是最高的理想追求。按照儒家的思想，"和"不仅指自然的和谐、人与自然的和谐，更重要的是指人与人、人与社会的和谐。孔子讲"礼之用，和为贵。先王之道，斯为美"②。所谓"中"，指的是事物的"度"。不偏不倚，过犹不及，它是实现和谐的根本途径。"和"与"中"是相互联系在一起的，正如《中庸》中所说："中也者，天下之大本也；和也者，天下之达道也。致中和，天地位焉，万物育焉。"

以"中和"观念为核心的中庸之道，包含两层意思。其一，主张过犹不及，强调中和、和谐，任何固执一端都失之于"中"。其二，"执中"的准则就是"礼"。孔子说："知和而和，不以礼节之，亦不可行也。"③《礼记》载孔子的话说："敬而不中礼，谓之野；恭而不中礼，谓之给；勇而不中礼，谓之逆……礼乎礼！夫礼所以制中也。""礼"以"制中"为用，所以又称"礼之用，和为贵"。因此，所谓"执两用中"、"过犹不及"的中庸之道，归根到底就是要时时处处按照"礼"办事。可见，儒家的"中庸"思想，最终还是把人们的视听言行全部束缚在奴隶社会的等级制度和道德规范之内，既无过又无不及。因此，中庸思想在政治上是保守的。不过，作为思想方法，中庸之道含有一定的辩证法因素，这是值得肯定的。

二 儒家哲学的发展演变

儒家哲学是一个历史的发展的概念，在古代中国，历经两千多年的演变，形

---

① 《论语·雍也》。
② 《论语·学而》。
③ 《论语·学而》。

成了不同时期不同的理论形态，从来不存在一个一成不变的儒家学说。从其哲学思想的发展演变过程来看，它主要经历了先秦、汉唐、宋明、清四个阶段，反映了儒家哲学从形成、发展、鼎盛到衰微的整个过程。

（一）先秦儒学

先秦是儒学的形成期。孔子是儒家学说的开山建构者，正如前面所介绍的，他开创的礼仁一体的儒家思想体系，成为后世儒家学派最根本的思想原则。孔子去世后，儒分八家①。其中对儒学思想在理论上贡献最突出的是以孟子为首的"孟氏之儒"和以荀子为首的"孙氏之儒"。

孟子着重讲仁，在孔子仁学思想的基础上进一步深入探究人的自身和本性，提出了"性善"理论。孟子确信人通过自我的努力可达至善，体现天道。这是因为仁为人性所固有，因此，人只要能保存本性，涵养善性，就能成为善人，并与天道相通融为一体。即所谓"尽其心者，知其性也；知其性，则知天矣"②。孟子将仁学在社会政治领域也作了延伸，从而提出了"仁政"学说和"民本"思想。在孟子的仁政主张中，贯穿着以民为本的思想，发出了"民为贵，社稷次之，君为轻"的著名论断，大力提倡制民之产、轻刑薄税、善教得民、听政于民、与民同乐等，充分体现了孟子思想的进步一面。孟子极大地拓展了孔子的仁学理论，形成了一整套较为完善的仁学思想体系，在儒学思想发展史上占有重要地位。

荀子的思想主要特色是综合百家、调和儒法。他继承孔子"礼"的思想，进一步提出礼法并重的理论。他认为礼与法之间不是对立关系而是互补关系。他不同意孟子尊王贱霸的思想，而提倡以王道为主，霸道为辅的政治主张。荀子的这种王霸相杂、礼法双行的主张是以其"性恶论"为理论根据的。他认为人性本恶，只有通过后天的努力，去恶从善，才能达到道德品质的高尚境界。同时，他认为只讲"礼义"，不重法度，只重教化，不重"刑罚"，并不足以维护社会统治秩序，因而他主张既隆礼，又重法，援法入礼。

---

① 《韩非子·显学》。
② 《孟子·尽心上》。

从孔子到孟子直至荀子，体现了原始儒学的基本发展脉络。不过，春秋战国时期，儒学只是百家争鸣中的一个学术流派，虽然儒、墨在当时并称显学，但是并没有取得独尊的地位。

(二) 汉唐儒学

儒学发展至汉代，与先秦儒学在理论形态上已经有了很大变化，逐渐向政治化、经学化、宗教化发展。在这个转变过程中，汉代大儒董仲舒发挥了非常大的作用。

汉武帝时，董仲舒为了顺应封建大一统的思想潮流，突出儒家文化的主导地位，曾在"天人三策"中提出独尊儒术的学术主张。这一观点立刻得到了汉武帝的支持并加以大力推行。董仲舒的思想以儒家学说为基础，吸收了阴阳五行理论以及道家等有关学说，建立了天人合一的新体系。一方面，董仲舒把儒学伦理纲常完备化，对"三纲"、"五常"说作了全面系统的阐述；另一方面，他又把儒家这套伦理纲常神秘化，建构了一个以天人感应为核心的理论体系。经过董仲舒的鼓吹和统治者的支持，儒家学说开始居于独尊的地位了，成为汉代文化思潮的主流。与儒学成为统治理论相适应，儒家经典也取得了独尊地位。对儒家的《诗》、《书》、《礼》、《易》、《春秋》等经典进行注释，成为汉代儒学的重要表现形式。儒学便从先秦时期的子学形态，转变为汉代以后的经学形态了。

魏晋南北朝时期，玄学兴盛，儒学式微，而且此时佛道二教相继传入和形成，经学失去了一尊地位，由此形成一个儒、道、玄、佛相互激荡又相互融合的复杂局面。

隋唐时期，中国大一统的局面再次形成，统治者实行了儒、释、道兼容并包的政策。不过，儒学作为统治意识形态的主体地位被再一次确立。隋唐科举都要考儒经，从而推动了经学的进一步发展，为统一经学，唐太宗还令颜师古考订五经经文，令孔颖达与诸儒撰《五经正义》，作为唐代科举考试的依据。当然，隋唐时期，儒学为适应社会变化，也需要有一个变化，在保存儒学基本思想的同时，也开始吸收佛、道的思想成果，初步出现了儒、道、佛融合的趋势，这为此后宋明理学的形成奠定了基础。

（三）宋明儒学

宋明时期，儒学吸收佛道思想，从理论上进一步得到完善，形成一种新的理论形态——理学，它是高度哲学化和政治伦理化的儒学，是儒学发展的最高理论形态。因此，儒学发展到宋明，进入到儒学发展史上的鼎盛期。

北宋时期，周敦颐被后世称为理学的开山之祖。他融会《易传》、《中庸》及佛、道思想，以"太极图"为构架，论述了以"性与天道"为核心的一系列理学的重要范畴。张载和二程（程颢、程颐）则是理学的奠基者。他们都十分关注本体论的探讨，所不同的是，张载以"气"为本体，二程以"理"为本体。在本体论和伦理学的关系问题上，张载和二程都主张"性即理"，或天与人的合一。他们还提出了"天地之性"和"气质之性"、"德性之知"与"见闻之知"、"理一分殊"、"心统性情"等命题，成为宋明理学的基本命题。

南宋时期，理学发展达到高峰，理论深刻精密，理学家人才辈出，其中最具代表性的是朱熹和陆九渊。朱熹是理学的集大成者，他在二程"理本论"的基础上，吸收了张载的"气本论"，建立了以理为本体，以理统气的庞大的哲学逻辑体系，后世称之为"程朱理学"。与朱熹同时代的陆九渊则把儒家孔孟学说和佛教禅宗思想结合起来，并继承了程颢"天即理，即心"的观点，提出"心即理"的命题，对朱熹理学提出了挑战。朱熹认为理超越物质世界存在于天之上，陆九渊认为理是根于人心所固有的，"心"是本体而高于"理"，因此他的学说又称为"心学"。南宋以后，直到明代前期，程朱理学占据了统治地位，心学的影响不大。

明代中叶以后，程朱理学盛极而衰，开始走下坡路，代之以王阳明心学的崛起和传播。王阳明继承发展了陆九渊的学说，成了心学的集大成者，因之有"陆王心学"之称。王阳明主张"心即理"、"心外无理"，把心与理二者统一起来，并把"心"提到万物主宰的地位。他的心学思想体系除了"心即理"外，还主要包括"知行合一"说和"致良知"说。阳明心学是明代中后期思想界的显学，是整个宋明理学发展的顶峰。王阳明死后，其后学便发生分化，王艮发展为泰州学派，李贽则走向反面。明王朝覆亡以后，作为时代思潮的阳明心学，也随之终结了。

（四）清代儒学

儒学发展到清代，"崇实黜虚"的学风开始盛行，宋明理学那种空谈心性、束书游谈的空疏风气开始受到鄙弃，从而形成了一代新的儒学思潮——朴学。清代朴学家们打着恢复汉代古文经学的旗号，主张从儒家经典中重新挖掘其意蕴。

明末清初，顾炎武等人就在天崩地解之际开始了对宋明理学的总结与批判。顾氏针对宋明理学空谈性命的空疏学风，提出"经学即理学"的口号，倡导经世致用的"实学"之风。这对朴学的影响很大。

随着清王朝统治的巩固，清政府加强了文化专制主义政策，一方面力图用程朱理学加强思想钳制，另一方面又大兴文字狱。学者们为避祸，又因厌烦理学空疏，反其道而行之，兴起了重考据主实证的"朴学"。朴学在治学上重视客观证据，反对主观武断，运用归纳法、演绎法，形成一种精确谨慎、朴实无华的治经方法和笃实学风，有一定价值。但是，朴学脱离现实，缺乏思想创新，因而在哲学理论上显得苍白和过于繁琐，缺乏建树。

从儒学的发展历程看，儒学在封建社会的整个发展过程中基本未有中断，在不同的社会历史条件下表现出不同的特点，演变为不同的形态，表现出极强的生命力。

三　儒家哲学的基本特征

儒家思想作为中国传统文化的主流，在其历史嬗变过程中，虽然不断地变换理论形态，产生不同派别，但它们又有着一些共同的特征。其中最基本的特征主要有两点。

（一）"内圣外王"的人格理想

"内圣外王"一语，最早见于《庄子·天下》："是故内圣外王之道，暗而不明，郁而不发。"但是，它更适用于表述儒家的人生理想。所谓"内圣"，是指主体心性修养方面的要求，以达到仁、圣境界为极限；所谓"外王"，是指社会政治教化方面的要求，以实现王道、仁政为目标。儒家把内心的道德修养与外在的政治实践融为一体，建构了一种独特的人格理想。

　　儒家"内圣外王"的人格理想的主要特点，是要求以圣贤的人格为价值指向，以个体的道德自觉为修身原则，最终挺立于天地之间，担当起国家和民族的重任。内圣主要表现为善的德行。善的具体内容是广义的人道精神，其基本观念则是儒家的仁。原始儒家以仁为核心，孔子曾把"恭、宽、信、敏、惠"视为仁的具体内容，这些品德从不同方面展示了内圣的品格。后来儒家一再强调的仁义礼智信等，也可视为人格的内在规定。与正面确立仁德相联系的是克己，后者在另一个意义上体现了仁："克己复礼为仁。"①除了仁德之外，内圣在某种意义上还表现为仁与智的统一。智是一种理性的品格，缺乏这种品格，主体往往会受制于自发的情感或盲目的意志，很难达到健全的境界。所以从先秦原始儒家到宋明理学，都一再将理性的自觉看成达到内圣的必要条件。外王表现为治国平天下和其他外在事功。儒家"修身、齐家、治国、平天下"的理想中，"修身"便旨在达到内圣之境，"齐家、治国、平天下"则属于广义的外王范畴。

　　"内圣外王"始终是贯穿于传统儒学的一条主线，为了实现"内圣外王"的人格理想，历代儒家都要求人们明伦理，主自律。无论哪一派儒学都提倡伦理教化和道德修养，以圣人为人格的最高标准，不断追求。当然，儒家"内圣外王"的人生观虽然十分理想，但是在现实生活中，"内圣"与"外王"往往存在着难以克服的矛盾，就是孔子、孟子在当时社会也往往四处碰壁，颠沛流离，并不得志。因此，儒家又讲"穷独达兼"的处世之道。孔子讲"天下有道则见，无道则隐"②，孟子说得更明确："得志，泽加于民；不得志，修身见于世。穷则独善其身，达则兼善天下。"③这不过是儒家理想诉求的一种补充和权变，但儒家始终未曾放弃过"内圣外王"的人生理想。

(二)"天人合一"的思想模式

　　"天人合一"是指把宇宙和人生或自然界和人类社会一切万事万物的发展变化，都看做相互联系、和谐、平衡的有序运动的一种思维模式。儒家以"内圣外

---

①　《论语·颜渊》。

②　《论语·泰伯》。

③　《孟子·尽心上》。

王"为人格理想,而"内圣外王"的极至则是"天人合一"。从某种意义上说,"天人合一"代表了儒家文化的根本精神和最高境界,追求"天人合一"的精神和境界,成为历代儒家的思想模式。

传统儒学以"究天人之际"为最大学问,所追求的"天人合一"的至高境界,不仅仅局限于人与自然的关系问题,而总是把天人作为一个有机整体来思考,把宇宙本体与社会人事及人生价值密切相连。从孟子的"天人相通",到董仲舒的"天人感应",至宋明理学家的"天人一体",无不表现出"天人合一"的趋向,并对中国古代哲学产生重大影响。

儒家思想是中国传统文化的轴心和主要代表。自孔子创立儒学以后,经过2000余年历代儒学家的不断发展与完善,建构了一套具有完整的理论构架和价值系统的儒家思想体系。尤其是在汉武帝实行"罢黜百家,独尊儒术"的文化政策后,历代统治者及其思想家成功地将儒家思想织进社会生活,使之与中国古代宗法性社会结构融为一体。在历史上,儒家思想弥漫于整个中国古代社会,渗透到社会政治、伦理、经济生活的各个层面,深深地积淀于民族意识和文化心理结构之中,对塑造中华民族的民族精神和性格所起的作用,是无与伦比的,对中国思想文化的发展与走向也有巨大影响。

第二节　道　家　哲　学

与儒家哲学一样,道家哲学也是中国传统思想文化的主要组成部分之一。在中国传统思想文化史上,道家哲学与儒家哲学是两座对峙的高峰,同时,道家哲学又是儒家哲学的重要补充。道家哲学自先秦时期形成后,在2000多年的社会历史发展过程中曾经被广泛传播,全面而深入地渗透到中华民族的思维方式、民族心理、风俗民情、文学艺术及社会生活的诸多方面,对中国传统文化产生过广泛深刻的影响。本节主要介绍道家哲学的基本观念、演变历程和基本特征。

一　道家哲学的基本观念

道家,是古代哲学主要流派之一,因以"道"为世界本原,故称为"道家"。道家哲学强调以"道"来统摄自然、社会和人生三大层面,追求三者的自然平衡,其主要代表人物是老子和庄子，因此，道家学说也可以称之为"老庄之学"。

（一）老子的基本思想

老子生活于春秋时代，与孔子是同时代人。老子的基本思想包含在《老子》一书中。《老子》又称《道德经》，全书虽仅五千言，却文约义丰，哲理深邃。其基本思想概括起来，主要有以下几点。

1. 道本体论

"道"，是道家哲学的根本范畴，老子哲学的整个理论系统都是围绕"道"这个观念展开的。"道"的最初含义是具体的道路、途径，以后逐渐抽象为方法、原则、规律。老子则第一次将"道"提升为哲学的最高范畴，一个统摄宇宙和人生的本体概念。

"道"在老子的思想中主要包含两层含义。第一，"道"是世界的本原，即"道生一，一生二，二生三，三生万物"①。这里的"一"，指阴阳未分前，宇宙混沌一体；"二"，指宇宙分化为阴阳；"三"，指阴、阳、和。所谓"三生万物"，即通过阴阳对立生成新的统一体。第二，"道"是事物发展变化的规律、法则，即"万物莫不尊道而贵德"②，"道者万物之奥"③。

老子认为，"道可道，非常道"④，即能用语言表述的道，不是永恒的道，作为最高本体的"道"是永恒的、不可用语言表述的。它无形、无声，"视之不见"，"听之不闻"，"搏之不得"⑤。简言之，道即是无。"道"以自然而然的方式存在于万物之中，虽然万物都由其生发，但对万物的成长，它不强制、不干预，顺其自然。正所谓："道大，天大，地大，人亦大。域中有四大，而人居其一焉。人法地，地法天，天法道，道法自然。"⑥自然，就是指自然而然。道法自然，即道以自然而然为法则。

———————————

① 《老子》四十二章。
② 《老子》五十一章。
③ 《老子》六十二章。
④ 《老子》一章。
⑤ 《老子》十四章。
⑥ 《老子》二十五章。

2. 否定式辩证法

所谓"否定式辩证法"，主要是运用逆向思维方法，注重从否定的、负的方面去认识和描述对象，通过"否定之否定"揭示对象的辩证本质。中国古代"否定式辩证法"思想在道家哲学特别是老子哲学中得到了最早、最系统和最富有成效的体现。以老子辩证法为代表的道家辩证法以其深刻的否定性思想极大地推进了中国古代辩证思维的发展。

老子在对作为本体的"道"的描述中便运用了否定式辩证方式。道作为本体，是一种终极存在。然而，老子始终不愿从正面的角度出发对道作肯定性的界说，而只从负面对道作否定性的描述，如他说道"无形"、"无状"、"无象"、"无名"、"无为"、"不言"、"不争"、"不仁"、"不德"等，目的都是为了通过一步步的不断否定，来否定掉道的具体性、有限性，以最终肯定道的整体性、无限性和超越性。这种"通过否定达到肯定"便是老子哲学中普遍运用的辩证思维方法。冯友兰先生曾把这种否定性的辩证思维方法，称之为"负的方法"，这种方法的实质，不是说形而上学的对象是什么，而是主要说它不是什么。[1]

这种"负的方法"，在老子哲学中运用得相当普遍。如他说："信言不美，美言不信。善者不辩，辩者不善。知者不博，博者不知。"[2]"大成若缺……大盈若冲……大直若屈，大巧若拙，大辩若讷。"[3]正如老子所概括的，他这是"正言若反"[4]。否定了事物中的否定因素，正是对原有事物的肯定。

3. 无为而治的政治主张

老子"无为而治"的政治主张是与其"道法自然"的哲学主张相联系的。所谓"无为"，即无违自然、顺其自然而无所作为或不强作为之义。曹魏哲学家王弼以"顺自然"一语来诠释老子的"无为"，是深得其旨的。在道家看来，不仅道"无为"，而且天地万物在其本性上也都是"无为"的，人当然也不应例外。因此，既然天道自然无为，人道也应效法天道，做到常无为而任自然，这就是"人法地，

---

① 冯友兰著，涂又光译：《中国哲学简史》，北京：北京大学出版社，2010年，第274页。

② 《老子》八十一章。

③ 《老子》四十五章。

④ 《老子》七十八章。

地法天，天法道，道法自然"了。所以，统治者治理国家也应顺其自然，不将其主观意志强加于社会政治生活，这就是所谓的"无为而治"的方针。

老子说："道常无为，而无不为。侯王若能守之，万物将自化。"①又说："我无为，而民自化；我好静，而民自正；我无事，而民自富；我无欲，而民自朴。"②就是说，君王要治理国家，其"上德"就是应当效法和顺应自然，达到"无为而治"。只要"君无为"，人民就可以"自化"、"自正"、"自富"、"自朴"，正所谓"无为而无不为"。"无为"，常被误解为消极避世，无所作为。其实所谓"道常无为而无不为"③，表面上守弱处静，无所作为，实际上遵循万物的本性而不违逆，顺应自然之道而知足知止，就已经是有所作为，也能无所不为。老子说的"治大国若烹小鲜"最生动形象地说明了"无为"与"无不为"的关系：治理国家犹如煎小鱼，煎小鱼乱搅就会搅烂，不乱搅，就是无为。用这种"无为"的办法煎好了鱼，治好了国家，就叫水到渠成，瓜熟蒂落，这样也就达到了"无不为"的目的。

(二) 庄子的基本思想

庄子生活于战国中期，约与孟子同时，其思想与老子思想一脉相承。庄子的思想包含在《庄子》一书中。《庄子》今存 33 篇，其中内 7 篇系庄子自著，外 15 篇为门人所记，杂 11 篇是庄派后学所作。庄子的基本思想，可以概括为以下几点。

1. 泛神色彩的天道观

庄子和老子一样把"道"作为世界本原，讲天道自然无为。但在"道"和"物"的关系上，他具有与老子不同的明显的泛神论色彩。

庄子说："夫昭昭生于冥冥，有伦生于无形，精神生于道，形本生于精，而万物以形相生。"④他认为形体产生于精神，而个别精神产生于绝对精神"道"。这是唯心主义的观点。但他又说："通天下一气耳。"认为道即气，道作为世界统一原理，不是在天地万物之外的"造物者"，而是一切事物内在的原因，这明显带

---

① 《老子》三十七章。
② 《老子》五十七章。
③ 《老子》三十七章。
④ 《庄子·知北游》。

有泛神论色彩。

当然,庄子的"道"与神是不同的。"道"不是简单地按照自己的目的来创造一切,而是把自己的精神融于一切事物之中去,他强调道"无所不在",甚至于"在蝼蚁","在稊稗","在瓦甓","在屎溺"。当"道"独立而在时,它是某种精神、某种神奇的力量,而当它存在于事物之中时,又成了支配物质世界和现实事物运动变化的规律。

在庄子的思想体系中,万物中的"道"与独立存在的绝对的"道"是一致的,前者只是后者的体现。他承认独立于物质世界之外的"道"的存在,并且把万物的变化都看成"道"的体现,也就是承认万物之中都有一种神秘的精神"道"在起支配作用。从哲学意义上讲,庄子把神的存在扩展到万事万物之中,使自己的思想充满了神秘的泛神论色彩。

2. 逍遥自适的人生观

人生哲学是庄子思想的核心内容,庄子的人生哲学典型地代表了道家的人生观,对后世的影响至为巨大。

庄子的人生观,是一种谋求个体精神独立自然的人格理想。庄子认为,自然的一切都是美好的,人为的一切都是不好的。他说:"牛马四足,是谓天;落马首,穿牛鼻,是谓人。故曰:无以人灭天,无以故灭命,无以得殉名。"因此,不要以人的有目的活动去对抗自然命运,不要以得之自然的天性去殉功名。从这种自然原则出发,庄子认为真正的自由在于任其自然,具备了理想人格的人就是无条件地与自然为一的"至人"。

生活中人之所以不自由,是因为受到现实世界的是非之辨、贵贱升降、贫富变迁、生死祸福等的困扰,受到各种物质条件的限制,人们有所依赖、有所期待、有所追求而造成的,这叫做"有待"。《逍遥游》中的大鹏、小鸠和列子等都有所待,所以都称不上绝对的自由,真正获得自由的"至人"是无所待的,这样的"至人"超脱于是非、名利、生死之外,进入"天地与我并生,万物与我为一"的境界,从而获得精神上的绝对自由,即逍遥游。因此,要获得自由,人们就必须从"有待"进入"无待"境界。

庄子的人生哲学既有积极的一面,即对人生的达观态度;又有消极的一面,即颓丧、自欺,只求自身适己的虚无主义。

3. 相对主义的认识论

庄子论述运动变化的绝对性时说："道无终始，物有死生，不恃其成。一虚一满，不位乎其形。"他认为事物无时无刻不在变移，虚满、生死都只是一时的现象，其形态是绝不固定的。由于过分强调了绝对运动，由此导致否定相对静止，否定事物质的规定性。他认为，从道看来，小草茎与大屋柱、丑人与美人、宽大、狡诈、奇怪、妖异等，都是一样的，没有任何差别，从而提出了相对主义的理论观点。

《庄子·齐物论》中说："毛嫱、丽姬，人之所美也；鱼见之深入，鸟见之高飞，麋鹿见之决骤，四者孰知天下之正色哉？自我观之，仁义之端，是非之涂，樊然淆乱，吾恶能知其辩？"对于人们所公认的美女，鱼鸟麋鹿对她们却避之唯恐不及。庄子由此得出了事物的美丑、是非漫无标准的结论。这典型地反映了庄子的相对主义观点，因为他从事物的相对性出发，得出了否定一切差别、否定客观真理的结论。显然，庄子忽视了矛盾转化是有条件的，是循序渐变的，从而泯灭了矛盾双方的本质规定性，得出"万物齐一"的相对主义结论。

庄子哲学以相对主义作为认识论基础，不可避免地导致唯心论和不可知论。但庄子对人的认识能力所提的疑问，也启发人们去思考。他反对主观片面性，打破了独断论对人们的束缚，这对先秦哲学的发展有积极的促进作用。

二　道家哲学的理论嬗变

道家哲学有其产生、发展和演变的历史过程。虽然道家学派在一些基本思想上有其承接延续的关系，但在漫长的发展演变过程中，其内部也并非完全一致。在不同的代表人物那里和不同的历史时期，道家思想往往具有不同的品格和侧重点，表现了道家思想不断的自我发展和多姿多彩的风貌。在老庄之后，道家思想主要有以下几次重要的发展阶段。

(一) 黄老之学

老子之后，庄子发展的是以人生哲学为主的道家思想。此外，还有一派开辟了以政治哲学为主的发展道路，这便是黄老之学。

黄老之学，是指形成于战国后期的哲学政治思想流派。其思想倾向是以老庄虚静恬淡思想为基调，以"道"为核心，吸收法家思想，提出"道生法"的观点；突出刑德观念，主张恩威并施以巩固政权；在以道、法为主的同时，又兼采阴阳家、儒家、墨家、名家思想。1973 年 12 月长沙马王堆汉墓出土帛书《老子》乙本卷前，有《经法》、《十六经》、《称》、《道原》4 篇古佚书，是黄老学派的重要著作。

黄老之学这一学派由战国中后期的稷下道家率先形成。从本质上说，黄老之学是政治哲学，其根本宗旨是以"因性任物"、"虚静自持"来达到政治上的"无为而治"。但是，由于黄老之学拘守于"知雄守雌"，"柔弱胜刚强"的立场，并不符合战国时期新兴地主阶级以强力取天下的战略需要，故在当时并未成为统治思想。

至汉初，由于当时社会经济一片凋零，统治者面临如何恢复经济、休养民生，以维护统治的重大问题。黄老之学所主张的政尚简易、与民休息的"无为而治"政策正好适应了当时社会现实的需要。因此在统治者的倡导下，黄老之学受到了特别的重视。西汉前期的文帝、景帝和窦太后都尊崇黄老，用"黄老之术"治理天下，使得国泰民安，从而出现中国历史上著名的"文景之治"。黄老之学在汉初政治实践中获得的成功，使其在当时隆盛一时。

不过，黄老之学所主张的无为政治中显然存在放任的意味，这一弊端在社会经济得以恢复后常常会暴露出来。汉初经过近 70 年的休养生息，经济得以恢复，但同时也出现了严重的社会矛盾。地方势力拥兵割据，地主豪强、官僚贵族贪得无厌。这一社会现状使得以仁义为根基、积极有为的儒家学说重新活跃起来。汉武帝之时，统治者推行"罢黜百家，独尊儒术"的文化专制政策，道家黄老之学从此在政治上失势，变成一支时隐时显的学术流派，儒家学说成了占统治地位的意识形态。东汉之后，谶纬经学兴起，神学信仰主义弥漫当时，道家黄老之学乃向黄老养生术乃至黄老道信仰转化，在东汉末年，进而演化为原始道教。

(二) 魏晋玄学

魏晋玄学，是指魏晋时期出现的一种崇尚老庄的哲学思潮。魏晋玄学的主要经典是《老子》、《庄子》和《周易》，合称"三玄"。魏晋玄学的主要代表人物有何晏、王弼、阮籍、嵇康、向秀、郭象等。魏晋时期，道家思想便主要表现为玄学。魏晋玄学以简约的精致的思辨哲学而著称，一方面它在政治上继承了汉儒尊崇孔子的思想，另一方面在哲学上抛弃了汉代的天人感应的神学目的论说教，而用改造了的老庄哲学对儒家名教作新的理论上的论证，从而调和了儒道两者的思想，弥补了汉代儒学的不足。

魏晋玄学对纲常名教合理性的论证，集中表现为名教与自然之辩。从这一点看，玄学与汉代道家思想黄老之学有一定的渊源关系。汉代的道家思想有两个特点，一是崇尚自然无为，二是维护尊卑上下的等级制度（即名教）。魏晋玄学正是紧紧抓住了这两个特点，展开了自然与名教之辩，用道家的自然无为学说，来论证贵贱等级制度的合理性，调和儒道两家的思想。因此可以说，魏晋玄学是黄老之学演变发展的产物。但是，魏晋玄学以论证名教与自然关系为主的学说，与黄老之学的因循自然、与民休息、从无为中寻求有为的学说不同，魏晋玄学是以积极的态度，消极的形式（清谈）为封建礼教服务。

魏晋玄学在中国哲学发展史上占有重要的地位。它不仅上承先秦两汉的道家思想，克服了汉代经学的弊病，开创了糅合儒道学说的一个新的哲学时期，还对尔后的佛学，乃至宋明理学都产生了深远影响。它提出的"本末"、"体用"等宇宙本体论思想，与西汉讨论宇宙生成论的哲学相比，在理论思维上是一个很大进步。

（三）道教与道家

道教，是以"道"为最高信仰的中国传统宗教，产生于东汉中叶，称老子为教主，奉《道德经》为主要经典。

严格地说，道家与道教有着本质的区别。前者是人生哲学、政治哲学，后者是宗教。但道教又脱胎于道家，道家的学说为道教提供了理论武器，道教又以特有的宗教形式，演绎、实践、发展着道家的思想和精神，应该说道教是道家学说的一种存在形态。

从东汉中叶直到魏晋南北朝，道教有了较大发展，但在思想理论上这段时期的道教并未有多大贡献。隋唐以后，道家思想已没有新的建树，道教的势力却得到了充分的发展，成为传承道家思想的一种重要形式。

唐宋时期，不少帝王崇奉道教。唐代统治者自称老子后裔，尊老子为太上玄元皇帝，以道教为"本朝家教"，或谓为"皇族宗教"，有意加以扶持，确立了老子的教祖地位，《道德经》被尊为道教圣经，并收集和整理道书，加强了对道教理论的研究，从而形成崇奉道教的风气。北宋统治者仿效唐代提倡道教的做法，于太学置《道德经》、《庄子》、《列子》博士，宋徽宗还亲自为多种道教经书作注。唐宋统治者的一系列崇道措施，对道教的发展起了促进作用。

南宋偏安，在与金、元南北对峙的形势下，道教内部的宗派纷起。新起的道教宗派，力图革新教理，大多主张道、儒、释三教结合。其中以正一、全真两大宗派最为有名。明代中叶以后，道教逐渐转衰。至清代，统治者实行重佛抑道政策，道教在上层的地位日趋衰落，而主要以民间通俗形式传播了。

三 道家哲学的基本特征

道家哲学在不同时期、不同流派那里，常常表现出不同的时代特征。但是不同时期道家哲学又存在着一以贯之的基本精神。因此，从整体角度来看，道家哲学最为基本的特征，可以概括为以下两方面。

（一）尚自然

崇尚自然是道家哲学的主要思想特点。道家的思想体系虽然以"道"为核心，但其基本精神却在"自然"二字。道家哲学是一种以自然哲学为构架的，以"自然之道"一以贯之的思想体系，它的本体论、人生观、政治哲学等都无不主张"道法自然"，体现了鲜明的自然主义色彩。可以说，道家哲学就是一种自然主义哲学。

道家崇尚自然的真正含义，是要求人类顺应"自然之道"，以"自然"、"无为"作为人生和社会的理想追求。道家的自然无为理想，首先是崇尚天道（自然界的法则）的自然无为，如《老子》所说："人法地、地法天、天法道、道法自然。"[①]其次是提倡人道（人事的规范）的自然无为，即人类应当效法天道的自然无为，如《老子》说，人的活动应当"辅万物之自然，而不敢为"[②]，"功成事遂，百

---

① 《老子》二十五章。
② 《老子》六十四章。

姓皆谓我自然"①等。在人道自然无为的主张中，又包含有两层意思：一是在人与自然界的关系方面，道家强调人与天地万物之间和谐、一体的关系，认为人应当顺物之则，缘理而动，不要以人的主观意愿去胡乱行动，从而破坏自然界（包括天地万物与人类）的和谐与平衡；二是在社会人际关系方面，尤其是处于社会领导地位的统治者，要效法道的自然无为精神，尽量简化各种制度、规范，使百姓保持纯朴的民风。总之，若能顺物自然，则能无为而无不为，正如《淮南子·原道训》所说："所谓无为者，不先物为也；所谓无不为者，因物之所为也。所谓无治者，不易自然也；所谓无不治者，因物之相然也。"

道家崇尚自然无为的思想，显然存在将自然状态理想化的内在缺陷。道家对一切人文创造往往都持批评和否定的态度，表现出一种消极的倾向，它表明道家未能辩证地看待人类历史的文明和进步进程中的矛盾性，而只寄希望于以干脆否弃文明进步的方式简单地取消这种矛盾。

（二）重个性

重视个体生命和个性自由是道家哲学的另一重要特征，这是与崇尚自然思想相关联的。道家崇尚自然，强调人性的自然存在方式，这必然导向提倡独立人格的保持，个体价值的实现。道家抨击君主，鄙弃物欲，诋毁文明，反对家、国观念，力促个体摆脱这些观念对人性自然的束缚，其意义正在于此。

老子以仁义礼智为社会祸首，以物欲为可耻。在"名与身"、"身与货"的抉择上，他重"身"而弃"名"和"货"。并强调"贵以身为天下，若可寄天下；爱以身为天下，若可托天下。"②将个体生命看得比天下还重，可见老子对个体精神自由追求的重视。庄子的人生哲学更是突出强调了个体的存在及其价值。庄子认为，个体生命之所以可贵，并不在于他有无完美的德性，而在于他是一个生命的主体。《庄子·养生主》上说："为善无近名，为恶无近刑。缘督以为经，可以保身，可以全生，可以养亲，可以尽年。"显然庄子认为尊重个体生命主要体现在保身全生、养亲尽年上。人生价值不在德性的升华，而在生命的完成。庄子还在

---

① 《老子》十七章。
② 《老子》十三章。

《逍遥游》中表达了追求精神解放的价值取向，其特点就是要摆脱各种外在的束缚，使个体的本性得到自由的伸张。《庄子·养生主》说："泽雉十步一啄，百步一饮，不蕲畜乎樊中。"沼泽中的野鸡尽管生存艰难，但它也不愿被关在笼子里，因为天然的自由生存更重要。在庄子看来，个体生命的首要意义就应该是自由生存，而现实社会中的伦理道德和功名利禄等，都不过是束缚这种自由的樊篱。为了实现个性的自由，人们应该摆脱世俗的精神奴役和羁绊，从思想的牢笼中解放出来。在封建社会中，庄子及大多数道家人物采取了"独乐其志"以"适己"的避世生活态度，这便是他们追求精神解放和个性自由的重要方法。道家的这种自由观念在传统文化史上产生了深远影响，许多重要的思想家和文学家以此来反对封建礼教。舒其意而逞其情，越名教而任自然。如嵇康、阮籍、陶渊明等人，都各自表现了对自由人生的诚挚追求。

道家思想从"道法自然"的原则出发，推崇人和社会的自然状态，批判人的异化物对人的限制，在消极的外表下，以浪漫的形式，肯定了人对自由平等的追求。它对于弥补中国传统文化中以儒家为主的道德人伦主义人学观的不足，打破僵死的封建专制主义观念及不平等制度，都有着重要的理论价值和实践意义。不过，道家所追求的生命价值和个体自由主要是精神超脱，并不可能真正实现人们在社会中应有的自由权利，具有主观空想的性质。同时，过分强调个体的生命价值，就会忽视个体应当承担的社会责任和社会义务。过分强调个体自由，也必然会弱化群体认同，更多地转向个体的内在精神世界，从而排斥了兼济天下的应有抱负。总之，道家重个性的价值取向如果把持不当，很容易导向个人主义，杨朱学派所谓"拔一毛而利天下，不为也"①可以说就是一个极端例子。所以道家重个性的特征也有其不可忽视的负面作用。

第三节　佛教哲学

佛教哲学是中国哲学文化的重要组成部分，它在中国哲学发展史上占有特殊的重要地位，可以说，不了解佛教哲学思想，就无法全面把握汉魏以来的中国哲

---

① 《孟子·尽心上》。

学。佛教哲学有着丰富多彩的内容，学派众多，异说纷呈，但其基本观念在各个时期，各种流派都是基本一致的。佛教哲学的历史源远流长，其源头在古印度，但其繁盛却在中国。中国佛教哲学一方面继承了印度佛教哲学的基本思想，另一方面又有不少创新。本节主要介绍佛教哲学的基本观念、历史源流和中国佛教哲学的基本特点。

一 佛教哲学的基本观念

佛教，与基督教、伊斯兰教并称为世界三大宗教，为公元前6世纪到前5世纪古印度北部迦毗罗卫国（今尼泊尔南部提罗拉科特附近）净饭王的太子悉达多·乔答摩所创立。由于悉达多出身于释迦族，所以后世佛教徒尊称他为释迦牟尼，也就是"释迦族的圣人"的意思。作为一种宗教，佛教是由一个庞杂的系统组成的，包括了教主、教义、教团组织、清规戒律、仪轨制度等内容。佛教哲学指的主要是佛教中的教义那部分，而且主要是指佛教教义中涉及人生观、世界观、伦理学和方法论等方面的内容。

就根本宗旨而言，全部的佛教学说，就是论证人们如何从痛苦中解脱出来的问题①。佛教常称其佛法有八万四千法门，但就其根本思想而言，主要有四圣谛说和三法印说，这也是佛教哲学的最根本的观念。

（一）四圣谛说

四圣谛，也称四真谛，简称四谛。"谛"是梵文的意译，具有"实在"或"真理"的意思。"四谛"即佛教的四个最基本的真理，包括苦谛、集谛、灭谛、道谛四者。前面说过，佛教学说的根本宗旨在于论证人们如何从痛苦中解脱出来的问题，四圣谛说正是围绕这一问题展开的。

1. 苦谛

苦谛，是佛教对现实世界的根本看法，是佛教对现实世界最基本的价值判断。它认为，包括人在内的一切众生的生命存在的根本意义就是一个"苦"字，生命所包含的其实是无尽的烦恼、不安、困惑、痛苦。这里"苦"的含义，主要

---

① 方立天：《佛教哲学》（增订本），北京：中国人民大学出版社，2012年，第8~9页。

不是指生理上和感情上的痛苦，而是泛指精神的逼迫性，即心理意识上的逼迫恼忧的意思。佛教认为，世俗世界中的一切都是变迁不息的、没有恒常的，众生对自我不能主宰，而常为生命的无常患累所逼，因此没有安乐，只有痛苦。可以说，对于众生来说，生命的无常，是人生痛苦的根本原因和基本标志。在佛教看来，人生本身就是一个苦海。"苦海无边，回头是岸"。要到达解脱苦海的彼岸，首先必须弄清楚造成痛苦的原因，这就是集谛要回答的问题。

2. 集谛

集谛的"集"，本意是"招聚"或"集合"，集谛是指造成世间人生及其苦痛的根本原因。对于这一问题，集谛主要从十二因缘和业报轮回两方面进行了阐述。佛教认为，一切众生都处于十二因缘(无明、行、识、名色、六处、触、受、爱、取、有、生、老死)的不断生死轮回过程之中，在轮回过程中遭受着痛苦。而众生之所以在十二因缘中轮回不断，原因在于众生自身所造的业力。"业"就是行为或行动，佛教一般将业分为三种，即身业、语业、意业，涵盖了众生一切身心活动。佛教认为，众生身心不断进行造作活动，就是在不停地造业，而所造之业作为一种原因，必然会招致相应的业果。随业因的善恶性质不同，招致善恶不同的果报。如此因果不绝，循环往复，故使众生生死不断，轮回不已，痛苦不止。要超出这一轮回过程，脱离苦海，就要达到人生的最高境界，即所谓的"涅槃"或者"入灭"。这正是灭谛所要阐述的内容。

3. 灭谛

灭谛的"灭"，是指人生苦难的灭寂、解脱。灭谛是指断灭世俗诸苦得以产生的一切原因，是佛教一切修行所要达到的最高目的。灭谛也称为"爱灭苦灭圣谛"和"苦尽谛"。"爱"，即贪欲。灭尽贪欲就是灭除痛苦的根源，而灭尽贪欲也就灭除了痛苦。灭谛阐述的正是灭尽贪欲，灭除痛苦，令其不再生起的道理。佛教常以"涅槃"概念来标明灭寂的最高境界。如何才能达到"涅槃"境界呢？这便是道谛要回答的问题。

4. 道谛

道谛的"道"，指道路、途径、方法。道谛是指灭除痛苦、证得涅槃的途径和方法。佛教认为，只要依照佛法修行，就能脱离生死苦海，达到涅槃境界。佛教所提出的修行方法非常多，最主要的有所谓的"八正道"、"三十七道品"等，这些修行方法可以概括为戒、定、慧"三学"。戒即戒律，定指禅定，慧指智慧。戒、定、慧三学通常被认为是学佛者修持的全部内容。戒是要纯洁行为，庄严操守，为定、慧打下基础。再通过定即调练心意的工夫，而生起智慧。这种智慧并非一般意义的智慧，而是能通达事理，决断疑念，观达真理，断除妄惑，从而根绝无明烦恼，获得解脱的大智慧。获得了这一智慧，可以说也就获得了解脱，达到了涅槃境界。

对四圣谛说作一个简单概括，可以说它阐释的就是人生本苦、痛苦产生的原因、超脱痛苦须达到的境界、达到这一境界的方法。所有佛教学说和理论无非是在探讨解脱痛苦、进入涅槃境界的方法，因此，四圣谛说便成为贯彻佛教发展始终的最基本的教义。

（二）三法印说

所谓"法"，即佛法。"印"，即印证、标志。"法印"即指佛法之印证，佛法之标志。因此，"三法印"是指认定佛教教理的三项基本标准，可用以识别经典的真伪，有如印鉴一样，这三项基本标准是"诸行无常"、"诸法无我"、"涅槃寂静"。"三法印"包括的三大义理是衡量、判断佛教学说是否正确的标准。因此，三法印说也是佛教哲学与其他哲学流派思想相区别的标志。

1. 诸行无常

"行"，本指一切辗转相依、生灭相续的无限活动。但佛教认为，世间一切事物都是因缘和合而生的，世间一切现象，包括各种物质现象、心理活动和形式概念，无一不是迁流转变，所以它们也称为"行"。因而"行"由最初的相依相续的活动引申为指世间一切由因缘和合而生、永远处于迁流转变中的事物和现象。因万物和现象众多，故称为"诸行"。"无常"，即不恒常，也就是变化不息的。因此，所谓"诸行无常"，简单地说就是世间一切事物和现象都是变化无常的，世界上没有永恒不变的事物和现象。

2. 诸法无我

"法"，是指世间存在的事物。"我"，是主宰、自性、实质和实体的意思。"我"是恒常不变的实体，具有主宰的功能，既无集合离散，又无变化生灭，是独立自生的永恒不变的主宰者。所以，"诸法无我"就是说世间一切存在的事物都没有独立的不变的实体或主宰者，一切事物都没有起着主宰作用的我或灵魂。换句话说，世界上没有单一独立的、自我存在的、自我决定的永恒事物，一切事物都是因缘合成的、相对的和暂时的。正是在这个意义上，佛教常说"一切皆空"。

3. 涅槃寂静

"涅槃"，一般指断灭"生死"轮回而后获得的一种精神境界，是佛教全部修习所要达到的最高境界。"寂静"是指涅槃的状态。所谓"涅槃寂静"，就是要远离烦恼，断绝患累，超脱生死轮回，进入涅槃境界。涅槃寂静是三法印的终极，佛教提出诸行无常和诸法无我，就是为了说明涅槃寂静的道理。涅槃寂静是佛教的最终理想，从一定意义上说，佛教的种种学说，最终都是为了说明和论证涅槃寂静这一最高理想。

诸行无常、诸法无我和涅槃寂静"三法印"学说，是就一切事物、现象对人生的实际意义角度立论的，是一个统一的整体学说。三法印的根本内涵是揭示一切事物和现象的绝对的真实，这一真实就是一切事物和现象的无有自性，即空性，也就是空。因此，"三法印"说一直被认为是佛教的三大纲领，整个佛学的理论枢纽，佛法中不可动摇的根本原则。

二 佛教哲学的历史源流

佛教哲学有着源远流长的历史，它的基本思想在印度佛教中便已然形成。印度佛教自兴起到衰落，前后约为 1500 年。其间由原始佛教到部派佛教，后来又发展产生了大乘佛教、密教，形成了不同阶段。佛教传入中国后，其哲学思想又有了相应的发展，自两汉之际传入，到宋代开始衰落，其间繁荣兴盛的时代是东晋、南北朝、隋唐时代，共约 600 年光景。在此期间，中国佛教经历了由成立学派到宗派林立的过程。佛教哲学理论主要便蕴涵在印度佛教和中国佛教两大密切联系的系统之中，这两大系统虽有不同，但基本哲学思路却是一致的。

(一)印度佛教哲学发展历程

印度佛教哲学经历了四个发展阶段，即原始佛教时期、部派佛教时期、大乘佛教时期和密教时期。

1. 原始佛教时期

原始佛教时期是指公元前 6 世纪至前 4 世纪中叶，释迦牟尼及其弟子传教的时期。这一时期的理论重心是四圣谛说，理论基础是缘起说。缘起说认为，事物的产生和存在依赖于构成的主观和客观条件，如果离开这些构成事物的主客观条件，事物也就不存在。事物本身既然不存在，自然也就没有事物的实体存在。这和三法印说中的诸法无我所表达的意思基本一致。佛教根据缘起的理论来观察和分析人生现象，认为人的肉体是由地、水、火、风四大元素构成的，人的精神是多种心理要素构成的，一旦四大元素和各种心理要素分离，人的肉体立即消亡，精神世界立即消失。人生是一个生（生成）、住（暂住）、异（变易）、灭（死亡）的自然过程，是没有独立不变的永恒实体的。在整个原始佛教时期，佛教徒基本上都在传承自释迦牟尼传下的这一佛教哲学思想，佛教内部没有产生分歧。

2. 部派佛教时期

部派佛教时期是指公元前 4 世纪中叶以后，至公元 1 世纪时期的佛教。释迦牟尼逝世 100 多年以后，由于社会历史的发展所引起的政治经济条件的变化，佛教流传地区的扩大，不同地区的教徒使用不同的语言，引起内部的分歧，又由于当时佛教系凭口头传说，难免记忆有误，以讹传讹，这样就不可避免地产生了对于原来的戒律和教义在理解上的歧义，并逐渐分化为上座部和大众部两大派系。上座部就是一些长老的主张，强调严守原来的教义和戒律，属于正统派。大众部是众多僧侣的主张，提出了教义的一些新说，开禁了部分戒律，是比较强调发展的流派。后来从这两部中又分化出十八部，形成一个部派纷争的局面。一般地说，上座部各派偏重于说"有"，也就是认为精神现象和物质现象是实在的。大众部各派偏重于讲"空"，或者只承认现在实有，认为过去和未来都是没有实体的。与此相联系，在心性及其解脱问题上，大众部和上座部虽然都主张"心性本净"，但是两派所讲的"心性本净"的含义却大相径庭。上座部是指心本来就是净的，大众部则指心在未来可能是净的，心净是未来可能达到的境界。实际上认为原来的心并不净，是染心，强调染心可以得到解脱。大众部的这一思想对后来大乘佛教的影响比较深刻。

3. 大乘佛教时期

大乘佛教时期是指公元 1 世纪左右至公元 7 世纪时期的佛教。大乘佛教思潮形成于 1 世纪左右，至此印度佛教开始出现大乘佛教与小乘佛教的历史性分裂。"乘"，一般解释为"车辆"、"乘载"、"运度"之意，梵文原意有"道路"或"事业"的意思。大乘佛教以普度众生到彼岸世界为标榜，贬低原始佛教和部派佛教只着眼于追求个人的解脱，是小乘佛教。"大乘"意思就是"伟大的车辆"或"在大道行进的事业"，能运送众生从生死此岸到达涅槃彼岸。而"小乘"就是指只能运载一人的车辆或仅能容许一人通过的羊肠小道。比较而言，小乘佛教过于拘泥于释迦牟尼的教法，对佛陀的言教采取固定化的解释。在事物现象存在的真实性方面，小乘因肯定佛法的实在性，多主张"我空法有"，即否认人的生命中有不变的实体存在，但不否认宇宙万象的客观存在。大乘佛教对释迦牟尼所传教义，采取了随机解释、自由发挥的做法，主张人法皆空，人和宇宙万物都没有独立不变的永恒实体。客观事物都是由原因和条件和合而成，因而就其存在本身而言就是空。大乘佛教思想达到了宗教理论思维的高峰，基本上标志着印度佛教哲学思想的完成和终结。

4. 密教时期

大约公元 7 世纪至 12 世纪是密教时期。由于大乘佛教倾向于理论论证，难以为一般群众所理解和接受，佛教为了争取更大影响，便采用了印度教的方法，使佛教和印度教以及当时流行的迷信思想结合起来，形成密教。密教以咒术、仪礼、粗俗信仰为特征，哲学思想十分贫乏。它的主要哲学思想是"六大"缘起说。密教宣传宇宙的本体和现象二而为一，两者都由地、水、火、风、空、识"六大"所构成，宇宙万有都是"六大法身"的显现，而"六大法身"就是佛的真身，也就是说，宇宙万有都是佛的产物。印度佛教哲学最后就以这种极度的神秘主义说教，宣告了它的历史终结。此后，世界佛教的中心东移至了中国。

(二) 中国佛教哲学发展历程

据史料记载，大约在印度大乘佛学思潮兴起之时，即公元 1 世纪左右(两汉之际)，佛教开始传入中国。随着佛教在中国传播的广泛深入，佛教哲学在中国又有了新的发展。佛教在中国的历史演进可分为三个阶段：一是汉魏晋南北朝阶段，这是佛教由传入到日趋兴盛的时期；二是隋唐阶段，这是中国佛教的鼎盛时期，也是中国佛教哲学最为繁荣的时期；三是宋元明清阶段，这是佛教走向下坡路，日趋衰落的时期，也是佛教哲学与儒学逐渐融合的时期。

1. 汉魏晋南北朝阶段

佛教自两汉之际传入中国，到整个三国两晋时期，佛教的传播活动主要是翻译印度佛经。当时佛经翻译的主要内容可以分为两类：一是以安世高为代表的小乘禅学，一是以支谶为代表的大乘般若学。前者偏重于宗教修持，强调默坐专念；后者偏重于教义的研究和宣传，以论证现实世界是虚幻的。由于历史条件和主观条件的限制，当时表达佛教哲学的主要方法是"格义"。所谓"格义"，就是用中国固有哲学的概念、词汇和观念来比附和解释印度佛教经典及其思想，因此，这一时期便形成了"格义"式的佛教哲学。随着大乘般若学在魏晋时期的盛行，对般若学的"格义"还形成了所谓的"六家七宗"等不同派别。这些派别的思想实际上是当时流行的玄学思想派别的变相，所阐释的义理并不完全符合印度大乘佛教的正统观点。但这一时期佛教哲学的发展也正体现了中国佛教哲学思想的主要特点，预示了中国佛教哲学发展的基本方向。

南北朝时期，佛教哲学已由早期的比附格义转向了自主发挥，一方面对印度佛教原义有了更准确的把握，另一方面也开始有了自己的创造性阐释。此时译出的佛经越来越多，讲习经论之风也越来越盛，从而形成了众多佛教学派，如涅槃、毗昙、三论、成实、地论、摄论等，各派都着力宣传本派的哲学，并由此而产生了教内外不同观点的争论，颇具百家争鸣的味道。在众多学派中，涅槃学无疑是当时最重要的一个。涅槃学主要阐发的是佛性学说，当时宣扬佛性说的代表人物是竺道生。生活于晋宋之际的竺道生的学说主要有两方面：涅槃佛性说和顿悟成佛说。佛性是指众生成佛的原因、根据、可能，是成佛的根本前提，当时传入的佛经并没有一阐提①成佛之说，他独具慧眼，首先提出一阐提也有佛性，也能成佛的观点。顿悟是关于成佛的步骤、方法问题。竺道生认为成佛是一个以不二的智慧冥契不可分的真理而豁然贯通的顿悟过程。竺道生所倡导的佛性说和顿悟说，对后来佛教哲学的发展产生了深远影响，自南北朝之后，逐渐成为中国佛教哲学的主流。

---

① 一阐提，梵语音译，意指断绝一切善根、不信佛法的人。

2. 隋唐阶段

隋唐二代是中国佛教的鼎盛期，也是中国佛教的成熟期。就表现形式来说，隋唐时期的佛教是一种宗派佛教，南北朝时期的佛教学派逐渐形成若干新的佛教宗派，著名的有：天台宗、三论宗、法相唯识宗、律宗、华严宗、密宗、净土宗和禅宗等。这些佛教宗派大多另辟蹊径，自造家风，以"六经注我"的精神，"说己心中所行法门"。在这些宗派中，哲学色彩比较浓厚的是天台宗、三论宗、法相唯识宗、华严宗和禅宗。这其中三论宗和法相唯识宗的基本理论分别搬自印度大乘中观学派和瑜伽行派，理论创造不多，而天台宗、华严宗和禅宗则是中国化的佛教宗派，带有更多创新性的哲学思想。如天台宗吸取《大乘起信论》的真如说，以为真如即佛性，由此提出了无情有性说，强调一切无情的草木、山石、砾尘，皆有真如佛性。这与当时佛教心性论思潮相呼应，而把天台学重心转到心性上来。这里要特别提到作为中土佛教之代表的禅宗，更是全抛印度佛教之源头而直探心海。禅宗的思想纲领是性净自悟，就是说，人人本性清净，只因被妄念的浮云所盖而不能自悟，一旦妄念俱灭，顿见真如本性，自成佛道。在悟道途径上禅宗提出"无念为宗，无相为体，无住为本"，要求排除一切杂念，不执著于外界事物的相状，不在任何事物上定住，执为实有，从而灭除妄念，顿悟成佛。禅宗的心性论和成佛方法论对此后整个中国思想都发生了重大影响。

隋唐时期的佛教哲学，可以说基本上是一种佛性理论，其思想内容表现出一种倾向，即注重心性。可以说这一时期佛教学说的最大特点，是把佛性心性化。

3. 宋元明清阶段

宋代以后，佛教总的情况是大势已去，高潮已过，逐渐走向衰落。中国佛教哲学发展到唐代，也已达到了顶峰，其后也就没有什么大的进展了。不过，这一时期佛教哲学的发展也有一些新变化，这一时期佛教哲学的特点，主要表现在心性问题成为哲学理论的核心，各宗派逐渐走向融通，佛教思想与儒道思想走向调和。宋代以来，佛教各宗和宋明理学遥相呼应，都重视心性问题，如禅宗讲自性，华严宗讲真心，天台宗重观心等，并且愈来愈用"自心"来统一佛教各派，从而使佛教哲学体现出"心学"的强烈色彩。各佛教宗派的融通趋势也愈来愈明显，大体上先是各宗分别与净土宗的合一，再是以禅净合一为中心的各派大融合。于是，佛教各宗的界限愈来愈模糊了。从佛教与其外部的儒道关系来说，相互调和的倾向也日益鲜明，所谓儒、道、释三者"门墙虽异本相同"的观点已为愈来愈多的佛教学者接受。明代四大高僧之一的智旭曾言："自心者，三教之源，三教皆从此心施设。"①以"自心"为三教的共同根源，将三教安置于"自心"基础上从而使三者统一起来。这正体现了中国佛教哲学后期思想的重要特点。

从佛教哲学的发展历史看，中国佛教哲学与印度佛教哲学的基本思想是一脉相承的。不过，由于佛教从印度移植到中土后，是在中国文化的土壤上生根、成长、繁殖，便也发展出许多新的特征，使中国佛教哲学呈现出不少不同于印度佛教哲学的特点。

三 中国佛教哲学的基本特征

中国佛教哲学在根本观念上与印度佛教哲学并没有多大区别，它们都属于佛教哲学这个大系统。但自佛教传入中国后，和中国固有的传统思想，主要是儒家、道家和玄学思想，以及原有的迷信观念等相接触、撞击、斗争、融合，导致自身的不断改造，不断变化，不断发展，从而又形成了许多独具特质的新思想，表现出一些新的特性。这些新特征在中国化佛教——禅宗中表现得尤为突出。

(一) 中国佛教哲学的代表——禅宗

"禅"是梵语"禅那"的简称，意译为"静虑"，它是印度各教派普遍采用的修习方式，但印度佛教只有禅而没有禅宗。所谓禅宗，特指奉菩提达摩为始祖的中国佛教宗派，因其主张用禅定概括佛教的全部修习而得名。禅宗是印度佛教中国化的最显著标志，是典型的中国佛教，故又被称为"中国禅"。

禅宗视南北朝来华传教的印度僧人菩提达摩为初祖，也就是创始人。传至五祖弘忍，达摩禅声誉大振。后来五祖传禅宗衣钵于六祖慧能。现代人们一般认为六祖慧能才是中国禅宗的真正创始人。这首先是因为禅宗的主要经典是慧能的《坛经》，而且在中国佛教学者的著述中，只有《坛经》被尊称为经，这足以说明《坛经》在中国佛教史上的重要地位；其次因为禅宗在慧能时期中国化的进程无论在广度与深度上都达到了其发展的鼎盛时期。

---

① 方立天：《佛教哲学》，北京：中国人民大学出版社，2012年，第46页。

禅宗最具特点的佛学思想是佛性说、顿悟说和无念说。

1. 佛性说

慧能在《坛经》中曾说："如是一切法，尽在自性。自性常清净。日月常明，只为云盖覆。"（敦煌本《坛经》）这是说，佛性是存在于人的本性之中的，人的本性本来清净，具有先天的智慧，只是因为一向被妄念的浮云所盖覆，所以未能自悟。所谓妄念，指虚妄的心念，也就是指俗世中人不知佛法的真义，而对现实世界产生的错误思考。所以，学佛修行的要义，就在于除却妄念，拨开云雾，自识本性，即可见性成佛。因此，禅宗认为，人人都是可以成佛的，成佛并非另有佛身，自性就是佛。这就把心外的佛变成心内的佛，把佛变为举目常见的平常人，或者说把平常人提高到与佛相等的地位。

2. 顿悟说

所谓顿悟，是指无须烦琐仪式和长期修习，一旦把握佛教"真理"，即可突然觉悟。对于如何才能"见性成佛"，禅宗明确反对坐禅念佛，也不要求累世修行，而是强调"直指本心"、"顿悟成佛"。也就是说无须长期修行，而凭自己的智慧，一旦觉悟，即可成佛。从思维方式的角度考察，禅宗的顿悟说是一种直觉认识方法，不用概念、判断和推理的逻辑思维，不凭借经验的积累和对外界事物的理性分析，而是凭借感性直觉与瞬间的意念来把握认识对象，实现境界的升华。

3. 无念说

顿悟成佛的关键在于吹散妄念浮云而自见真如本性。那么，如何把妄念浮云吹散而使佛性自现呢？禅宗认为只要"无念"就可以了。"无念"是禅宗的最高宗旨和最高境界。《坛经》说："我此法门，从上已来，顿渐皆立无念为宗，无相为体，无住为本。"①所谓"无念"，是指认识不要存留世俗世界的任何想法、任何分别，而只有符合佛教真如的念头。所谓"无相"，是指在与外界的接触之中不产生任何表象，以保持本心的虚空寂静。所谓"无住"，是指心不要执着于外物，不思恋外物。"三无"之中，无念为本，无相与无住归根到底也就是无念。达到无念境界，也就可以顿悟成佛了。

---

① 郭朋：《坛经校释》，北京：中华书局，1983 年，第 31~32 页。

禅宗所表达的佛学思想，把自心等同于佛性，破除了传统佛学对"西方"的迷信和对"佛祖"的崇拜，泯灭了佛国极乐世界与现实世界的严格界限，带有一定泛神论倾向。而其"顿悟成佛"说也为人们指出了一条简捷方便的成佛道路。因此很快受到上、下各阶层的欢迎，自中唐以后，逐渐发展成为中国最具影响的佛教流派，对此后中国文化艺术都产生了深远影响。

(二) 中国佛教哲学的基本特点

中国佛教哲学的特点主要是通过天台宗、华严宗，特别是禅宗的哲学思想表现出来的。前面对禅宗思想的介绍已经反映出一些基本特点，下面我们作一个简单概括。

1. 重现实人生

中国佛教哲学思想的主旋律和真精神，在于成就人生最高的价值理想。印度佛教哲学的基调是宣传一切皆空，否定存在(包括个人生命在内)的客观性、真实性。这种思想与中国固有哲学的基调——承认存在的客观性、真实性是旨趣迥异的。天台宗、华严宗和禅宗等宗派的大师们，自觉地吸取了中国固有的思维方式，运用圆融的思想方法，把理想世界和现实世界统一起来，强调理想寓于现实之中，主张回归现实，从现实中实现理想；也就是立足现实，消解对立，超越现实，成就理想。这正是中国佛教哲学思想的发展轨迹。

2. 重个体心性

要成就人生的最高理想境界，关键在于认识、重塑和完善主体世界，也就是认识、改造和提升人心及其本质(本性)。这样，心性论就日益成为中国佛教哲学思想的重心。在中国佛教史上，先后展开争论的重大理论问题大体是因果报应之辩、神灭神不灭之争、佛性问题的纷争、真心说与妄心说的对峙、性善论与性恶论的对立，最后统一为主张与儒、道两家同一本心的三教心性合一论。这基本上是围绕心性问题而展开的。

3. 重直觉思维

中国佛教心性是阐述心的本性(自性)的理论，它的重心不是论述心的本性是净还是染的心理和生理问题，而是阐明成佛的可能性和开悟人心的理论根据。因此，天台宗、华严宗和禅宗都重视"观心"、"见性"，或观真心，或观妄心，或明本心，复本性，尽管法门不一，但贯穿其间的共同点是较多直接的感悟，也就是直觉方法。可以说，富有理智的直觉思维是中国佛教在心性论基础上构筑主体理想价值世界的基本方法。

佛教哲学常被喻为"治心"之学，其可"治心"，也可"制心"。如按照禅宗的观点，自性是佛，外界一切都是虚假不实的，它只会干扰主体的"涅槃寂静"和"直指本心"；若能去掉妄想邪念，则"性自清净"。因此，当事业受挫、理想幻灭时，应自我反省，扫除内心的"妄念浮云"；而当功成名就、荣宠加身时，应想到这只不过是过眼云烟、身外之物。总之，执着于荣辱、毁誉、进退、得失，都是对佛性的亵渎，只有身处尘世之中而心超尘世之外，宠辱不惊，进退从容，才是把握了佛家的真谛。这样一种心态无疑是一种较高的人格境界。但是，由此透露出的与世无争、随缘而安的思想也有其消极的一面，这种思想与现代人的进取、创造精神是格格不入的。因此，我们在学习的过程中要采取批判吸收的态度，如此才能使佛教哲学在今天的精神文明建设中发挥积极的作用。

◎ **思考题：**

1. 如何评价仁学思想的历史与现代价值？
2. 如何评价儒学文化对中国传统文化的积极影响与消极影响？
3. 道家思想对中国政治哲学有何影响？
4. 道教与道家哲学有何关系？
5. 佛教对中国人的人生哲学有何影响？
6. 为什么说佛教是治心之学？

◎ **关键词：**

【中庸】中国古代哲学范畴，最先由孔子提出。《论语·雍也》："中庸之为德也，其至矣乎！民鲜久矣。"其意是说中庸是最高的道德。中庸的基本原则是"允执其中"，要求把握适当的限度，以保持事物的平衡，使人的言行合于既定的道德标准。后来子思及其门人作《中庸》一书，认为人们在实行道德之时，往往智者贤者"过之"，愚者不肖者"不及"，致使正道不行，主张用中庸纠正极端倾向，以维护正道。宋代理学则将"中庸"进一步视为"道统"的核心，将不偏不易的"正道"、"定理"视作"中庸"。可见自孔子提出"中庸"后，历代学者解说不一，多借此发挥自己的思想。

【忠恕】中国儒家的伦理与哲学范畴，处理人与人之间关系的原则。把忠恕连起来提的是曾子。孔子说："吾道一以贯之。"曾子解释说："夫子之道，忠恕而已矣。"（《论语·里仁》）孔子最先提出"恕"，并为其下定义说："其恕乎，己所不欲，勿施于人。"（《论语·卫灵公》）曾子曾说："为人谋而不忠乎?"（《论语·学而》）忠指尽力为人谋，也就是《论语·雍也》中所说："己欲立而立人，己欲达而达人。"后来朱熹《四书集注》中说："尽己之谓忠，推己之谓恕。"后人解释虽有不同，但都有推己及人，即以对待自己的态度对待别人的意思。在孔孟的思想体系中，忠恕是仁的具体内容，是仁的实际运用。

【自然】中国道家哲学中的一个重要范畴，指宇宙万物的存在及发展都是自然而然的，不受任何意志的支配。在中国哲学史上，老子首创天道自然的学说，认为天道是无目的无意志的，万物皆由道产生，道生万物是自然而然的，并明确提出"道法自然"的观点，意思是说，道是自然而然，本来如此，以自己为法的。道听任万物自然而然地发展，生长万物而不据为己有，推动万物而不自恃有功，长育万物而不作为其主宰。庄子继承了老子的天道自然思想，他认为，人只能顺应自然，不可能改变自然。

【逍遥】庄子哲学中的一个范畴，指一种个人精神绝对自由的境界。《庄子·逍遥游》集中阐述了这一思想。庄子认为，真正的逍遥在于任其自然。小鸠、大鹏以至列子御风而行都是各有所待，都是有条件的，所以都不是绝对的逍遥。只有凭借天地的正道，驾驭阴、阳、风、雨、晦、明六气的变化，以遨游于无穷者，才是无所待的至人。至人无我、无为、无名，与天道一体，达到了"天地与我并生，万物与我为一"的境界，就有了绝对的自由。至人是庄子的理想人格，逍遥游是庄子哲学所追求的理想境界。

【佛性】佛教术语，即佛陀之本性，或指成佛之可能性。大乘佛教的一些经典认为一切众生皆有佛性，即众生都有觉悟成佛的可能性。另外一些经典主张，并非一切有情都有佛性，有一部分人，由于他们的根器，即使勤修也不能成佛。佛性一词在不同的情况下有不同的内涵。诸家依《涅槃经》一般说有三因佛性：(1)正因佛性，即中道实相、真如法性的理性；(2)了因佛性，即观悟佛理所得之智慧；(3)缘因佛性，则是能起智慧之缘的所有善行。佛性是因，成佛是果，要圆满具备此三因方能成佛。佛性一词和法性、实相、如来藏等概念义同而名异。

【涅槃】佛教教义，又译作泥洹、涅槃那，意译作灭、寂灭、安乐、不生、解脱、圆寂。涅槃原意是火的熄灭或风的吹散状态。佛教产生以前就有这个概念，佛教用以作为修行所要达到的最高理想境界。含义多种：息除烦恼业因，灭掉生死苦果，生死因果都灭，而人得度，故称灭或灭度；众生流转生死，皆由烦恼业因，若息灭了烦恼业因，则生死苦果自息，名为寂灭或解脱；永不再受三界生死轮回，故名不生；或无不尽，德无不圆，故又称圆寂；达到安乐无为，解脱自在的境界，称为涅槃。佛教大小乘对涅槃有不同说法。一般分为有余涅槃和无余涅槃两种。一个修行者证得阿罗汉果，这是业报已尽，但还有业报身心的存在，故称有余涅槃；及至身心果报也不存在了，称无余涅槃。

第二章　政治文化

政治文化是人类处理个体与个体、个体与群体、群体与群体之间关系的文化产物，它是文化体系中最具权威的因素，它规定着文化整体的性质。中国古代政治文化的主体是政治制度，如礼仪制度、法律制度、职官制度、科举教育制度等。中国古代政治制度可分为基本制度、具体制度和个别制度等几个层次，它不仅通过正式的、成文的、理性的方式表现出来，而且也通过非正式的、不成文的、非理性化的形式，即社会习惯的行为模式与行为规范表现出来。本章主要介绍古代政治文化中的礼仪制度、法律制度、职官制度、科举教育制度。

第一节　礼制政事

中国素有"礼仪之邦"之称，礼在中国社会的政治、文化、生活中占有极其重要的地位。在传统中国，上自朝廷的军国大政，下至民间的冠婚丧祭，无不是在礼的规范下进行的。因此，礼制成为中国古代社会生活中最具权威的制约因素。而尊礼、重礼、守礼、行礼也成为中华民族的优良传统，并由此而形成谦逊友善、彬彬有礼的民族风貌。礼在中国古代是一个意义广泛的概念，囊括了国家的政治、经济、军事、文化等方向的典章制度和个人的伦理、修养、行为等方面的道德规范。本节主要介绍作为典章制度的礼制的源流、内容及其影响。

一　礼制源流

礼，是中国奴隶社会的典章制度，奴隶社会及封建社会的道德规范。作为典章制度，它是奴隶社会政治制度的体现，是维护宗法与等级制度的上层建筑以及与之相适应的人与人交往中的礼节仪式。作为道德规范，它是奴隶主贵族及封建地主阶级一切行为的准则。礼从其起源到形成制度，有一个发展演化的过程。

（一）礼的起源

礼的起源，可以一直追溯到原始社会。人在与自然的斗争中，就要组成群体，要维持这个自然形成的群体，就必须有一种对大家有制约作用的规范。正如荀子所说："人生而有欲，欲而不得，则不能无求，求而无度量分界，则不能不争。争则乱，乱则穷。先王恶其乱也，故制礼义以分之，以养人之欲，给人之求。使欲必不穷乎物，物必不屈于欲，两者相持而长，是礼之所起也。"①不过，最初的"礼义"并不是"先王"所制，而是人类在自然与社会的斗争中，在人类互相依赖、又互相制约的群体生活中，逐步积累和自然约定而成的。一开始，它必定与原始生产的集体性质相符应，与血缘团体尊老爱幼的天然秩序和自然交往相吻合，也就是说，礼所规范的对象是群体。比如，在一个群体中捕获了一只野兽，分食时，总要有个先后顺序，人们会自然想到同一血缘关系中的长幼之序，按照长幼顺序分食野兽，这就形成了原始人类最初的"礼"。这种"礼"可以调整群体内各个方面的关系，解决诸多矛盾。因此，从理论上讲，礼起源于人类为调整主客观矛盾，寻求欲望与条件之间的动态平衡的要求。

从形式讲，礼的起源与敬神祭神紧紧相连。原始人认为鬼神、祖先是唯一能对人类生活进行干预的力量，无论是自我限制还是自我鼓励，都以神灵为无上的权威。因此要想一生平安，祈福避凶，就必须祭祀鬼神先祖。而祭祀时往往伴有十分隆重的仪式，这样祭祀鬼神先祖便成为"礼仪"的最初源头。郭沫若先生说："礼之起于祀神……其后扩展而为对人，更其后扩展而为吉、凶、军、宾、嘉的各种仪制。"②这些仪式都是以现实生活中最符合当时价值标准的模范行为为原型，并加以衍化，从而形成一套具有普遍意义的、可模仿、可参照实行和可以根据条件不断有所更新修正的行为程式。这些行为程式的演变，是一个不断进行的过程，越往后越复杂。

进入阶级社会后，氏族部落的社会关系发生了根本性变化，由人与人之间的

---

① 《荀子·礼论》。
② 郭沫若：《十批判书·孔墨的批判》，北京：东方出版社，1996年，第96页。

平等关系变成了一部分人对另一部分人的剥削、压迫关系，社会结构呈等级排列。此时，作为行为程式的"礼"的中心内容也由原始社会的祭神习俗演变成调整人们社会关系的行为准则，而"礼"规范人类行为的目的则不再是维护群体的利益，而是为了维护狭隘的统治阶级的利益了。

(二) 礼制的确立

从现有文献来看，"礼"应是到西周才发展成一整套以维护宗法等级制为核心的礼制。相传周公制礼，在他的主持下，对以往的宗法传统习惯进行了整理、补充，厘定成一整套以维护宗法等级制为中心的行为规范以及相应的典章制度、礼节仪式。这便是孔子所向往的周礼。《尚书大传》中说："周公摄政，一年救乱，二年克殷，三年践奄，四年建侯卫，五年营成周，六年制礼作乐，七年致政成王。"

周礼经过不断充实、发展，内容非常庞杂，涉及政治、经济、军事、教育、行政、司法、宗教祭祀、婚姻家庭、伦理道德等各个方面。在周公所确立的礼制体系中，等级观念贯穿始末，其核心内容就是遵循"尊尊"、"亲亲"的原则来正名分，定等级，以调适统治阶级的内部关系，维持稳定的统治秩序。"亲亲"指必须亲爱自己的亲属，特别是以父权为中心的尊亲属；子弟必须孝顺父兄，小宗必须服从大宗；分封和任命官吏必须"任人唯亲"，使亲者贵、疏者贱，并按嫡长继承制代代世袭下去。"尊尊"指下级必须尊敬和服从上级、特别是作为天下大宗的天子和一国宗主的国君；严格上下等级秩序，不得僭越，不许犯上作乱。"尊尊"和"亲亲"本是宗法制度的原则，它要求人们根据血缘、宗法关系的亲疏远近，确定各人在社会身份上的高低尊卑，并要尊其尊者，亲其亲者。根据这种原则而确立的礼制，恰恰能起到标识社会成员身份高低贵贱的作用。它通过各种具体的方法如服色、车舆等外在表现形式，来明确地界定每个社会成员的身份地位，从而使得社会上的各色人等，都有严格的等级差异，刻意造成了全社会尊卑有序、贵贱有别、亲疏有分、高低不等的等级阶梯。如此一来，社会秩序就呈现出清楚整齐的有序系统，王朝的统治也就得以巩固了。

显然，礼制主要体现统治者的等级观念，是为统治者的利益服务的，对广大下层百姓具有一定的欺骗性。但不可否认，作为一种全社会所遵循的基本规范，礼制虽然从它产生的第一天起，就不可避免地带有阶级统治的烙印，对每个社会成员不可能做到绝对公平，但不以规矩，无以成方圆，人类社会不依靠这些不尽合理的规矩，是无法取得进步的。

(三) 礼制的发展

周公制礼，典章制度较前代更为完备，发展到了"郁郁乎文哉"(《论语·八佾》)的程度，使孔子赞叹不已，宣称"吾从周"。

周人本以"尊礼"著称，但进入春秋以后，王室衰微，奴隶制日趋瓦解，伴随着大国争霸而来的兼并战争，打乱了周王朝的礼制秩序，礼乐征伐自诸侯出，陪臣执国命，封建等级制度破坏，统治阶级内部对于礼任意僭用。各诸侯国内新旧力量的斗争和政治经济制度上的变化也猛烈地冲击着周礼的亲疏观念。所以司马迁说："孔子之时，周室微而礼乐废。"[1]

随着各项礼乐制度不断崩溃，礼包含的政治内容离人们越来越远，只剩下一些空洞的礼仪。同时，由于封建制的兴起，贵族内部矛盾的激化以及宗法关系的疏远，礼制在一定程度上阻碍了社会进步。面对礼的危机，春秋时期统治阶级的代表人物，不管其政治主张如何，都认为礼是修身、齐家、治国、平天下的重要工具，不可废除。他们从各自的目的出发，对礼进行了改造，重新认识了礼的价值，对礼输入了许多道德元素。伦理道德修养渐渐成为礼的主要内容。这样，政治、法律、习俗、道德混合为一的礼，便凝缩到修养的要求上，让位于伦理道德范畴的礼了。

在礼的转变中，孔子做出了重要贡献。孔子纳仁入礼，将其创新的仁的观念，注入礼的躯壳之中，改变了旧礼中不仁的成分，树立起有仁的精神之新礼。仁礼互为表里，仁以礼为目标，又要求把礼从外在形式转化为人的内在精神要求。而礼则通过具体的制度设置，把仁的精神物化、规范化。这样，仁礼结合起来，转化成了一种伦理道德之礼。儒家主张用这种道德之礼来完成从外到内、从内到外的社会秩序构建工作。

秦始皇统一中国后，执行的是专奉刑法的暴政，结果很快走向灭亡。西汉时

---

[1] 《史记·孔子世家》。

期武帝"罢黜百家，独尊儒术"，重新拾起礼治大旗。自汉而后，历代封建统治者都十分重视利用礼制来稳定社会秩序，强化统治。随着时间的推移，封建制度的日趋腐败和没落，封建统治者对于礼制愈趋重视并不断强化，几乎无所不用其极，使礼制一直伴随着封建制度的始终。

二　礼制内容

中国古代的礼制极其庞杂。就其外在形式而言，可分为吉礼、凶礼、宾礼、军礼、嘉礼五种；就内在精神来说，其核心则为宗法观念。

(一)五礼

礼分五类这一说法，最早源于《周礼》一书，后来为历代礼学家所沿用。五礼的内容繁多，范围广泛，涉及人类各种行为和国家各种活动。下面主要介绍其中涉及国家政治方面的礼仪。

1. 吉礼

吉礼，是对天神、地祇、人鬼的祭祀典礼。吉礼为五礼之首，《礼记·祭统》说："礼有五经，莫重于祭。"按《周礼》的说法，吉礼是祝祈福祥之礼。吉礼的主要内容可归为三大类：第一是祭天神，第二是祭地祇，第三是祭人鬼。

天帝是中国神鬼体系中最尊贵、最有权威的主宰神，祭天之礼是古代最为隆重和庄严的典礼。它包括圜丘祀天、封禅、祀日月星辰等诸礼。圜丘是一座圆形的祭坛，以象征天的形象，周礼规定，圜丘建于国都南郊，每年冬至举行祀天大典。封禅是指在泰山进行的祭祀天地的活动，是封建帝王神化自己、粉饰太平的一种手段。"朝日""夕月"之礼，渊源很古，汉武帝时于太一坛合祭日月，魏晋南北朝时，正式确定了春分朝日，秋分夕月的礼仪，合祭日月改为日月分祭。

土地孕育万物，同时土地也是国家的立国之本，有土则有民，无土则无民，因此，祭地之礼也是古代吉礼中的重要组成部分。古代礼仪中祭地的正祭，是方丘祭地，即在每年的夏至于国都北郊水泽之中的方丘上举行的祭典。此外还有祭祀社稷、山川之礼等。

所谓人鬼之祭即指宗庙祭祀。宗庙是供给祖先亡灵居处的所在，古人认为，统治国家的权力既是自天而得，又是承袭于祖先，因而家国是一体的，祖先亡灵所居处的宗庙，自然也就成为国家的象征。对宗庙的祭祀，就是对祖先的祭祀，具有标志国家系于一姓的特殊政治意义，故而古代对宗庙的祭礼极为隆重。宗庙祭祀包括月祭、四时之祭、祫祭、禘祭等。

2. 凶礼

凶礼是哀悯吊唁忧患之礼。《周礼·大宗伯》说："以凶礼哀邦国之忧。"此处的"哀"是"救患分灾"的意思，即以实际的措施抗灾救患，不限于表达哀悯之情。凶礼的主要内容包括：以丧礼哀死亡，以荒礼哀凶札，以吊礼哀祸灾，以禬礼哀围败，以恤礼哀寇乱。

丧礼是对各种不同关系的人的死亡，通过规定的时间的服丧过程，表达自己不同程度的哀痛。中国是一个重视孝道的社会，子女为父母操办丧事天经地义，因而丧礼历来得到人们的重视。包括招魂之礼、入棺之礼、停棺之礼、墓葬之礼、服丧和丧服等方面。荒礼指自然灾害引起歉收、损失和饥馑后，国家为救荒而采取的政治礼仪措施。荒礼是历代统治者都注意研究的政治问题。荒礼主要包括散利、薄征、缓刑、弛力、舍禁等方面。吊礼是对同盟国或挚友遇有死丧或水火灾祸，王与群臣派遣使者去申述自己的慰问的一种礼仪。禬礼是同盟国中某国被敌国侵犯，城乡残破，盟主国应会合诸国，筹集财货，偿其所失。恤礼是某国遭受外侮或内乱，其邻国应给予援助和支持。

3. 宾礼

宾礼是接待宾客之礼。《周礼·大宗伯》说："以宾礼亲邦国。"这是讲天子与诸侯国以及诸侯国之间的往来交际之礼。主要内容包括：朝、宗、觐、遇、会、同等方面，这些都是天子款待四方诸侯来朝会的典礼。

春天诸侯朝见，主要是商议一年施政的大事；夏天诸侯宗见，主要是各自陈述治理天下的谋略；秋天诸侯觐见，主要是排列比较各邦国的治政功绩；冬天诸侯遇见，主要是协商统一各自对治政的谋虑。会，即时见，它是周天子有大事时，一方诸侯临时朝见天子，协助天子商讨征伐大事，向四方发布政令的宾礼。同，即殷见，它是天下四方诸侯赴王畿朝见天子，天子发布治政纲领的宾礼。

4. 军礼

军礼是师旅操演、征伐之礼。《周礼·大宗伯》说："以军礼同邦国。"这是讲对于那些反逆不驯的诸侯要用军礼使其服从和同。军礼的主要内容包括：大师之礼、大均之礼、大田之礼、大役之礼、大封之礼等。

大师之礼是军队征伐的礼仪，包括出师祭祀、誓师、军中刑赏、凯旋、论功行赏等。大均之礼是王者和诸侯在均土地、征赋税时举行军事检阅，以安抚民众。大田之礼是天子的定期狩猎，以练习战阵，检阅车马。大役之礼是国家兴办的筑城邑、建宫殿、开河、造堤等大规模土木工程时的队伍检阅；大封之礼是勘定国与国、私家封地与封地间的疆界，树立界碑时的一种活动。

5. 嘉礼

嘉礼是和合人际关系，沟通、联络感情的礼仪。《周礼·大宗伯》说："以嘉礼亲万民。"嘉礼的主要内容包括：饮食之礼、婚冠之礼、宾射之礼、飨燕之礼、脤膰之礼、贺庆之礼。

饮食之礼主要指宗族之内宴饮的礼仪，大抵有两种，一种是逢祭而宴，一种是以时而宴。婚冠之礼包括婚礼和冠礼，古人认为夫妇为"人伦之始"，因此对婚姻特别重视，其礼仪也很详备，婚礼一般包括纳采、问名、纳吉、请期、亲迎等六大程序；冠礼则是进入成人行列的男子加冠的礼仪。宾射之礼是诸侯朝见天子或诸侯相见时举行的射礼。飨燕之礼是天子或诸侯宴饮四方宾客之礼仪。脤膰之礼是祭典以后派人把祭肉分赐给助祭者。贺庆之礼包括帝王改元、皇帝诞辰、节日庆贺等可贺可庆之事。

由于嘉礼同人民的生活习俗、行为准则的关系十分密切，所以嘉礼在五礼中更具有普遍意义。

(二) 宗法

礼制的核心在于维护宗法等级制度，礼至西周而形成礼制，是和宗法思想与制度的系统化分不开的。

宗法，即以血缘为纽带调整家族内部关系，维护家长、族长的统治地位和世袭特权的行为规范。宗法观念源于氏族社会末期父系家长制的传统习惯。夏、商、西周虽然是相继建立的三个王朝，但是是由三个不同显贵家族为中心的统治集团分别建立起来的，各自保留了大量父系家长制传统。这些统治集团的家长、族长掌握国家政权后，便把维护家长制的宗法制度和国家行政组织直接结合起来，任命和分封自己的亲属担任各级官吏并世袭下去，形成了以"小宗"服从"大宗"的宗法等级制，从而利用族权来巩固政权。原来维护宗法关系的宗法思想，便相应地成为夏、商、西周与神权观念并行的另一维护贵族统治的精神支柱。殷人崇拜祖先神，也讲宗法，甲骨文已有反映，但不严谨。到了西周，因嫡长继承制的最终确立而使宗法思想走向系统化。周公制礼，正是在对以往的宗法传统习惯进行整理、补充的基础上厘定而成的。

西周的宗法制度的主要特点是在严格区分嫡庶、确立嫡长子的优先继承权的前提下，在宗族内部区分大宗、小宗，无论大宗、小宗都以正嫡为宗子，宗子具有特殊的权力，宗族成员必须尊奉宗子。

根据礼书的记载，周代天子或诸侯的子辈男性后裔中，君要由嫡长子继承，嫡长子是嫡妻所生之子，而诸妃妾所生之子称为庶子。除继承君位的一人外，其他人(称群公子)都将成立以其自身为始祖的宗族，表示在血缘关系上与代表国家权力的天子或诸侯有所隔断。这些宗族以专属自己所有的氏为标志，因而在礼书中群公子被称为"别子"。在以别子为始祖的宗族中，别子的继承人拥有对整个宗族的管辖和统率权，是整个宗族的首领，被称为大宗或宗子。一个因不是嫡长子而不能作为继承人者，须尊奉父亲的继承人为小宗。如果这个人的父亲也不是祖父的继承人，则这个人还要尊奉其祖父的继承人为小宗；如果祖父也不是曾祖父的继承人，则要尊奉其曾祖父的继承人为小宗；如果曾祖父也不是高祖父的继承人，则要尊奉高祖父的继承人为小宗。按《礼记》的记述，继承高祖父的小宗，即五世祖的继承人，是距一个人亲属关系最远的小宗。六世祖的继承人就不再被奉为小宗了。这就是所谓的"祖迁于上，宗易于下"。因为有对小宗的尊奉关系，以大宗为首的宗族又划分为许多较小而更具凝聚力的近亲集团。从礼书的这些记述中可以看出，周代宗法关系的基本内容，就是大宗或小宗对不同范围内，包括直系与旁系亲属族人的统辖和管理。若在同代亲属中，就是大宗和小宗对兄弟、从兄弟、再从兄弟等旁系亲属的统辖和管理。

宗子权力的象征是他们所主持的宗庙。在周代，大宗是宗族成员共同宗庙的宗庙主。小宗也是各自范围内近亲的共同宗庙的宗庙主。普通族人祭祀祖先，一般须在大宗或小宗所主持的各级宗庙中进行，并由大宗或小宗主持祭祀仪式。祖先祭祀在中国古代的社会与精神生活中非常重要。除祭祀外，许多日常礼仪活动和社会活动也要在宗庙里进行。如冠礼(男子成丁礼)、婚礼、宗族成员的盟誓等。因此,宗庙的存在被视为宗族存在的象征,宗子的宗庙主身份成了他们在族人中拥有宗族首领地位的保证。甚至宗子的名称也来自他们的宗庙主身份。

作为宗族首领,宗子拥有高居于普通族人之上的地位。由于周代人把宗子看作祖先的化身,故认为尊奉宗子也就是尊敬祖先。宗子是族人依赖和服从的主要权威,也是国家借以管辖宗族人口的中介。宗子在宗族内部的广泛权力,实质上已具有国家基层行政与司法权的性质。但是,宗族在本质上仍然是以血缘为基础的私人性质的团体,故宗族与国家间又不可避免地存在着利益上的冲突。周代人们称宗族为家,意为与"国"相对立的私人团体。宗族成员常常只知效忠于"家",而不知有"国"。宗族与国家之间的这种既相适应、又相矛盾的关系,是引起古代社会关系变动的一个重要原因。

三 礼制影响

礼制作为一套人们在国家政治、社会生活等各个领域所必须恪守的准则,在长期的传承沿袭过程中,影响着历朝历代的政治结构和人们的生活方式,下面主要归纳的是礼制对古代政治的影响。

(一) 以礼入法

礼制于周代本身就已具有法的性质。周礼的内容十分庞杂,涉及政治、经济、军事、教育、行政、司法、宗教祭祀、婚姻家庭、伦理道德等各个方面。礼所规定的不少规范,实质上具有法律甚至根本法的性质,是"定亲疏、决嫌疑、别同异、明是非"的依据;具有"经国家、定社稷、序民人、利后嗣"的重大作用。总之,所有一切都必须以礼为准绳。这就是后来儒家创始人孔子以西周为典型所概括的"为国以礼"的"礼治"。

春秋礼崩乐坏之后,以孔子为代表的儒家极力倡导恢复周礼,其原因便在于他们认为,人人遵守符合其身份和地位的行为规范,便"礼达而分定",达到孔子所说的"君君臣臣父父子子"的境地,贵贱、尊卑、长幼、亲疏有别的理想社会秩序便可维持了,国家便可以长治久安了。反之,弃礼而不用,或不遵守符合身份、地位的行为规范,便将"礼不行则上下昏",而儒家所鼓吹的理想社会和伦常便无法维持了，国家也就不可得而治了。因此儒家极端重视礼在治理国家上的作用，提出礼治的口号。

儒家主张礼治，以差别性的行为规范即礼作为维持社会、政治秩序的工具，同法家主张法治，以同一性的行为规范即法作为维持社会、政治秩序的工具，原是对立的。在先秦百家争鸣的时代，儒、法两家各自坚持自己的主张，抨击对方的学说，互不相让。而秦汉以后，随着儒法合流、礼法统一和儒家思想占据统治地位，周礼的"尊尊"、"亲亲"和"男女有别"等原则，经过改造又演变为"君为臣纲，父为子纲，夫为妻纲"的"三纲"，并逐步经典化，终于成为指导封建立法、司法的礼教。此后，封建法制中的"八议"、"十恶"、官当、依服制定罪量刑、亲亲相隐、"犯罪存留养亲"、子孙不得违犯教令和不得别籍异财等，都是"礼治"思想的体现。

以礼入法，是中国法律发展史上一件大事，法律因此发生了重大的深远的变化，礼成为法律的重要组成部分，形成了法律为礼教所支配的局面。古人所谓"明刑弼教"，实质上即以法律制裁的力量来维持礼，加强礼的合法性和强制性。礼认为对的，就是法认为合法的；礼所不容许的，也就是法所禁止、所制裁的。诚如东汉廷尉陈宠疏中所云："礼之所去，刑之所取，失礼则入刑，相为表里者也。"明丘濬《大学衍义补》云："人心违于礼义，然后入于刑法。"礼与法的关系极为密切，这是中国封建法律的主要特征和基本精神。

(二) 家国同构

作为礼制核心的宗法的本质，可以说就是家庭制度的政治化。在西周时期，统治者总是把维护家庭、家族中的家长、族长的绝对权威与维护国家中的君主的专制权威合二为一。帝王的绝对权威，不仅表现在他们个人拥有至高无上的权力，而且这种权力终生拥有，世代相袭。宗法制保证了拥有绝对权威的君权永远掌握在一家一姓之中，因此形成所谓的"家天下"的政治局面。而这一局面在秦以后的历代都得到了延续，并最终形成了中国封建社会家国同构的政治结构。

家国同构是指家庭、家族和国家在组织结构方面的共同性。西周依礼制宗法原则建构起来的大宗、小宗结构，构成了一个井然有序的政治实体，它使族权和行政权合二为一，使家族和宗族同时享有政权和族权的双重权力。于是家和国便在政治结构上紧密相连了。家庭即是国家的缩影，国家是家庭的扩大。"国家"一词本身就是对这种双重政治结构的说明。

秦汉以后，由周礼改造演变而来的儒家的"三纲"成为重要的统治思想，其意义便在于维护家国同构政治结构。所谓君为臣纲、父为子纲、夫为妻纲，从表现上来看，只有君臣关系是有关政治的，而父子、夫妇关系则是有关家庭的。不过，中国纲常教义的神妙功用就在于用伦理修养来沟通政治关系和家族关系。其内在原因，就在于家国同构①。所谓"天下之本在国，国之本在家，家之本在身"和"修身、齐家、治国、平天下"正体现了这一结构的内在联系。正如梁启超所说："吾中国社会之组织，以家族为单位，不以个人为单位，所谓家齐而后国治是也。周代宗法之制，在今日其形式虽废，其精神犹存也。"②

家国同构是中国古代政治结构的首要特征，是形成中国封建社会中央集权体制超稳定结构的重要原因之一。

礼制在中国古代社会中曾发挥过巨大作用，是一份特别厚重的文化遗产。其中一些内容经过改造以后，仍能为我们今天所借鉴，如吸收其中重教化、讲道德的精华，摈弃旧礼中维护等级、束缚个性的糟粕，取精用宏，使它更合乎国情、合乎世情，这对于社会主义的精神文明建设必将起到巨大的推动作用。

第二节　刑名法律

法律是由立法机关制定，国家政权保证执行的行为规则。它是一定经济关系的反映，也是文化的一个重要组成部分。中国是世界文明古国之一，在遥远的氏族社会时期，调整人们之间行为的准则是习惯。随着国家的产生，在习惯的基础上产生了法律。随着国家制度和社会文明的发展，法律制度也日益发展完善。从最初的习惯法，到出现成文法，直到《大清律例》，经历数千年发展流变，最终形成了别具特色的中国古代法律体系。本节主要介绍古代法律体系的形成演变、主要内容以及基本特征。

---

① 李宗桂：《中国文化概论》，广州：中山大学出版社，1988 年，第 54 页。
② 《新大陆游记》。

一 古代法律制度的形成演变

中国的法律制度从公元前 21 世纪的夏代开始，经过四千多年没有中断的发展，以历史悠久、沿革清晰、内容丰富、资料充实著称于世。

(一) 法的起源

国家与法不是从来就有的，而是人类社会发展到一定历史阶段的产物。法是阶级社会所特有的社会现象，原始社会人们是以习惯来自觉调节人与人之间的关系的。随着生产力的发展和社会经济关系的变化，出现了生产资料私有制和阶级划分。这时，原始氏族制度的缺陷越来越明显地暴露出来，原始社会的习惯也逐渐显得软弱无力，它们无法适应社会发展的要求，这就需要有新的制度来代替氏族制度，以新的社会规范来调整人们之间的相互关系，于是形成了国家，产生了法。

法的产生最初以不成文法的形式，即所谓习惯法的形式出现。它是统治阶级有选择地利用原有的习惯，由国家加以确认，使之成为对本阶级有利的社会规范，而赋予法的效力，从而形成习惯法。后来随着社会生产和文明的发展以及社会关系的复杂化，逐渐产生了成文法。它是由统治阶级通过国家机关，以规范性文件的形式制定的。最早出现的成文法多属习惯法的记载。随着社会关系的复杂化，才出现了新的专门性立法，即成文法。法的产生和形成过程是适应经济发展的要求和阶级统治的需要，由简单到复杂，由个别调整到一般调整，逐步发展和完备起来的。根据历史文献的记载，一般认为中国到夏朝便完成了由原始社会到阶级社会的过渡。随着氏族制度的解体，国家的形成，法也就产生了。《左传·昭公六年》载："夏有乱政，而作禹刑。"这里的"刑"也就是"法"。

(二) 历代法律制度沿革

在公元前 21 世纪的夏代中国进入了阶级社会，便形成了国家和法律，揭开了中国法制史的篇章。从第一个奴隶制王朝夏朝直到最后一个封建王朝清朝，中国古代法律制度经历了数千年的发展历程，各个时期形成不同的特点。

1. 先秦时期

夏代法律，《左传》中称作"禹刑"。禹刑的具体内容已无从考证，从《左传》

中所论片断，只可以约略看到夏的一些罪名、刑名和刑罚适用原则。夏作为第一个阶级王朝，习惯法仍占重要地位。商代法律是在夏代法律基础上建立的。《左传·昭公六年》记载："商有乱政，而作汤刑。"商代的刑制以其完备著称于古代，《荀子·正名》说"刑名从商"，充分肯定了商代刑制的历史地位。

西周是中国奴隶制法制发展的最高峰。《左传·昭公六年》记载："周有乱政，而作九刑。"后来穆王时又作《吕刑》。《九刑》应是周初的刑法，《吕刑》则是对《九刑》的补充修订。西周初在"明德慎罚"的思想指导下，形成了一套断罪量刑的原则，如区分故意与过失，一贯与偶发，罪疑从赦等。当时调整民事关系的法律规范也有所发展，如土地所有权的转移、租赁和债务关系等法律行为。周代确定的"同姓不婚"的婚姻制度和嫡长子继承制度，对后世具有重大影响。

春秋时期，是奴隶制法制向封建制法制转变的时期。春秋时期经济基础的变动和阶级斗争的发展，推动法律制度发生了重大的变化，奴隶制法制逐渐为以保护封建私有制为中心的封建法制所代替。公元前 536 年，郑国的子产"铸刑书于鼎"，将法律公布于众，"以为国之常法"①，这是历史上最早公布的内容较广的成文法。成文法的公布反映了正在形成中的封建生产关系的要求和新兴地主阶级的意志，冲击了奴隶主贵族的特权，改变了"临事制刑"的传统，使全国有法可循。

战国时期，法律开始进一步法典化和规范化。魏国的李悝"集诸国刑典"，著《法经》六篇，是中国历史上第一部有体系的法典形式的著作。其后商鞅在秦国变法，奉行《法经》，改法为律，称为"秦律"。汉"九章律"是在《法经》六篇之末加上户、兴、厩 3 篇而成。自此以后，历代律典几乎都是以前代律典为基础，加以损益而成，因此可以认为，整个封建社会反映地主阶级利益的法律，都是从《法经》六篇的基础上发展起来的。

2. 秦汉六朝时期

秦始皇统一中国，以秦国法律为基础统一了全国法制。当时除存在商鞅以《法经》为蓝本制定的法典外，还存在相当数量单行法律，其内容涉及农业、手工业、商业、徭戍赋敛、军爵赏赐、官吏任免以及什伍组织等各个方面，因此有

---

① 《左传·昭公六年》杜预注。

秦"莫不皆有法式"的说法。秦王朝第一次建立起全国统一的封建法制，此时的封建法制还带有刚刚从奴隶社会脱胎出来的印记，它既支持奴隶解放，限制奴隶制度，同时又保留了奴隶制的某些残余。

汉朝时，虽然刘邦认为秦法过于苛刻，决心"悉除去秦法"，但后来丞相萧何制法律时，实际上仍参照了秦律，他以李悝《法经》为基础，增加了户、兴、厩3篇，合成9篇，构成汉律的核心与骨干。其后叔孙通等又制定"傍章律"、"越宫律"、"朝律"，合计60章，此外又颁布科、令，以补律之不足，建立起一个完整的汉律体系。至汉武帝"罢黜百家，独尊儒术"，以儒家"德主刑辅、明刑弼教"学说开始构成封建法律的理论基础，以《春秋》决狱，以儒家教义解释法律，成为当时的基本方法。自秦以来，法家学说对法制的支配地位，至此遂为儒家思想所代替，历两千年而不变。

曹魏时期，经过对汉律进行整理，制定了魏律十八篇。魏律对汉律作了一系列实质性的改革，如改具律为刑名，列于律首；规定五刑，使刑罚进一步规范化；规定八议，加强了对官僚、贵族特权的保护；以及限制连坐的范围，限制私人复仇等。这些规定对后世封建法制的发展，具有重大影响。

继魏之后，晋统治者又进一步对汉律作了改革，以汉、魏律为基础，编撰出晋律，并于泰始三年（267年）颁布。晋律在内容上有两个新特点：一是将原属于礼的"服制"作为定罪量刑的标准之一；二是晋武帝批准将杜预、张斐作之律注与晋律同时颁行天下，对当时法制和后世的立法、刑法理论都产生了重大影响。魏、晋两代改革秦、汉以来的传统旧律，是中国法律编纂史上一项突出的成就。

南北朝时期，南朝法律基本沿袭晋律。而北朝十分重视法律的统治手段，制定法律也比较重视总结法制发展的经验。北朝修律，以汉律为宗，并吸取魏晋以来的立法经验，综合比较，择善而从，遂使北朝法律优越于南朝。北朝律中的《北齐律》，"法令明审，科条简要"，尤为史家所称道。

3. 唐宋时期

隋唐是中国封建社会的兴盛时代，隋、唐的法制也达到了中国中古法制的最高水平。隋统治者十分重视法制，开国后制定了《开皇律》，主要参照北齐律。其突出特点是废除了魏晋以来的一些酷刑，确定了五种较为进步的刑名：死刑、流刑、徒刑、杖刑和笞刑，为唐律奠定了基础。《开皇律》在封建律典中占有重要地位。

唐统治者鉴于隋末法重刑繁，招致灭亡的教训，注意改革封建法制，强调持平用法，依律断罪。以隋《开皇律》为蓝本而制定的唐律，体系严整，内容详备，其中荟萃了历代律典的精华，是中国封建时期一部空前成熟的法典。永徽三年（652 年），在朝廷的主持下，集中律学人才编纂的"律疏"，对律文作了精辟的阐述和重要的补充，更使唐律增加了光彩。除了唐律，开元年间还制定了一部以行政法为主要内容的《唐六典》。这是中国古代第一部行政法典，是封建立法史上的创举。行政法从刑律中分离出来，是封建制度完备化的一个标志。

宋朝统治者的基本国策是全面强化专制主义集权，在法制上也体现出此种集权的趋势。宋初编纂的《宋刑统》基本是唐律的翻版，不过宋代法制的最大特点是皇帝颁发的敕令成为最常用的法律形式，编敕成了最经常、最重要的立法活动。皇帝原想通过编敕加强对立法司法的控制，但由于他凌驾于法律之上，在具体案件的处理上往往"以敕破律"，造成律敕抵牾、法令不一的混乱局面。此外，宋代"依例断狱"也获得了广泛的适用，这些都是宋朝加强皇权在法律上的重要表现。

元朝统一后曾先后颁布《至元新格》和《大元通制》，内容基本依循《唐律》，形式则沿袭宋代编敕，但称"条格"，多以条格汇编为律，律令与判例混为一体，无统一法典，因此内容庞杂，结构松散，并且表现出民族压迫的特点。

4. 明清时期

明、清是中国封建社会后期的两个著名王朝。明、清法规以律为主，律外有例、诰、令、条例、则例、会典等。

明律改唐律 12 篇为名例、吏律、户律、礼律、兵律、刑律、工律 7 篇，其条目简于唐律，而精神严于宋律，无论内容和形式都有新的发展，并为清律所沿袭。明朝法律的特点是采取重刑政策，刑法有"笞、杖、徒、流、死"五刑，称为"正刑"，其他如律例内的杂犯、斩、绞、迁徙、充军、枷号、刺字、论赎、凌迟、枭首、戮尸等，有的承自前代，有的则为明代首创。明朝极端封建专制主义倾向在明朝法律中得到充分的反映。

清承明制，最早的文字法典是《大清律集附例》，在乾隆时重修后定名为《大清律例》。《大清律例》采用《大明律》体例，仍为 7 篇，共 47 卷，436 条，附例

1400 条。清代法律集历代法典之大成，具有严密周详的特点。清律重要特点就是极力维护满洲贵族的特权，如满人犯法，宗室归宗人府审理；在京的普通满人，归步军统领衙门审理；外省的满人，则满洲将军或副都统审理。一般可依法减等、换刑，服刑者不入普通监狱。

鸦片战争之后，中国的法律制度受到西方思潮的冲击，开始了其近代化的转变，使中国法制史又进入到一个新阶段。

二 古代法律制度的基本结构

古代法律制度的构成是多方面的，下面主要介绍法律形式、司法机构和刑罚的手段三方面。

（一）法律形式

所谓法律形式，指法是由何种国家机关，通过何种方式创立的，表现为何种法律文件的具体形式。在原始部族中，人们为了共同生产和生活的需要，逐渐形成了若干共同遵循的社会规范，这些规范兼具后世道德和法律的功能。进入阶级社会之后，统治阶级有选择地利用原有的习惯，由国家加以确认，使之成为对本阶级有利的社会规范，而赋予法的效力，从而形成习惯法。随着社会生产和文明的发展以及社会关系的复杂化，出现了专门性立法，即成文法。它是由统治阶级通过国家机关以规范性文件的形式制定的。最初的成文法多属习惯法的记载，后来才有根据专门目的要求制定的法律，法律形式也开始多样化起来。

1. 先秦时期

我国奴隶社会的法，主要是习惯法，但由于王权至上的缘故，一些王命如诰、训、誓等也带有法的性质。春秋战国时期，成文法正式公布，如郑国的《刑书》、《竹刑》，晋国的《刑律》，魏国的《法经》等。这些文献均已亡佚，目前尚难以确知它们的情况，估计其中除部分记载习惯法外，有相当部分是王命中的适用部分。战国初年，商鞅在秦国变法，将"刑"、"法"，统一称为"律"，此后，"律"被历代封建王朝奉为法律的主要形式，《秦律》是现存最早的古代法律。

2. 秦汉六朝时期

秦始皇统一中国，建立了封建君主专制的中央集权制度，权力独断于君，始创"命为制，令为诏"，于律之外，遂有帝王"制、诏"的变称。秦朝的法律形式多种多样，据史料记载，主要有：(1)制诏，即皇帝针对某事发布的带有规范性质的命令；(2)律，是经过一定立法程序制定的系统的规范性文件；(3)程，是关于劳动定额等确定额度的法规；(4)课，是关于工作人员考核标准的法规；(5)式，是关于国家机关的某些专门工作中的程序、原则及有关的公文程式的法律文件。

两汉法律对秦律的法律形式有继承也有发展，并使之更加规范化。汉朝法律形式主要有：律、令、科、比。"令"是指皇帝所发布的诏令，是汉朝一个主要的法律形式。"科"是关于规定犯罪与刑罚的一种条文，也叫"科条"。"比"是以典型案例作为判决的依据，又叫"决事比"。此外，汉代"天子之言"经丞相、太尉、御史集议后，分类组合编定为策书、制书、诏书、诫敕，据不同对象而普遍适用，具有法律的效力。这一做法为以后历代沿用。

魏晋南北朝时期法律形式基本同于秦汉，只是值得注意的是北朝东魏时期，出现了一种新的法律形式——格。"格"是从"科"发展而来的，是当时法律形式的一大变化。

3. 唐宋时期

隋唐两代的法律形式都主要为律、令、格、式四种。律是关于定罪断刑的法规，令是关于国家各种制度的法规，格是皇帝对国家机关分别颁行的敕经过整理汇编的法规，式是国家机关的办事细则和公文程式。值得一提的是，唐代的敕在法律中有特殊的地位。按唐律规定，皇帝制敕定罪，原本只是"临时处分"，必须经汇编后确定为永格的，才得引为断罪的依据。但事实上敕对一切问题都可以随时专断，显然，这是君主专制制度的必然结果。在这个意义上，制敕虽未被定为一种法律形式，其法律效力却高于任何法律形式。

宋朝的法律形式有律、敕、令、格、式。宋之敕指皇帝对特定的人、事颁布的诏命，其内容多关于刑事方面，一般以政府及部、司、路、州等的名义创制。宋代之格与唐略有不同，属行政法性质。除上述法律形式外，宋还有例，例是指具有法律效力的判例，早在唐时即允许在法律无明文规定时比照成例办案，但唐代严禁以例来破坏法律的明文规定。北宋末，例的使用渐广，并分为两类，一为"断例"，即审判案件的成例；一为"指挥"，即中央机关对下级机关的指令，以后凡遇类似公事，引用原降指挥办理，久之亦成例。敕、律、例在书刊号法实践中的使用原则是，"诸敕令，无例者，从律；律无例及例不同者，从敕令"，"凡法所不载，然后用例"。

4. 明清时期

明朝法律形式包括律、令、诰、例、典等。总的说来，律是主要的法律形式。但是，由于明代专制主义中央集权的极度发展，在司法实践中往往诰、例起着更为重要的作用。清朝法律形式主要有律、例、典。从清初开始，例便被不断增修，并逐渐形成了"以例断狱"的定制，即有例不用律，律于是多成空文，最终导致因例破律的坏法之局。清代沿明制编纂会典，《清会典》包括《康熙会典》、《雍正会典》、《乾隆会典》、《嘉庆会典》和《光绪会典》。自乾隆朝重修会典，命将原附会典各条之下的则例别录成书，于《会典》外另成《则例》。从此，典与例独立分编，成为固定体式。

(二) 司法机构

司法机构是实施司法制度的机构。在中国古代，各个时期情况都有所不同，下面分阶段给予介绍。

1. 先秦时期

在商周时期，宗法制的根本原则决定了天子具有国家最高统治权，随之也掌握最高司法权。重大案件和诸侯之间的纠纷，都由天子裁决。中央设司寇及其他属官来辅佐天子处理司法。西周时地方还有乡士、遂士等掌握司法。法官一般都由贵族担任。

战国时期，随着封建官僚制度取代了世卿制度，中央集权制度取代了奴隶制分封制，使司法制度也发生了巨大的变化。奴隶主贵族的审判权被取消了，行使审判权的机关变为君主及各级官僚。君主仍享有最高的司法审判权，在中央则设有专门执掌司法的官吏(如秦称廷尉，楚称廷理)，地方的司法工作由郡县行政长官兼理。这一方面取消了奴隶主贵族对地方司法权的控制，另一方面，也开创了在中国历史上延续了 2000 年的地方长官兼理司法的制度。

2. 秦汉六朝时期

秦朝没有独立的审判机关，朝廷、郡、县三级行政机关就是三级法院。在中央，皇帝是最高审判官，作为"九卿"之一的廷尉，则是专职的最高司法官。地方郡、县的审判官就是郡县的行政长官。

汉朝的司法制度在秦朝的基础上有所发展，比之秦朝更加完善。两汉的司法机关，在中央由皇帝、丞相、御史大夫和廷尉组成，在地方则由封国、州、郡、县长官组成。丞相、御史大夫作为最高行政长官，都有参与司法决断的权力。廷尉则既是中央司法机关名称，又是最高专职司法长官，一方面审理皇帝下达的诏狱，同时审理地方上谳的疑狱。在地方，封国享有相对独立审判权，由内史典狱。州是地方最高行政机关，掌有审判权，同时也是郡县上诉机关。郡设郡守，是一审的上诉审级。县设县令，为初审机关。由中央和地方司法机构的设置可知，汉时审判可分四级。但各级并无案件审理上的分工，这是汉司法制度尚不完善的表现。

魏晋时期的司法机关基本上沿用汉制，中央由廷尉、御史、尚书三部分组成，廷尉是最高审判机关的长官，御史是中央监察机关，尚书是司法行政长官。南北朝时，北齐将廷尉扩大为大理寺，为专门审核刑案的官署，内设多级机构，分工较细，使中央司法机关趋于完备。在地方，由行政长官兼理狱讼，一般是由县令先作判决，后经郡太守，如郡太守不能决断，送州刺史，最后送廷尉。

3. 唐宋时期

唐朝中央以大理寺、刑部为司法机关，御史台也参与司法。大理寺是最高审判机关，负责审理中央百官犯罪及京师徒刑以上案件，对徒、流罪的判决，须送刑部复核。死罪的判决则须奏请皇帝批准。刑部是中央司法行政机关，负责复核大理寺，及州、县必须上报的徒刑以上案件。御史台是中央监察机关，在司法方面主要是监督大理寺和刑部的司法审判活动。唐朝对大案、疑案常由大理寺、刑部和御史台的长官会同审理，称"三司推事"。地方司法仍由州、县行政机关兼理。县以下乡官，里正、坊正、村正对有关婚姻、土地等民事案件，也有一定审判权。

宋朝在司法制度上有了相当完备的发展，而皇帝对司法权的直接控制也得到进一步加强。中央司法机构由大理寺、刑部、审刑院组成，审刑院主要职能是复核大理寺裁断的案件，凡属上奏案件，须先送审刑院备案，才交付大理寺、刑部断复，而后还要经审刑院详议，最后由皇帝裁决，这实际上是代表皇帝加强对司法审判的控制。在地方，路设提点刑狱司，为中央在地方各路的司法派出机构，其责任重在监察。州以行政长官为主审官，专职司法属官设司法参军和司理参军，分别掌管检法议罪和调查审讯。县则由知县亲主审判。

元朝司法机构，在中央设有刑部、大宗正府、御史台、宣政院等。大宗正府是由大理寺转变而来，负责审理宗室及蒙古人、色目人案件，它既独立于刑部，又不受御史台监察，是为蒙古王公垄断的中央司法审判机构。宣政院是元朝最高的宗教管理与宗教审判机关。在地方，主要由行政长官兼理司法，路、府、州、县对杖罪以下案件可自行决断，徒、流、死罪经申奏刑部。

4. 明清时期

明朝中央司法机关为刑部、大理寺和都察院，合称"三法司"。明代刑部地位大大提高，成为主审机关，掌管中央与各省审判。大理寺则由以往的主审机关变为复核机关，一般不管审判。刑部所审案件，均须移大理寺复核。都察院常"纠察"，即对刑部的审判和大理寺的复核进行监督。地方司法机关分省、府、县三级，都是行政与司法合一的体制。

清承明制，中央司法机关设刑部、大理寺、都察院，清朝都察院的职权较明朝大些，除负责监督刑部、大理寺等司法机关的审判活动，参与会审外，还可受理官民冤案。都察院所属的京都中、东、西、南、北五城察院对杖罪以下案件可以审结。地方司法机关则分为州县、府、省按察司、总督（巡抚）四级。清朝一般司法机关无权审理满人案件，而由特殊的司法机关专门负责审理。清还设立了专理少数民族重大案件的理藩院，作为中央一级司法机关，下设理刑司，这一机构的出现，反映了清代司法管辖的深入和体系的严密。

（三）刑罚手段

刑罚，是刑法中的一种重要法律手段，由审判机关以国家名义依法量刑，剥夺各种犯罪者某种权益的强制处分。中国古代以刑法为主，其所规定的刑罚不仅适用于刑事犯罪，也适用于民事方面有关逆礼违法的行为。

1. 先秦时期

史称夏有"禹刑"，商有"汤刑"，实际都是刑罚的规定。我国奴隶制刑法的特点之一，是以刑统罪，只有刑名而不列罪名，且"藏之于府"，所谓"议事以制"，即先议刑而后定罪。古老的"五刑"在夏商时代就已实行。"五刑"即墨（刺额涂面）、劓（割鼻）、刖（断足）、宫（腐刑）、大辟（死刑）。西周刑罚除"五刑"外，增加了鞭刑、朴刑、流刑、赎刑等，合称"九刑"。春秋战国时期，"五刑"或"九刑"仍为主要刑罚。

2. 秦汉六朝时期

秦朝刑罚制度在继续沿用先秦"五刑"的基础上，又创造了一些新的刑罚，因此，秦的刑罚不但种类繁多，而且以残酷著称。秦刑罚可分为六大类，即生命刑（绞、枭首、腰斩、车裂等）、体刑（黥、劓、宫、笞等）、劳役刑、流刑（迁、谪、逐等）、财产刑、身份刑（夺爵、废等）。

汉朝对刑罚制度进行了重大改革，废除肉刑，增加一些其他刑罚，为封建刑罚中的笞、杖、徒、流、死的"五刑"制度奠定了基础。汉代刑罚主要有死刑、徒刑、笞刑、徙边（戍边）、禁锢（禁绝做官）、罚金等。

魏晋南北朝时期，总的来说是采用秦汉严酷的刑罚制度，但同时又承沿汉代对刑制的改革，注意向简化和减轻的方向发展。《晋律》将刑罚定为死、徒、笞、罚、赎五等，《北魏律》则定死、流、徒、杖、鞭五种刑罚，《北齐律》又在此基础上，定死、流、耐、鞭、杖五种刑罚。魏晋南北朝五等刑罚制的创立与发展，对完善封建刑罚制度产生了深刻影响。

3. 唐宋时期

隋唐时期将刑罚定为笞、杖、徒、流、死五种，称为"五刑"。笞刑指用荆条责打人的腿、臀，分五等，从10至50笞。杖刑指以杖责打人的腿、背、臀，分五等，从60至100杖。徒刑指强制从事劳役，分五等，从半年至三年。流刑指流放荒远地区，并强制劳役。死刑，分绞、斩二等。五刑均可交铜收赎。

宋朝刑罚制度基本沿袭隋唐，但也有不少变化。第一是立"折杖法"，规定除死刑外，其他刑均可折杖行刑；第二是设"刺配"之刑，即对罪情严重的流刑罪犯，兼施刺面和决杖的刑罚；第三是以"凌迟"为法定刑。

元朝的刑罚制度仍承唐律，以笞、杖、徒、流、死五种刑罚为主。只是在实际应用中，即是"任意而不任法"，保留了蒙古旧制的传统习惯。

4. 明清时期

明朝刑罚制度趋于繁酷。在前朝五刑的基础上，增加恢复了一些残酷刑罚。如隋唐死刑只绞、斩两种，明律则恢复旧制枭首之刑；充军作为形式刑名是从明朝开始的。明律酷刑名目繁多，多为隋唐所未有，可以说是刑罚制度的倒退。

清承明制，刑事法规方面的内容基本上与明朝相同。清律中的刑罚也是以笞、杖、徒、流、死五刑作为"正刑"，只是在具体的规定上有一些变化而已。

三　古代法律制度的基本特征

中国古代法律制度由夏至清，经过数千年的发展，形成了沿革清晰、特点鲜明的法律体系，被世界推崇为五大法系之一——中华法系。其基本特征表现在以下几方面。

(一) 以儒家思想为理论基础

从春秋末期开始，儒家思想就已成为"显学"。战国秦汉法律虽受法家思想影响较大，但基于宗法制度，非上、不敬、不孝、不道仍然是要严惩的重罪。自汉武帝"罢黜百家，独尊儒术"以后，儒家的纲常名教成了立法与司法的指导原则，维护"三纲""五常"成了封建法典的核心内容。由汉至隋盛行的引经断狱，以突出的形式表现了儒家思想对于封建法制的强烈影响。魏晋之后，儒家学者还直接参与立法，以亲亲尊尊为基本原则的礼，就被一步步糅杂在法律条文之内，至唐完成了以礼入法的过程。史称《唐律》"一准乎礼"。宋明清各代奉其为楷模。而礼还作为一种特殊形式的法，调整着亲属、婚姻、继承各方面的民事法律关系。中国封建民事立法不发展，缺乏独立的系统的民事法规，是和礼对民事法律关系的实际调整分不开的。

(二) 以皇帝为立法与司法的枢纽

中国古代是"法自君出"。帝王的"命"是法律，国家的基本法典都是按帝王旨意编撰、颁行的。为适应形势变化，历代帝王还通过诏、令、敕、例等来补充、修改法律，并以此组成各自的法律体系。皇帝可以一言立法，一言废法。历代封建法律的主要锋芒都是"治"民，而为了发挥官僚机器的职能，达到最终"治民"的目的，也兼有"治吏"的任务，却从没有治君之法。相反，法自君出，狱由君断，皇帝的特权凌驾于一切法律之上。皇帝又是最大的审判官，他或者亲自主持庭审，或者以"诏狱"的形式，敕令大臣代为审判，一切重案会审的裁决与死刑的复核均须上奏皇帝，他可以法外施恩，也可以法外加刑。封建专制主义中央集权制度，经过两千多年螺旋式的发展，更加极端化，立法权和司法权也相应地更加集中化。因此，皇帝始终是封建立法与司法的枢纽。

(三) 以刑法为法律的主要内容

中国古代立法的主要内容是刑法，而民事、经济方面的法律往往被轻视。各代都公布一些单行的民事和经济法律，有些民事条款也杂于律典之中，但大多附以刑事惩罚手段。这种状况与中国古代商品经济不发达，长期实行君主专制制度有密切关系。封建君主专制的基础是小农经济，统治者惧怕商品经济的发展危及其基础，所以除满足皇室、权贵物质需求的产品和战争器具外，对其余手工业和商业均控制在低档自给水平。这样，即使颁行一些民事、经济法规，内容也往往不是促进生产和交换的发展，而是为了控制①。

(四) 以行政机关兼理司法

在漫长的封建时代，中央虽设有专门的司法机关，但它的活动或为皇帝所左右，或受宰相及其他行政机关所牵制，很少独立地行使职权。至于地方则由行政机关兼理司法事务，二者直接合一。宋、明、清的路省一级虽专设司法官，实际仍是上一级行政机关的附庸。在整个封建时代，中央司法机关的权限不断分散，地方司法权限不断缩小，这是封建专制主义不断强化的结果。

(五) 以诸法合体为法典编纂体式

诸法合体，是指实体法和程序法不分，民法和刑法相混。中国从战国李悝著《法经》起，直到最后一部封建法典《大清律例》，都以刑法为主，兼有民事、行政和诉讼等方面的内容。这种诸法合体的混合编纂形式，贯穿整个封建时代，直到20世纪初清末修律才得以改变，这是和中国特有的国情分不开的。

---

① 谭家健主编：《中国文化史概论》，北京：高等教育出版社，1997年，第40页。

而以刑法手段调整各种法律关系，也表现了封建专制制度下司法镇压的严酷性。

自 19 世纪 40 年代起，在资本主义列强对中国进行军事侵略和经济掠夺的同时，西方的法律文化也开始传入中国，使中国传统法律制度受到了前所未有的冲击。20 世纪初，清王朝在内忧外患中，为了摆脱困境，被迫推行了一场以变法自救为目的的"新政"。在借鉴西方立法技术、引进西方法律原则的基础上，对以传统纲常礼教为核心的旧法进行了大刀阔斧的修订，从根本上废除了传统的法律体系。虽然这场"新政"最终随着清王朝的灭亡而寿终正寝，但法律修订的成果却被继承下来。从此，中国法律制度开始了近代化历程。

第三节 职官衙署

设官分职，这是人类社会从原始社会进入阶级社会的标志，也是统治阶级进行统治的需要。中国古代的职官制度，是一个十分繁杂的系统，历代都有所不同，甚至一个朝代之内，也常有种种变化。不过，了解古代官制，对于我们了解古代政治经济、文化教育以及社会生活都有重要帮助；尤其是对于了解历史人物的仕宦、社会地位、政治变迁，更是必不可少。本节主要介绍古代职官制度的沿革、职官的品爵俸禄以及古代职官制度的基本特征。

一 官制沿革

"官"，本义是房舍的意思，后来引申为具有权力的处所即官府，以及行使权力的人即官员。官制，是指按照职能和职位分工、分层管理原则建立起来的行政权力体系。中国古代官制有中央与地方之分，其发展沿革主要经历以下四个阶段。

（一）先秦官制

1. 中央官制

夏朝时已有辅佐夏王的六卿：司空为六卿之首，后稷掌农业，司徒掌教化，大理主刑狱，共工管营建百工，虞人掌山泽畜牧。此外，夏王朝已初步建立了掌管军事、农事和赋税征收的机关。尽管夏朝的官制十分简略，但其官僚机构已具雏形①。

商代中央官制已趋向系统化，建立起以商王为中心的中央机构。辅佐商王的主要大臣为尹。其下有司徒、司空、司寇，分别主管力役、工程和刑狱。商代神权在政治生活中占重要作用，故掌祭祀、占卜和纪事的宗教事务官在当时最为显要。

西周中央官制在商朝的基础上有较大的发展。辅弼周王的为三公：太师、太傅、太保。三公下有"三事大夫"：掌地方民事行政的为常伯，又称牧；掌官吏选任的为常任，又称任人；掌政务的为准人，又称准夫。政府行政事务官分为两大系统：卿士寮和太史寮。卿士寮下有三个事务官：司徒、司马和司空，分别掌管农事、役徒征发和营建。太史寮是掌管历法、祭祀、占卜和文化教育的行政部门。西周宗教事务官与商代相比，其地位有所下降。

春秋战国时期，各诸侯国官制纷繁复杂。像地处中原的鲁国，原是周公长子伯禽的封地，为周朝嫡系，故基本上继承了周朝官制。秦国由关外诸侯附属小国发展而来，官、爵合一，实行独特的军功爵制。南方的楚国作为"蛮夷"，其官制又自成体系，由令尹、司马、莫敖等辅助管理军政事务。一般说来，春秋战国时期各诸侯国大体上都实行"卿"、"大夫"、"士"三级官制结构，多以"卿"为执政官，掌管诸侯国的政务。

2. 地方官制

先秦时期主要实行的是分封制，受封诸侯可以说就是各王朝的地方长官，但又不完全等同于秦以后的地方长官，因为诸侯可以在自己的封国内仿照王室的官制，设置百官有司。春秋战国时期，一些国家在边远地区和兼并之地设置郡、县，派官吏进行管理，开始产生真正的地方长官：郡守和县令。

（二）秦汉六朝官制

1. 中央官制

秦始皇统一中国，秦王朝成为中国第一个中央集权的封建帝国。为加强中央

① 阴法鲁、许树安主编：《中国古代文化史》(3)，北京：北京大学出版社，1991年，第250页。

集权和君主专政的统治，建立了以皇帝为中心的三公九卿制。汉承秦制，这一制度在西汉时期得到进一步的调整和完善。三公，即指丞相、御史大夫和太尉，分掌行政、监察和军事。九卿，为中央政府各部门的主要行政长官：奉常为九卿之首，掌宗庙礼仪及文化教育；郎中令掌宫殿门户守卫，为宿卫侍长官；卫尉为宫门警卫之官；太仆掌皇帝车马，兼掌全国马政；廷尉为中央最高司法长官；典客掌民族事务及朝聘；宗正专管皇室亲属事务；治粟内史职责为征收盐铁钱谷租税和国家财政收支；少府掌山海池泽之税和官府手工业制造，以供应皇室。汉初九卿名称稍有变动，将郎中令改为光禄勋，典客改为大鸿胪，奉常改为太常，廷尉改为大理，治粟内史改为大司农，但九卿职权范围基本沿袭秦制。

汉武帝以后，中央职官出现了一些变化。原先汉初在少府属下设尚书诸员，专在皇帝身边负责发文书。由于汉武帝独揽大权，将处理政务的中心由外朝移至内廷，尚书台长官尚书令逐渐掌握原来丞相的实权。到东汉时，尚书权力进一步扩大，尚书机构称台，有令、仆射各1人，尚书6人，分掌三公、吏、民、客、二千石及中都官等六曹，分割或取代了九卿部分职权。魏晋时期朝廷又专设中书省作为文书处理机关，因中书省常侍皇帝身旁，多受宠信，其地位逐渐超过尚书省。南朝时原先参与审议起草诏令的门下省掌管朝廷机要，后魏北齐时，尤受重视，其长官又成为执掌政事的宰相。这样，东汉至魏晋，中央政务逐步由三公向三省转移，行政事务渐由九卿向六部过渡。

2. 地方官制

秦汉地方实行郡、县制。郡设郡守，县有二级，一级万户以上，设县令；二级万户以下，设县长。汉武帝时，为了加强中央的统治，把全国分为十三个监察区，称为州或部，各设刺史，为监察官性质。成帝改为牧，成为事实上的一级行政区域。这种县令、郡守、州牧的三级地方长官体制，一直通行于魏晋南北朝时期。

（三）唐宋官制

1. 中央官制

隋唐时期专制集权中央政体趋于完备，建立起以皇帝为中心的三省六部制。三省，即尚书省、中书省、门下省。三省长官具有宰相之职，形成三省分工明确，又相互牵制的机制。这是行政制度的重要变化。尚书省主要负责处理行政事务，中书省掌管策令的起草和颁布，门下省负责审议策令的制定和颁布。尚书省是中央行政管理的中枢，下辖六部，即吏、户、礼、兵、刑、工部，分别以尚书为部首领，侍郎为副手。六部中以吏部为首，掌官吏选授、勋封及考课之政；户部掌人口、土地、钱谷及赋税之政；礼部掌礼仪、祭享、贡举之政；兵部掌武选、地图、车马、甲械之政；刑部掌律令、刑法、徒隶及按复谳禁之政；工部掌山泽、屯田、营建与工匠之政。除六部之外，中央司法、行政等部门还有九寺五监，九寺即由秦汉九卿演变而来，但职责有了很大变化；五监即国子、少府、将作、军器、都水等。九寺五监形式上独立，实际上是与六部配合的办事机构。这一系列机构和官员的设置，标志着我国古代封建国家的官僚制度完全趋于成熟。

宋朝的官制基本是唐代的扩展。宋代中央机构在神宗元丰前后有很大的不同。神宗元丰以前，虽仍有三省六部，但形同虚设。以中书门下为真宰相之任，参知政事为副相，总掌行政；又设枢密院掌军事，以枢密使、副枢密使为其长官；转运使司、铁盐使司、度支使司等三司掌财政。这样形成行政、军事、财政三权分立的局面，宰相的权力大大削弱。六部的权力也被不断增设的机构所侵夺。九寺五监中部分寺、监权力的转移也有类似的情形。神宗元丰五年（1082年），实行中央官制改革，罢去三司及一切丛杂机构，基本恢复到唐代三省六部的格局，但枢密使职任得以保留。元朝中央行政制度变唐、宋的三省制为一省制——中书省，以中书省为最高政务机关，六部为其所属。

2. 地方官制

隋、唐前期地方官制为州、县二级，州的长官为刺史，县的长官统称县令。中唐以后增设道，每道派京官一人巡察所属州县，道的长官为观察使。这样，唐中后期，地方官制演变为道、州、县三级。唐代还在边镇地区设都督府，长官为都督，后称节度使。唐中期节度使制度行于内地，节度使又兼州刺史之职，手握军政大权，成为权势显赫的地方长官。

宋代地方官制基本上是路、州、县三级。县的长官为县令，由于朝廷常常派京官带本官的职衔掌管一县之事，称知某县事，简称知县。州一级行政长官也由朝臣担任，称为知州。路与唐代道相似，原为监察区，后转变为行政区，路设转运使，负责本路所属州县财赋，以保障上供及地方经费。元代以行中书省作为中央派至地方的最高级行政机关，把全国划为十个行省。行省之下，一般为路、府、州、县四级，它们的长官分别为总管、知府、知州、县尹。行省制对明清地方官制影响很大。

(四) 明清官制

1. 中央官制

明清时期中国封建君主专制集权发展到极端。明初对中央官制作了较大调整。首先改秦汉以来的宰相制为咨询顾问并办理日常公务的内阁制；监察方面改汉以来的御史台为都察院；军事上改大都督府为五军都督府。提高六部地位，直接向皇帝负责，建立庞大的宦官机构及其控制下的厂卫特务组织。其中尤以废宰相设内阁为政府体制调整的主要内容。内阁由翰林院学士组成，分首辅、次辅和群辅。其职责主要为代拟诏书，批答奏折。永乐以后，内阁学士渐参与政事，不仅咨询顾问，且掌实权。内阁遂由明初的皇帝顾问秘书，变为全国行政中枢。

由满洲贵族建立的清王朝，初由八旗旗主和议政王大臣会议共同议政。雍正年间，西北用兵频繁，为及时商议军务，设军需房，后改称"办理军机处"，简称军机处。始为临时机构，后不仅取代议政王大臣会议，且权力扩大，成为由皇帝直接控制下处理全国军政事务的中枢辅政部门。清六部职权缩小，已不是行政管理中枢，不能对下直接发布政令。清代寺监仅存大理寺、太常寺、光禄寺、太仆寺和鸿胪寺。五监仅存国子监，其余四监先后并归工部。

2. 地方官制

明代地方行政基本上是省、府、县三级。省的长官为左、右布政使，府的长官为知府，县的长官为知县。后又稍有变化，省一级的最高长官为总督或巡抚。清承明制，总督管辖一至三省，综理军民。巡抚主管一省军政刑狱，又称抚台。乾隆时期，又专设分守、分巡道，多兼兵备衔，管辖府、州，成为省以下，府、州以上的行政长官，别称道台。府、县一级长官则同明朝。

我国古代官制除了中央职官和地方职官体系外，还有散官、勋官、内官等名目，门类众多，变化纷繁。可以说，我国古代官制体系的丰富庞杂和演变递嬗的曲折过程，既反映了我国古代封建官僚制度在各个历史时期的复杂特点，也折射出我国古代文化的奇光异彩。

二 品爵俸禄

"品"，即品阶，是我国古代封建社会表示官员级别高低的标志。"爵"，即爵位，是我国古代奴隶主国王和封建君主对有血缘关系的亲族和功臣授予的一种称号。"俸禄"，即古代官吏的薪水。品爵俸禄是古代官制的重要表现形式，对相关知识有一个基本了解是十分必要的。

(一) 品阶

古代官员正式以"品"来表示等级高低，是从魏晋时期开始的。在此之前，官员的等级标准并没有形成统一的制度。

1. 魏晋之前的职官等级

西周之时，官的等级以九命来区别。九命为最高级别，一命最低。通常是天子上公九命，王之三公为八命，卿六命，大夫四命，上士三命，中士再命，下士一命。

汉代官的等级称"秩"，由于对各级官员实行正规的俸禄制，每一种官职都有固定的俸禄收入，所以俸禄的多少便成为官员等级的别称。根据史料记载，两汉时期官秩大体有如下级别：万石、中二千石、真二千石、二千石、千石、八百石，等等，不同时期稍有变化，西汉官秩约有二十级，东汉约有十六级。一般是丞相、太尉和将军为秩万石级，御史大夫及太常、卫尉、廷尉等九卿为秩中二千石级，京兆尹、州牧、郡守等为秩二千石级。

2. 魏晋之后的品级制度

曹魏时期，开始以品级区别官阶的高低，秦汉以来用"石"表示官位被取消。魏晋时期，实行九品中正制，将官阶分为九品。一品最高，多是大将军、王公、丞相等官。九品最低，一般是县长、县令、关卡边塞之尉等。曹魏开创的九品分阶制，为封建社会职官分级制度奠定了基础。

北魏时期继承了魏晋开创的九品制并有所发展。从每品中分出正、从两级，这样便有十八级；又从第四品起，正、从品又各分上、下两阶，这样官阶等级从正一品起至从九品下阶，共三十级。

隋唐时期沿用了北魏的九品十八级三十阶制，并将一品到九品官称为流内，意为正规官员等级，而将地方官府的官吏通称为流外，流外官也按九品分等。在唐代，古代官吏以九品为等级的制度基本固定下来，并以法律的形式作了规定。唐之后，宋元明清各代，基本都是以九品十八级为官阶，只是再往下分等略有不同罢了。如北宋徽宗时分为三十七等，明朝又分为四十二等，清则只分九品十八阶。

（二）爵位

爵位虽然只是一种称号，但它却是社会地位高低和享受物质利益多少的标志。一般而言，授予爵位的高低主要是根据血缘的亲疏、功劳的大小来确定的。我国从有文字记载的商王朝开始，一直到清朝，封爵制度经历了一个不断嬗变的过程，主要有以下四个阶段。

1. 先秦时期

商朝时期，封爵即分封诸侯，爵称同时也是官称。商王朝在王畿之外，设有侯、伯、甸等称号，分封给商王的子孙和亲族进行管理。这些爵称，实际上就是王畿之外地区的职官名称。西周时封爵制度更加正规化。内服官的爵位分为公和伯、侯两等，凡太师、太保、太史都为"公"爵；凡是王畿内贵族入朝为卿称为"伯"爵；而四方诸侯入朝为卿则称为"侯"爵。被分封的诸侯，在爵位上则有公、侯、伯、子、男五种爵号，但它们之间并没有严格的等级差别。

春秋时期，原本是官职的卿、大夫，也开始作为爵称。如卿有上卿、中卿、亚卿的等级差别，大夫则有上大夫、中大夫等爵称。至战国时期，不少国家开始改变按血缘关系授予爵位的做法，而主要根据对国家功劳、贡献大小来授予。

2. 秦汉六朝时期

秦自商鞅变法后，逐渐实行二十等爵制度，称号是公士、上造、簪鸟、不更、大夫、官大夫、公大夫、公乘、五大夫、左庶长、右庶长、左更、中更、右更、少上造、大上造、驷车庶长、大庶长、关内侯、彻侯。秦实行的是军功爵制，把在战争中立下的军功同爵位、享受的待遇联系起来，并且主要面向军队战士和立有战功的平民。这同此前的封爵制度相比，有了很大的区别：一是改变了以血缘亲疏定爵位高低的做法，二是这种爵位享有的仅仅是衣食租税，而不掌握食邑和封地内的政权和兵权，而且爵位也不世袭。

3. 唐宋时期

隋唐时期封爵制度又发生了一定变化。隋唐都实行九等爵制，只是爵名略有不同。唐代九等爵位为：王、郡王、国公、开国郡公、开国县公、开国县侯、开国县伯、开国县子、开国县男。唐代封爵在内容上同前代也有不同之处，所授爵位一般都不享有实际封地或封邑，只有在爵位前加上"食实封"，才能享受封地内的租税，而能获这种爵位者也是极少的。

宋代封爵制度与唐代基本一致。只是爵位增加了三级，为十二级：王、嗣王、郡王、国公、郡公、开国公、开国郡公、开国县公、开国侯、开国伯、开国子、开国男。同唐代一样，封爵的食邑也是虚数，只有明确食实封的爵位才能享受实际收益。元代凡宗室、驸马通称王，有实封的采邑。

4. 明清时期

明清时期封爵制度又发生了一些变化。明代封爵有皇室与百官之分。皇室以皇子为亲王，亲王之子为郡王，都为实封，且可世袭，但袭王位者必须为嫡长子。庶子支派则封以奉国将军、镇国将军等虚爵。除了皇室封王之外，文武官员的封爵只有公、侯、伯三级，不一定都世袭，而且只有岁禄，并无实际的封邑。

清代封爵同样有宗室与百官之分，分别称为王爵和世爵。王爵也称为显爵，分为十二等，依次为：和硕亲王、多罗亲王、多罗贝勒、固山贝子、奉恩镇国公、奉恩辅国公、镇国将军、辅国将军、奉国将军、奉恩将军。按宗亲世系分别授予。宗室凡年满二十者均可题请。世爵是封给功臣贵戚的，共分九等：公、侯、伯、子、男、轻车都尉、骑都尉、云骑尉、恩骑尉。清代封爵都没有实地。

(三) 俸禄

我国古代官吏的俸禄主要有土地、实物、钱币等几种形式，各个时期，各个朝代，俸禄制度的内容和形式均有所不同。下面分四个时期，对我国古代官吏俸禄制度作一个大体介绍。

1. 先秦时期

商周时期，因官职同爵位相一致，并且世代相袭，所谓俸禄，实际即是封地内的经济收入除去应该上缴给商王和周王的部分，因此，商周时期的俸禄是以土地的形式体现的，也就是说，封地的大小即是商周时期各级官吏的俸禄标准。

春秋战国时期，随着世袭世禄制度的逐渐瓦解，官吏俸禄制度开始从以土地为主要形式转向以实物为主要成分。春秋战国时期，各诸侯国国君为争霸图强，纷纷选拔任用有识有能之士。对于被任用的官吏，多采取雇佣的办法，根据他们所任职务的高低，给予不等的俸粟作为俸禄，以吸引人才。如孔子任鲁国的司寇，鲁国国君给予年俸粟6万斗的待遇，后来孔子周游到卫国，卫国也给他6万斗粟的年俸，特别是在战国时期，这种实物俸禄制度在各国已普遍推行。而且当时各国对俸禄也采用了不同的计算单位。如齐魏用"钟"计算，秦燕用"石"计算等。

2. 秦汉六朝时期

秦朝俸禄是发给米谷，以石计算。如郡守二千石，县令六百石至一千石，县长三百石至五百石。

西汉时官吏的俸禄制度开始正规化。按照官吏不同的级别，规定给予不同的俸禄谷米。所谓万石、二千石、千石、八百石等俸禄等级，是指全年所得俸禄的总数。实际支付是按月计算。如万石级月谷350斛(每斛10斗)，二千石级月谷为120斛，六百石级月谷为70斛，如此等等，各级官吏享受的俸禄规定十分详备。东汉初年，又规定凡官吏俸禄，一半给钱币，一半给实物。如二千石级月俸给钱6000文，米60斛。

晋代俸禄仍以实物为主，有谷、绢、绵、菜田等。南朝萧梁时期，官吏级别实行九品制，俸禄同官品正式对应起来。规定一品官年俸万石级，二、三品官为中二千石，四、五品官为二千石级。北齐官吏级别也实行九品制，但俸禄不以粟计算，而是以帛计算，一品年俸为800匹，从一品700匹，二品600匹，从二品500匹，给禄方式为三分之一给帛，三分之一给粟，三分之一给钱。

3. 隋唐时期

隋代俸禄又恢复以粟计算，一般是一年分春、秋两次发给。俸禄的级别更加正规，正一品为900石，从一品至正四品之间，第一级相差100石，从四品至正六品之间，每一级相差50石，从六品至从八品之间，每一级相差10石。

唐初基本上继承隋制，只有小的差异。一是在京外任职的官吏俸禄比京官降一级，二是在主要俸禄之外，朝廷还根据官吏的不同品级给予俸食、雇佣警卫及庶仆人员等钱，统称为俸料钱。

唐代中期，俸料钱在官吏全部俸禄中所占的比重已超过一半，同时，由于货币在税收结构中成分的增加和商品经济的发展，促使唐代官吏的俸禄制度开始由实物制完全向货币制转化。至唐玄宗时，正式改革俸禄制，将百官各种俸禄统一起来，都以料钱的形式，根据级别随月付给，并统一规定了官吏俸禄的等级和形式。如一品官每月俸料钱 6000，食料 1800，杂用 1200，防阁费用 15000，共计 24000；二、三品官每月俸料钱 5000，食料 1100，杂用 900，防阁费用 10000，共计 17000，等等。唐代的俸禄制，可以说是后来工资制的初始形态。

4. 宋元明清时期

唐代以后，虽然有时候仍出现将实物乃至土地作为俸禄的现象，但就俸禄的主体而言，基本上实行的是货币为主的俸禄制度了。

宋代俸禄制度被畸形发展，官吏俸禄成为国家财政的沉重负担。宋代的官吏待遇，正俸之外，还有服赐（服装费）、职钱（办公费）、禄粟（膳食费）、公用钱、厨食钱、茶汤钱、薪炭钱、马匹刍食乃至仆人的衣食等。

元代官俸很低，但对蒙古贵族的赏赐却很多。明代与元代相似，皇亲国戚岁禄赏赐丰厚，但百官俸禄很低，比元代还低。明代曾用严刑惩戒官吏贪污，而实际上贪污现象并没有被制止，当时求官的人很多，足见在俸禄之外，官吏还是可能获得额外的收入。这种非俸禄的收入，成为官吏腐败的催化剂。清初政尚节俭，官员的俸禄比元、明有所提高，但自中叶以后，由于制度的日益腐朽，官吏贪污的现象也越来越严重了。

俸禄作为由封建王朝政府发给各级官吏的一种报酬，既体现了封建统治阶级的利益所在，也要求享受俸禄的官吏履行一定的职责。若官吏违反朝廷有关法令，有渎职行为，其俸禄便要罚扣。我国早在汉代已有对官吏罚禄的记载，到了唐代，形成了比较系统的官吏罚俸制度，这一制度也是我国古代官吏俸禄制度中的一个有机组成部分。

三 官制特征

古代职官制度是随着各个历史时期的经济状况、政治需要的变化，而不断发展变化，并逐渐趋于完善的。从总体上看，古代官制表现出如下一些基本特征。

（一）职官制度的发展特征

古代职官制度经历了数千年的发展变化，其发展历程表现出了这样几方面的特征。

1. 职官制度的发展变化受到生产力发展水平的制约

在古代，生产力发展水平较低，人们的社会关系比较简朴，反映在设官分职上，就会军政合一，文武不分，官制比较简单。随着社会的发展，职务上的分工也就日益细密，于是军、政便逐渐分离，职官的人数也随之增长。史载所谓夏氏官百，商官二百，周官三百①，所言虽不一定准确，但却反映出历史发展的趋势。同时，经济的发展还影响到职官机构的设置。隋唐均田制破坏的过程中，不断地出现了一些专使，如盐铁使、度支使、转运使等。经五代到宋，盐铁、度支、户部三司由于在国家财政中的地位日益重要，遂合并起来，成为一个独立于户部的财政机构。可见经济的要求对于职官制度影响的巨大。

2. 政治的状况对于职官制度亦具重要的影响

在封建专制制度下，百官的设置是为巩固皇权而服务的。一旦皇位变易，旧有的某些机构及官员的作用、地位便立即发生变化。以"三公"制度而言，自东汉以后已渐成虚位。若一旦权臣掌握政权，则三公称号就很有权威，以"宰相"制度而言，先秦的公卿，秦汉的丞相、三公、尚书，魏晋隋唐的中书监令及门下侍中、尚书令，唐中叶以后，翰林学士、枢密使乃至明清的内阁、军机处，这种由皇帝近臣逐次掌握相权的演化过程，标志着皇权对于相权的制约。同时也是产生历代职官名实不符的一个重要因素。

3. 社会组织或阶级关系与职官制度的发展演变亦有密切关系

例如在贵族领主式的社会里存在着浓重的家族宗法血缘关系，反映在职官制度上，就是各级政权依血缘世袭、授田授疆土的世卿世禄制。到秦汉时期，职官制度随着阶级关系的变化而产生官僚的选拔制度和按官品高低给予不同待遇的俸禄制。虽然，在封建社会里，宗法血缘关系始终存在并起着作用。但随着时代的推移，他们享有的种种政治和经济上的特权逐渐趋于缩小。反映在官僚选拔上，

---

① 《礼记·明堂位》。

过去的世族子弟依靠门荫入仕的途径也逐渐为掌握一定文化知识并通过科举考试的庶族地主子弟所取代。历史上的公卿世袭、乡举里选、九品中正、门荫、科举，直到清末从新学校里选拔人才，这一系列的消长变化，就是社会组织和阶级关系变化在官制上的曲折反映。

（二）职官制度的体制特点

1. 中央集权，君权至上

封建君主专制政体的最大特点是实行中央集权，皇帝是一国之中最高的官位，下属各级大小官吏都是皇帝的仆从，国家大权集中在皇帝一人手中，形成君主专制独裁的统治。而为对全国进行强有力的统治，官制分为中央和地方两级，从三公九卿到州、郡、县的长官，等级分明，编制严密，把君主专制的权力渗透到全国各个角落。这样，各级官吏都成为皇权的代表，而皇帝也利用各级官吏去钳制全天下，使中央集权更加巩固。

2. 官制体系的一元制

在我国古代官制体系中，只有单轨的行政机构，而无在君权之外的立法机构、司法机构和监察机构。各级地方行政长官，同时又是同级的司法官。尽管皇帝主动赋予宰相以"封还诏书"（指宰相认为皇帝诏书不合理，可以拒绝办理）和"不肯平署"（指臣下的奏请，经皇帝核准，而宰相不赞同者，可拒绝签字）权力，但实际上对皇帝不产生约束力，其原因就在于官制体系的一元制。

3. 官职、品阶双轨制

从魏晋南北朝直至清朝，都以官职表示官员权力的大小，同时又以品阶表示级别的高低。官职和品级都是官吏身份高低的标志，官职大小和品级高低是互相一致的。官位高则品级高，但有时也有例外，有些官员品级不高而实权较大。实行官职品阶双轨制，是要使官吏既有威望，又有实权，以加强封建专制的统治。

第四节　科举教育

中国的教育制度有着源远流长的历史，大约在公元前三千年的原始社会后期就已有学校教育的萌芽，经夏商周形成比较定型的学校，并建立了初步的学校教育制度，至秦汉时期已经形成较为完善的教育制度。隋唐时期随着科举制度的产生，教育与科举开始融合发展，并逐渐形成一套完全服务于科举制度的教育体系，对此后中国的政治经济、文化艺术、民族心理都产生了巨大而深远的影响。中国古代的教育制度与科举制度既有区别，又有着紧密联系，本节主要分别介绍两种制度的形成、发展、特征及影响。

一　古代教育制度

教育制度，是指国家制定的教育目的、方针以及教育设施的总称。中国古代教育制度从夏商周时期的初步建立，直到清末建立新式学堂从而逐步过渡到近代教育制度，构成了一个独具特色的形成和发展过程。

(一)教育制度的起源

教育在原始社会就已萌芽。在原始社会时期，人类在向大自然作斗争的过程中，生产手段日益更新，生产工具日益进步，生活方式也不断变革。为了延续整个群体的存在，使在长期生产劳动中积累起来的丰富的生产和生活经验不致中断，就要把它们及时地传授给下一代，这就产生了最早的教育。承担这一教育任务的一般是群体中的长者。不过，由于原始社会时期文字尚未产生，所以教育还不可能成为一种独立的社会活动。当然也不可能有一定的组织机构和相应的制度，那时的教育还只是处于萌芽状态，是一种口耳相传的自发活动。

当社会由原始时代逐步过渡到奴隶制时代，随着社会的进步与发展，教育逐渐从社会生产与其他社会活动中分化出来，这种分化的直接结果，便是学校的产生。据文献记载，在中国第一个奴隶制国家夏代就已有了正式的学校出现，是教育制度形成的重要标志之一。不过，学校作为一种专门教育在一定的历史条件下产生。

首先，社会生产水平的提高，为学校的产生提供了必要的物质基础。在奴隶制社会时期，其物质生产水平已足以供养一批人脱离生产劳动，专门从事教与学的活动。其次，脑力劳动与体力劳动的分离，为学校的产生提供了专门从事教育活动的知识分子。脑力劳动与体力劳动的分离，具有推动文化教育与社会进步的作用，并且是学校产生的必要条件。再次，文字的创造与知识的各界，为学校提供了教育内容与专门传授知识、技能的社会需要。文字的创造，是一个民族文化发达的主要标志之一。文字产生以后，为了了解文字记载的往事贤行，必须专门学习文字，这对学校的产生有着直接的影响。最后，国家的出现，对专门教育机构培养官吏和知识分子提出了需求，因此迫切需要创建学校，输送人才。所以，随着奴隶制国家的出现，教育制度便也随之逐步产生了。由此可以看出，正是在原始社会解体到奴隶制度国家建立这一漫长的历史时期，教育制度经历了从萌芽到产生的过程。

(二) 教育制度的沿革

中国古代教育制度主要是学校教育制度。古代学校有官学和私学之分，而作为教育制度组成部分的主要是官学。中国古代官学制度的发展自夏商周到元明清，经历了从初建到逐步完善的过程，各个时期都表现出不同的特点。

1. 先秦时期

夏商时期，学校教育制度已初步建立。《孟子·滕文公上》说："夏曰校，殷曰序，周曰庠，学则三代共之。"所说的校、序、庠就是当时的学校名称。不过，由于文献不足，当时的学制已不可知了。

西周时期的教育制度已相当完备，学校分"国学"和"乡学"两类。"国学"指设在王都和诸侯国都城里的学校，是大贵族子弟的学校。"乡学"按地方行政划区设立，是一般贵族子弟的学校。学校教育分大学和小学两级，小学教育内容主要包括识字、六艺(礼、乐、射、御、书、数)等知识，大学教育内容主要是修身、治国、平天下的相关知识。

春秋战国时期，社会发生了急剧变化，中国开始由奴隶制向封建制转变。这时候西周的官学制度已不能适应时代要求，逐渐瓦解。由此私学兴起，并影响和推动了当时养士制度的发展。

2. 秦汉六朝时期

秦始皇"焚书坑儒"，禁办私学，过去的学校遭到严重破坏，几乎不复存在。但秦始皇重视法令，命令天下百姓"以吏为师"，"以法令为学"。这一"吏师制度"一直延续到汉初。

自汉武帝之后，汉代学校教育又开始得到较大发展，初步建立起较为完备的教育制度。汉代官学分中央与地方两个层次。中央官学为大学性质的太学；地方官学按行政区域分别设立，规定在郡、国设学，县、邑设校，乡、聚（村）设庠、序。这样就形成了从中央到地方的封建学校系统。地方官学中，学、校各设置经师一人，庠、序各设置孝经师一人。其中学、校属于中学性质，庠、序属于小学性质。汉代官学为封建官学制度的初创阶段，虽然中央官学管理松散，地方官学尚未形成真正的系统，但它所开创的基本格局，为后代学校教育制度的进一步发展奠定了基础。

魏晋南北朝时期，由于战乱频繁，儒学衰落，"九品中正"取士制度对人才培养的冲击，使得这一时期教育制度衰微。值得注意的是，西晋时期在太学之外，又设国子学，专收五品以上官员子弟，而太学成为六品以下官员子弟学校。自从国子学创设以后，后世直属中央的最高学府就由原来的太学一变而为国子、太学并存，而国子学的地位总要高于太学。

3. 唐宋时期

唐宋是中国教育制度发展成熟的时期，而随着科举制度的兴起，学校教育开始了以服务于科举制度为中心任务的转向。

隋朝开始设置国子寺，这是中央专门负责管理教育的行政机构，下辖五学，即国子学、太学、四门学、书学、律学。唐承隋制，中央设国子监管理学校教育，下设中央官学六所：国子学、太学、四门学、律学、书学、算学。这些学校学生入学年龄一般在 14 至 19 岁之间，各校学生如果能通三经或五经，经考试合格，可以送尚书省录用为官；如果想继续深造，则四门生可补太学，太学生可补国子学。

唐代地方官学主要有府学、州学、县学三级学校，县以下又有乡学、市镇学和里学。府州县学校的程度相当于中学，县以下各学校仅相当于小学，教育内容以经学为中心。上述所有学校由长史直接掌管，并统辖于国子监。唐代学校教育制度与前代相比，不仅在教学内容的安排上更为具体详细，更重要的是创造了专业划分这种新的教学形式。

宋代官学制度基本承袭唐代。国子监所属有国子学、太学、律学、书学、算学、医学。后又增设武学、军监学、画学等，宋代对入学人员出身的限制较唐代宽松一些。地方官学则有州学和县学，宋代统治者对地方学校比较重视，所以州县两级学校较为普遍。宋代教育最大的发展，是新型学校书院的大量涌现。书院属私学性质，这里就不详细介绍了。

4. 明清时期

明清时期，学校教育基本沦为科举考试的附庸。中央官学不再分国子学和太学，也没有唐宋时期那么多的专科学校。这时中央办学校就以国子监为名，这样国子监的职能就大大缩小了。明代国子监有南京、北京两监，清代只有北京一监。

明代国子监学生统称监生，清代则分两类：由各方学校输送的叫贡生，由国子监直接招收的叫监生。国子监的课程主要是四书五经和律令、书、数等。其中八股文自然是必修课。明代国子监学制为 4 年，清代改为 3 年。明清当局对国子监学生思想控制极严，没有言论、结社和上书陈事的自由，否则严加惩处，所以从国子监中很少培养出优秀的人才。

明清地方官学有府、州、县学，府学教官称教授，州学称学正，县学称教谕，副职称训导。学生则是院试进学后的秀才，不是秀才不得入学，因此，地方学校实际成为秀才的管理机构。

明清科举以八股文取士，学生在八股文上耗尽精力，毫无生气。这一时期教育制度的显著特点便表现在学校普及了。

(三) 古代教育制度的基本特征

通过对中国古代教育制度沿革情况的叙述，可以看出，古代教育制度具有以下几方面特征。

1. 以伦理道德教育为中心

中国古代教育基本上是以儒家思想为指导，而儒家的教育思想把道德完善视为教育的最高目标，因此，伦理道德教育始终处于古代教育的核心。道德教育内化则为修己之道，外化则为治人之本，所以"修身、齐家、治国、平天下"便成为古代受教育者不断追求的人生理想，"内圣外王"成为他们不断追求的人生境界。不过，偏重伦理道德的教育必然导致对自然及科学技术教育的忽视，这也是中国古代教育制度的一个消极面。

2. 以培养统治人才为主要目标

在儒家思想中，修身的目的在治国平天下，伦理道德以政治为目的。因此，教育的最终目的也在服务于政治。在儒家思想的推动下，历代统治阶级都很重视教育的发展，而且将培养人才制度和任人取士的制度结合起来，使学校教育都纳入"学而优则仕"的轨道，以满足庞大的国家机器的人才需要。

3. 以经学为主要教学内容

自汉代独尊儒术，儒家经典便成为官定的教科书，其后历代各家不断训解和阐述儒家经典，使经学在中国两千年学术文化领域中成为压倒一切的学问，教育自然无法脱离经学的樊篱。特别是在科举考试中，也以经学为主要考查内容。这样一来，不攻经学，就绝了仕进之路。于是上自中央官学，下至民间私学，经学无一例外地都占据了教学内容的主位。教育中对经学的偏重，不可避免地扼制了科学技术教育的发展，对教育的全面发展存在着消极影响。

4. 以群体发展为教育模式

儒家非常重视群体认同，认为道德的自我完善最终是为了实现群体的稳定和发展，在这种文化价值观念的支配下，古代教育极其重视人的群体性的培养。这一方面表现在古代教育提倡把群体价值置于个体价值之上，注重培养学生的群体观念，强化担当社会责任的角色意识。另一方面表现在古代教育提倡以他人为重，以人际关系的和谐为重要追求目标。中国人身上体现出的以天下为己任的精神气概和强烈的道德责任感及社会使命感等优秀品质特点，便包含了突出群体性发展的教育模式的积极影响。但是，过分强调群体性发展的教育模式，也会产生妨碍个性自由与多样性发展、抑制个体创造性的发挥的消极影响。

二 古代科举制度

科举制度，是中国封建王朝设科考试用以选拔官吏的一种制度。科举制度形成于隋唐时期，一直延续至清末，存在了1300多年，它对这一漫长时期的政治、经济、教育制度以及知识分子的学风，都曾产生过重大的影响。

(一) 科举制度的形成

科举制度初创于隋代，形成于唐时。作为一种选拔官吏考试制度，它的出现与选官制度发展的需要以及当时的社会条件密切相关。

1. 选官制度的演变

中国古代的选官制度有一个演变过程。夏商周三代奴隶制王朝的官吏选拔主要是世卿世禄制。春秋战国时期，诸侯国为了争得霸主地位，开始打破原来官爵世袭的制度，按照"选贤任能"的原则来选择官吏。当时的将相便常常由国君从平民中提拔任命，中下级官吏则通过"养士"和"军功"培养。

两汉时期，中国的封建专制统治得到进一步发展。在新的历史条件下，汉代选拔官吏方面有了进一步发展，开始形成明确的选拔官吏制度。当时主要推行"察举征辟"制度。所谓"察举"，又叫荐举，是三公九卿、地方郡国守相等高级官员根据考察，把所谓品德高尚、才干出众的平民或下级官吏推荐给朝廷，授予他们官职或提高其官位。察举是汉代选官的一种主要做法。所谓"征辟"，就是高级官吏把有声望、有才干的人推荐给朝廷，由朝廷聘任为官的称为"征"，由地方高级官吏将人才聘为自己幕僚属官的称为"辟"。两汉时期的"察举征辟"制度，注重于有声望长官的推荐，虽然有时候朝廷也进行考核，但只是荐举的辅助手段。

魏晋南北朝时期，士族豪门为了维护自身的统治地位，竭力推行"九品中正制"的选官制度。从魏文帝曹丕起，由中央王朝向各地委派专门负责鉴别和选拔人才的官员，郡叫"中正"，州叫"大中正"，负责把当地人士按照品德才识分别评定为上上、上中、上下、中上、中中、中下、下上、下中、下下九等，以备国家量才录用，其办法叫"九品官人法"。其品评人只看门第出身高低，并不看重实际才能。选官的权力由世家大族控制，形成了所谓"上品无寒门，下品无士族"的局面。"九品中正制"严重地妨碍了中小地主阶级的进身之路，引起他们的强烈反对，这对于加强封建中央集权是十分不利的，于是要求改革选官制度的呼声愈来愈强烈。南北朝后期的西魏、北周已经开始推行"罢门资之制"的选官方针，开始打破全凭家世门第选的风尚。

进入隋唐时期，随着社会生产力的发展，中小地主要求参政的呼声逐渐强烈，于是开科取士的科举制度便应运而生。科举制度的产生，为庶族地主进入仕途提供了机会。这一制度被唐以后各代封建王朝所承袭，成为封建王朝最重要的选官制度。

2. 科举制度产生的社会条件

科举制度在隋唐时期的形成，并不是偶然的。在隋朝以前，中国古代官吏的选拔制度各代不同，但荐举任官制一直占有重要地位。魏晋奉行"九品中正制"，世家大族把持乡举里选，垄断仕途。加之机构重叠，人浮于事，存在"官多民少，十羊九牧"，"清干良才，百分无一"的现象，使荐举制积弊暴露无遗。正是由于存在这些弊端，隋朝立国后便果断进行改革，废除九品中正制，创建了科举制度，并在唐代得到进一步完善。这种新的选官制度同以前选举制度的根本区别不在于进行分科考试，而是允许普通读书人自愿报名参加官府的考试，这为广大中小地主及普通士人做官参政提供了可能。

隋朝建立后，中小地主的势力得到加强。隋末农民大起义进一步摧垮了魏晋以来的豪门世族势力。唐朝建立后，社会生产力迅速发展，封建地主经济进入了一个繁荣时期。一方面，这时中小地主阶级的经济力量进一步壮大，他们迫切要求掌握一部分政治权力来维护自己的利益。另一方面，为了加强中央集权的统治，隋唐统治者对官僚机构的建制做了相应的调整，实行了三省六部制，使得官僚机构更为完备，分工也更加细密。官僚机构的调整和膨胀，也使得补充大量的官吏成为可能。科举制度既能满足广大的中小地主要求做官参政的愿望，也能更广泛地吸收、笼络人才，把他们输送到各级官僚机构中去，这是符合封建地主阶级长远利益的，因此在隋唐得以确立和发展①。

隋唐时期物质生产水平的提高，也为科举制度的实行，提供了必要的物质条件。在唐代，手工造纸在全国已经普遍发展，生产的数量也越来越多。唐朝发展起来的雕版印刷术，对文化的传播与发展起了巨大的推动作用。书籍可以大量抄写、印行，使读书人便于阅读和应付考试。文具方面，这时期的笔墨制造水平也得到提高，使广大读书人更便于书写。这一切都为科举制度的推行提供了物质基础。

正是上述一系列条件，促成了科举制度在隋唐时期得以形成。

---

① 阴法鲁、许树安主编：《中国文化史》(3)，北京：北京大学出版社，1991 年，第 333 页。

（二）科举制度的沿革

从隋唐到清末，科举制度在其走过的 1300 多年历程中，从内容到形式在不同时期都有着不同的发展与演变，表现出不同的特点。从其整个发展历程来看，主要经历了以下几个阶段。

1. 隋唐时期

隋朝科举考试属初创阶段，为地方荐举与中央考试相结合。隋初，每年各州荐举贡士 3 人入京考试，成绩优异者称秀才。此后又有分科考试，当时仅设志行修谨、清平干济两科，由京官五品以上和地方总管、刺史荐举考生。隋炀帝即位后，扩大为包括文才、武艺、品德、治能等方面十科，由文武五品官以上荐举，规定有一艺可取即应采录，且随才升擢。隋炀帝大业二年（606 年），开设进士科，用诗赋、试策进行考试。这是科举制确立的重要标志。由于科举考试公开进行，有规定的知识结构作为公认的主要录取标准，在一定程度上允许平等地公开竞争，尽管此制当时尚不完备，但已显示其选拔人才的一定优越性。

唐代是科举考试制度化并逐步完善的时期。唐代科举考试种类分常科和制科两种。常科每年举行，考试科目有秀才、明经、进士、俊士、明法、明字、明算等五十多种，其中明经、进士两科应试者最多。因诸科之中，考进士科难度最大，往往是百人中取一、二名，明经则为十取一、二，故唐代进士科特别受到士人的重视。以至于当时进士有"白衣公卿"、"一品白衫"之称。制科是皇帝临时诏令设置的科目，有贤良方正、直言极谏科，才识兼茂、明于体用科等上百余种。应试者可以是现职官吏，也可以是常科及第者，还可以是庶民百姓。考试内容唐初仅考策问，唐玄宗时加试诗、赋。制试考试通常由皇帝亲自主持，制科合格后可以由朝廷直接授予官职。武则天长安二年（702 年），始设武科考试，由兵部主考，课试方法如文职明经、进士考试之制。武科考试科目有长垛、马射、步射、平射、筒射以及马枪、翘关、负重等，从考生中录取躯干雄伟、应对详明、有骁勇且可为统帅者。如文职官吏要求参加武选，则取身高六尺以上、年龄四十以下，强勇且能统率部队之人。

2. 宋元时期

宋朝科举制度基本沿袭唐制，但又有所发展。其科目以进士为重，增加殿试，由皇帝亲策。考试内容从神宗起改以经义为主。考试规则在唐"糊名"（密封考卷上姓名）基础上，进一步实行"誊录"，即另派抄书手将试卷用正楷誊录，使考官无法辨认考生笔迹，以保证公正阅卷。考试时"锁院"，严禁出入，以防内外串通舞弊。殿试合格后分三甲发榜：一甲赐进士及第，前三名称状元、榜眼、探花；二甲赐进士出身；三甲赐同进士出身，登第后即可授官。宋改为三年一考，扩大录取名额，允许礼部试落第举子复试，合格者仍可登第授职。宋代武科先考骑射，而后笔试。以策略成绩决定去留，以弓马武艺定名次高下。

元朝蒙古贵族有做官的特权，无须通过考试，所以开国之初不重科举。中叶以后，为了笼络汉人，才开科取士。元朝科举每三年一次，分为乡试、会试、殿试三道。全国共设 17 个乡试科场，分布在京城、中书省直属行政区以及各行省的省治所在地。会试在乡试次年举行，次月举行殿试，分两榜公布，蒙古、色目人为右榜，汉人、南人为左榜，各分三甲，赐进士及第（右、左榜各一人）、进士出身及同进士出身，并授以官职。考试时的命题答卷，基本上以程朱理学对儒家经典的阐释为依据。蒙古、色目人必须以汉文应试，但试题较汉人、南人为易。元朝科举所取录的人数和进士的地位，都要低于前代。

3. 明清时期

明代科举仅进士一科，考试分乡试、会试、殿试三级。乡试每三年一次，在各省城举行，凡本省生员与监生经科考、录考、录遗考试合格者，均可应考。乡试考中称举人。会试于乡试后第二年春天在礼部举行，参加会试的是各省的举人，考中者称贡士。殿试在会试后同一年举行，应试者为贡士，由皇帝亲自主持，分三甲录取。一甲取三名，赐进士及第，第一名称状元，第二名称榜眼，第三名称探花。二甲赐进士出身，三甲赐同进士出身，一、二、三甲统称进士。为强化专制主义君主集权，控制思想文化，明据元代科举命题取自朱熹《四书集注》之法，规定试卷应"代圣人之言"，以程朱理学观点指导作文，同时规定试卷须用八股文体写作。明代武科举考试承唐宋之制，至明末崇祯四年（1631 年）始开武科殿试，设武状元。

清代科举制度与明代基本一致。以经义八股为考试内容的科举制度发展至清朝，弊端已暴露无遗。清初即有大臣建议改革，但清统治者为推行文化专制主义，将科举考试作为笼络汉族士大夫的手段和禁锢知识分子思想的工具，除分满人、汉人两榜录取以优待八旗子弟外，余皆承明之旧。乾隆皇帝还指派学者方苞编定明清两朝名家所写八股文，定名《钦定四书文》，刊行全国，供赴考举子阅读。由于死记硬背经书及八股时文即可应举入仕，科举考试更趋僵化，成为革新政治、发展科学文化的重大障碍。

（三）科举制度的影响

科举制度的实施，是中国古代用人制度的历史性变革，对封建社会的发展产生了众多积极的影响，但随着科举制度的不断僵化，它对社会也带来不少消极影响。

1. 积极影响

科举制度在其实行之初表现出以下的积极意义：第一，把选用官吏的权力，从世家大族的手里收归朝廷，有助于中央集权制的巩固。第二，选拔官吏有了一个知识才能的标准，使官僚队伍的知识文化水平不断提高。第三，根据考试成绩选拔人才，能调动地主阶级，尤其是中小地主阶层子弟的学习积极性。第四，从下层吸收人才参加各级统治机构，不仅改变了封建政府中官吏成分结构，使官僚队伍保持一定的活力，提高统治效能，而且有利于缓和地主阶级上下层之间的矛盾，特别是对于笼络下层士大夫，牢笼天下英才，具有极为重要的作用。第五，科举考试还推动文化教育的普及，影响社会风尚。边疆各民族政权也相继效仿，通过科举考试促进了民族间的文化交流，为中华民族的团结和统一做出了一定的贡献。

科举制度的产生，适应了当时社会政治发展的需要，对于维护封建统治起了重要作用。考试制度，提供了竞争。尤其是寒门士子，苦读修身，不仅有真才实学，为官后大多比较清正。从唐代以后至"五四"以前的历史名人，大多是进士出身，有的是学问家、书画家、科学家，有的是政治家和民族英雄。历史上臭名昭著的奸佞之徒，多数不是由科举正途出身。如唐代李林甫、杨国忠，北宋高俅，明代魏忠贤，清代和珅等。他们不学无术，只能靠奸邪手段向上爬，一旦得志，便猖狂无忌，祸国害民。当然，奸臣中也有进士出身的，如宋朝的蔡京、秦桧，明朝的严嵩等，但毕竟是少数。

总之，科举制的确为历代王朝选拔了不少杰出人才，而且个人也得以通过科举进士及第施展才能抱负。这是科举制不可磨灭的功绩。

2. 消极影响

随着科举制度的发展，弊端也逐步显见，对社会造成消极影响。科举之弊，十分明显，早在唐代就暴露出来，主要有两方面：一是诱使士人死读书，一味寻章摘句，不务实学；二是录取名额有限，也使一些人才落第，清代文学家吴敬梓、蒲松龄就屡试不第。由于考试竞争激烈，富室子弟走邪道、行贿赂、通关节、走后门，费尽心机，科场丑闻屡禁不止。明清八股取士，更是压抑人才。讲关节、重门第乃至贿赂公行，科举为有钱有势者所垄断；至于应试科举之作弊，自唐以来即未能免，渐积至于明清，舞弊之法更层出不穷，以致投机取巧成为风气。科举考试在实行之初，曾激起人们读书的积极性，但由于考试内容和方法的失当，又逐渐使人们不认真读书。随着社会的进步与发展，科举考试仍然以诗书取人，却责以理财、典狱、治水、防灾，自难胜任。鸦片战争后，传统教育空疏无用的弱点益形暴露，在有识之士的"废科举，兴学校"的要求下，首先对科举的内容进行改革，其次递减科举取士之额。

光绪三十一年(1905 年)，随着近代科学文化的传入和国内民主革命运动的高涨，终于迫使清廷下令"停科举以广学校"，废除了行之千年的科举考试制度。

◎ 思考题：

1. 礼制的基本特点是什么？
2. 宗法制度对中国古代社会产生了哪些影响？
3. 简述中国古代法的起源。
4. 中国古代法律形式的基本特征是什么？
5. 中国古代官僚体制的基本特征是什么？
6. 简述中国古代教育制度的基本特征。
7. 科举制度对中国古代社会产生了哪些影响？

◎ 关键词：

【《礼记》】战国至秦汉时期儒家论说或解释礼制的文章汇编。汉代把孔子所定的典籍称为"经"，弟子解说"经"的文字称为"传"或"记"，《礼记》因此得名。到西汉前期《礼记》共有一百三十一篇。相传戴德选编其中八十五篇，称为《大戴礼记》；戴圣选编其中四十九篇，称为《小戴礼记》。东汉后期大戴本不流行，以小戴本专称《礼记》，并与《周礼》、《仪礼》合称"三礼"，郑玄作了注，遂升为经。这四十九篇内容涉及面较杂，一部分是《仪礼》各篇的"记"，如《冠义》、《昏义》以下六篇，即解说《仪礼》冠礼、婚礼各篇；有关丧服、祭法的近二十篇，也是解说《仪礼》相应篇章的；而《奔丧》、《投壶》则是《仪礼》所失收的古代典礼仪节文件。书中还有一些广泛论说礼意、阐释制度、宣扬儒家理想的篇章，其中《礼运》、《乐记》、《学记》等直接录自儒家旧籍。此外，还有录自诸子的《月令》等篇，及汉代儒生追述周代制度的《王制》篇等。唐孔颖达据以撰《礼记正义》七十卷，南宋时和郑注合刻为《礼记注疏》六十三卷。宋代理学家选出其中《大学》、《中庸》两篇，与《论语》、《孟子》合称四书，作为儒学基础课本。

【《法经》】战国初期魏国著名政治家李悝著，是中国历史上第一部比较系统的封建成文法典。春秋末年，晋、郑诸国作刑鼎或刑书，以公布新的法律条文。到战国时，随着历史条件的改变，出现了更多的新的成文法典。李悝"撰次诸国法"，修订出《法经》六篇，包括盗、贼、囚、捕、杂、具。《法经》出现后，魏国一直沿用，后由商鞅带往秦国，秦律即从《法经》脱胎而成，汉律又承袭秦律，故《法经》在中国古代法律史上有非常重要的地位。《法经》早已不存，唯桓谭《新论》中有关于《法经》内容的简述，《晋书·刑法志》也有类似的记载。《新论》已亡佚，桓谭介绍《法经》的一条保留在明人董说《七国考》之中，是我们今天了解《法经》的重要依据。清马国翰《玉函山房辑佚书》中辑有《法经》，夹杂了天尊、佛像等语，当是误引他书所致，故难以凭信。

【五刑】中国古代对罪犯使用的五种刑罚的总称。中国自夏代就开始有了刑罚，商代墨、劓、剕、宫、大辟五刑在古文献和甲骨文中都有记载，到西周已较普遍施行。西汉初曾废除残伤肢体的肉刑，以笞、杖代替。虽至汉末肉刑并未真正废除，但传统的五刑制度已开始发生变化，历魏、晋、南北朝，不断有关于废除和恢复肉刑之争，并对原有的五刑屡加更定。到隋、唐时期，商周以来的墨、劓、剕、宫、大辟五刑制度，终于为笞、杖、徒、流、死的五刑制度所代替，这是中国刑制史上的一个重大变化。这一变化标志着中国古代刑罚制度由野蛮阶段进入较为文明的阶段。新的五刑制度直至明、清沿用不改。

【郡县制】中国古代继宗法分封制度之后出现的以郡统县的两级地方行政制度，它形成于战国时期，盛行于秦汉。春秋初期，秦、晋、楚等国往往在新兼并的地方设县。县与卿大夫的封邑不同，是直接隶属于国君的地方行政区域，有利于国君对边远地区的统治。春秋中期以后，设县的国家增多，有的在内地也设置了县，县开始成为地方行政组织。春秋末期，有的国家又在新得到的边远地区设置了郡。这时的郡，虽然面积比县大，但是由于偏僻荒凉，地广人稀，地位却比县低。进入战国后，郡所辖的地区逐渐繁荣，人口增多，于是在郡的下面分设了县。战国时期，各国先后在边地和内地设置了郡县，产生了郡统辖县的两级地方行政组织。至此，郡县制开始形成。郡的长官称"守"，县的长官称"令"，均由国君任免。郡县制使各诸侯国形成了中央、郡、乡一套比较系统的行政机构，对地主阶级实行集权统治起了重要的作用。战国时期，郡县制虽然形成并得到了很大的发展，但由于各国分立，执行情况不尽相同。直到秦统一中国后，为了加强中央集权，才健全了郡县制，进而在全国推广。郡县制与分封制最大的不同是：郡守、县令和县长由皇帝直接任免，不得世袭。郡县制使君主有效地加强了中央集权，有利于政治的安定和经济的发展。

【三省六部】隋唐至宋的中央最高政府机构。三省指中书省、门下省、尚书省；六部指尚书省下属的吏部、户部、礼部、兵部、刑部、工部。每部各辖四司，共为二十四司。三省六部是自西汉以后长期发展形成的制度。其中尚书省形成于东汉（时称尚书台）；中书省和门下省形成于三国时，目的在于分割和限制尚书省的权力。在发展过程中，组织形式和权力各有演变，至隋，才整齐划一为三省六部，主要掌管中央政令和政策的制定、审核与贯彻执行。唐宋时期基本继承了这种制度，只是局部有所因革。金、元、明只设一省六部，一省，金为尚书省，元、明为中书省。明洪武十三年（1380 年）罢中书省，分中书省之权归于六部。自此，六部取代了三省六部之制。

【科举制】隋唐之际新兴起来的一种选拔官吏的制度。由于采用分科取士的办法，所以叫做科举。科举制从隋朝大业三年(607年)开始实行，到清朝光绪三十一年(1905年)举行最后一科进士考试为止，经历了一千三百多年。从隋朝开始，各朝科举考试科目都在不断变化。从各个朝代科举设置的科目和形式的变化可以看出统治阶层的用人取向，也反映了不同时代的人才需求。隋文帝仅有策问，隋炀帝开考十科。唐朝考试科目很多，常设科目主要有明经(经义)、进士、明法(法律)、明字(文字)、明算(算学)。到明朝只设进士一科。清袭明制，但也开过特制(特别科)，如博学鸿词科、翻译科、经济科等。科举除了特制科目外，明经、进士科考的内容主要是儒家经典。考试形式在各个朝代也有不同，唐朝主要有墨义、口试、贴经、策问、诗赋等，宋朝主要是经义、策问、诗赋等，到明代只有经义一门了。

第三章　学术文化

学即学问，术即方法。凡属系统化、专门化的定型知识都可称为学术。当然，这是从广义上讲的。事实上，通常所说的学术，主要是指学术思想，它是人类在认识自然、社会的实践活动中获得的价值性和观念性形态的思维成果。在我国，学术思想大约萌发于文字滥觞的上古时代，随着历史进入有文字记载的商周时代，学术便正式发端了。吕思勉先生指出："吾国学术，大略可分七期：先秦之世，诸子百家之学，一也。两汉之儒学，二也。魏、晋以后之玄学，三也。南北朝、隋、唐之佛学，四也。宋、明之理学，五也。清代之汉学，六也。现今所谓新学，七也。"[1]这段话为我们勾勒了中国学术发展的基本情况。佛学在第一章已有论述，本章主要介绍先秦子学、两汉经学、魏晋玄学、宋明理学、清代朴学（即汉学）。

第一节　先秦子学

春秋战国是我国历史上在学术文化方面首先出现众派争流、奇花竞放的时期。这个时期中国社会从经济到政治，直至意识形态，都发生了一系列的急剧变革，于是出现了以思想争鸣为特色的诸子之学。代表这一时期各家学派思想的著作有近百种，历史上也多以"诸子蜂起，百家争鸣"来形容这种繁荣局面。诸子百家的时代以春秋战国之际孔墨二学的产生为开端，经过战国二百余年，余波延至秦汉之间，这是中国历史上一个思想文化成果最为辉煌灿烂的时代。本节主要介绍诸子之学的形成、特点、派别、学术思想以及产生的影响。

---

① 吕思勉：《先秦学术概论》，上海：东方出版社中心，1985 年，第 1 页。

一　子学的兴起和特点

子学，即诸子之学，指春秋战国时期诸子百家的学术思想。"诸子百家"是人们对春秋战国时期各个学派的总称。以"诸子"称之，始于西汉刘歆的《七略·诸子略》。诸子之学的兴起，带来了思想学术上"百家争鸣"的景象，从而成就了中国历史上一个学术文化的高峰。

(一) 子学的兴起

子学的兴起，与春秋战国时期的政治、经济的变革，以及文化学术环境的变化密切相关。

春秋战国之际，是我国古代社会由奴隶制度向封建制度转变的时期。这一时期，作为奴隶制经济基础的井田制已土崩瓦解，土地私有制获得普遍发展。随着农业和手工业生产的发展，商业也相当活跃，各地相继出现了许多繁荣的商业都市，成为各诸侯国政治、经济、文化的中心。水陆交通已相当发达，促进了经济文化的交流。地主阶级经济日益强大，逐渐取代了奴隶主贵族经济，社会各阶级在不断发生分化和重新组合。周天子的至高权威开始一落千丈，而代表新兴地主阶级利益的各国诸侯、卿大夫则纷纷扩充实力，争夺霸权，历史进入一个血与火的大动荡时期。在这种形势下，各诸侯国为了自身的发展，相继进行了一些政治改革。到了战国时期，新兴地主阶级先后在一部分国家取得政权，并且运用政权的力量，进一步打击奴隶主贵族势力，建立和巩固新的封建生产关系和政治制度，相继兴起了大规模的变法运动。当时的文化知识界，就在这种经济和政治的背景下空前活跃起来。

春秋以前，文化知识为奴隶主贵族所专有，贵族朝廷设有各种世袭的官职，以保藏文献资料，传授文化知识。春秋末期，随着贵族阶级的没落，一部分原先依靠"父子相传，以持王公"取得食禄的士阶层，下降到平民的地位。政治制度的改革和各阶级地位的变化，使文化知识逐渐渗透到社会的不同阶层，形成了一个新兴的知识分子阶层，文化知识从"官府"走向民间，得到更为广泛的传播。到了春秋战国时期，由于社会变革的需要，知识分子的文化职能进一步突出。各国为了在争霸战争中获胜，都必须励精图治，统治者不惜重金招募贤能之士，以寻求"治国平天下"的良策，故而"养士"之风在当时极为盛行。被誉为"战国四君子"的孟尝君、平原君、信陵君和春申君，门下都有宾客数千人。在魏变法的李悝、楚国的吴起、秦国的商鞅，都出自"卿客"。在这种自由的学术环境里，许多怀抱理想的贤能之士，或者以著书立说、收授门徒、宣讲学术主张为己任，或者奔走穿梭于诸侯豪门之间，出谋献策、游说天下。一时间"诸子蜂起"，学派林立，蔚为大观。

(二)子学的派别

先秦子学的派别，后世一直流传着"诸子百家"的说法。先秦诸子是否真有百家？

对先秦诸子百家作系统的、完整的综论，当首推《汉书·艺文志》。《汉书·艺文志》的"诸子"部分总括诸子数目时说："凡诸子百八十九家。"并明白地列出了儒家、道家、阴阳家、法家、名家、墨家、纵横家、杂家、农家、小说家等共十家。在每一家中列出了流传到西汉尚能得见的重要古籍，比如儒家部分就列有五十三家，亦即五十三部著作，不过这五十三部有相当一部分并非先秦作品，而是西汉时期的儒家著作，比如"陆贾二十三篇"、"贾谊五十八篇"、"董仲舒百二十三篇"等。其他各家也都如此，都杂列了先秦和西汉的人物和作品。因此在"诸子百八十九家"中，有相当一部分不是先秦的诸子。不过，《汉书·艺文志》的著录并不能完全反映先秦的全部真实情况，至少《韩非子·显学》中所指出的"儒分为八"在其中就未能反映出来，"墨离为三"也未能反映出来。因此，先秦时期的诸子超过百人是没有问题的。在那个学术争鸣的时代，列国人才济济，思想活跃，百名以上的诸子的存在不会令人奇怪。然而，从学派的角度来看，"诸子"虽多，而同调者不少，若将他们归类为几个学派，则没有"百家"那么多了。

那么，先秦诸子究竟有多少学派呢？《汉书·艺文志》在诸子部分明列十派，其实是不止的。仅就《艺文志》而言，其未列入诸子的各种学派，其实也能独立成家的还有不少。比如：兵家就有"兵书五十三家"，术数一类也有"百九十家"，方伎一类也有"三十六家"。当然，这里的数十家也是指著述种类而言。不过，兵、术数、方伎则是可以和儒、道并列的学派。因此，先秦的学派远不止于《艺文志》所列十家。汉初历史学家司马谈的《论六家之要指》根据战国时期各家学派的特点，在它们中间分出阴阳家、儒家、墨家、名家、法家、道德家六个最重要的学派，后来班固《汉书·艺文志》又增加了纵横家、杂家、农家、小说家；除去小说家，后世又称之为"九流"。正如上面所分析的，这种分类，只能是言其大概，并不能囊括当时的诸子百家；即使是上述几家，也处在不断的分合变化之中。

从学术思想的体系及影响来看，在先秦诸子派别中，最重要的学派应当是儒、道、法三家，他们不仅实行明确的传授统系，有丰富的著述和理论体系，而且对中国后代思想影响极大。其次为墨家、名家，他们虽然对后世的影响较小，然而在当时的地位相当重要，并且有着自己的理论和著述。至于阴阳家，虽然在哲理体系上谈不上完整和严密，对于后世的影响却是不容忽视。这样看来，司马谈所论的六家，恰是主要的先秦学派。其余如杂家、纵横家、小说家、农家等作为一种理论体系来说，自然不及前述诸家了。

（三）子学的特点

先秦子学各派尽管在学说的内容、宗旨和风格上各异，却表现了共同的时代精神，有着一些共同特点。

首先，子学各派具有共同的理性特征。诸子百家以积极有为的学术态度宣告了先秦理性精神的诞生。上古学术的最大特点是与原始巫术难解难分，而诸子之学则在很大程度上摆脱了原始巫术传统，重在以人、以社会为中心建构学说体系。例如荀子的"天论"和《易传》"刚健"、"自强"思想就是这方面的代表。此外，墨家的"天志""明鬼"和阴阳家热衷于报道阴阳消息的做法，看似与鬼神接近，其实意义却有所不同。墨子最终以"天"作为其理论的支柱；而阴阳家也旨在为政治提供借鉴，因此可以说是先秦理性精神的另一种表现。

其次，子学各派具有强烈的社会责任感和政治实用性。由于诸子之学是应春秋战国时期社会变革的需要而出现的，因而都能自觉地以寻求治国平天下的方案为其从事学术活动的目的，体现出十分强烈的社会责任感和政治实用性。儒家创始人孜孜不倦的理论探索和"知其不可而为之"的奋斗品格；墨家徒众身体力行，"摩顶放踵以利天下"的舍己救世精神；法家人物"非古师今"的变法功业，都鲜明地指出这一点。即使道家的消极遁世也是在用极端的方式表达对理想社会的追求。

二 子学各派的学术思想

春秋末年，孔子创立儒家学派，是中国学术进入诸子百家之学的开端。在春秋战国的社会大变革中，出现儒、墨、道、法、名、阴阳等重要学派，围绕着天人之际和古今之变以及名实、礼法等问题展开了激烈的学术论辩，学派之间既互相斗争又互相吸取，每个学派内部也不断分化和发展，使这个时期的思想斗争呈现出错综复杂的情况。下面介绍的是其中主要派别的学术思想。

(一) 儒家学派

这是子学各派中创立最早、影响最大的一个学派。儒家学派由孔子创立，孔子死后，"儒分为八"。其中孟轲和荀况为代表的两个派别最有影响。

"儒"的渊源可追溯到商代，而"儒"之成家则始自孔子。孔子是春秋末期杰出的思想家和教育家，他面对当时礼崩乐坏、战争频仍的社会现实，大力呼吁恢复西周的礼乐制度，提出了一套以"礼"为最高目标、以"仁"为核心、以"中庸"为准则的政治伦理学说。这个学说的最大特点就是把政治目标与个人的求知、修身结合起来，使理想化为自觉的实践。孔子长期从事教育活动，培养了众多学生，由此形成儒家学派。孔子去世后，孔门弟子分化，到战国的中期后，儒家在成为时之"显学"的同时，内部也形成了八个不同的派别，而其中对以后历史发展影响最大的，则推以孟子和荀子所代表的两派。

孟子继承发展了孔子的"仁学"思想，其思想核心是主张"性善"和"良知"。孟子认为善这种道德观念是人与生俱来的一种本性，是一种"不学而能"的"良能"，"不虑而知"的"良知"。一个人之所以不能为善人，是因为他不去培养和扩充自己的善端，为此孟子重视主观精神的修养。在"仁学"理论方面，孟子补充提出了"义"，仁是发自内心之爱，义是所以为人之道。在孔子"杀身成仁"的基础上，他又提出了"舍生取义"，使儒家所主张的道德观更加完备。在政治上，孟子主张"王道"和"仁政"，提出"民贵君轻"、"保民而王"，强调了人民的重要性，突出了人民在国家政治结构中的地位。孟子的思想对宋明时期儒学的发展影响很大。

荀子则继承发展了孔子的"礼学"思想，强调"人性本恶"，所以要靠后天的力量来帮助人为善，其方法一是"修身"，二是"师法"。在政治上，荀子主张强化君权，同时也重视民的作用；主张以礼治国，同时也重视法的作用，把礼与法共同作为治国施政不可缺少的原则。荀子还提出"天人相分"，高扬了"人定胜天"、"制天命而用之"的理性精神。荀子被认为是儒家经学早期传授中的重要人物，其学术对汉唐儒学的影响颇大。

(二) 墨家学派

墨家学派的创始人是战国初年的墨翟。他的哲学中包含有非命尚力和尊天事鬼的矛盾。墨子死后，"墨离为三"。战国后期，墨家一派克服了墨子学说中的宗教迷信成分，在唯物主义认识论、逻辑学以及自然科学的研究方面做出了较大贡献。

墨家学派是当时社会下层人民的思想代表，创始人墨子便是手工业出身。墨子早年曾受过儒学教育，以后则"背周道而用夏政"，创立了自己的思想体系。墨子思想主要是十大主张，即："尚贤"、"尚同"、"兼爱"、"非攻"、"节用"、"节葬"、"非乐"、"非命"、"天志"和"明鬼"。墨家同儒家一样讲"仁爱"，但墨家讲"兼爱"，即不分亲疏远近，一视同仁地博爱，不像儒家的爱是由亲而疏，推近及远。从"兼爱"出发，墨家认为战争对人民的危害最大，因而主张"非攻"，反对不义的战争和兼并。墨家的"尚贤"也以"兼爱"为标准，只要他能兼爱，则无论什么出身的人都可以做官，这是明确地反对奴隶贵族的世袭制，而具有阶级平等的意识。墨家的"尚同"，主要讲统一思想、统一政令，使天下百姓能与天子的是非相同。墨家主张节约财富，节制人的欲望，因而反对儒家所主张的"久丧"、"厚葬"，反对无益于民众的金钱和时间的浪费，提倡"节葬"、"节用"、"非乐"。墨家所讲的"非命"，实际也是主张人们依靠自己的努力来改变生活处境，而不屈服于命运。其"尊天"和"明鬼"则是肯定"天志"和"鬼神"的存在，这反映了墨家思想局限性的一面。

墨家在战国时期发展很迅速，一度成为与儒家齐名的"显学"。但自西汉以后，儒学受到官方的特别重视，而墨家却几乎成为绝学。

（三）道家学派

道家学派的创始人是老子。道家是先秦时期十分重要的一个思想流派，出了不少著名的思想家，在先秦文献中有名可查的就有庄子、杨朱、关尹、尹文、宋钘、彭蒙、田骈、慎到、列御寇、庚桑楚、子华子、环渊等，他们中不少人属于当时齐国稷下学宫的知名学者，其中以庄子最为有名。老子和庄子不仅是道家学派的代表，也是中国古代有重大影响的哲学家。

老子最重要的思想是将"道"作为最高范畴。他提出"道"为世界的本原，"道"既是精神的，也是物质的，"道"的要领由此具有了宇宙论及本体论的意义。"道"在推动万物变化发展时，表现出相反相成的矛盾运动和返本复初的循环运动的规律性，即所谓的"反者道之动"，说明一切矛盾的事物都在相反对立的状态下互相依存并转化。老子还提出朴素的辩证法思想，他认为，事物自身都包含着他物，任何事物都是正反、肯定与否定的对立统一，这些对立统一的关系，都可以物极而反，互相转化。从这些辩证观点出发，老子建立了他的策略思想，即以弱胜强，以柔克刚，知雄守雌等。在政治上老子认为文明的发展是社会堕落的原因，因此主张"弃圣绝智"、"无为而治"，回到原始的"小国寡民"状态中去。

庄子继承了老子的宇宙观及政治思想，他把老子的辩证法思想推到极致而进入了相对主义，他揭示了价值判断的主观性和价值标准的相对性问题，突出强调个人的精神自由与超越，张扬了人的个性。稷下道家则提出"精气"说，对老子的"道"作了解释。战国时期道家的一派还和名家、法家相结合，发展成为黄老之学，为后来的汉初统治者所推重。道家思想后来成为儒家思想的重要补充，也是后来道教的主要思想源头之一。

（四）法家学派

法家学派的先驱为春秋时期的管仲、子产，真正奠基人是战国时期的李悝、商鞅、申不害等人。到战国末期，韩非集法家思想之大成，他继承了老子和荀况哲学中的合理因素，形成了自己的体系。

法家注重组织和领导的理论和方法，具有冷静的眼光和理智的态度，精于各种利害关系的计算，尊奉冷酷无情的利己主义的韩非是法家思想的集大成者，在理论上提出了进化的历史观、功利的道德观和集"法""术""势"为一体的政治观。他认为人类历史是一个发展的过程，社会不同发展阶段有各自的特点和主题，所以应"世异则事异，事异则备变"；一切人与人之间的关系都可以归结为某种利害关系；政治上应该以"法"治国，以"术"治官，以"势"守之，主张重刑而少赏，因为刑法比仁义更使人少犯过错。他认为礼教、仁义及人的感情都破坏法的尊严，因而斥责儒家"以文乱法"，斥责墨家"以武犯禁"。韩非的理论后来为秦国所利用，这既加速了秦统一中国的进程，也加速了秦朝的灭亡。法家思想，在以后中国的历史中虽一直隐而不露，但实际上却是封建统治者维护集权统治的理论基石。

（五）名家学派

名家学派是战国时期专门讨论名实关系和概念同异、离合问题的一个学派，代表人物是惠施和公孙龙。他们对事物的同一性和差别性问题作了探讨，对古代逻辑学的发展作出了一定贡献。

名家着重讲"名"与"实"的关系，强调"控名责实，参伍不失"。公孙龙子提出著名的"白马非马"论，认为特殊概念与一般概念不能混同，他重视分析概念的规定性和差别性，但混淆了概念的内涵与外延的关系。惠施的著名观点是"合同异"，认为一切事物的差别都是相对的，强调矛盾的同一性、相对性，但否认矛盾的绝对性和事物的规定性。名家这一系列主张开了中国诡辩论之先河。

（六）阴阳家学派

阴阳家学派是当时提倡以"阴阳五行"来解释世界及历史的一批人物，代表人物为战国后期的邹衍。

阴阳五行思想源于《周易》和《尚书·洪范》。《周易》主要讲阴阳的变化，阴代表女性，柔顺而消极；阳代表男性，刚强而积极。阴阳组合形成八卦，八卦两两相配又组成六十四卦，以卦象之变来谈世界的变化问题。五行说是指《尚书·洪范》中所说的木、火、土、金、水相生相克的关系。邹衍把本来具有朴素唯物主义因素的阴阳五行说加以神秘化，他认为五行的德行支配社会的变迁，提出"五德终始"的理论，以"五行"属性相生相克、终而复始来说明历史上王朝的兴替。这种运用阴阳消长模式来论证社会人事是阴阳家的一大创造，而从时间、空间的流转变化中去把握世界则是阴阳家独具特色的思维方式，这对其后中国政治和社会心理都有广泛影响。

除上述主要派别外，先秦子学还有兵家、农家、纵横家、杂家等学派。兵家其中又可细分为兵权谋家、兵形势家、兵阴阳家和兵技巧家。代表人物有孙武、吴起、孙膑、尉缭子等，特别是以《孙武兵法》、《孙膑兵法》为代表的兵家哲学，对朴素辩证法的发展起了重要的推动作用。农家是反映当时农民思想的一个学术流派。《孟子》中保留了此派中信奉"神农之言"的代表许行的一些言论，认为"贤者与民并耕而食，饔飧而治"，主张人人必须劳动，自食其力。纵横家是当时从事政治外交活动的一些谋士。代表人物及观点有苏秦及其"南与北合"的合纵，张仪及其"西与东合"的连横。杂家是战国后期开始出现，试图折中、糅合诸子思想的部分学者，其思想具有"兼儒墨、合名法"的特点。代表著作是由吕不韦门客编纂的《吕氏春秋》。这些派别都在当时哲学争鸣中占有一定地位。

总之，在春秋战国时期，"诸子蜂起，百家争鸣"，各家各派在天道观、认识论、历史观、名实关系、社会伦理、礼法制度、政治主张等层面上，都展开了激烈的争论，从而大大推动了思想和学术的发展。

三 子学的成就和影响

春秋战国时期的"百家争鸣"，是我国历史上第一次伟大的思想解放运动，它代表了我国古代学术文化史上的民主传统。在奴隶主贵族制度全面崩溃，而新生的中央集权的封建专制主义政权尚未确立的历史缝隙中，各家学派自由竞争、相互吸收以致相互融合，使我国古代的学术文化大放异彩，上升到一个高度发达的水平。诸子百家的争鸣不仅促成了第一个学术高潮的出现，而且诸子从不同角度为即将诞生的统一国家所进行的理论探索，对后世的学术乃至政治、意识形态都产生了深远影响，因此可以说，先秦诸子之学是中华文明的源头活水。先秦子学的成就和影响主要表现在以下两个方面。

(一) 建构了中国学术思想的根本精神

诸子百家的学术思想是中国学术的发端，是形成学派和建立学术思想体系的重要历史时期，具有自己的历史特点。它把学术研究伸展到各个领域和各个方面，内容极为丰富，已包含着以后各个历史时期各种学术思想观点的胚胎和萌芽，对中国学术的发展产生了深远影响。

纵观2000多年中国学术文化发展的历史，可以清楚地看出，先秦时期的诸子百家，在经济、政治、法律、哲学、军事、文学艺术和自然科学的众多领域中形成的思想理论，对后世文化学术的发展产生了极大的影响。其中，以孔孟为代表的儒家思想，孕育了我国传统文化中的人道主义精神；以老庄为代表的道家学说，构成了2000多年封建正统思想中的哲学基础；以韩非为代表的法家思想中的变革精神，成为历代进步思想家、政治家改革图治的理论武器……在很大程度上，正是它们共同构造了中华民族传统学术文化的基本精神。它们是中国学术史上一座高耸的山峰，是滋养2000多年封建学术文化发展的一股活水。

当然，诸子各派在历史上留下的痕迹和发挥影响的方式并非完全一样，它们有的在当时并不显赫而是后来获得了极大发展；有的虽盛极一时却难免衰落的厄运；更多的则是逐渐与其他思想融合在一起，彼此难分、水乳交融。

儒家学说在春秋战国时期一直不得志于诸侯，后来秦统一六国，以法治国，儒家思想更是遭到排斥和围剿，演出了"焚书坑儒"的历史悲剧。到了西汉中期，统一的封建专制政权在完成了它的草创，进入巩固时期后，为了在理论上适应这种变化，把儒家推到"独尊"地位。从此以后直到近代，儒家学说一直被奉为官方正统的意识形态，孔子也因此被尊为"至圣先师"和"素王"。

与儒学迥然不同，曾经有"显学"之称的墨学，到战国以后竟然销声匿迹成为"绝学"。

道家思想始终是构成中国古代文化的一个重要组成部分。它那"以退为进"、"以柔克刚"的理论由于蕴含深刻的辩证哲理而受到人们的推崇。在政治上，它常被当作帝王的南面术；尤其在特定的历史条件下，用道家理论从政，往往能收到与民休息、国泰民安的社会效果。然而在更多的时候，道家思想是以一种人生态度积淀在中国人（尤其是知识分子）的文化心理之中。在这种情形下，它总是与儒家思想结合，互为表里——一个入世，一个出世；一个乐观进取，一个消极退避；从而"达则兼善天下"，"穷则独善其身"，"进则仕，退则隐"成为古代士人的经典处世哲学。

法家学说由于直接为新兴封建专制国家提供了理论依据，很快得到重视和实施。它不仅在战国时成功地付诸实践，而且迅速成为我国历史上第一个统一国家——秦王朝的统治思想。然而，秦朝独任法术以至速亡的历史教训，给后世统治者以警醒和启发，于是从此以后，法家学说再也没有以纯粹的形式出现，而是与儒、道等结合，形成一种以"外儒内法"为特征、更具有生命力的统治理论。

诸子之学命运的不同，并不说明其学说的优劣，而是取决于社会对他们的需要程度，取决于历史的选择。

(二) 创制了中国学术文化的基本元典

西方学者认为，公元前 800 年到公元前 200 年间（尤其是公元前 5 世纪前后），是人类文明的"轴心时代"①。这一时期，在世界各国文化都进入创制基本民族精神的阶段，纷纷出现专门的知识"圣贤"，如中国的老子、孔子，印度的佛陀，波斯的左罗阿斯脱，犹太的以赛亚，以及希腊的柏拉图、亚里士多德、毕达哥拉斯等伟大的思想家。人类意识首次觉醒，进入理性思维，所创制的精神文化范式，决定其后诸民族的文化走向。

"轴心时代"的另一个重要特征是，世界各主要文明民族，在此一时段都创作出包蕴着该民族基本精神的文化元典，如印度的《吠陀》、《佛经》，希伯来的《旧约全书》、《新约全书》，希腊的《理想国》、《形而上学》，波斯的《古圣书》等先哲典籍，因此，这几百年又可谓为人类文明的"元典时代"②。

中国的元典时代大约相当于西周和春秋战国时期，特别是诸子的时代，中华文化元典诸如《诗》、《书》、《礼》、《乐》、《易》、《春秋》等"六艺"及《论语》、《孟子》、《墨子》、《老子》、《庄子》、《韩非子》、《孙子兵法》、《管子》、《晏子》等著作都在此间脱颖而出。虽然如《诗》、《书》、《易》等元典成于春秋之前，但那是一个"学在官府"的时代，典籍都是集体制作。只有进入诸子时代，当士摆脱王室附庸地位，赢得个体自觉以后，中华元典才开始了由文化专门家带着学

---

① ［德］卡尔·雅斯贝尔斯著，柯锦华、范进译：《智慧之路》，北京：中国国际广播出版社，1988 年，第 69 页。

② 冯天瑜、杨华：《中国文化发展轨迹》，上海：上海人民出版社，2000 年，第 96 页。

派意识加工整理、阐释发扬的新阶级。如孔子便"述《易》道而删《诗》、《书》，修《春秋》而正《雅》、《颂》"①，而"秦汉儒生所学习的'五经'及其解说，大多来自荀子"②。正是经由春秋战国时期诸子的追索与创造，中华元典才从"简单同一"向"丰富多元"转化，从而为秦汉间学术文化从"多"到"一"的整合奠定了广阔的基础。

　　由诸子所编订与创制的这批典籍，初步建立了中国人的价值取向、公理体系和思维模式，如"天人之辩"方面循天道、尚人文、远鬼神、近俗世特征；发展观方面通变易、守圜道特征；伦理—政治论方面崇教化、求经世特征；"君民之辩"方面民本与尊君两翼一体特征，等等，都对两千多年的学术思想发生深刻影响。深蕴在中华元典中的种种精神内核，如天人之辩、变易自强观念、和合融通思想、民本尊君理念、忧患意识等，贯穿于中国学术文化的历史进程。中华学术史上的多次文化"复兴"，无不以到元典中追寻文化资源和精神动力为其努力的一个重要方面。中华元典具有极大的包容性、超越性和内在张力，可以常释常新，正所谓"《诗》无达诂，《易》无达占，《春秋》无达辞"③，从而一再成为文化前进的思想推动力。

第二节　两汉经学

　　经学是两汉时期占统治地位的经院哲学，它既是汉代官方意识形态，又是当时学术思想的主流。秦灭汉兴，历史出现了相对稳定的大一统时期，它要求作为意识形态的哲学思想适应巩固新政权的需要，于是经学应运而生。汉代思想家们选取先秦各家的思想材料，补充、改造儒学而成经学，从而使中国古代学术思想出现了以儒为主的第一次大融合，给整个封建社会的意识形态带来深远的影响。本节主要介绍两汉经学的形成、演变、主要内容以及影响。

---

　　①　《隋书·经籍志一》。
　　②　周予同：《从孔子到孟荀——战国时的儒家派别和儒经传授》，《学术月刊》1979 年第4 期。
　　③　《春秋繁露·精华》。

一 经学的形成和演变

经学，即训释或阐述儒家经典之学。先秦时期就已有人从事儒家典籍的研究，不过那时的儒家典籍只称"六艺"，尚未成为经书。经学形成于汉代，与当时的经济、政治以及文化的发展密切相关。

(一) 经学的形成

秦统一六国后，奉法家学说为王朝政治的指导，严刑峻法，刻薄寡恩，很快就引发了社会矛盾，始建不久的统一政权土崩瓦解。

汉初立，吸取秦二世而亡的教训，奉无为而治的道家学说为政治指导，尚清静，省劳作，与民休息，对于经济的恢复、社会的安定，都收到了很好的效果。至景帝刘启末年，经济繁荣，国家富庶。汉武帝刘彻在这样的国力强盛、中央集权的大一统趋势已经形成的情况下即位，要使汉朝的统治能够继续发展，就势必要变汉初以来的"无为"为"有为"，变"无欲"政治为"有欲"政治。以清静无为为宗旨的道家学说已经不能适应武帝时代发展、变化了的政治、经济状况。

由于汉初的统治者奉行无为而治的思想政策，惠帝时又废除了秦的挟书令，先秦以来的各种学说逐渐复兴。在道家、儒家之外，如法家、阴阳家、纵横家等也都十分活跃，教学授徒，颇有影响。这些诸子学者还保留着战国时期的争鸣风习，各是其所是，各非其所非，使汉初的学术思想界呈现出"师异道，人异论，百家殊方，旨意不同"的众说纷纭的局面，而不利于武帝时代大一统政治的发展。同时，汉初统治者改变秦纯任郡县的制度，借用西周封建亲戚以为藩屏的做法，大肆分封功臣子弟，以巩固新生的政权。这些受封的诸侯成为新的割据势力，并随同汉代社会经济的恢复、发展而不断地膨胀，对中央政权不断构成威胁。而那些日渐活跃起来的诸子学者往往得到各地诸侯的庇护。这样，中央朝廷奉行清静无为的道家学说给予分封割据势力的扩展以可乘之机，复兴而起的诸子各学又常常得到诸侯王的扶持而成为与中央政权相抗衡的舆论力量。这种历史情势促使汉武帝必须"罢黜百家"，以思想上的大一统来维护政治上的大一统。

儒家以伦理道德为人之所以为人的根本，而十分注重政治的教化功用。它既不同于法家的标榜利害而纯任法术，也不同于道家的崇尚自然而贵清静。儒学对

"亲亲、尊尊"礼制的提倡，有利于稳定建立在小农自给的家庭经济基础之上、以血缘宗法为特色的中国社会；儒学使"天下为一"的政治理想有利于中央集权制度的巩固。这些，都是儒学之所以能取代道家学说而在汉武帝时登上政治舞台、取得独尊地位的重要原因。在汉高祖刘邦的时代，儒士就已经进入朝廷，在礼仪制度方面发挥过一些作用。文帝与景帝时，《诗》与《春秋》已先后列入学官。武帝时，董仲舒提出"天人三策"，将阴阳五行学说引入儒学而建立起新的理论体系，使之更加适应大一统封建政治的需要。正是在这样的历史背景下，汉武帝刘彻接受了董仲舒"诸不在六艺之科、孔子之术者，皆绝其道，勿使并进"的建议，"罢黜百家，独尊儒术"。于是，儒学成为官学，儒家的"六艺"成为"六经"，因《乐经》失传，汉时只有"五经"。公元前136年，汉武帝下令兴办太学，为五经立博士，置弟子员，开科取士，由此开启了中国学术史上的经学时代。

(二) 经学的演变

两汉经学有所谓今文经学和古文经学之分，由此形成经学两派，并且两派在汉代进行了长期的学术论争。

1. 今文经学和古文经学之分

用汉朝通行的文字"隶书"书写的儒家经书称为今文经，训释、研究今文经的学问称为今文经学。用先秦的古文字"篆书"书写的儒家经书称为古文经，训释、研究古文经的学问称为古文经学。

作为经学研究中的两个派别，今文经学和古文经学的区分是在西汉末期形成的。汉初的经学原无所谓今、古文的区别，哀帝、平帝之际，刘歆争立古文经传于学官，才有派别含义的"古文"名称。"今文"则是由于古文家独树一帜，迫使原有经师结成一派之后，到东汉时才出现的名称。它是古文经师对立于学官的经书、经说和经师的别称。

本来先秦时期的儒家经典著作，经过秦始皇焚书坑儒，绝大部分已被销毁了。西汉建立后，这些典籍的先秦古文旧本大多没有传下来，它们主要是由战国以来的学者们通过口传心授，传诵下来的。当西汉社会生活稳定下来以后，"建藏书之策，置写书之官"，人们便用当时隶书把这些儒家经典一一抄录下来，写成定本，当时人称它们为今文经。汉武帝立太学，置五经博士教授弟子，称为

"官学"。博士所教授的经书都是今文经。

但随着儒学不断受到重视，人们在民间开始陆续发现一些被埋藏的先秦时用六国古文字书写的儒家典籍。例如，汉景帝时，鲁恭王刘馀从孔子旧宅壁中发现古文经传，得《尚书》、《礼记》、《论语》、《孝经》，凡数十篇；又例如，河间献王刘德，修学好古，从民间得到不少古文先秦旧书，有《周官》、《尚书》、《礼》、《礼记》、《孟子》等，并在他自己的王国里为《毛诗》、《左氏春秋》立博士。《毛诗》、《左氏春秋》也属古文。汉宣帝时，河内女子发老屋，得《易》、《礼》、《尚书》各一篇，都是古文。由于官学所授为今文经，这些古文经传献上后，只是收藏于皇宫秘府之中，不立官学，为民间学者私相传习而已。

西汉末年，刘歆欲立《左氏春秋》、《毛诗》、《礼》、《古文尚书》诸古文经为学官，并移书责备太常博士，从而受到今文经博士的群起反对。从此，经学开始分为今文和古文两个派别，双方争论前后延续了近两百年。

2. 今文经学与古文经学之争

无论是今文经还是古文经，原只是抄录的文字不同而已。但是作为不同的学术派别，今文经学派和古文经学派却各立门户，各有师法，它们对孔子的评价、对六经的解释以及学术研究方法等都存在很大分歧。

两派的对立首先表现在对六经的作者有不同的看法。今文经学派认为六经都是孔子手定的，先有孔子然后有六经，孔子之前无所谓经，孔子是开辟经学的创始人。古文经学派则认为，六经不过是古代传下来的史料文献，并非始于孔子，但他们往往假托周公等所谓先圣著作六经。今文经学派以孔子为政治家、教育家，认为六经寄托了孔子的政治思想，六经中所描述的远古圣贤们的盛德大业，是孔子"托古改制"的体现。因此今文经学家十分注重从六经的"微言大义"中去探求、发现治国安邦的道理。古文经学派则是把孔子视为史学家，孔子只是对六经这些历史资料进行了整理，然后传给后人。

今文经学解释经义，主要在于"通经致用"，着重章句推衍，结合阴阳五行灾异和刑名学说来发挥经文的微言大义，提倡大一统、尊君抑臣、正名分等思想。古文经学解释经义，主要在于"通经识古"，详于训诂，局限于探索经文本义，在理论上没有重大发挥。但在辨认、解释先秦文字的过程中，建立了系统的训诂方法，有一定的贡献。

　　今文经学和古文经学的第一次重要争论发生在西汉哀帝之时。成帝时，刘向奉命校订中秘图书，其子刘歆帮助检阅。刘歆从中秘图书里发现了古文《春秋左氏传》，并认定《左传》是解释《春秋》的可靠之书。哀帝建平时，刘歆上书提出立《左氏春秋》、《毛诗》、《逸礼》和《古文尚书》于学官，以与今文博士相抗衡。哀帝命他与五经博士讨论，但博士们多不赞成，或不肯表示意见，或说《尚书》二十九篇已完备，或说左氏不传《春秋》。刘歆为此写了著名的《让太常博士书》，指出今文经传残缺，古文经传可靠，正可补充今文的残缺。措辞激烈，遭到今文家们的怨恨和猛烈攻击，其主张最终没有实现。但由此引发了今文经学与古文经学的长期争论。

　　王莽当权时，由于托古改制的需要，刘歆借机把《左氏春秋》、《古文尚书》、《逸礼》、《毛诗》立于学官，后又立《乐经》和《周官经》六篇为博士。

　　东汉建立后，光武帝又重新提倡今文经学而废除古文经博士，立今文经十四博士，再次确立今文经学在官学中的统治地位。但是尚书令韩歆上疏，欲为古文《费氏易》、《左氏春秋》置博士。博士范升反对，与韩歆等展开争论，并奏《左传》错失十四事，不可采三十一事。学者陈元上疏与范升辩论，认为左丘明亲受业于孔子，其书弘美，宜立博士，前后上疏共十余次。最后由光武帝决定立《左氏春秋》为博士，遭到今文家的激烈反对，多次在朝廷上争论，终于又被罢废。这是今古文经学的又一次重要争论。自此以后，终汉之世，古文经没有再立于学官。

　　可是，由于古文经学在内容上胜过今文，再加上章帝于建初元年(76年)令贾逵自选《公羊》严、颜的高才生二十人教授《左传》，八年诏诸儒各选高才生受业《左氏春秋》、《谷梁春秋》、《古文尚书》、《毛诗》，古文经学的传播日益广泛。东汉最有名的学者，如贾逵、服虔、马融、郑玄都是古文家，或兼通今古。

　　东汉末年，经学大师郑玄立足古文，兼采今文，遍注群经，自成一家，形成郑学。由于郑玄能够打破经学的门户之见，杂糅古今，考定是非，择善而从，使得其注经可以兼取各家之长，从而受到儒生们的极大尊崇，于是天下经生尽从郑学。郑学的确立，使长期以来今、古文经学的激烈论争从此趋于沉寂，今、古文经学开始从对立走向融合。

二 经学的基本内容

今文经学与古文经学在学术观念与学术方法上都有着明显区别，因此，两派经学所包含的内容也存在差异，下面分别介绍。

(一)今文经学的学术思想

汉代的今文经学，《诗》有鲁、齐、韩三家；《书》有欧阳氏、大夏侯、小夏侯三家；《礼》有大戴、小戴、庆普三家；《易》有施氏、孟氏、梁丘氏、京氏四家；《春秋》有《公羊传》和《穀梁传》。今文经学的主要内容包括以下几方面。

1. 以董仲舒的《春秋公羊》学为核心

汉代今文学家所尊奉的儒家经典虽然包括"五经"，但最重要的经典当属《春秋》。这是因为在儒学官方化的过程中，《春秋》已被统治者尊崇为国家法典。而汉代整个今文《春秋》学的传承则是以董仲舒的《春秋公羊》学为核心的。董仲舒的《春秋公羊》学之所以受到汉代统治者的重视，是与其独特的学术思想分不开的。

首先，董仲舒发展了《公羊传》的"大一统"思想，为封建集权专制政体提供了系统的理论依据。董仲舒在"天人三策"中提出了一个重要命题："《春秋》大一统者，天地之常经，古今之通谊也。"①他将原来政治上的"大一统"扩展到宇宙，为之增添了超乎人事的绝对威力，使其成为一种先天合理、不可逆转和不得背离的永恒法则。

其次，董仲舒创建了"天人合一"的理论模式，从而为封建专制政体的运行和封建政治伦理体系的建构提供了相应的哲学依据。在"天人合一"的理论中，人间一切已然的秩序都是上天命定的，而君主是上天指定的代言人，于是他也就拥有了代天行道的绝对权威，从而从宇宙法则的高度，证明了君主绝对权威的天然合理。

此外，董仲舒创造性地提出了"天道不变"和制度形式随时"更化"的重要命题，从而成功地解决了君主制度万世一系和改朝换代之间的矛盾。董仲舒把封建

---

① 《汉书·董仲舒传》。

专制的政治制度和伦理原则视为亘古不变之道，正所谓"道之大原出于天，天不变，道亦不变"①。但这种制度的具体形式却是应该随时"更化"的，这种"更化"的主要内容是指改朝换代之后，应在坚持君主政治制度基本原则的前提下，对以往的旧制度作一些必要的变更。按照董仲舒的这种"更化"理论，封建王朝的更迭不过是"天道"政治外在形式的简单循环，至于"道"的内核即君主政治的基本原则，那是永恒不变的。

2. 以阴阳五行学说改造传统儒学

传统儒学作为一种经验型的政治伦理学说，它在官方化的过程中首先必须解决的重要问题，就是如何上升到一定理论高度。在这方面，汉代今文经学的通常做法就是引进阴阳五行学说。

首先，阴阳五行学说是董仲舒《春秋公羊》学的理论基石。《春秋公羊》学的政治伦理和社会制度是按照五行相生相克的理论推衍出来的，而且阴阳分合学说直接导致了董仲舒"王道三纲"理论的出台，而"天人合一"理论也源于"阴阳五行"学说。

其次，以阴阳五行说《诗》是今文《诗》学，特别是《齐诗》的主要特征。如《十月之交》为《诗经·小雅》中的一篇，诗歌通过描写令人惊惧的灾异现象，反映了西周末年政治的黑暗。今文学家解说这首诗则将自然灾异、人体病象、政治得失几件本不相关的事物牵扯到一起，其中联系的纽带就是阴阳学说。

再次，孟氏、京房《易》学与"阴阳灾异"说结合。宣元时期，孟氏、京房《易》学盛行，成为"阴阳灾异"说的主导模式。如在京房的《易》学系统中，每年节气和物候的变化秩序是固定的，由阴阳的升降消息所决定。六十四卦与一年四季的每一天相配合，通过天气的变化进行比附推论。当然，其着眼点则是现实政治。

3. 以通经致用为最基本的学术追求

汉代今文学家认为，儒学服务于现实政治的最简单的方法莫过于直接从《五经》中搜寻现成的答案，于是"通经致用"也就成为今文经学家们最基本的学术追求。其中"以《禹贡》治河，以《洪范》察变，以《春秋》决狱，以《三百五篇》当谏

_____

① 《汉书·董仲舒传》。

书"就是他们"通经致用"的典范之作。如以《春秋》决狱在汉代政治司法领域被普遍运用，汉末应劭还以经学对刑律进行改造，系统地写成了《春秋断狱》二百五十篇。显示了儒家经典在汉代上层建筑已极具权威性。

(二) 古文经学的学术思想

汉代的古文经学，其中《易》有《费氏易》，《书》有《古文尚书》，《诗》有《毛诗》，《礼》有《逸礼》和《周官》，《春秋》有《左氏传》等。古文经学的主要内容包括以下几方面。

1. 以《春秋左氏传》为核心

在今文经学以"天人合一"的神学理论为封建专制统治张目情况下，古文经学家力图找到一种新的理论来迎合封建专制政治的需要。从性质上看，《春秋左氏传》不但释经，而且用丰富的史料来解释《春秋》所记载的二百多年的重大历史事件，其政治主张完全寓于历史事件的叙述之中。古文经学家正是看中《左传》的这一独特性质，企图借《左传》所演绎的历史事件来作为汉代统治者的"资治通鉴"。这种用历史经验来为统治者提供借鉴的做法，较之于今文经学的天道与迷信，显然更具说服力。

《左传》在思想内容方面的另一显著特征是强调对礼教的尊崇，全书上下浸透着礼的精神。在当时外戚宦官专权、内外交困的情况下，以崇礼为特征的《左传》对于强化中央集权的封建专制统治来说无异于盛夏甘露，这也正是重视礼教的儒学大师郑玄先治《公羊》而后改治《左传》的主要原因。

2. 解经以条例与义理阐发为主

所谓"条例"，是指条列全书体例、义例。所谓"义理"，是指经义名理。在汉代古文经学家的眼中，"条例"的归纳过程也就是"义理"的演绎过程。《汉书·楚元王传》说："歆治《左传》，引传文以解经，转相发明，由是章句义理备焉。"刘歆研究《左传》的方法，是"引传文以解经"，其结果产生了《左传》经传的章句，而"转相发明"，则总结归纳出《左传》经传的条例。这样，作为经义名理的"义理"也就在"条例"的归纳中演绎出来了。这种学问兼有史学和哲学的性格，它忠实于经书的内容，从中归纳出许多律则和笔法，这从研究途径看是史学的，从研究结果看又是哲学的①。

在长达四百多年的汉代历史上，由于董仲舒为代表的今文经学总体上更适应汉代封建专制政治的需要，所以一直处于官学的地位。而古文经学则主要以民间学派的形式存在，除了王莽专权时期，出于刘歆的力荐，古文经学中的《左氏春秋》、《毛诗》、《逸礼》、《古文尚书》和《周礼》一度立于学官外，其余大多数时间都处于民间的地位。从表现上看，古文经学长时间作为民间学派似乎不利于它的发展；实际上换一个角度来思考的话，正因为古文经学的民间学派特性，使其在相对远离政治的情况下，就更能保持自己独立的学术品格，这也正是古文经学具有旺盛生命力的重要前提。汉代古文经学由弱到强，并最终取代今文经学学术正宗的地位，可以说正是它的这一性质决定的。

三　经学的作用和影响

经学自汉代形成以后，在历代随着封建社会的发展、政治经济的变化以及封建统治阶级内部各阶层的变化而发展变化，对此后中国封建统治及文化产生了深远影响。经学的作用及影响主要表现在以下几方面。

（一）经学作为官方意识形态对政治发挥作用及产生影响

在一个社会的意识形态结构、政治结构和经济结构中，政治结构与意识形态的高度一致具有重要的意义。因为只有这样，才能保证对社会的经济结构乃至全社会实行有力的调节和控制。在汉代，政治结构和意识形态的协调一致是由经学的双重职能来完成的。

经学的第一种职能，是它作为官方统一的意识形态在组织国家政权、指导监督政治以及文化教育方面所起的作用。比如，董仲舒提出的"春秋大一统"原则、"三纲五常"、"三统说"等，就直接为汉王朝的统治提供了理论依据；经学博士除了用儒家学说教授学生之外，还负有议政、制定礼仪、策试、出使等多种职

① 刘松来：《两汉经学与中国文学》，南昌：百花洲文艺出版社，2001年，第229~230页。

能，其身份显然是"亦学亦官"。在文化教育方面，中央有太学、地方有郡国之学，它们的教授内容都毫无例外地是儒家经典。为了保证经学的统一性和官学权威，汉代统治者经常动用国家权力干预学术。

经学的另一种职能，是它在组织上源源不断地为封建国家的各级政府输送人才。汉武帝独尊儒术，不仅确立了经学的至高地位，同时也为儒生开辟了干禄之途。博士是经学权威，他们享有直接参与国家决策的权利。如果迁官，内迁可以至丞相，外放可以为郡国守相、诸侯王太傅（均为二千石）。博士弟子和各级学校的生员更是一支庞大的官僚后备队伍。据汉代规定，通一经者可补文学掌故的缺，优秀者可为郎中。此外，汉代实行的察举、征辟等选官制度，也无不将通晓经书作为基本要求。这样就吸引了无数读书人在通经致仕的道路上竞相奔忙，甚至不惜为此付出一生的代价。

由此可见，经学实际上起到了政治和意识形态协调起来的作用。也就是说，国家可以利用通晓经书、尊奉统一信仰并以实现儒家理想政治为己任的儒生来建立官僚机构、来执行管理国家的职能，从而学术思想被自觉地纳入到政治实践之中，这就为封建专制国家的巩固找到了一条绝好的途径①。

(二) 经学的基本精神、治学方法的延续对后世学术产生极大影响

东汉末期，随着军阀混战局面的出现，天下大乱，学者流离，经籍散落，经学发展的政治环境和学术环境遭到了破坏，经学走向了衰落。当然，这里所说的经学的衰落，主要是指作为官学的今文经学的衰落，至于学术性的经学，在东汉不是衰落了，而是发展到了一个成熟的阶段，并一直延续于封建统治的各个朝代，产生深远影响。在以后各个时期出现的占主导地位的理论形态，如魏晋玄学、宋明理学、清代朴学等，都是儒学在新的历史条件下的变种。这一点正如冯友兰所说，以后学术思想所酿之酒，无论新旧，皆装于经学之旧瓶。②

儒家经典后来得到不断完善。汉初仅有《五经》之名，东汉以后增加了《论

---

① 熊铁基主编：《传统文化与中国社会》，武汉：华中师范大学出版社，1993 年，第 148 页。

② 冯友兰：《中国哲学史》（下），北京：中华书局，1961 年，第 492 页。

语》、《孝经》，合为《七经》；隋代以"三礼"（《周礼》、《仪礼》、《礼记》）、"三传"（《春秋》左氏传、公羊传、穀梁传)连同《易》、《书》、《诗》称为《九经》；唐代又在隋九经之上加《论语》、《孝经》、《尔雅》发展为《十二经》；宋代朱熹极力推崇《孟子》，将其列入经书，遂最终形成《十三经》。中国古代文献的四部分类中，经部无疑占着最为重要的地位。唐宋以后，儒家的"四书"（《大学》、《中庸》、《论语》、《孟子》）"五经"还由国家颁行天下，成为各类学校法定的教科书和科举考试的唯一依据。

儒家思想和经学的源远流长，使我国的文化得以延续，形成一种深厚、博大、一以贯之的文化传统，这是我们今天无不为之自豪的一笔丰富的文化遗产。但是另一方面，我们也不能不看到，经学传统的延续不断也带来了许多消极的后果。比如在经学的神圣教条被确立之后，人们除了围绕儒家的君臣、父子、夫妇之义和天人、道器、本末、义利之辨进行解释、论证之外，几乎提不出新的东西。这大概就是我国古代的学术思想在几千年中没有大的突破和变化的主要原因。而且经学"述而不作，信而好古"的学风和经学汉学所使用的训诂、注释的方法，也极大地阻碍了人们创造力的发挥。所有这些都是需要我们用批判态度加以鉴别和取舍的。

（三）经学思维模式确立了中华学术的基本学术品格

汉代经学既是一种知识体系，更是一种带有浓郁政治色彩的行政权威。汉代经学在阐释、传播、推广过程中逐渐形成一种总体思维模式，即经学化的被动思维模式。与此相联系，汉代经学也就在这种思维模式的左右下形成了一些自身的学术品格。这些学术品格最基本的特征就是权威崇拜和崇古恋旧，表现在经学研究中就是"唯经"与"唯上"①。

"唯经"，就是引经据典，本本是从。只允许把《四书》、《五经》圣经贤传死记硬背，照本宣读。如果需要讲解，也只允许谈个人对经书的体会，不能发表与经典不同的意见。"经书"本身仅供诵读，不容讨论，用记诵代替思考，用经文代替分析，随着经书转，非圣人之言不敢言。即或有所作为，也要说是古有明

---

① 《中国文化史三百题》，上海：上海古籍出版社，1987 年，第 496 页。

训，拼命到经书中去找寻根据。经书的权威是不能动摇的。"唯上"，就是皇帝怎么讲，就怎么阐释。经学家每每揣摩皇帝意旨言事，"御纂"、"钦定"各经，是皇帝统一思想的工具，尽管所修之书，因循抄袭，为人讪笑，但还是"颁行天下"，"开示蒙昧"，引为盛事。皇帝的权威也是不能动摇的。"唯经"是从，"唯上"是听，势必导致窒息学术，禁锢思想。

无论是权威崇拜还是崇古恋旧，汉代经学的这种学术品格都是经学化被动思维模式的必然产物。在这种思维模式的主导下，人的认知方式和价值取向，均被牢固地锁定在经学的范围之内。人作为认知主体的主动性完全被扼杀，只能被动地唯古代帝王、孔圣人和《五经》马首是瞻。在这种情况下，作为学术灵魂的独立性和创造性已荡然无存，于是经学沦为政治权威的附属品。这种学术品格不只限于汉代经学，而几乎成了中华学术的一种通病。

第三节　魏晋玄学

魏晋是中国历史上继先秦百家争鸣之后又一个思想解放和学术繁荣的时期，学术从理论、观念以及方法上一改两汉经学陈腐、僵化、唯我独尊的学术风气，形成了多种思想、多种流派争奇斗艳、交相辉映的学术氛围，从而展现出新的时代风貌。在这一时期，以综合道、儒为主兴起的"玄学"，取代了经学思潮而成为魏晋时期的学术思想主流，对整个魏晋时期的社会、政治、文化及士人心态都产生了极大影响。本节主要介绍魏晋玄学的兴起、发展、特点、主要内容以及产生的影响。

一　玄学的兴起和演变

玄学，是魏晋时期以老庄思想为骨架，糅合儒家经义以代替繁琐的两汉经学的一种哲学思潮。"玄"这一概念，最早出现于《老子》："玄之又玄，众妙之门。"王弼《老子指略》说："玄，谓之深者也。"玄学即是研究幽深玄远问题的学说。

（一）玄学的兴起

玄学在魏晋时期产生并发展为主流思潮，有着深刻的社会、政治与思想根源。

首先，魏晋玄学是在汉代儒学衰落的基础上，为了弥补儒学不足而产生的。自儒学独尊以后，经学逐渐形成一个封闭的体系。形式上，经学的官学化使学术成为政治的附庸和工具；内容上，被称作经书的只有儒家的五、六种著作，而且每一种又必须以钦定或博士的传授为依据，此外还有师法、家法的限制。这种情况不仅使经学自身的发展受到阻碍，也严重影响了整个学术的进步。东汉末年由于阶级矛盾的激化，黄巾起义爆发，摧毁了东汉王朝，儒学也受到沉重的打击，经学随之也受到学术界的质疑，并兴起了一股以反对经学弊端，尤其是反对谶纬经学的新思潮。这一时期新思潮的倾向就是不满经学的庸俗荒诞，在治学中不受师法、家法的限制，遍注群经，并且把注意力转向儒家经典之外，致力于学术的融会贯通。这种学风到魏晋时带来了深刻的变化。曹魏正始年间，何晏、王弼在注《庄子》、《周易》、《论语》时，一反两汉经学繁琐、僵硬的学风，摈弃阴阳灾异之说，以老释经，注重理论分析和抽象思辨，建立起一个新的理论体系——玄学。玄学以简约精致的思辨哲学而著称，一方面它在政治上继承了汉儒尊崇孔子的思想，另一方面在哲学上抛弃了汉代天人感应的神学目的论说教，而用改造了的老庄哲学对儒家名教作新的理论上的论证，从而调和了儒道两者的思想，弥补了汉代儒学的不足。

其次，魏晋玄学是汉代道家思想黄老之学演变发展的产物。两汉时代除官方儒学外，道家思想也有很大发展。西汉初年的黄老之学曾经一度赢得了统治地位，成为官方支持的哲学。自汉武帝独尊儒学之后，道家受到排斥。但道家思想并未因此窒息，它作为官方儒学反对派的思想继续得到发展。例如西汉末年的严遵、扬雄、桓谭，东汉的王充、仲长统等，他们在反对官方儒学的神学目的论说教时，一般都在不同程度上，吸取了道家崇尚自然无为的思想。一般说来，汉代的道家思想有两个特点，一是崇尚自然无为，二是维护尊卑上下的等级制度（即名教）。魏晋玄学正是紧紧抓住了这两个特点，展开了自然与名教之辩，用道家的自然无为学说，来论证贵贱等级制度的合理性，调和儒道两家的思想。

最后，魏晋玄学是汉末魏初的清谈直接演变的产物，所以玄学被称为谈玄（清谈老庄）或"玄谈"。汉末魏初的清谈，一般偏重于人物的品题和与人物品题有关的才性问题的讨论。东汉末年外戚、宦官弄权，朝政腐败，一些地主阶级知识分子，各树朋党，互相吹嘘，以求取声名与官禄，自此臧否人物成为风气。之后，清谈由品评具体人物发展为讨论才性问题与圣人标准问题，从而产生了曹魏时期的才性之学。刘劭的《人物志》提出了鉴察人物，必须首先要弄清人的才质的问题，刘劭的才性之学直探人物的本质，为魏晋玄学的产生开辟了道路。而何晏、王弼的玄学清谈比刘劭的清谈更进一步，它从更抽象的角度，远离人物品题及才性等具体问题的讨论，跃进到宇宙观的高度，直探世界的本质，并用老子的虚无哲学来解释世界的本体，用老子的无为政治来补充儒家的名教之治。对以往清谈思想作出了重大发展。

此外，汉末以来老庄思想盛行还有着深刻的现实原因。东汉末年政治腐败、邪佞当朝，不少士人或遭排挤，或羞于与邪恶为伍，于是便退避山林，以老庄自娱。后来天下大乱、生灵涂炭，主张全真养性的道家思想更是引起广泛共鸣，这便构成了玄学产生的广阔的时代氛围和社会基础。

（二）玄学的发展阶段

玄学思潮的发展，与魏晋时期的政治形势的发展有着密切关系。玄学的发展大致可分四个阶段①。

1. 正始玄学

正始玄学常被称为"正始之音"，为玄学发展的第一阶段，属玄学的开创时期。主要代表人物有何晏与王弼。何晏作有《道德论》、《论语集解》，王弼注有《周易》、《老子》，著《论语释疑》，都以道家思想解释儒家经典，企图齐一儒道，调和自然与名教的矛盾。何晏、王弼等玄学家还承袭东汉清议的风气，就一些哲学问题问难析理，反复辩论，称为"清谈"，这是玄学发展的独特方式。当时玄学家的著作也多采用问答辩论的文体。何晏、王弼等人出自儒家，身居显位，而又寄托心神于老庄，显示超脱世俗的姿态，既能辩护世家大族放达生活的合理性，又能博得"高逸"的赞誉，所以玄学在短时间内蔚然成风。

2. 竹林玄学

竹林玄学以"竹林七贤"中的阮籍和嵇康为代表，为玄学发展的第二阶段。阮籍、嵇康崇尚自然，认为"自然"乃是宇宙本来的状态，是一个有规律的和谐

---

① 汤一介：《郭象与魏晋玄学》，北京：北京大学出版社，2000年，第37页。

的统一整体，其中没有任何矛盾冲突。而人类社会又是自然的一部分，也本应是一个无利害冲突的和谐整体。他们认为名教破坏了这种和谐状态，因此主张"越名教而任自然"，"非汤武而薄周孔"，带有强烈的反儒倾向，对司马氏集团以名教掩饰政治上的腐败极为不满，否认自然与名教一致。同时他们又都欣赏庄子的遁世逍遥的思想，希图以消极的手段反抗司马氏的强权政治。

3. 西晋玄学

西晋玄学是玄学发展的第三个阶段，代表人物是郭象。郭象的玄学，是在魏晋之际向秀《庄子》注思想基础上发展起来的。郭象的玄学，以庄学为主，以反对何晏、王弼贵无论玄学的面目出现，提出了自己的玄学崇有论思想。他主张"有"之自生独化说，以此否定"无中生有"说和"以无为本"说，认为"有"是自生自化的，并不需要一个"无"作自己存在的根据。郭象提倡名教即自然的儒道合一说，认为逍遥世外与从事名教世务，本是一回事，因此逍遥游并不要遁世。

4. 东晋玄学

东晋玄学是玄学发展的第四个阶段，为玄佛合流时期。两晋时期佛教得到了很大的发展，佛教的大乘空宗思想又与老庄玄学思想类似，一个讲"空"，一个讲"无"。在玄学盛行的形势下，佛教徒们为使佛教得到更大发展，便纷纷以玄学来解释印度佛学，于是产生了佛教玄学。它的主要代表人物有道安、支遁、僧肇等。其中尤以僧肇的思想影响为最大。僧肇著有《不真空论》与《物不迁论》等文，对当时的佛学，尤其是从思想上对魏晋玄学作了总结。

进入南北朝后，玄学作为一种学术思潮已没有什么新的发展了，但其思想观念、学术方法以及思维方式等方面对当时学术的发展仍然产生着广泛影响。

二　玄学的基本内容

玄学思想虽然继承了先秦的老庄哲学，但与老庄哲学又不尽相同。它的最基本特点就是"儒道兼综"。魏晋玄学基本内容可以概括为以下几个方面。

(一)研究对象："三玄"为主

"三玄"，是指《老子》、《庄子》、《周易》三部著作，称其为"三玄"，是因它们含有非常深奥的学问。玄学家们的玄学思想主要就是通过对这三部著作的注释与阐释表现出来的，当时的玄学家无一不从事三玄之学的研究。例如：何晏作《道德论》；王弼注《老子》、《周易》，著《老子指略》与《周易略例》；阮籍尤好庄、作《通老论》、《达庄论》和《通易论》；嵇康自称"老子庄周，吾之师也"；向秀、郭象则注《庄子》。而风靡魏晋的玄谈，所谈论的内容也正是以"三玄"为主。从对"三玄"的研究与谈论可以看出玄学兼综儒道的基本特点。

当然，魏晋"三玄"之学与先秦的《老子》、《庄子》、《周易》已然不同。首先，先秦的《易》学属于儒家系统，魏晋玄学则以老庄解《易》，是儒道结合的产物。王弼的《周易注》和《周易略例》就是以老庄解《易》的典型代表作。其次，先秦的《老子》、《庄子》是反对儒家礼教的，而魏晋玄学家所解释的《老子》、《庄子》，除嵇康、阮籍之外，一般是调和儒道，或主张儒道合一。

(二) 核心问题：辩证"有无"

魏晋玄学把老庄哲学中的"有无"问题当作讨论的中心课题，出现了王弼"贵无说"和裴颜的"崇有论"的对立，随之又出现了郭象的"独化论"。所谓"有"，指具体存在的事物，亦称实有；"无"，指无形无象的虚无。以何晏、王弼为代表的玄学贵无派把"无"当作世界的根本和世界统一性的基础，提出"以无为本"的观点。他们认为天地万物都是有形有名的具体存在物，这些具体存在物得以产生，是由于"无"为其根本。万物要保全自身，就必须保持其本体"无"。但是"无"也离不开"有"，因为"'无'不可以'无'明，必因于'有'"。所以要"崇本举末"或"崇本息末"，也就是以无统有。王弼关于"有"、"无"的观点在一定程度上揭示了现象与本质的关系，认为现象的本质是无形无象的。

崇有论者裴颜则反对贵无思想，否认无能生有，认为有是自生的，自生之物以有为体。郭象也反对无能生有，提倡万物自生独化之说。他认为世界是由众多的具体物构成的，"有"之外并不需要有一个"无"(绝对的无)作为自己存在的依据。但他把万物都看作是自生独化的，一切都独化于玄冥之境，表现出神秘主义思想倾向。

(三) 基本内容：探究世界本体

魏晋玄学最本质的内容，就是探讨世界本体的问题，这使中国哲学思想发展到了一个新的阶段。秦汉时期的哲学讨论基本上还是宇宙生成问题，如先秦诸子各派多半是在讨论宇宙起源及构成上发表意见，《老子》和《易传》虽或多或少接触到一些本体论的问题，但都没有摆脱宇宙生成论的严重影响。到魏晋玄学则不同了，魏晋玄学家都不太留心宇宙生成论问题的讨论，而比较关注讨论"本末有无"这个形而上学本体论，即他们关注的是天地万物存在的终极原因是什么，或者说天地万物为什么如此存在着的问题。如玄学贵无派把"无"当作"有"的存在根据，提出了"以无为体"的本体论思想。他们认为，在形形色色的多样性的现象背后，必有一个同一的本体，否则多样性的现象就杂乱无章无以统一，并认为这个本体即是无。在他们看来，"有"不能作为自身存在的根据，"有"只能依赖于本体"无"才能存在。郭象既反对"无中生有"说，亦反对有必"以无为体"说，主张有之自生说，并认为"有"是各个独自存在的，不需要一个"无"作为自己的本体。他们所探讨的正是宇宙存在的本原或根据是什么的问题。

（四）学术目的：解决名教与自然的关系问题

先秦的老庄学以崇尚自然，反对名教（即儒家礼教）为基本特征，而魏晋玄学的老庄学，除了阮籍、嵇康之外，总的来说是以调和儒道、调和自然与名教为根本目的。王弼把名教与自然的关系纳入他的"以无为本"的哲学体系，认为自然和无具有同等的意义，因而自然是本，是体；名教是末，是用。自然与名教是本末体用关系，二者是统一的。他主张"举本统末"，用自然统御名教；认为只要"圣人"按照自然的原则办事，"因俗立制，以达其礼"，使众人各安其位，返璞归真，名教便可复归于自然。

郭象对名教与自然的统一进行了论证，他认为名教即是自然、自然即是名教，二者不可分离。他指出，事物现存的状态，即君臣上下，尊卑贵贱，仁义礼法，都是"天理自然"，"任名教"就是"任自然"。

阮籍、嵇康的老庄学与王弼、郭象的玄学有所不同，表现了反儒的倾向。嵇康声称"每非汤武，而薄周孔"，提出了"越名教而任自然"的主张。阮籍讽刺儒家之徒是处于裤裆中的虱子，"行不敢离缝际，动不敢出裈裆，自以为得绳墨也"。然而阮籍、嵇康反儒主要是反对当时司马氏集团宣扬的虚伪的儒家礼教，他们并不反对维护封建纲常的名教，所以又都各自强调儒家礼乐的作用，认为真正的礼乐教化可以达到移风易俗的目的。

(五)学术方法：得意忘言

玄学的主要代表王弼、郭象等针对汉儒支离烦琐的解释方法，强调在论证问题时应注意把握义理，反对执著言、象，提出"得意忘言"、"寄言出意"的方法。但在魏晋时期，对言意关系的理解分歧较大，大致有以下三种观点。一是荀粲的"言不尽意"论。他对《易传·系辞》所说"圣人立象以尽意"的说法提出异议，认为理之微处，不是物象能够表现出来的，因此儒家经典都是圣人之秕糠，如象外之意，系表之言，蕴而不出，因此言不能尽意。二是王弼的"得意忘言"论。他在《周易略例·明象》中肯定了《易传·系辞》"圣人立象以尽意"的说法。同时，他也吸收了《庄子·外物》"得意忘言"的观点，认为"言者象之蹄也，象者意之筌也"。并且进一步强调所谓"存象者，非得意者也"，"忘象者，乃得意者也"，"得意在忘象，得象在忘言"，"立象以尽意，而象可忘也"。强调认识问题主要是把握义理，而不必执著言象。三是欧阳建的"言尽意论"。认为理得于心，非言不畅；物定于彼，非名不辨，主张言能尽意。这是在言意问题上的唯物主义观点。

王弼的"得意忘象"说，是魏晋玄学"言意之辨"中最有代表性和最有影响的观点。他不仅奠定了玄学本体论的认识论和方法论基础，而且对当时的佛教，以至中国古代诗歌、绘画、书法等艺术理论，都有相当大的影响。

(六)思维方式：辨名析理

魏晋玄学家非常重名理之辩，"名"指概念，"理"指概念内涵，因此，玄学思维很善于作概念的分析与推理。王弼、郭象研究问题都强调辨名析理。王弼说："夫不能辩名，则不可与言理；不能定名，则不可与论实也"①。郭象认为"能辨名析理，以宣其气，以系其思，流于后世"②。玄学的这种思维方式主要是用辨名析理的方法进行思辨的概念分析与推论，为其玄学理论作论证。因此玄学

---

① 《老子指略》。
② 《庄子·天下篇注》。

的思辨性很强，辨析名理成为玄学哲学思维形式的基本特征之一。

总之，玄学以"祖述老庄"立论，建立起"以无为本"的哲学本体论。儒家的礼法名教、天道人道等思想虽然也是玄学讨论的内容，但其主旨却是道家的，即强调崇尚的是"无"、"自然"和"无为"。玄学所探讨的中心问题尽管仍可归结为天人关系问题，但在形式上，它已经摆脱了两汉经学章句笺注的繁琐破碎；在内容上，则抛弃了经学思潮"天人感应"的目的论之论证。作为哲学的玄学，与作为神学的经学相比，形式上远为活泼，内容上远为精致。玄学思潮尽管没有像经学那样被统治者奉为官方哲学，但它一度也声势浩大，蔚为风尚，吸引着对经学已生厌倦之心的知识群体，而对整个魏晋文化产生巨大影响。

三　玄学的影响

魏晋玄学在中国思想发展史上占有重要的地位。它不仅上承先秦两汉的道家思想，克服了汉代经学的弊病，开创了糅合儒道学说的一个新的哲学时期，还对尔后的佛学，乃至宋明理学都产生了深远影响。

(一) 玄学提出一系列新思想、新概念和新方法对哲学的发展产生积极影响

玄学在思想史上的贡献表现在它以非凡的气概，突破了传统思维方式的局限，从一个全新的角度提出了许多新思想、新概念和新方法，这些不仅为封建秩序的重新调适作出了理论贡献，而且也把我国古代的认识思维水平推向了一个新的高度。

我们说魏晋时期儒学式微，并不是说儒家所维护的封建纲常名教已经过时，而是说两汉以来，为纲常名教提供辩护的谶纬经学走到了穷途末路。因此，自汉末以来，不少思想家为重新寻找封建政治的理论依据进行了长期的探索，但这些努力终因理论准备不足而受到了限制。比如对于宇宙万物的认识，魏晋以前一直停留在天地万物的起源和变化过程即宇宙生成论的讨论上，不论正统学说还是"异端"，都有着自己对宇宙万物起源的看法。"异端"学说为了抽掉谶纬的理论根据，十分强调宇宙发生的自然物质性，如王充的"天道自然无为"，王符的元气"自化"论即是如此。这种天道自然观固然在廓清神秘主义迷雾上卓有成效，却无法为封建专制和君主的绝对权力提供新的论证。为封建专制制度寻找最高依

据的使命最终是由玄学完成的。玄学不讲天命，也不谈宇宙生成的过程，而是把封建政治抽象为宇宙的本体，反过来又用这个本体论证君主专制的合理性，确立一个"本末、体用"的体系，这样才找到理论出路。这样，中国哲学发展到魏晋时期进入了一个新阶段，如果说先秦两汉哲学所讨论的基本上还是宇宙生成论的问题，那么到魏晋玄学则主要讨论的是本体论的问题。这一新思想的提出，自然会丰富哲学的内容，它使人们不仅注意宇宙是如此的存在，而且要问宇宙为何如此存在，宇宙如此存在又有什么根据，这样一些问题的提出和探讨在哲学史上有着非常重要的意义。

一种新的哲学思想的产生和发展，往往会伴随着一种新的哲学方法。魏晋玄学讨论"本末有无"问题，就要有一种与之相适应的玄学方法。天地万物有名有形，而有名有形的东西自身不能是其存在的根据，故必求之于无名无形之域，于是王弼、何晏提出"以无为本"的贵无思想。为要论证"以无为本"，他们提出了"得意忘言"的新方法，用以解释"体"、"用"之间的关系。本体固然超言绝象，但它是万有存在的根据，因此人们可以根据万有的存在以知它必有其存在的根据。但是，万有只是"用"，而非"体"，故不能执着"用"以为"体"，就像执着"言"以为"意"一样；如欲"得意"、"知体"，则须忘言忘象，以求"言外之意"，"象外之体"。"得意忘言"这一新方法给当时人以看问题的新眼光，而为新思想的发展开辟了道路①。

围绕着上述新思想和新方法，玄学还提出了一系列抽象的概念，如本末、体用、有无、动静等。尽管有些概念以前的哲学家也使用过，但是魏晋玄学给它以新的含义。由于有了一套新的概念或赋予过去已有的概念以新的含义，而形成了若干在中国哲学史的发展中有很大影响的新命题，如"以无为本"、"本末不二"、"无因于有"、"崇本举末"、"言意之辨"、"物各有性"等。使中国哲学的概念、命题大大丰富起来。

所有这些，极大地丰富了我国哲学思想的宝库，大大提高了哲学的抽象思辨能力，对后世哲学思潮的发展提供了重要的哲学基础。

---

① 汤一介：《郭象与魏晋玄学》，北京：北京大学出版社，2000年，第31页。

（二）玄学对传统的批判对解放思想产生积极影响

两汉封建专制主义发展的一个重要标志，就是通过经学确立了一整套封建的纲常名教和统治秩序，它既是现实政治的原则，也是统治思想和伦理规范，极大地限制了人们的身心自由。然而，随着东汉后期社会危机的发展和各种关系的错乱，人们开始意识到这种种规范其实并不如统治者所宣称的那样，是绝对和永恒的。于是对它从怀疑到批判就成为汉魏之际普遍的思想倾向。在这一点上，东汉社会批判思潮已开其端绪，到了魏晋年间，"弃经典而尚老庄，蔑礼法而崇放达"①竟成为一时风尚。当时的玄学家们对名教多不以为然。如"竹林七贤"常常纵酒放浪，蔑弃礼法。阮籍还作《大人先生传》，文中把循规蹈矩、唯礼是从的俗儒比作裤裆中的虱子，行不离缝际，动不出裤裆，极尽嘲讽。这种轻视礼法的思想进而发展为非圣无法，出现了鲍敬言的《无君论》，把汉魏年间的批判思潮推至极端。

于名教崩弛、礼法堕坏的同时，也开始了人格自觉的过程，进而人的主题成为玄学思潮的一部分。人们不仅摆脱封建礼法的束缚之后意识到了个体存在的价值，更从连绵不断的攻伐杀戮中悟到了生命的可贵，于是便超然物外，借助于老庄哲学开始了对理想人格和人生意义的追求。无论是"竹林七贤"的虚无放浪，还是《列子·杨朱》的及时行乐，这就是魏晋玄学的主旨，这就是那个时代虚无主义思潮的真实意义所在。

当然，我们并不否认玄学家批判的本意仍是为了建设，是为了新的秩序的建立寻找更有力的说明，这是由玄学的双重使命决定的。在表面的放浪和清谈声中，玄学探讨了许多严肃的问题，如关于"名教与自然"的关系，从何晏、王弼的"名教出于自然"到阮籍、嵇康"越名教任自然"，再到向秀、郭象提出"名教即自然"，清晰地展现了理论的演进层次和对名教由怀疑到否定再到肯定的全过程。不过到了郭象那里，玄学的批判性已大为减色，玄学的使命也走到了尽头。

---

① （清）顾炎武：《日知录》卷13《正始》。

第四节　宋明理学

中国学术思想的发展，至唐宋之际又发生了一大变化，形成了一种新的独具特色的理论形态——理学，并一直持续到明清之际。宋明时期中国学术思想的演变，其主题就是在更高意义上向先秦儒学回归。它要解决或摆脱的，一是儒学内部的问题，即要否定和超越汉唐时期的经学形态；二是要对抗外来的思想文化，即要否定和超越印度佛教所宣扬的思想价值①。这两个任务基本是由理学思潮完成的。理学由此成为宋代之后中国学术史中最重要的学术思潮。本节主要介绍理学的形成、演变、基本内容以及产生的影响。

一　理学的形成和演变

理学，是中国宋元明清时期以讨论理气、心性等问题为中心的哲学思潮。又称"道学"。它产生于北宋，盛行于南宋与元、明时代，清中期以后逐渐衰落，但其影响一直延续到近代。

(一) 理学的形成

理学的产生有着深刻的社会背景。唐末农民大起义，摧毁了豪强地主的政治经济势力，经过五代十国短暂的战乱时期，北宋王朝重新建立了统一的中央集权的封建国家，封建生产关系得到了某些调整，于是社会经济开始得到发展。北宋以后，我国封建社会进入了后期发展阶段，其重要标志就是在社会的经济结构中，租佃制和契约关系获得普遍发展，劳动者的人身依附关系相对松弛，个体力量和价值的重要性越来越显露出来，从而使整个社会的阶级关系乃至政治关系发生了变化。面对这种情况，封建统治者为了维护、巩固封建统治秩序，除在政治上加强专制和暴力统治外，迫切需要重申儒家重等级、名分和伦理教化的传统。加上唐末、五代以后，长期的分裂割据和社会动荡，造成了社会伦常的极大破坏，统一的宋王朝建立后迫切需要重建封建纲常和伦理规范，以此维系自身的统

---

① 薛明扬主编：《中国文化概论》(上)，上海：复旦大学出版社，2003 年，第 241 页。

治和全民族的团结。正是在这种情形下，儒学重新受到重视，儒学复兴的条件具备了。

理学的形成也是中国古代哲学长期发展的结果，特别是批判佛、道哲学的直接产物。儒家学说自东汉末年衰落以后，在魏晋南北朝长达三四百年的时间里，由于佛、道的盛行曾消沉达于极点。儒学的衰落和佛道的昌盛固然有着社会历史方面的原因，但从学术角度来说，儒学自身也有缺陷。儒学缺乏佛、道那样严整细密的思辨理论体系，尤其是宇宙论和认识论的理论体系，这使它在与佛、道的论战中常常显得捉襟见肘、力不能支。因此，要压倒佛、道，重新树立儒学权威，首先必须完成儒学重建的理论工作，这就为理学的建立提出了理论上的要求。早在唐朝中期，一些名儒便举起批判佛教的旗帜，力图全面恢复儒家的权威。韩愈在《原道》中提出儒家道统说，认为仁义道德之中，道德是"虚位"，仁义是"定名"，道德自仁义出；实行仁义，才是道德的实际内容。李翱提出"复性说"，认为性善而情恶，只有消除情欲，才能恢复善性。这些思想，为理学的产生开了端绪。北宋以后，又有范仲淹等政治改革家，努力提倡儒家学说；以欧阳修为代表的一些学者，主张从"本"上否定佛教。所谓"本"，就是儒家仁义学说。被称为宋初三先生的胡瑗、孙复、石介，开始从理论上进行探讨。他们以儒家《周易》、《春秋》为依据，提倡道德性命之学，发展了韩愈的道统说。他们的思想揭开了理学的序幕。

在重建儒学理论的过程中，道家和道教的宇宙生成模式，佛教的思辨哲学以及释、老关于个体修炼的思想方法，都为理学的建立提供了理论借鉴。随着儒家批判并融合佛、道思想过程的展开，到北宋中期，理学思潮逐渐形成，并迅速占据主导地位。当时出现了一批重要的理学家，如周敦颐、邵雍、张载、程颢、程颐等人，各自形成学派，从不同方面探讨宇宙人生的根本问题。他们自称其道为"圣人之道"，其学为"圣人之学"。这时的学说称为道学。南宋初，"道学"名称颇为流行。后来"理学"之称渐盛。明中期以后，有些学者批评道学家为假道学，"道学"遂含有贬义，而"理学"之称更加盛行起来。

(二) 理学的演变

理学自北宋形成之后，在 700 年的发展历程中，开转启合，高潮迭起，出现数次重大嬗变，形成了若干个不同的重要发展阶段。

1. 北宋理学

北宋是理学形成时期，各学派已初步建立各自的体系，代表人物是被誉为"北宋五子"的周敦颐、邵雍、张载、程颢、程颐。

周敦颐被公认为是理学的创始人。他吸取道家学说，糅合《周易》，初步建立了一套综合探讨宇宙本原、万物生成、人性、封建伦常等问题的理论体系，他的著作《太极图说》和《通书》后来成为理学家的经典文献。邵雍是与周敦颐约略同时的理学家，他继承汉代以来的象数学，以阐发《周易》经义，又与道教结合，构成数的图式，形成了新的象数学。张载为理学"关学"的代表，著有《正蒙》、《经学理窟》等，融合自己对于《周易》、《中庸》、《周礼》等经义的解释，提出了关于"气"、人性、义理和封建伦常等理论。程颢、程颐兄弟是理学"洛学"的代表，他们以"理"作为哲学的最高范畴，提出了略为系统的理气说、有对论、人性论、格物致知说等。二程理学不久便占据了北宋理学的主导地位。

2. 南宋理学

南宋是理学发展和成熟时期，代表人物是朱熹和陆九渊。朱熹主要继承和发展二程的学说，又吸取北宋其他理学家的某些学说，完成了集大成的历史使命。故宋代理学又被人们称为程朱理学。朱熹改造了周敦颐的《太极图说》，认为"无极而太极"就是"无形而有理"，以太极为万物本体，提出了理有层次的理一分殊说，并把周敦颐推崇为理学开创者。他又吸收和改造了张载关于气的学说，明确提出并系统论述了理气关系问题，建立了他的理气论和气化学说。他还发展了程颐、张载等人的心性说和格物致知说，提出了一整套认识论和修养方法。朱熹哲学体系的建立，标志着理学的完成。与朱熹同时的陆九渊创立了"心学"学派，一度在学术上与朱学并立。陆九渊之学也来自二程，特别是程颢，由程颢经谢良佐、王蘋、张九成到陆九渊，发展出"心即理"的心学学说。陆九渊提倡"简易"之学，批评朱熹"支离"，而朱熹批评陆九渊太简。他们的争论，反映了理学内部的分化。

南宋后期，朱陆两派互相攻讦。但陈淳以后，魏了翁、真德秀等人，在维护朱学的同时，又有调和朱陆的倾向。黄震等人则发展了"道不离器"的思想和经世致用之学，对朱学进行了初步改造。陆九渊之后，杨简把心学发展为以山河大地为心中物象的唯我论哲学，成为心学派的极端。宋理宗以后五十多年的时间里，程朱学说被定为官方哲学，获得迅速传播。

3. 金元明初理学

这一时期是理学传播、调整和转换的时期。金初处于从奴隶制向封建制转化的阶段，只是逐步接受汉族封建文化，尚未有人提倡建立学派。世宗、章宗奖励儒学，邵雍和二程之学得以继续传播。金末王若虚著《道学渊源序》，推崇理学。赵秉文也以程朱的道德性命之学自任，一时号为"斯文盟主"。王、赵在社会上广有影响。

到元代，理学得到进一步发展，涌现出一批理学家，如赵复、许衡、刘因、许谦、吴澄等人。其中，许衡对于促进民族思想文化的融合起过积极作用。他在宣传朱学的同时，还特别强调"尊德性"。吴澄宣扬以程朱为正统的道统论，以继承道统自诩，同时却提倡"以德性为本"，主张反身内求，反对向心外求道。刘因、许谦等人则发展了朱熹的格物致知说，主张读书穷理。这一时期的理学家为适应新的形势，还由"用夏变夷"的传统观念演绎出"行中国之道即为中国之主"的政治原则。由此引起统治者对理学的重视，元成宗铁穆耳便提倡理学，以朱熹等人疏纂的五经为科场考试标准，"定为国是"，使理学成为官学，其影响甚至超过了宋代。

明代初年乃承袭元制，崇奉朱熹理学为正宗。明初理学家注重博学广识、考订典制，理论上建树不多。其中薛瑄、吴与弼从不同方面发展了朱熹哲学。吴与弼的弟子陈献章，为了克服朱熹哲学的矛盾，进一步提出"心与理一"、"宇宙在我"的学说，从朱熹理学转向陆九渊心学，为王守仁心学的产生铺平了道路。

4. 明中期理学

明代中期是心学发展阶段。这一时期程朱理学趋于僵化，出现了王守仁心学。王学的建立，标志着理学发展的又一个新阶段。王守仁批评朱熹分心理为二，知行为二，把人们引向烦琐道路。他提出了以"良知说"为核心的心学学说，认为心之本体即是良知，良知即是天理，更不可向心外求理。王守仁受陈献章思想的影响，与心学家湛若水有学术来往，并以共同"倡明圣学"相期许。他的"良知说"和"知行合一说"，达到了心学理论的高峰，形成了王学学派。从此，心学大盛，一时"门徒满天下"，几乎成为统治哲学。但王学学派很快发生了分化，从泰州学派中分化出一批思想家，突破了王学藩篱，大胆批判道学和封建传统思想，提倡思想解放，颜钧、何心隐、李贽等人是其代表。李贽等人的思想，反映了明代中期以后出现的资本主义萌芽的某些特征和市民阶级的要求。

在王学出现的同时，罗钦顺等思想家从另一方面发展了理学。罗钦顺批判了王守仁的良知说，改造了朱熹的理学，提出"理气为一物"的理气论和"资于外求"的认识论。他是从程朱理学中分化出来的唯物主义哲学家，在自然观上建立了唯物主义学说，但在心性问题上仍坚持朱熹理学的基本观点。王廷相更鲜明地批判了朱熹理学和王守仁心学，主张气外无理，性生于气，强调实践经验在认识中的作用。他的气一元论哲学，是对张载学说的继承和发展。陈建作《学蔀通辨》，比较系统地批判了陆王心学，但未能达到罗钦顺那样的理论水平。

5. 明末清初理学

明末清初，是理学发展的最后一个时期，即自我批判时期。当时，出现了一批重要思想家，他们同理学既有联系，又对之进行批判。他们的思想在不同程度上反映了资本主义经济萌芽的某些特点，但没有超出封建生产关系的范围。刘宗周是王门后学，但对王守仁思想有所改造和发展。陈确、朱之瑜等人，从不同方面批判了理学。黄宗羲、顾炎武、王夫之是明末清初三大思想家，各自作出了巨大贡献。顾炎武提倡经世致用之学，注重研究实际问题。黄宗羲作《明儒学案》、《宋元学案》，对理学作了一次历史总结。王夫之提出了系统的唯物主义理论，在理气论、人性论、认识论、知行观等方面突破了理学的局限，达到了中国古代哲学的高峰。以后经过颜元、戴震等人的批判，到清中期以后，理学便日益走向没落了。

二　理学的基本内容

在理学演变的各个阶段，一方面保持着它作为时代思潮所具有的总的思想取向，另一方面又各自具有相对不同的理论内涵。因此，下面从这两个方面对理学的基本内容作概述。

(一) 理学的主体思想

理学内部比较复杂，可以分为许多不同的派别。这些不同派别之所以都可称为理学，是由于它们具有一些共同的性质和特点，思考着一些共同的问题。

1. 本体论问题

本体论即世界万物的本原问题。理学家对这个问题各有不同回答，但是都否定有上帝一类人格神和彼岸世界的存在。他们集中批判佛、道以空、无为世界本体的理论。张载提出"太虚无形，气之本体"的气本论哲学，认为太虚不是空无，而是占有时间和空间的物质气的存在形式，太虚之气是世界万物的本原。二程建立了"天即理"的理本论哲学，认为观念性的理是世界本原，但理并不是虚空，而是实有其理。理是观念性的实体，是有实际内容的。朱熹提出理为"本"、气为"具"的学说，以太极之理为宇宙本体，太极是"有理"和"无形"的统一，而不是纯粹的虚无。陆九渊、王守仁以心为本原，认为"心即理也"。理学家在讨论世界本原问题时，已接触到思维同存在的关系这个哲学的基本问题。

2. 心性论问题

心性论即人性的来源和心、性、情的关系问题。理学家对人性来源的探讨，和他们的本体论有密切联系。张载提出天地之性与气质之性和心统性情的学说，认为天地之性来源于太虚之气，但他有时又夸大了性的作用。程颢提出心即天以及性无内外的命题，把心、性、天统一起来。程颐则提出性即理的命题，把性说成形而上之理。朱熹发展了性即理和心统性情的学说，认为心之本体即是性，是未发之中；心之作用便是情，是已发之和；性和情是体用关系，而心是"主宰"。陆九渊认为，心即是性，即是理。王守仁提出心之本体即是性，即是至善。理学家们在心性问题上虽然说法不同，但他们所谓性，都是指某种道德原则、道德属性。他们通过讨论主体和客体、人和自然的关系问题，试图解决人的本质和人性问题，从不同方面强调人的道德意识的作用。

3. 认识论问题

认识论即认识的来源和认识方法问题。理学家都很重视认识问题，并提出了比较系统的理论，把本体论、心性论、认识论统一起来，融为一体。张载首先提出"见闻之知"与"德性所知"两种知识，并提倡穷理尽性之学，成为理学家共同讨论的问题。二程通过对《大学》"致知在格物"的发挥，提出了格物致知的认识学说。程颐主张至于物而穷其理，但不能逐物，必须"反躬"。朱熹提出"即物穷理"的系统方法，主张格物、致知二者不可分离，穷理多后，便能"豁然贯通"，内外合一。陆九渊强调"反观",认为心便是理,只需向内反观,不必向外求索。王守仁提出"致良知"说,认为格物致知就是致吾心之良知于事事物物,从而完成了由内向外的认识路线。他们还讨论到知行关系问题,提出"知先行后"、"知行并进"、"知行合一"等学说,力图把认识和道德实践统一起来。

理学所讨论的,不是纯粹的认识问题,主要是道德意识的自我认识和实践问题。理学家认为,人之所以异于禽兽,在于人心有灵明。人生天地之间,不仅与天地对立,而且与天地相通,人可以与天地并立而为三。张载的"天地之塞吾其体,天地之帅吾其性",周敦颐的"圣人定之以中正仁义而主静,立人极焉",程颢的"仁者,以天地万物为一体",程颐的"圣人与理为一",朱熹的"心与理一",王守仁的"大人者,以天地万物为一体者也",都是力求建立人生最高理想。他们都宣扬所谓合内外之道,一天人之学。但理学家一般认为,这种最高理想,只能在日用人伦之中,通过自我认识和践履才能达到。理学家所谓理欲、义利之辩以及格物致知、诚、敬等功夫,就是达到这种境界的方法。张载说的"为天地立志,为生民立道,为去圣继绝学,为万世开太平",是理学所要达到的共同目标。

(二)理学的流派思想

理学中有不同学派,各个学派之间既有相同之处,又互相区别。北宋中期,有周敦颐的"濂学",邵雍的"象数学",张载的"关学",二程的"洛学",司马光的"朔学"。南宋时有朱熹的"闽学",陆九渊兄弟的"江西之学"。明中期则有王守仁的"阳明学"(或称王学)。这些不同的学派,具有不同的理论体系或特点,但是按其基本观点和影响看,主要有三大派别①:

1. 气本论派

这一派别以张载为代表,是理学中的唯物主义学派。张载提出的"太虚即气"的学说,彻底否定了道家"有生于无"和佛教"以天地万物为幻化"的理论,肯定了世界的物质统一性。他的"一物两体"的学说,把事物运动变化的原因,归结为事物内部的一与两,即既对立又统一的关系,使他的唯物论带有辩证法的特色。他还讨论了即物穷理等认识问题,肯定了耳目见闻等感觉经验在认识中的作

---

① 姜广辉:《理学与中国文化》,上海:上海人民出版社,1994 年,第 3 页。

用。但他提出"德性所知，不萌于见闻"和"天地之性"、"气质之性"的观点，表现出他的唯物论哲学的不彻底性。他的气一元论学说，为后来的王廷相、王夫之等人所继承和发展，产生了很大影响；其心性之学，为程朱学派所接受。

2. 理本论派

这一派别以二程、朱熹为代表，是理学中的客观唯心主义学派。二程是理学的奠基者。他们第一次把理作为最高范畴，提出了理本论哲学。特别是程颐，明确区分了形而上与形而下，把理说成是形而上者，把阴阳说成是形而下者，认为理不是阴阳，而是"所以阴阳者"。这就把形而上之理说成世界本原。在他看来，万事万物都是理所派生的。朱熹进一步发展了二程思想，完成了理学体系。他第一次系统地论述了理气关系问题，认为任何事物都有理有气，但理是"本"，众理之全体，便是太极，人人有一太极，物物有一太极，太极散在万物，如月亮印在万川。他建立了理学各范畴之间的逻辑联系，是理学集大成者。一般把朱熹和二程，特别是和程颐联系起来，合称程朱学派。

3. 心本论派

这一派别以陆九渊、王守仁为代表，是理学中的主观唯心主义学派。陆九渊提出"心即理"的命题，认为"吾心即是宇宙，宇宙即是吾心"，"万物森然于方寸之间，满心而发，充塞宇宙，无非此理"。他强调主观精神的作用，提倡自作主宰，建立了初步的心学体系，开创了理学中的心学学派。王守仁进一步提出"心外无物"、"心外无理"的命题，以吾心之良知为天理，完成了心学体系，称为陆王学派。程朱理学同陆王心学，是理学中的两个主要唯心主义派别。

此外，以邵雍为代表的象数学，也是理学中的一个派别。邵雍接受了道教的"先天图"，用数的关系构造了自然界和历史发展在内的世界图式，用数来说明天地万物的形成和变化。他的学说在理学中具有一定影响。司马光虽未建立完整的哲学体系，但他提出以"虚"和"诚"为中心范畴的一套哲学思想，也构成了理学中的一个派别。

三　理学的作用和影响

理学是中国学术史上非常重要的一个发展阶段，它持续时间最长，对社会、文化等方面的影响也最大。理学的主要作用和影响可以概括为以下三个方面。

（一）重建礼治秩序巩固了封建统治

理学对中国文化至为紧要的影响之一，便是在新的哲学基础上重建传统礼治秩序①。礼在西周被制度化，在汉代被经学化、神圣化，是极其具体实用的行为规范。但是，自东汉末年以来，由于社会政治长久动荡不安以及佛教等外来文化大规模的渗入，礼治秩序逐渐走向衰落。魏晋南北朝时期的反礼法思潮活跃一时，隋唐时期人们的礼法观念也相当薄弱。这样一种状况至理学推出后开始发生变化。

理学家们立足于"理"本体说，对礼治展开了新的阐述。程颐将理与礼的关系解释为本末、文质关系，朱熹更将礼明确指认为"理"的外在程序，认为"礼"实际上是通过形形色色的形式体现天理的等级规定，执行着天理原则对人的节制，使人的行为规范符合道德规范。从而使"理"的原则在社会生活的各个层面中得以实现。理学家们对"礼"的重新阐释，使"礼"在以"理"为最高范畴的伦常系统中获得至关重要的地位，"礼"的权威性与普遍必然性在更高的层次上得以确认。

理学家们不仅高扬礼在宇宙大系统中的位置，而且对现实的礼仪秩序也加以构画。其总体特征便是在人伦关系中强制注入以"理"为依据的尊卑名分。二程说："父子君臣，天下之定理，无所逃于天地之间。"朱熹说："亲亲之杀，尊贤之等，皆天理也。"经过"天理化"的人伦关系形成一个具有贵贱等差秩序的网络。这样一种等级网络，对巩固封建统治有着十分重要的作用。

然而，礼教至于极端，则走向反动。理学所恢复的礼治秩序，只承认人伦关系网络的存在，而根本否定个体的独立价值。在礼治秩序中，个人永远是被规定、被组织的对象，人的主体性与个性全然消融在贵贱有差、尊卑有别的名分之中。任何异议的提出和个性的表现，都为礼治秩序所不容。对人主动性和创造性产生了极为消极的影响。而为维护纲常名教和现世社会伦理规范，程朱宣扬"存天理，灭人欲"的禁欲主义，程颐认为妇女再嫁是大逆不道，提出"饿死事极小，

---

① 冯天瑜、何晓明、周积明：《中华文化史》，上海：上海人民出版社，1990年，第652页。

失节事极大"的谬论,进一步歧视妇女,将地位低下的妇女推至深渊。理学的这些观念都是应该被批判的。

(二)理学重内圣之学对传统文化心理产生影响

理学对中国文化的又一深刻影响,是将传统的"内圣"之学提到空前的本体高度,从而造成中国经世路线的转向①。

经世即是治世,是中国儒学传统的精义。原始儒学既包括客观功业的"外王"之学,也包括主体自觉的"内圣"之学。内圣与外王,如体用一原,"圣有所生,王有所成,皆原于一"。儒学创始人孔子便主张学人事的"下学"与达天命的"上达"彼此一线,不应相互割裂。然而,孔子以后,"内圣"、"外王"之学分途发展。荀子力扬"外王"之学,孟子则发挥"内圣"之学。

不过,自秦汉一直到宋初,"内圣"之学并非十分流行,秦汉至宋的历代帝王们实践"外王"经世路线,赢得了显赫的权威和功业。然而,随着君权的日益强化,统治者发现,仅有外在事功是不够的,也是不牢靠的,还需要按照某种特定模式塑造人们的灵魂,训练勤谨而又安分的百姓。士人们则意识到,欲实现儒家政治思想,除了教化百姓、培养恪守礼义的顺民外,还应有一种关于心灵修养的学说来教化统治者直至皇帝本人,通过"格君心之非"促使其"行善政",此即所谓"正心以正朝廷"。在世界许多民族和国度的中世纪,涉及灵魂铸造与限制君权的任务是由宗教和神学完成的。而在中国,宗教和神学虽然也发挥过相当作用,但铸造人们灵魂的使命主要落到儒学身上,这样,思孟学派所发挥的"内圣"之学便在理学家手中重整旗鼓,长足发展起来。在理学的理论框架中,正心诚意的内在"修身"是"经世"的根本。只有先"正心诚意",然后才谈得上"治国平天下",只要能做到"正心诚意",自然就会"国治民安"。随着理学的盛行,以"内圣"控"外王"的经世路线深刻影响于当时,更深入浸润中国文化性格。

---

① 冯天瑜、何晓明、周积明:《中华文化史》,上海:上海人民出版社,1990 年,第657 页。

(三) 理学精微细密的哲学体系对中国哲学的深入发展产生积极影响

理学的精密首先表现在它有其独特的范畴、命题,有其所论究的独特的问题。所谓独特,就是不同于其他时代。例如:论性就提到天地之性,气质之性,刚柔善恶中。论心就讲心量广大,藏往知来,人心,道心。论气就讲天气地质,气以成形。论理就讲事外无理,事理交融,一本万殊,显微无间,气以成形。论功夫就讲下学上达,格物致知,渐修顿悟,主一无适。论践履就讲修己治人,事亲从兄。如此等等。所有这些范畴、命题、问题,虽然是从古老的经典中抽出来的,但是赋予了那个时代的内容与含义。它们是进一步发展了的唯心主义思想体系,不同于往昔。宋明时期的理学家把这些范畴、命题和问题,分析论究到精深微密,辨析毫芒。黄宗羲谓明代理学:"牛毛茧丝,无不辨晰,真能发先儒之所未发。"[1]其实整个宋明理学,都是如此。正是这一点,标志着宋明理学达到了思想发展史上的新的水平。

其次,理学发展了中国先秦以来的传统哲学,又吸收融合了佛、道哲学,具有完整的哲学体系。理学以孔、孟儒家思想为核心,批判地吸收佛、道哲学的思想资料,建立了新的思想体系。它同理论简单粗糙的两汉儒学有很大区别,同佛、道哲学也有本质区别。有些理学家虽然吸收了道家关于天地万物生成的理论和佛教心性修养之说,但是批判了佛、道鄙视现实人生,追求虚幻境界或彼岸世界的宗教思想;他们也继承、发展了玄学关于本末、体用等思想,但批判了玄学以"无"为本和崇尚"自然"、忽视"名教"的思想。理学家对一系列哲学问题的探讨,无论从深度和广度上都超过了以往任何一个时期,在理论思维方面,达到了很高的水平,从而在人类认识史上,做出了重要的理论贡献。

第五节　清代朴学

明清之际,社会再次出现严重的动荡,而持续了数百年的理学思潮,也进入其批判性反思的终结阶段。在整个清代,理学虽然仍被统治者奉为圭臬,但已不

---

① 《明儒学案·发凡》。

再成为思想学术的主流。清代学术与历代学术相比较，其显著特色是朴学的成就超越了前代，因此，朴学常被用来作为清代学术的标志。本节主要介绍清代朴学的兴起、演变、主要派别、主要内容以及产生的影响。

一 朴学的兴起和演变

朴学，是清朝乾隆、嘉庆年间出现的一种以考据为主要治学内容的学术思潮，这种学术文风朴实简洁，重证据轻义理，因此被称为"朴学"。由于朴学采用的是汉儒训诂考订的方法治学，所以又有"汉学"或"考据学"之称。

(一) 朴学的兴起

朴学萌发于清初，兴盛于乾隆、嘉庆，衰落于道光时期。经过明末的社会动乱，清代取得国家的统一，政治上出现了相对稳定的局面，促使社会安定，经济发展，这为学术文化的繁荣创造适宜的环境，朴学正是在这一环境中逐渐形成的。当然，朴学在清代的兴起，还有其学术和政治的背景。

首先，朴学的形成建立在对理学的批判和总结基础之上。宋明理学在经过长期演变后，形成了两个最主要的派别，即程朱理学和陆王心学。两派之间，各是其是，争论不下，但其共同点是空谈义理，于国计民生不闻不问。到明末农民起义爆发，满洲铁骑入关，大明江山易主之时，这批自以为参透了儒家"性命义理"的读书人，"愧无半点匡国策"。沉痛的现实促使人们反省，以顾炎武、黄宗羲、王夫之、颜元等为代表的学者，对宋明理学进行了深刻的总结和批判。他们提出，宋明理学突出强调个人道德修养，却把儒家经世济民的传统丢掉了；程朱、陆王都说自己代表了孔孟思想，实际都与孔孟真精神有别。要想真正把握孔孟的精神，只有回到儒家原典中去寻找孔孟立论的依据，否则无法判断孰是孰非。他们一致反对理学的空疏无用，打出"舍经学则无理学"的旗号，主张根据经书和历史立论，恢复儒学作为经世致用的学问，以达到"明道救世"的目的。顾炎武进一步认为，研读古代经书，首先应该考订文字的古音、古义，这是深刻理解经书原文的先决条件。因此他十分注重音韵、训诂的研究和经史的考证。

正是由于顾炎武等进步学者对宋明理学一派空谈和迂腐说教进行了全面批判，以及他们大力提倡实用之学，使得经学领域中一种继承汉代古文经学，注重训诂、考证的考据之学逐渐兴盛起来。而顾炎武的《日知录》、《天下郡国利病书》、《音学五书》等重要著作,则开创了清代考据学风的先河。

其次,朴学的兴起,也与清朝前期统治者实行的思想钳制有关。清朝统治者入主中原以后,在武力镇压汉族人民的反抗同时,也加强了文化思想专制统治。统治者除了用高官厚禄拉拢一些汉族知识分子外,还极力压制他们中的反满抗清思想。清初,为确立封建专制的政治统治,在文化上也推行了极为酷烈的专制政策。顺治十四年的科场案,已经见其端倪;康熙朝的明史案、南山集案,滥杀无辜,殃及枯骨,则亘古未闻。至雍正、乾隆间,"文网"密布,"文字狱"大兴。当时的读书人不仅不敢议论时政、抒发己见,即使诗文、奏章中一言的疏失,也有惨遭杀身灭族之祸的可能。在文网罗织之下,封建知识分子动辄得咎,清初具有反理学、反民族压迫思想的学者无不噤若寒蝉。这使得他们不得不放弃与现实关系密切的义理、经济、政治等问题的探讨,把时间和精力用在古籍上,埋首故纸堆中寻章摘句以逃避现实。清廷又由此发现考据古籍对笼络文人、粉饰盛世、巩固统治有很大的好处,因此大力提倡对古籍的考据和整理。读书人的这种态度,受到朝廷的欢迎和鼓励,于是考据学很快流行起来。同时,康熙、雍正、乾隆时期政治的统一和经济的繁荣为文化学术的兴盛创造了客观有利的条件,清朝帝王如康熙、乾隆对文化十分重视,他们广招贤才,大开书馆,编修丛书,一时天下名流硕儒,纷纷归附入馆,穷经白首。这种良好的文化氛围对朴学的快速发展提供了有利的条件。

(二)朴学的演变

清代朴学发于清初,一般认为顾炎武是朴学的先驱。顾炎武作为明末清初的进步思想家,有感于明末"束书不观,游谈无根"的空疏学风,大力提倡经世致用,强调朴实学风,重视读书、考察和实证。特别是他提出"经学即理学","读《九经》自考文始,考文自知音始"①;主张儒家义理在经书中而不在经书外;研究经典首重文字,而治文字必始于知声音。他所撰《日知录》、《音学五书》、《天下郡国利病书》等,广征博考,言必有据,成为清代考据家的必读经典,也成为

---

① 《答李子德书》。

乾嘉学者经典研究的主要方法和途径。

朴学真正的奠基人是阎若璩和胡渭。阎若璩研究《尚书》多年，写成《古文尚书疏证》八卷，将历来学者奉为经典的古文尚书判为"伪书"，丢下一颗重磅炸弹，在学术界激起强烈反响，其书"引据确凿"，使《古文尚书》之伪成为铁案，无人能驳倒。胡渭的代表作是《易图明辨》，其书对宋代道士陈抟造出的河图洛书进行辨正，结论为附会杜撰，子虚乌有。从根基上摧毁了邵雍、周敦颐等理学家谈性说理的精神依据，产生了重要影响。他们用考据的方法，证明即使所谓的经典也不可尽信，开创了疑经辨伪的学风，从而奠定了朴学的基本风格。虽然他们在学风上继承了前辈的风格，但在精神上大多放弃了顾炎武等经世致用的本意。

进入乾隆、嘉庆间，朴学达到鼎盛，出现了"家家许（慎）、郑（玄），人人贾（逵）、马（融）"①的局面，号称"乾嘉学派"。乾嘉学派是个统称，其中可分出"吴派"和"皖派"两大学派，稍后的"扬州学派"则对两家有所发展和总结。

吴派以惠栋为首。因惠栋是江苏元和（即吴县）人，其门徒和追随者大多为苏南人，因此被称为吴派。惠栋的主要著述有《周易述》、《古文尚书考》、《春秋补注》、《九经古义》等。吴派的特点是"唯汉是信"，主张从古文字入手，重视声音训诂。他们广搜汉儒经说，只是加以疏通，不敢越雷池一步，"古训不可改也，经师不可废也"。这种过于拘泥汉儒成说的保守学风，使吴派的学术成就受到影响。吴派的主要成就是对古籍的辑佚，给后代提供了丰富的研究资料。吴派的主要代表人物除惠栋外，有沈彤、江声、余萧客、江藩、孙星衍、洪亮吉、王鸣盛、钱大昕等。

皖派以戴震为首，因戴震是安徽休宁人，其门徒或为安徽人，或师承其学说，因此被称为皖派。皖派治学的特点与吴派有共同之处，即以语言文字学为治经的途径。他们重视对三礼（即《周礼》、《仪礼》、《礼记》）中名物制度的考证，但在许多方面同吴派有明显的差别。皖派并不盲目信古，而强调"实事求是，不主一家"。戴震不仅在天文、历法、算学、地理、音韵、训诂方面成就卓著，而且还是著名的唯物主义思想家。他的《孟子字义疏证》就是一本寓深湛的唯物主

---

①　梁启超：《清代学术概论》，北京：东方出版社，1996年，第66页。

义思想于训诂疏证之中的哲学著作。戴震渊博的学识、深邃的思想以及求真的治学精神为时人所嘉许、推崇，他既是乾嘉学派的集大成者，又在思想方法和治学方法等诸多方面上有别于乾嘉学派，其主要著作有《原善》、《原象》、《孟子字义疏证》、《声韵考》、《声类表》、《方言疏证》等，后人编有《戴氏遗书》。同属皖派的学者还有江永、金榜、程瑶田、洪榜、段玉裁等。

扬州学派是乾嘉之际吴、皖两派之后出现的朴学派别，因其主要成员都系扬州籍人而得名。扬州学派对"皖派"和"吴派"的特点都有所发展，主张会通，反对墨守，对诸子学等领域有开拓性研究。其代表人物有王念孙、王引之、汪中、焦循、阮元、凌曙。

乾嘉学派大多数学者以毕生精力从事整理国故的工作，在经学、史学、文学、音韵、天算、地理等学科的校勘、目录、辑佚、辨伪等方面，做出了很大成绩，为后来的研究者提供了可靠的材料和读书的方便。在治学的态度上，归纳研究，有着细致、专一、锲而不舍的精神。他们针对宋明理学凿空悬揣、牵强附会、以虚理说经的方法，强调以"实事求是"为原则，发展出一整套以声音、文字、校勘诸学科为途径，以博览、求证、推理为手段的方法论，它以坚实的材料为依据，以逻辑的方法作论证，显示了自己的哲学性质。同时，也标志着人们思维方式的转变和价值取向的更改，体现出一种新的时代精神。

但是，乾嘉学派也存在着严重的缺点，最主要的缺点就是它脱离实际、烦琐细碎。脱离实际主要表现在厚古薄今、舍本求末。正因为朴学有这些弱点，所以到嘉庆以后，当"文字狱"的恐怖氛围有所淡化，而新的社会政治危机又在日趋加深之际，已经"华而不朴"的朴学走向衰弱是必然的，而新的社会思潮也开始初露端倪了。

道光以后，腐朽的清王朝摇摇欲坠。加以西方殖民主义势力的入侵，封建士大夫再不能不问社会的现实问题而徒事考据之学。于是，学术风气久经酝酿而发生了一个较大的变化，沉沦千余年的今文经学得以复兴。学风的转变乃大势所趋，即使是受过段玉裁家学濡染的龚自珍，也开始攻治"公羊春秋"。一时学者遂多舍弃文字训诂，而从事于"经邦济世"之学。同治、光绪之世，朴学于穷途末路之中，得俞樾、孙诒让诸人坚守壁垒，在古籍整理上同样做出了值得称道的成就。孙诒让尤为突出，对《墨经》及《周礼》的校注整理，对古文字学的研究，成绩均在乾嘉诸名家上。而章炳麟重倡顾炎武"博学于文，行己有耻"之学，以申张其政治主张，是朴学的一个光辉结束。

二 朴学的基本内容

清代朴学的诸位学者，无论在经学、史学、音韵、文字、训诂，还是金石、地理、天文、历法、数学等方面，都取得了当时最好的成就。其平实、严谨的学风以及精湛的业绩，受到后人普遍肯定。下面以吴派和皖派及其后学扬州学派为代表，来概述朴学的基本内容。

（一）吴派的朴学研究

吴派的朴学研究主要表现在史籍整理、文献考订方面。吴派治学，一尊汉经，这是它的学术宗旨。由于对汉儒的尊信和固守，吴派研究经史的方法主要是从古文字入手，重视声韵训诂，以求其意义。概括起来，吴派的朴学研究，主要包括以下几方面内容。

1.《易》学研究

《易》学研究是吴派学术最为显著的特征之一。吴派开创者惠栋一生致力于对汉代《易》学的研究，著有《周易述》、《易汉学》、《易例》等。他的《易汉学》专考汉代《易》说，于乾隆九年（1744年）完成初稿。全书八卷，前七卷辑录汉、魏晋《易》学家孟、虞、京、郑、荀等诸家《易》说，旨在梳理汉《易》象数系统中的"卦气"、"飞伏"、"爻辰"、"纳甲"等源流。第八卷是继清初黄宗羲、胡渭之后，进一步辨析宋儒图书《易》说的弊端。此书一出，被誉为"汉为之绝者千有五百余年，至是而粲然复章矣"①。惠栋的《周易述》发挥汉《易》而自注自疏，并为后来的江藩、李林松所继承。

2.《尚书》学研究

《尚书》学研究是吴派学术最为显著的第二个特征。吴派学者的《尚书》研究，始于惠栋的《古文尚书考》，它是继清初阎若璩《古文尚书疏证》后，再度考订东

① 转引自陈居渊：《清代朴学与中国文学》，南昌：百花洲文艺出版社，2000年，第139页。

晋晚出之二十五篇为伪，而以郑玄所传之二十四篇为孔壁真古文。惠栋的弟子江声亦张大师说，作《尚书集注音疏》，别附《尚书补谊》及《经师系表》。吴派学者王鸣盛《尚书后案》，专以发挥"郑康成一家之学"，实际上是结集了有关东汉古文经学派及其传衍《古文尚书》的经学的资料集。紧随江、王等人研究《尚书》的吴派学者是孙星衍。孙星衍在江、王等人研究《尚书》的基础上撰有《尚书今古文注疏》三十卷，专释汉代今文、古文都有的二十九篇，企图取代唐代孔颖达为晋代伪古文《传》所撰的《疏》。这部书作为《尚书》学总结性的专著，展示了吴派学术风貌，为后来今文经学者陈乔枞的《今文尚书经说考》与皮锡瑞的《今文尚书考证》作了铺垫。

3. 考史研究

治学兼及考史，是吴派学术最为显著的第三个特征。吴派学者虽偏重于古经汉疏的研究，但也深研史学。惠栋撰有《左传补注》、《后汉书补注》、《续汉志考》等。吴派中以考史著称的是王鸣盛和钱大昕，《十七史商榷》和《廿二史考异》是他们的代表作，这两部书都位列清代三大考史名作之列（另外一部为赵翼《廿二史札记》）。王鸣盛的《十七史商榷》共一百卷，所谓"十七史"是指宋以前的十七部"正史"，这部书的重点是对文字的校勘和典章制度的考证，另外还包括对史书及作者、历史人物和历史事件进行评论。钱大昕的《廿二史考异》共一百卷，所谓廿二史是指廿四史中除去《旧五代史》、《明史》的其他诸史。全书体例与《十七史商榷》相似，但功夫更细，对各家史书按卷按篇进行校勘，考释典制和训诂名物，重点考订年代、官制、地理沿革和辽金国语、蒙古世系等。而且二人不仅精于考证文字版本、典章制度，而且批评宋明理学以主观解经到臆测历史，模仿圣人《春秋》笔法，对史事大加褒贬的空疏学风，体现了吴派学者对历史真实性的追求。

吴派的学风是博而尊闻，述而不作。他们在史籍整理、文献考订方面卓有成就，而在思想界影响甚微。梁启超在评论吴派时说："在清代学术界，功罪参半。笃守家法，令所谓'汉学'者壁垒森固，旗帜鲜明，此其功也；胶固、盲从、褊狭、好排斥异己，以致启蒙时代之怀疑的精神、批评的态度，几夭阏焉，此其罪也。"①梁启超的这个评语是比较公正、恰当的。

---

① 梁启超：《清代学术概论》，北京：东方出版社，1996 年，第 30-31 页。

（二）皖派的朴学研究

皖派不像吴派那样偏执，他们尊汉而不迷信，学贵自得之见，比较注重思想性。因此他们学术研究不限于整理考订，在思想界也有一定影响。

1. 音韵研究

朴学各派强调语言文字的训诂考订，但皖派与吴派的明显区别是，皖派对语言文字的研究主要集中在古韵方面。因此对音韵的研究成为皖派朴学研究的主要特征之一。戴震撰有《声类表》、《声韵考》等，将古韵分为九类二十五部，尤其是以入声韵独立，以之与阴声、阳声韵相匹配，指出阴阳均可对转，入声是韵类通转的枢纽。他的研究对古音学发展作出了贡献。戴震的弟子段玉裁对古音研究又进了一步，他分古音为十七部，被认为是"戴氏所不及"，所撰《说文解字注》对许慎《说文解字》所收九千三百余字详细作注，阐明音训，改正讹误，创通条例，被誉为"一千七百年无此作矣"。

2. 广泛的校勘考证

对名物、制度、古文献的校勘、考证是朴学各派研究的基本内容，但皖派与吴派相比，涉及的范围更为广泛，而且形式也更为多样。如戴震《考工记图》，便是以《考工记》本文和郑康成注的"图与传注相表里"。又如程瑶田所撰《通艺录》包括《禹贡三江考》、《仪礼丧服文足徵记》、《释宫小记》等二十四种，对经书中的有关制度、舆地、名物等专题考辨，不囿于经传注疏，多能旁搜广证；为了方便理解寻找，常常绘以图画、表格，是研究经书名物制度极有价值的参考书。同时，皖派学者的经学研究虽偏重于音韵、名物、制度和版本的考释，但还兼治历算，对中国传统数学进行了重点研究。戴震在四库馆工作期间，利用《永乐大典》对《周髀算经》、《九章算术》、《孙子算经》、《海岛算经》、《五曹算经》、《五经算术》、《夏侯阳算经》、《张邱建算经》、《辑古算经》、《数术记遗》等十部古代数学名著进行了发掘、整理和复原，取得了突破性的成就。

3. 治学中阐发思想

皖派学者的朴学研究，虽与吴派学者一样重视经籍的注释工作，但在注释经籍的外衣下多阐发个人的思想。戴震强调读经，强调语言文字的考证训诂，强调领会经文的本义，把握古代圣贤的心志。他所撰《原善》、《绪言》、《孟子私淑录》、《孟子字义疏证》等都是援引经典，全面阐发他的哲学、伦理、政治的理论观点和主张，在清代思想史、哲学史上具有重要意义。他在书中提出了"气化流行，生生不息，是故谓之道"的见解。认为理就是条理，而宋明理学家的所谓理，不同于儒家经典中的理："就事物言，非事物之外别有理义也。"抨击程朱"以理为气之主宰"是"诬圣乱经"，痛斥宋明理学家的"存天理，灭人欲"之说是"适成忍而残杀之具"，是"以理杀人"。与之针锋相对，他提出了"欲，其物；理，其则也"的命题，认为"凡事为皆有于欲，无欲则无为矣。有欲而后有为，有为而归于至当不可易之谓理"，从而建立起带有浓厚考证色彩的人性说。又如程瑶田的《论学小记》、《格物慎独说》、《述敬》、《述静》、《述义利》等和凌廷堪的《好恶论》，也都是阐发人性论思想的。

（三）扬州学派的朴学研究

扬州学派的朴学研究特点在于继承吴、皖两派的基础上，又进一步向前发展，由专精进而发展为会通，并克服了吴、皖两派的固守和偏颇，达到创新和兼容。

1. 继承和发展吴、皖两派的纯朴学研究

由于扬州学派在学术思想上主要渊源于皖派的戴震，所以他们的经学研究也遵循从古文字入手，侧重音声训诂，以求经书意义的原则。如王念孙的《广雅疏证》提出"就古音求古义，引申触类，不限形体"的原则。其子王引之秉承父志，也从事研究训诂之学，所著《经义述闻》，被当时反对朴学研究的方东树赞为"汉唐以来，未有其比"。他们学识渊博，并能娴熟地运用归纳和演绎方法，在训诂、校勘方面取得了突破性的成果。此外，汪中的《明堂通释》、《释三九》，焦循的《明堂论》等，都是有关名物制度方面的名著，也都发展了吴、皖两派在这方面的研究。尤其是阮元，他的《经籍纂诂》、《十三经注疏校勘记》，组织汇刻的《十三经注疏》、《皇清经解》，在一定程度上总汇了乾嘉朴学在训诂、校勘、解经等方面的成果，带有总结乾嘉学术的意义。

2. 反对墨守，主张会通

扬州学派深感吴、皖两派朴学家们自身的褊狭墨守和固执门户之见，他们主张在字词考证的基础上，贯通全经，寻其大义，同时参核百家之说，互相印证，这就不仅在文字名物等局部和细节方面，而且要在总体上把握古人之精神实质和宗旨要领。如焦循对《周易》的研究便运用数理知识，跳出了汉代象数《易》学的窠臼，被誉为"石破天惊"之作。基于这样的认识，扬州学派还扩大了研究领域，经学研究不再囿于儒经，而将内容扩展到先秦诸子。汪中研究荀子、墨子和贾谊，先后校勘考释了《老子》、《墨子》、《荀子》、《贾谊》、《吕氏春秋》。又如王念孙的《读书杂志》，广泛地校勘了《管子》、《晏子》、《墨子》、《荀子》、《淮南子》等子类著作，开子书研究之先河。

3. 重视对传统数学的研究

乾嘉时期，扬州学派中会通中西数学者人才辈出。焦循、焦廷琥父子和阮元、李锐、黄承吉都精于中西数学。扬州学者的数学研究领域包括算术、几何、数学史、微积分等方面。其中焦循的《加减乘除释》对算术运算理论作了开创性的研究。又如阮元组织编纂的《畴人传》四十六卷，成为我国历史上第一部科学技术方面的专著。《畴人传》的编纂突破了儒家只重经典轻视科技的思想意识，乾嘉之际朴学研究重视科学，以此研经，具有不同凡响的意义。

三　朴学的成就和影响

清代朴学在中国文化史上的巨大功绩，便是对中国历史文化进行了空前规模的总结。总结的具体内容是多方面的，所形成的具体成就也是多方面的。概而论之，包括以下两方面。

(一) 朴学对古典文献的整理与考据，对中华学术文化的传承和推进具有重要意义

清代朴学学者在对古籍的整理与考据过程中，在审订文献、辨别真伪、校勘谬误、注疏和诠释文字、典章制度以及考订地理沿革等方面做出了非常可观的成就。朴学学者整理和考订古籍的论著甚多，仅阮元辑的《皇清经解》及王先谦辑的《皇清经解续编》所收书籍就有 389 种，727 卷之多。在学术研究的多个方面都取得了突出成就。

首先是文字音韵学成绩很大。朴学学者们认为做学问首先必须从文字开始，考据学的基本功就是文字学。段玉裁的《说文解字注》和朱骏声的《说文通训定

声》及王引之的《经传释词》，都是考据学派关于文字学的重要成就。段书由音韵考订文字，并对中国文字构造原则的"六书"的意义作了进一步阐明。《经传释词》从古书中归纳了 160 个虚词，并考订了它们的渊源、演变，对其意义与用途加以解说。江永的《古韵标准》、戴震的《声类表》、《声韵考》，段玉裁的《六书音韵表》对古韵学都有卓识创见。戴震对于人的发音与口腔牙齿喉舌关系的研究，钱大昕对古人舌音多变齿音的发音规律的研究，都是古代音韵学中重要成果。此外，重要成果还有王筠《说文释例》与《说文句读》，姚文田的《说文解字考异》，郝懿行的《尔雅义疏》，王念孙的《广雅疏证》，戴震的《方言疏证》、《声类表》，钱大昕的《声类》等。

其次，史学考证的成就突出。考史是乾嘉学派治学的一个重要方面，他们的工作主要包括：第一，对古籍的校注和辨伪，如惠栋的《后汉书补注》、沈钦韩的《两汉书疏证》、周寿昌的《汉书注校补》等；第二，对失传古书的辑佚工作，仅从《永乐大典》中便辑出已佚古籍 300 余种，重要的有李焘的《续资治通鉴长编》，薛居正的《旧五代史》、《宋两朝纲目备要》，刘珍的《东观汉纪》等；第三，对旧史的改写和补充，如钱大昕的《元史考异》、《元史稿》，汪祖辉的《元史本证》，杭世骏的《历代艺文志》，陈芳绩的《历代地理沿革表》等；第四，对旧史文字内容的考证，这是朴学学者着力最多、收获最大的部分，主要著作有钱大昕的《廿二史考异》、王鸣盛的《十七史商榷》、赵翼的《廿二史札记》等；第五，疑考古史，即对古史怀疑而重加诠释论列，这类著作以马啸的《绎史》、崔述的《考信录》为代表，他们的著作成为历代疑古史学的集大成者。

此外，朴学学者在古书的目录学、版本学等方面也做出了可观的成就，较著名的目录学家有朱彝尊、姚际恒，版本学家有黄丕烈、顾广圻等。另外，在文学、历算、地理等学科方面，朴学学者亦有多方建树。清代考据学著述甚丰，成就斐然。《清经解》收录有 157 家，收书 2720 卷，其中大部分为朴学学者所著。显然，朴学学者所展开的古典文献整理与考据工作，对于学术文化的传承不坠以及向前推进具有重要意义。

（二）朴学的治学方法对后世学术研究具有借鉴意义

朴学考据的思维趋向与某些现代哲学流派的致思趋向惊人相似。朴学从理解、阐释文字形、音、义源流变化进而把握经典意蕴的路径，是一种颇具特色的语言分析方法，与现代西方的分析哲学的思维逻辑颇相接近。分析哲学认为，哲学问题与语言问题密切相关，要解决哲学问题，需要从分析语言着手。两者之间的共趋性隐含着人类思维运动的一定规律性。

对于朴学考据方法的特点，梁启超先生曾概括为十个方面：第一，凡立一义，必凭证据。无证据而以臆度者，在所必摈。第二，选择证据，以古为尚，以汉、唐证据难宋、明，不以宋、明证据难汉、唐。据汉、魏可以难唐，据汉可以难魏、晋，据先秦、西汉可以难东汉。以经证经，可以难一切传记。第三，孤证不为定说。其无反证者姑存之，得有续证则渐信之，遇有力之反证则弃之。第四，隐匿证据或曲解证据，皆认为不德。第五，最喜罗列事项之同类者，为比较的研究，而求得其公则。第六，凡采用旧说，必明引之，剿说认为大不德。第七，所见不合，则相辩诘，虽弟子驳难本师，亦所不避，受之者从不以为忤。第八，辩诘以本问题为范围，词旨务笃实温厚，虽不肯枉自己意见，同时仍尊重别人意见，有盛气凌轹，或支离牵涉，或影射讥笑者，认为不德。第九，喜专治一业，为"窄而深"的研究。第十，文体贵朴实简洁，最忌"言有枝叶"。

梁启超在归纳出上述十大学术特色之后，对乾嘉学派的学术活动所产生的文化效应作了进一步阐述："一，读诸大师之传记及著述，见其'为学问而学问'，治一业终身以之，铢积寸累，先难后获，无形中受一种人格的观感，使吾辈奋兴向学。二，用此种研究法以治学，能使吾辈心细，读书得间；能使吾辈忠实，不欺饰；能使吾辈独立，不雷同；能使吾辈虚受，不敢执一自是。"①梁启超的上述看法的确不无见的。乾嘉学派不仅在清理、总结中国古代文化遗产方面功不可没，为我们科学地研究传统文化铺平了道路，而且，其治学方法至今仍有值得学习的地方。正如郭沫若先生所说："欲尚论古人或研讨古史，而不从事考据，或利用清儒成绩，是舍路而不由。就稽古而言为考据，就一般而言为调查研究，未有不调查研究而能言之有物者。故考据无罪，徒考据而无批判，时代使然。"②

不过，正是由于"时代使然"，朴学考据存在着许多严重弊端。主要表现为：

---

① 梁启超：《清代学术概论》，北京：东方出版社，1996年，第45页。
② 郭沫若：《读随园诗话札记》，北京：作家出版社，1962年，第88页。

其一，脱离现实，埋头于故纸堆中，为考据而考据；其二，将考据与学术画等号，出现思想界的空洞沉寂而学术研究方面成绩斐然的畸形现象，反映在学术著作中便是只罗列证据，不讲道理，只讲注经，不求创新，把儒家传统文化中"述而不作"的学术路径发展到极致，士子思维方式呆板僵化；其三，厚古薄今，信而好古，唯古是信，唯古是从；其四，支离繁琐，解释一字，洋洋万言，只能对个别问题进行阐释、说明，而对重大事变难以全面、准确地进行认识和判断，"只见树木，不见森林"。

朴学学者的治学方法并不是学术研究的健康发展方向，但通过他们的劳动，使长期以来难以解读的一大批古代典籍得到清理，为后人阅读研究提供了方便，他们的这种功劳，是不容抹煞的。

◎ 思考题：

1. 简述先秦子学对中国传统学术的影响。
2. 试述经学的基本内容及其主要特点。
3. "玄佛合流"指的是什么？
4. 魏晋玄学对后世学术的主要影响是什么？
5. 试述程朱理学与陆王心学的主要区别。
6. 简述朴学研究方法的现代价值。

◎ 关键词：

【稷下】战国时期齐国的学术中心。设在齐国都城临淄（今山东淄博）稷门附近，故称稷下。建立于田齐桓公（公元前 374～前 356 年在位）之时，经过威王，至宣王时最盛。据《史记·田敬仲完世家》记载，齐宣王"喜文学游说之士，自如驺衍、淳于髡、田骈、接予、慎到、环渊之徒七十六人，皆赐列第，为上大夫，不治而议论。是以齐稷下学士复盛，且数百千人"。聚集在稷下的学者中，有道、儒、法、名、阴阳等各家。他们在那里自由讲学、辩论，"各著书，言治乱之事，以干世主"，形成了争鸣的局面。齐宣王（公元前 319～前 300 年在位）继承其祖桓公和父威王的事业，扩置学宫，使"不治而议论"的讲学之风"复盛"。据说荀子早年也曾游学稷下，齐襄王时，他在稷下先生中"最为老师"，并且"三为祭酒"，成为当时最有威望的学术领袖。齐稷下有相当长久的学术传统，对于促进战国时期的百家争鸣和学术繁荣起了重要作用。稷下学者的著述，多已佚失。有的学者认为，今存《管子》书可能是齐国推崇管仲的稷下学者们著作的汇集。

【谶纬】两汉时期一种把经学神学化的学说。"谶"是一种隐秘的语言，假托神仙圣人，预决吉凶，告人政事。谶书是占验书，"纬"是相对"经"而言的，谶与纬作为神学预言，在实质上没有多大区别，但就产生的先后说，则谶先于纬。汉武帝以后，独尊儒术，经学地位提高，产生了依傍、比附经义的纬书。纬以配经，故称"经纬"；谶以附经，称为"经谶"；谶纬往往有图，故又叫"图谶"、"图录"、"图纬"；以其有符验，又叫"符谶"；以其是神灵的书，又叫"灵篇"。谶纬以阴阳、五行为骨架，是数术迷信与经学的结合，内容庞杂，其中有解经的文字，有古代的神话传说，有天文、地理及历法等自然科学知识，但它的核心是神学。在谶纬中，孔子被塑造成一个能知过去、未来的伟大的"神圣"，并说孔子是"为汉制法"的神人。谶纬在东汉时，号为"内学"，尊为"秘经"，成为统治思想的重要组成部分。凡经说上的分歧，甚至国家的礼乐制度，都要以谶纬决断，所以谶纬在东汉一代具有神学法典的性质。魏晋以后，历代统治者都禁止谶纬，谶纬之书遂大量散失，剩下的只是零篇断简。

【才性之学】汉魏之际讨论评论人物的标准和原则的学说。其代表人物有刘劭、钟会、傅嘏、王广、李丰等。所谓"才"一般是指人的才能，而"性"大体是指决定人的才能的内在品质。晋人袁准的《才性论》说："性言其质，才名其用"。刘劭《人物志》大体上反映了汉魏之际学术思想的变迁。它讨论品评人物的标准与原则，并提出了才性问题。才性问题讨论的是品评人物才性的抽象标准与原则问题，也是一种名理之学。这个学说直接影响了魏晋玄学。关于才性问题的讨论，持不同意见的各方，一般对"才"没有不同看法，对"性"的看法则有很大分歧，因此对"性"的认识也成了玄学家探讨的问题。何晏提出"性者，人之所受以生也"，王弼认为"情"当从"理"，都接触到性情问题。才性问题的讨论和玄学的关系非常密切，在一定意义上讲，也可看作玄学的一部分。

【新儒学】北宋出现的以阐发儒家经典义理为特征的哲学思潮，即理学或宋学思潮。北宋初期的范仲淹、欧阳修和胡瑗、孙复等人首倡，北宋中期周敦颐、邵雍、张载、程颢、程颐加以发展，朱熹集其大成。他们以孔、孟为宗，以《周易》、《论语》、《孟子》、《大学》、《中庸》等书为主要依据，批判隋唐以来以空无为本体，否定仁义礼智等伦理道德的佛、道学说，他们关心社会现实，提倡所谓"道德性命"之学，并从本体论的高度，探讨宇宙与人生问题。"新儒学"虽有濂、洛、关、闽等学派，但都讨论主客、理事、心性、体用关系及修养方法等。"新儒学"并不简单地回到先秦儒家学说，而是把当时的理论思维水平提高了一步。

【陆王心学】宋明时期以陆九渊、王守仁为代表的哲学流派。南宋时，正当朱熹把理奉为最高哲学范畴的时候，陆九渊倡言"心即理"，针对朱熹等人的"理"在人心之外、"即物"才可"穷理"的理论，他提出"发明本心"、"求其放心"的"简易"、"直捷"的主张。他还同朱熹辩论过"无极"、"太极"等问题，成为与朱熹一派理学相持对立的一家，被称为"心学"。宋代以后，由于程朱理学成为官方统治思想，陆学影响不如朱学大。到明代中期，陈献章由朱学转向陆学，王守仁更以陆学传人自任，宣扬心学，并提出"心外无物"、"心外无理"的命题。认为"意之所在便是物"，说"夫物理不外吾心，外吾心而求物理，无物理矣"。在认识论上，鼓吹"致良知"的方法，认为"良知"就是"天理"。同时提出"知行合一"，反对宋儒知先行后的说法或知而不行的做法。王守仁是陆九渊以后影响最大的主观唯心主义哲学家。明代后期，王学大盛，出现了众多流派，其中以王艮为代表的泰州学派和李贽等人影响最大。

【乾嘉学派】清代的一个主要学术流派。亦称汉学、朴学或考据学派。因其在乾隆、嘉庆两朝达于极盛，故名。惠栋、戴震、钱大昕、段玉裁、王念孙、王引之为其代表人物。乾嘉汉学家继承古代经学家考据训诂的方法，加以条理发展，治学以经学为主，以汉儒经注为宗，学风平实、严谨，不尚空谈。古音学是乾嘉学派研究的主要对象，通过古字古音以明古训，明古训然后明经，为其共同的学术主张。这一学派首重音韵、文字、训诂之学，扩及史籍、诸子的校勘、辑失、辨伪，留意金石、地理、天文、历法、数学、典章制度的考究。在诸经的校订疏解中，取得了超迈前代的成就。对古籍和史料的整理，亦有较大贡献。乾嘉学派诸学者，无论在经学、史学、音韵、文字、训诂，还是金石、地理、天文、历法、数学等方面，都取得了当时最好的成就。其平实、严谨的学风以及精湛的业绩，是值得肯定的。

【戴震】中国清代唯物主义哲学家。字东原，安徽休宁隆阜（现属屯溪）人。戴震生于清雍正元年（1724年）。乾隆二十七年（1762年）举于乡。乾隆三十八年入四库全书馆任纂修官，校订历算、地理等书。乾隆四十年奉命与乙未贡士一体殿试，赐同进士出身，选翰林院庶吉士。乾隆四十二年（1777年）病逝于北京。戴震擅长考据、训诂、音韵，为清代考据学大师。对经学、语言学、哲学等均有重要贡献。一生著作很多，包括算学、天文、地理、声韵、训诂、哲学等多方面内容。戴震死后不久，曲阜孔继涵将其著作统编为《戴氏遗书》，收入《微波榭丛书》，1792年段玉裁编定《戴东原集》刊行于世。其主要哲学著作为《原善》、《绪言》、《孟子字义疏证》、《答彭进士允初书》等。

第四章　审美文化

中国审美文化包括文学、音乐、书法、绘画、舞蹈等各种形态或门类。众多的文学艺术门类构成了一个庞大的审美文化体系，最为充分地体现出中国传统文化的精神价值和美学意义。本章分琴棋书画、文章诗赋、戏曲小说和音乐舞蹈四个部分，介绍中国审美文化各个领域的发展历史、主要成就以及所包含的文化精神和文化价值。

第一节　琴棋书画

"琴棋书画"被誉为中国的四大古典艺术，旧时文人多引以为风雅，今人则常借指多才多艺。将琴棋书画四大类相提并论者，较早见于唐代张彦远的《法书要录》。而四者作为艺术，在本质上确有相通之处，如在手法上都表现为对虚实、均衡、张弛的把握，在意境上表现为对深邃、灵动、高远的追求等。

一　琴

琴，亦称"七弦琴"，俗称"古琴"，是我国最早的弦乐器之一，传说上古神农氏及尧舜时期即已产生。《尚书》："舜弹五弦之琴，歌《南风》之诗。"据确切的文物及文献证明，琴应该有三千年以上的历史，最晚在西周时代已非常流行。

(一)谈"琴"

古琴分琴面和琴底两大部分。琴面为架弦用以演奏的正面部分，琴底则与琴面相对。琴面的材料一般为桐木或杉木，因此，琴在古代又有"绿绮"、"丝桐"的别称。面板外侧有十三个标志泛音位置及音位的白色小圆点，叫琴徽。琴面张

160

弦，由粗而细，自外向内排列。早期为五弦，后增至七弦，相传为周文王和周武王所加，故称其所增二弦为"文武弦"。琴底板用梓木制成，有大小不同的出音孔两个，称"凤沼"、"龙池"。琴面与琴底合成长约一百一十厘米的狭长形木质音箱，即琴身。琴头宽约 17 厘米，琴尾宽约 13 厘米。古琴定型于汉代，魏晋以后，形制已和现在大致相同。琴产生以后，琴曲、琴谱、琴论等在历代沿革中逐渐形成了完整的体系。

（二）琴艺术的历史源流

在琴艺术产生的早期，古琴主要以伴奏为主。《诗经》的不少篇目就是用古琴伴奏演唱的，称为"琴歌"。后来有些琴曲，即由此而来。当时的独奏曲主要有《高山》、《流水》、《阳春》、《白雪》、《雉朝飞》等。从文献中记载的师襄、师旷及伯牙的高超琴艺来看，当时的古琴艺术已日趋成熟了。

到了西汉，古琴已为七弦，并且增加了徽位标志。汉末三国之际，琴面已完全平直，左手指可以在面板上自由移动演奏滑音，共鸣箱和音量均有所扩大，艺术表现力也大为丰富，可以说已基本定型。较著名的琴曲，除被称为"蔡氏（蔡邕）五弄"的《游春》、《渌水》、《幽居》、《坐愁》、《秋思》以外，还有《饮马长城窟行》、《白雪》等。

魏晋南北朝时期，文人学士以"琴棋书画"为雅，古琴的演奏艺术和琴曲创作均进入全盛时期。这一时期著名的古琴艺术家主要有蔡文姬、阮籍、嵇康、柳恽、丘明等人。蔡文姬的《胡笳十八拍》即为有感战乱与骨肉分离而作；阮籍和嵇康都是"竹林七贤"中的名流，阮籍的《酒狂》一曲流露出对现实的抗争，而嵇康因公开反对司马氏政权而被害，临刑慷慨一曲《广陵散》，从容就义。这一时期著名的古琴曲还有《梅花三弄》、《乌夜啼》、《大胡笳鸣》、《小胡笳鸣》等。

隋唐时期，琵琶兴起，大盛于宫廷民间。古琴则受到一定的冷落，其发展主要限于文人士大夫范围。宋元时期琴艺术的一个重要特点是多种琴派纷呈，出现了京师、两浙和江西等流派，其中以浙派成就最高，对后世影响极大。这与浙派代表、著名琴艺术家郭沔等人注意从民间的流行琴曲中汲取养分、反对保守、提倡新作的努力是分不开的。

明清时期，琴派林立。大部分派别主张古琴演奏应以纯器乐的琴曲为主，故称为器乐派；而另有声乐一派，主张古琴演奏应以琴歌为主或者主张为曲填词。同时，由于出版、印刷技术的空前发展，私人集资刊印琴谱之风盛行。其中明代朱权等人于 1425 年编印的《神奇秘谱》是现存最早的古琴谱集，收录了大量珍贵的古琴曲谱，对于保存古琴古曲、促进古琴艺术的发展有着巨大的作用。

(三) 古琴的演奏

千百年来，琴的演奏绵延不绝。历代琴师相继对琴曲的流传和发展做出贡献，形成了独特的演奏艺术和多种各具特色的流派。春秋战国时期，出现了一批最早的古琴艺术家，其中较著名的有师襄、师旷、俞伯牙等。师襄曾是孔子学琴的老师；师旷演奏古琴时，禽鸟为之起舞；俞伯牙和钟子期"高山流水遇知音"的故事更是脍炙人口。

古琴的音域较宽，音色变化丰富。它的弹奏方法，是左手根据徽位抚弦，右手拨弦弹奏，有弹、抹、轮指、过弦、散音、泛音等技巧与手法，表现力十分丰富。清代的戴源在《鼓琴八则》中指出："弹琴要得情，有是情斯有是声，声情俱尚，乃为有曲。"演奏时，讲究"清浊、小大、短长、疾徐、哀乐、刚柔、迟速、高下、出入、周疏，以相济也"①，"须留一二分韵，取不尽处便作后句，谓之'意有余'"②。

(四) 古琴艺术的文化意象和文化旨趣

琴是品行高洁的象征，它所体现的人格精神对于古代知识分子的人格塑造起到了不可忽视的作用。琴之意象首先在于梧桐之意象。早在上古时代，高大挺拔的梧桐在士人心中就已经形成高洁孤傲的意象。由于琴与梧桐的不解之缘，梧桐始终挺立于琴赋之中，琴也跟梧桐一样成为士人景仰的对象，所以嵇康《琴赋》说："众器之中，琴德最优。"古代知识分子钟爱琴，认为琴是禁止淫邪、端正人心的乐器，将之作为修身之具。琴逐渐成为文人品格的一种象征，甚至成为历代士人自我身份认同的标志。

---

① 《左传·昭公二十年》。
② (宋)僧则全：《节奏、指法》。

古代士人钟情于琴，其原因还在于琴所具有的文化旨趣：知音。古代许多"知音难得"的典故，才子佳人的爱情故事均与琴相关。这里有两个流传千古的故事。

之一："伯牙鼓琴，钟子期听之，方鼓琴而志在太山，钟子期曰：'善哉乎鼓琴，巍巍乎若太山。'少选之间，而志在流水。钟子期又曰：'善哉乎鼓琴，汤汤乎若流水。'钟子期死，伯牙破琴绝弦，终身不复鼓琴，以为世无足复为鼓琴者。"①

之二：司马相如赴临邛富人卓王孙宴，"卓王孙有女文君新寡，好音，故相如缪与令相重而以琴心挑之……文君窃从户窥，心说而好之……文君夜亡奔相如，相如与驰归成都"。②

前者颂扬的是至善至纯的友谊，后者歌唱的是至真至美的爱情。原本不识的人竟然因琴音而心神相通，直可为之生死，令人深为感叹。

"音实难知，知实难逢，逢其知音，千载其一乎！"古琴艺术以它古老而灵动的意象，以它高洁而深沉的旨趣，向人们展示着中国传统文化的独特魅力。

二 棋

棋，包括围棋和象棋。与琴、书、画合称的"棋"，则是被古人看作高雅棋类的围棋。

(一)说"棋"

围棋，亦称"弈"、"弈棋"等，又雅称"坐隐"、"手谈"。因以围困对方、吃子多而取胜，故称"围棋"。围棋是我国传统棋戏之一，亦为世界上最古老的棋种。古时的棋局纵横各17道，共289个交叉点，黑白子各150枚。相传也曾有过13道和15道的。今用的19道棋局，共361个交叉点，魏晋南北朝时已定型，黑子181颗，白子180颗。

据说，围棋的产生和战争有关。棋盘上纵横的十几条直线，犹如古代农田式

---

① 《吕氏春秋·本味》。
② 《汉书·司马相如传》。

的井字形道路；中间每格均无对角线。黑白二方的棋子，分别代表敌对双方的士兵和军队；棋子不分等级，很可能反映其最初产生的时间离原始社会时期不远或至少等级观念尚未深入人心。围棋的产生和古代战争有关这一点，在围棋基本规则中也有所反映，并且在古代有关围棋的一些记载和论著中也可以找到印证。我国较早涉及围棋的论著就常将围棋和兵法或战争相联系。中国古代战争频繁，战争的胜败关系重大，因而出于战争的需要，关于战争理论也特别发达。闻名中外的《孙子兵法》早在春秋战国时期即已产生，据此推测，当时古人发明围棋以辅助战争的运筹谋划也是很自然的。

（二）围棋艺术的历史源流

据春秋战国时期有关典籍记载，围棋在当时已经比较流行。例如春秋《左传·襄公二十五年》："弈者举棋不定，不胜棋耦。"又，《论语·阳货》："不有博弈者乎？"战国《孟子·告子上》："弈秋，通国之善弈者也。"这些历史文献证明当时围棋棋艺已达到相当水平，并且出现了弈秋这样的围棋高手。

汉魏晋南北朝时期，由于围棋的实用性和日益显示出来的艺术性，以及统治阶层的大力倡导，围棋活动得以广泛开展。到唐宋时期，围棋才作为一门艺术被完全确认。不仅更多的文章典籍将围棋和文学、音乐、书画等艺术相提并论，大量的文人雅士也都喜爱围棋，写下了许多描述围棋的优美诗词文章，体现出超脱尘世的闲情逸致。这一时期围棋的进一步普及化和专业化，使得它远离实用性的趋向日益明显。唐以后的棋待诏制度加快了围棋专业化的进程，围棋的专业水平得以提高并传入了日本。

元代，严德甫、晏天章二人所著《玄玄棋经》问世。"玄玄"之意，出自中国古代先哲老子的"玄之又玄，众妙之门"一语，充分体现了围棋艺术的神秘莫测、博大精深。该书收录了300多个棋势图，是围棋向纯艺术化发展的典范，具有极强的艺术性和很高的审美欣赏价值。明清时期，借助于历代积累和流传下来的围棋论著和围棋家的成功经验，围棋艺术进入了空前大发展时期。高手如云，豪杰并起，他们以高超绝伦的围棋艺术为中国古典围棋史写下了辉煌的一页。中国的围棋艺术在近代和现代走向世界，在日本、韩国、美国、澳大利亚以及东南亚和欧洲的一些国家，均获得了迅速发展。

(三)围棋的审美特征

围棋既然是一门艺术，因此和其他艺术一样，也具有形象性、情感性等审美特征。

首先，围棋艺术体现形象美。围棋是一项二人对弈共同进行创作的艺术活动，通过黑白双方依次落子于棋盘上的纵横交叉点上，这棋盘上的白子、黑子和棋盘所组成的图像，便是围棋艺术活动给人的视觉形象。

其次，围棋艺术体现情感美。整个围棋对弈的过程就包含着丰富的情感色彩。就围棋创作者的角度而言，对弈的过程本身就是一种主体双方的感情交流过程。围棋在古时候又有"手谈"之称，意即对弈双方通过以"手"著子来进行交谈和交流，其中自然也包含着感情的因素。随着棋局的变化和棋势的好坏，对弈双方的情绪也会随之或喜或忧。就围棋作品即围棋对局棋盘上双方棋子组成的形状（一般称为"棋形"）而言，我们也可以看出围棋艺术的情感体现。比如：处于主动的一方，其攻击乃至追击对方时那种痛快淋漓的情感；处于被动的一方，其受攻乃至疲于奔命时的那种压抑的情感等。就围棋欣赏者（观棋者）而言，围棋创作者的情感，物化在其行棋过程中塑造的艺术形象（即上述的那些棋形）里。而欣赏者则通过这些棋形加以想象和联想，就会或多或少体察到创作者的情感，并由此引起情感上的共鸣。

最后，围棋艺术还体现了思想的美。围棋是智者的游戏，千变万化的棋势充分体现了围棋艺术丰富的思想性。只有具备极强逻辑思维能力的人，才能体会到个中的无穷乐趣。同时，围棋中还蕴涵着丰富的哲学和宗教思想，折射着人类智慧的光辉，这是我们接下来将要谈到的。

(四)黑白之间

相传围棋也是一种天文工具，乃先人"仰则观象于天"的智慧结晶。所以，有人说一副围棋就是一个浓缩的宇宙，棋盘犹如宇宙天空，棋子即为日月星辰，棋局上的变化似乎也可与天体运行规律相提并论。它演绎着宇宙运动变幻的规律，从中可以体悟宇宙星辰的运动，乃至整个人类生存空间的流转、消逝和衍生。

1. 围棋与《周易》

作为中国文化的典型，围棋的太极阴阳、玄妙变幻与《易》取得了沟通。围棋可以说是一部无字天书：黑白之间，体现着阴阳变幻；光阴流转，正暗合八卦双鱼图。《易》云："太极生两仪，两仪生四象，四象生八卦。"天圆地方，一阴一阳谓之道，这既是《易》的哲学观念，又是围棋暗含的天机。宇宙的演变从无到有，从简单到复杂，从混沌到清晰，从无序到有序。围棋正是从哲学高度契合着这些辩证关系。它看似杂乱无章，实则任其自然，杂而不乱，井然有序，呈雁行络绎、鱼阵纵横之态，显示出和谐、对称、有序之美，让人感受到舒缓、抑扬或狂肆的节奏在棋局中跳动。

2. 围棋与儒道文化

儒家作为中国古代的主体文化模式，其思想已经渗透到社会生活的方方面面。正是受到了具有浓厚现实功利性的儒家文化的影响，中国围棋也带上了许多服务于社会的功利性观念，相应的产生了它的实用价值。例如，围棋中的智慧常常被用于政治和军事斗争的理论，甚至有人从中找出可用于"商战"的技艺。

儒家与围棋的关系比较复杂，道家与围棋的关系则相对单纯。如果说儒家之棋更多的是以棋论世、意不在棋的话，那么道家之棋则直指棋的本义。所谓"棋道"，棋与道合，这里的"道"更多的是道家之道。道家与围棋的契合，主要体现在如何"坐隐"上。道家追求"尊天道"、"法自然"、"清静无为"的人生境界，"乘物以游心"、"游乎尘埃之外"，做一种精神自由的隐士，超脱一切自然与社会的限制。围棋作为"坐隐"、"忘忧"之物，恰恰切合了道家的人生追求。而从围棋与兵法的关系来看，围棋事实上是一种"兵"、"道"兼通的游戏；围棋中的"争战"，从某种意义上说也就是"兵家之道"，正所谓"棋虽小道，实与兵合"①。

3. 围棋与宗教

围棋中不仅蕴含了中国哲学思想，也体现着宗教观念。有人认为，围棋从俗处讲是一种争胜负的赌具，费事误事，且如酒色一样令人不清静；往雅上说，则有超逸脱俗之妙，令人神清气爽、物我两忘。佛教与围棋的关系在这里出现了尴尬和矛盾的窘境：它从前一角度否认了围棋的合法地位，而许多佛教中人又从后

---

① （宋）张拟：《棋经十三篇》。

一角度认同了围棋，对之爱不释手，痴恋有加。而且一些僧人往往喜欢借棋滤思，到棋中参悟佛理。禅宗是佛教在中国本土化后出现的一种宗教形式，自古棋、禅一味，围棋与禅宗之间一直就有许多内在的共通处。至于道教与围棋也关系密切：道教讲究性命双修，以成为长生不死的仙人，而围棋正是道士们修炼过程中的一个重要伴侣。围棋中传为佳话的仙弈、"烂柯"等故事，无不体现着道教和围棋之间的这种水乳联系。"试观一十九行，胜读二十一史。"①的确，中国围棋的历史源远流长，奇幻的黑白世界蕴含着极其丰富的文化意义。

三 书

"书"即书法，是我国特有的汉字书写艺术和线条造型艺术。历来与绘画并列，合称"书画"。它以汉字为表现对象，以毛笔为主要表现工具。经过千百年的创作和发展，中国书法已成为一门风格独特、其妙无穷的艺术。

(一) 书法的工具

书法的书写工具，是被人们称为"文房四宝"的笔、墨、纸、砚。书法的这些工具和世界各国书写文字的工具相比有其自身的特点，正是这些特点，使得书法艺术成为中国独有的艺术门类。

1. 笔

毛笔按其笔毫的软硬程度和原料不同，可分为软毫、硬毫和兼毫。软毫一般用羊毫或鸡毫制成。硬毫，则是用紫毫、狼毫、鼠毫、兔毫、鹿毫、豹毫或上述各毫混合制成。兼毫，是软毫和硬毫的混合。按笔头大小，毛笔可分为大、中、小三种，如俗称大楷笔、中楷笔、小楷笔的便是。此外，比小楷笔更小的还有圭笔等，比大楷笔更大的还有屏笔、联笔、提笔、楂笔等。按笔锋的长短来分，毛笔又有长锋、中锋、短锋之分。

2. 墨

我们日常用的墨大致可分为三类：一是松烟墨，二是油烟墨，三是油松墨。松烟墨虽然墨色深重，但却缺乏光泽，因此写书法作品大多用油烟墨或油松墨，

---

① （清）尤侗：《棋赋》。

因为它们质地坚细，有助于笔锋的灵活运转；墨色乌黑而又有光泽，入纸神采焕发，有助于增强书写的艺术效果。

3. 纸

纸的种类很多，可供毛笔书写的传统用纸，主要是宣纸、皮纸、毛边纸、元书纸，而作为书法艺术使用的纸只能是宣纸。毛边纸、元书纸和皮纸则可用于一般练习，书面纸、有光纸由于吸水性差，表面光滑，容易养成运笔轻飘浮滑的坏习惯，不宜用来练字。宣纸有生宣、熟宣、半熟宣之分。生宣易化水，熟宣不易化水，半熟宣则介乎二者之间。一般书写行、草等动态字体，宜用生宣；写篆、隶、楷等静态型字体则可用半熟宣或熟宣。

4. 砚

我国有端、洮、歙三大名砚，端砚产于广东端溪，歙砚产于安徽歙溪，洮砚产于甘肃洮河。另外湖南的水冲石砚、河南的天坛砚、四川的嘉陵砚、山东的鲁砚等也都是较好的书法用砚。一般以端砚为最佳，歙砚也不差。初学练字，可选用价格较便宜的歙砚或其他石质砚台。橡皮砚台携带方便，不会破碎，如果是蘸墨汁练字，用橡皮砚也可以。

(二) 书法的历史源流

所谓书法，实际上就是用毛笔艺术化地书写汉字。作为一门写字的艺术，它的发展同字体的演进、书写工具变化的关系十分密切。就字体而言，在甲骨文之后，大篆、小篆、隶书等字体相继出现，又逐渐演变成为现在通用的楷体，书法艺术就在这一过程中发育成熟。

书法的艺术化过程，最早可以追溯到殷代甲骨文和殷周金文时期。当然，这一时期的书法还只能说是初具雏形。甲骨文是我国迄今知道的最早的文字，它是用刀在龟甲或兽骨上雕刻而成的，或谨密严整，或疏落错综。已经出土的商代和西周的甲骨，可以说是我国最早的书法瑰宝。商周王室贵族制作了大量的金属钟鼎彝器，上面往往铸刻了铭文，后人称为"金文"。商代金文同甲骨文相近，周初的趋于整齐雄伟，字画线条比较流畅，而战国末年的又与周初的不同。金文的变化显露出从甲骨文到大篆、小篆的演化轨迹。

篆书分为大篆和小篆。大篆出现于西周，据说是周宣王时的太使籀所创，所以又叫籀文。大篆烦琐难认，而我们一般所说的篆书，则是指小篆。小篆一般认为是秦时李斯等人创制，其非常明显的特征在于：字形修长，线条匀称，无论笔画多少，字体皆呈长方形，而且竖画向下伸展，给人上密下疏的感觉。李斯本人就是一位大书法家，所写小篆风格婉通，被后世称为"玉筋篆"。当时毛笔已经产生，书写材料主要是帛和竹木简，与用刀在甲骨上刻出的文字相比，具有不同的风貌。

前面所说的甲骨文、金文、篆书等几种字体，与现在所用的汉字还有较大的区别，所以一般称之为"古体"。古体之外，就是"今体"。今体的开端是隶书，因此，隶书的出现是书界的一场革命。隶书之名最早见于东汉。据班固《汉书·艺文志》记载，隶书出现于秦朝。由于当时天下不太平，诉讼和刑罚较多，为了办理事务的方便，隶书这种简便易书的字体就产生了。由于主要是监狱里的隶卒使用，所以叫做隶书。

隶书对篆书的革命性改造，包括笔画和结构两个方面。隶化的方法有：变圆为方，变曲为直，调整笔画的断连，省减笔画的结构等。其中最为突出的是：字体在总体上趋向于扁平的姿态，大大区别于以前的各种字体，体现出毛笔书法的独特形态。这主要是由于隶书的运笔趋向横势，在水平的方向上左右发力，最终形成左压右挑的"八分笔法"。在笔画形态上，隶书比小篆和以前的书体要丰富得多，这是因为隶书保留了毛笔书写的自然形态以及指腕运动节奏综合的结果。既丰富了书法的线条形象，又明显提高了视觉艺术的节奏感。隶书的革命，不仅改革了汉字之体，而且充分展示了毛笔的特性和"解放"了指、腕的运动。后来的草书、行书、楷书就是沿着这条"解放"之路诞生的。到了汉末三国，汉隶又进一步发展，字画上有了"侧"（点）、"掠"（长撇）、"啄"（短撇）等，而结构上更加遒丽严整，形成了真书，也就是正楷。汉末钟繇的真书古雅绝妙，人称如"云鹄游天，飞鸿戏海"。

隶书本由追求书写便捷而生，历来有"隶书为小篆之捷"的说法。之后，出于同样的原因，又产生了"隶书之捷"的章草。章草既保存了隶书的笔意，字画有波磔，字与字之间无牵连，又不完全按隶书的规矩来写，纵任奔逸，很有特色。在汉代，又有今草、行书等体相继产生。今草不同于章草之处是字画没有波磔，而字与字之间每每勾通牵连。行书则介于一笔不苟的楷书和狂放自适的今草之间。楷、草、行诸体在汉代已基本完备，以后字体不再有新的变化，所以隶书一向被认为是上承篆书下启草楷各体的关键。

魏晋时，书法艺术继续发展，由汉代的以隶为主，转为真、行、隶并盛，书法家之间也出现了师承的风尚。晋代的书法艺术达到了高峰，出现了王羲之这样的大书法家。他博采众长，一改汉魏以来质朴的风气，写出了被誉为"天下第一行书"的《兰亭集序》。

唐宋两代都是中国书法艺术史上的黄金时代。唐代书法家辈出，篆、隶、真、草、行各体都有名家，尤以真、行两体盛行于朝野上下。初唐时期，崇尚王羲之的风气很盛，字形劲健有力。欧阳询、虞世南、褚遂良、薛稷被称为"初唐四大家"。开元以后，颜真卿"纳古法于新意之中，生新法于古意之外"，开创了正而不拘、庄而不险、奇伟秀拔而法度从容的新风格。中唐末期的柳公权等人专主瘦挺，力矫以前字态肥厚之病，结体严紧，骨力遒劲，又开了新风气，史称"颜筋柳骨"，均为后世楷模。宋有苏轼、黄庭坚、米芾、蔡襄四大家。苏轼的书法出新意于法度之中，肉丰骨劲，藏巧于拙；而黄庭坚则以侧险为势，横逸为功，变化无端。

元代赵孟頫的字，结体妍丽，擅篆、隶、行、草各体。赵孟頫被公认为元代书法家的领袖，并成为与颜、柳、欧并称的楷书四大家之一。明代文人多擅长行草，祝允明、文徵明、董其昌等人上窥晋唐，很有影响。清代也有金农、郑板桥等富有创造性的书法家，在继承与革新中，突出个人风格，使书法艺术出现了新局面。

（三）书法名家——王羲之、颜真卿和张旭

中国书法有真、草、隶、篆诸体，历代书风所尚不一，名家极多。在中国书法史上占有崇高地位的有：秦代李斯，汉代张芝、蔡邕，三国魏钟繇，晋代王羲之、王献之，唐代"初唐四大家"以及颜真卿、柳公权、张旭、怀素，宋代苏轼、米芾，元代赵孟頫，明代文徵明，清代的金农、郑板桥等。

魏晋及盛唐时期都是中国书法艺术的黄金时代。在这期间出现了三位中国书法史上最伟大的书法家——王羲之、颜真卿和张旭，他们分别是以行书、楷书与草书独步的大家。晋代王羲之行书天下第一，其代表作《兰亭集序》是他与友人

宴集会稽山阴兰亭，修被禊之礼时所书。其中锋起转提按，以毫为之，线条如行云流水，字体结构极尽变化，风流潇洒之至。正如宗白华先生所说："晋人之美，美在神韵（人称王羲之的字韵高千古）。"①盛唐颜真卿楷书天下第一，其代表作《颜勤礼碑》、《多宝塔碑》等，笔势开张，宽舒圆满，深厚刚健，方正庄严，雍容大度。苏轼诗曰，"颜公变法出新意，细筋入骨如秋鹰"，是说颜真卿用笔肥厚粗拙却内含筋骨，显得劲健洒脱。张旭是草书之圣，代表作为《古诗四帖》等。相传张旭常酒后书写，"每醉后呼号狂走，索笔挥洒，变化无穷，若有神助，时人号为张颠"②。其书"伏如虎卧，起如龙跳，顿如山峙，控如泉流"，极富神韵和意趣，笔画癫而不乱，狂而不怪，融诗的激情、乐的旋律与画的意境为一体，有很高艺术欣赏价值。

（四）书法审美

中国书法靠线条的变化表现不同的风采和神韵。线条千变万化，书法作品的神采也千差万别。在中国，宇宙是一个气的宇宙。与气的宇宙最相合的是线的艺术。书法的线之流动，犹如天地之间的世界与宇宙之气的世界有了一个相似的同构。中国艺术，文学、绘画、音乐、建筑，都含有线的意味，但只有在绘画之线与书法之线中，才能更好地体会中国艺术中线之美的特色。纸为白，字为黑，一阴一阳。纸白为虚，字黑为实，虚实相生。宇宙以气之流行而成物，书法以线之流动而成字。宇宙一大书法，书法一小宇宙。总之，中国书法由中国文字、书写工具和文化思想而形成了一个独特的艺术世界。

1. 笔力

书法审美，讲究笔力。笔力是指从字的点画形态中体现出来的"力"的感受。笔力弱者，绝不能成为优秀的书法作品；笔力强健者，才显示其美妙；笔力惊觉者，则显示书法造诣的更高层次。所谓"力透纸背"、"入木三分"等，都是称赞笔力雄健的。刘熙载《艺概》说："右军书以二语评之，曰力屈万夫，韵高千古。"他拈出"力"与"韵"两字评之，耐人寻味。而"力屈万夫"，即是说王羲之之所以

---

① 宗白华：《美学与意境》，北京：人民出版社，2009 年，第 176 页。
② 《旧唐书·贺知章传》。

为书圣，是其书法中洋溢着力的美感，其笔力雄健，胜过千家，屈服万夫。笔力雄健，就能给字以骨骼，生出形势的美妙来。

2. 墨法

墨法，是书法艺术形式美的重要因素。清代包世臣认为："墨法书艺异一大关键"。①枯湿浓淡，知白守黑是墨法的重要内容。书法，是在黑白世界中表现人的生命节律和心性情怀。在素绢白纸上笔走龙蛇，留下莹然透亮的墨迹，使人在黑白的强烈反差对比中，虚处见实，实处见虚，从而品味到元气贯注的单纯、完整、简约、精微、博大的艺术境界。

墨法的浓淡枯润，与书法作品意境美有密切关系。作品中的墨色或浓或淡、或枯或湿，可以造成或雄奇、或秀媚的书法意境。墨色的运用，能渲染、加深书法作品的意境和情趣。苏东坡善用浓墨，讲究莹莹墨色"须湛湛如小儿目睛乃佳"，故字字精神，顾盼生辉；而郑板桥善用淡墨，非常考究墨色的浓淡枯湿，浓不凝滞，枯不瘠薄，给人以流通照应的意境美感受。同时，墨色的或浓或淡的追求，在一定程度上又体现出书法家不同的艺术品格和审美风范。

3. 气韵

书法的意境之美，是从整体中得到的。"梭梭凛凛，常有生气"（萧衍），这是用气来论述书法艺术。气韵生动可以作为整个中国艺术的根本概括。气既是宇宙的根本，又是宇宙的运动。韵是宇宙运动的节奏，是宇宙呈现为分门别类而又有条不紊的整体结构，及其有秩序的盛衰穷通、周流运行的整体风貌，因而韵是艺术作品与宇宙生气相一致的蕴藉风态。

气是无形的，当它在作品中显出时，就从无到有，化虚为实。而这种无或虚又是最根本的，因此中国艺术的最大特点就是对虚或无的重视。书法追求"潜虚半腹"（智果），"计白当黑"，"实处之妙，皆因虚处而生"（蒋和），其意也在于此。书法艺术创造的意境，比诗词、雕塑所创造的意境要空灵得多、抽象得多。因为书法的点画并不描摹任何物象，它只显示出事物的某些形式美及力量感、运动感、节奏感等"生命意味"。它所创造的意境虽说是空灵、抽象、不确定的，却给观赏者留下了无限的想象空间。书法欣赏者只要提高自己的艺术素养，具备

---

① （清）包世臣：《答熙载九问》。

了"独闻之听，独见之明"，就可以辨识并欣赏其中的奥秘。

四 画

画即中国画，又称"国画"，是用毛笔、墨及颜料在宣纸或绢上进行绘画的中国传统民族艺术。它有着悠久的历史、优秀的传统与丰硕的成果，并且自成体系。

（一）国画的工具及国画类型

1. 国画的工具

国画使用的毛笔大致上和书法的毛笔相似，不过品种更多一些。这是因为国画表现对象范围较广，用来造型的线条类型较自由、较复杂。国画用笔也分软毫、硬毫和兼毫。常用的软毫笔有大、中、小羊毫和小鹤颈等，适于画花、叶等。硬毫笔有狼毫类：大、中、小兰竹笔，可画山水、兰竹等；紫毫类：大红毛、小红毛、叶筋笔、衣纹笔、蟹爪笔、点梅笔等，适合于勾线、点粉等；兼毫笔有大白云、中白云、小白云、雪藏青玉、书画如意等，花卉、人物、山水画均须使用。

国画的墨主要用油烟墨，因其墨色有光泽。用墨一般最好自磨且墨量较多，故应选用砚池较深一些的砚台。

国画用纸一般用宣纸，生宣吸水性强，墨色富有变化，宜于写意；熟宣则不易吸水，便于逐层上色，多层渲染，宜于工笔；半生熟宣，则性能介乎二者之间，墨韵、色彩俱佳。国画用绢，自古有之。亦有生绢、熟绢之分。因绢丝极易歪斜，绢一般先裱后画。

国画的颜料分为矿物色和植物色两大类。一般来说，矿物色多数厚重而具覆盖性能，植物色则透明而色薄。石青、石绿、石黄、赭石、朱磦、雄黄、朱砂等，属矿物色；花青、胭脂、曙红、藤黄等，属植物色。矿物色一般质地较粗，不宜互相调和，只宜单独使用。朱磦和赭石稍细，可和其他色单色调和，但仍不宜多色调和。

2. 国画的类型

中国绘画在长期的历史发展过程中，形成了人物、山水、花卉、禽鸟、走兽、鱼虫等多种独立的画科。主要以工笔、写意、勾勒、没骨、设色、水墨等技法形式，勾皴点染，干湿浓淡，阴阳向背，虚实疏密和留白等表现手法来描绘物象与经营构图；取景布局视野宽广，不拘泥于焦点透视。其画幅形式有壁画、屏障、卷轴、册页、扇面等，并以独特的装裱工艺装潢。

中国画按内容分，主要有人物画、山水画、花鸟画三大类。

战国时，中国已经有了比较成熟的人物画，唐朝时达到了顶峰。著名的人物画家有东晋的顾恺之、中唐的吴道子等。顾恺之是六朝时期艺术成就最高、对后世影响最大的画家，以《女史箴图》和《洛神赋图》传世。《洛神赋图》以曹植的《洛神赋》为题材，描绘曹植渡洛水时与洛水女神相遇而恋爱，终因人神殊途而无奈分离的动人故事及情景。画家把人物的神韵、风姿表现得惟妙惟肖。他画的维摩诘"有清羸示病之容，隐几忘言之状"①，成为后人画摩诘的范本。

"画圣"吴道子是画工出身，对人物画和山水画都有很高造诣。北宋苏轼认为："诗至于杜子美，文至于韩退之，书至于颜鲁公，画至于吴道子，而古今之变，天下之能事毕矣。"吴道子的人物画喜用焦墨勾勒，略加淡彩，自然传神。所谓"天衣飞扬，满壁风动"，有"吴带当风"之美誉。中国古代的仕女画也属于人物画，简称"仕女"，一称"绮罗人物"。通常以封建社会里上层妇女为题材，其特点为设色秾丽，体态丰腴，姿态闲雅。唐代周昉以善于画仕女有名。

山水画与花鸟画兴于东晋与隋唐，至五代两宋臻于极盛。山水画是以表现山川自然景色为主体的画种，简称"山水"。主要有青绿、金碧、没骨、浅绛、水墨等形式，在艺术表现上讲究经营位置和表达意境。山水的源头最早可以追溯到秦代，最初仅作为人物等画的背景。六朝时，经顾恺之、宗炳等人的实践和提倡，至隋展子虔，唐吴道子、李思训、王维始成独立画种。南朝刘宋时的宗炳兼擅山水画，他的作品开六朝山水画之先，其所著《画山水序》一文是中国绘画史上第一部山水画论，具有很高的理论价值。现存最早的山水卷轴画《游春图》为展子虔所作，这幅画在处理空间远近关系方面颇有特色。王维是唐代著名的诗人兼画家，他的作品是诗与画的结合，诗中有画，画中有诗，在营造意境、抒写诗性方面独具一格，被后人奉为文人画的始祖。山水画在宋代达到成熟，元明清时

① 《历代名画记》卷二。

174

期继续发展，名家画手辈出，成为中国画独立的一大画科。

花鸟画也是我国传统画科之一，以自然界中的花卉、竹石、鸟兽、鱼虫为描绘对象。早在新石器时代，我国陶器上就有简单的鱼鸟图案，可以看作花鸟画的源头。花鸟画正式出现于南北朝时期，于宋代走向成熟。宋徽宗赵佶在政事上可谓昏庸无能，在书画艺术领域却是一个天才，山水、人物、花鸟皆精，尤以花鸟画造诣最高。他的《芙蓉锦鸡图》画一只羽毛绚丽的锦鸡，眈眈注视着翩飞的蝴蝶，巧妙地表现出锦鸡于刹那间跃跃欲试的神情。此外，宋代还兴起了以梅、兰、竹、菊为对象的"四君子图"，代表画家有苏轼、文同、郑思肖、赵孟坚等。之后著名的花鸟画家还有明末擅长画花鸟的朱耷、清乾隆时期擅长画竹子的郑板桥、现代擅长画鱼虾的齐白石等。

此外，中国画按画法分，则有工笔画与写意画。工笔画的特点是按照事物原来的样子，一笔一画非常细致，尤其注重细节的描绘；写意画是一种概括、夸张的画法，要求用简单的笔墨画出事物的神韵，虽然笔墨简单，但意趣生动，表现力特别强。

(二) 画坛名家介绍

张择端是宋代画家中尤其值得一提的。他是山东诸城人，曾在北宋画院任职。他的《清明上河图》描写北宋首都汴梁（今河南开封）的世俗生活与节日景色，是一幅写实生动的长卷风俗画。《清明上河图》摒弃以往人物画只能表现贵族生活和宗教内容的陈规，重点刻画新兴市民阶层的生活和风俗人情，广阔而详尽地展示了当时市井人物的生活动态。全图有人物 500 多个，还有各种建筑、交通工具等，给后人留下了许多珍贵的历史资料，画面全长 528.7 厘米，宽 24.8 厘米，是我国古代现实主义绘画最突出的代表。

"明四家"是指继承元代山水四大家之传统，在绘画上有很高造诣的四位明代画家：沈周、文徵明、唐寅和仇英。他们都是"吴门画派"的代表人物，其代表作分别是：沈周的长卷《沧州趣图》，文徵明的细笔山水《兰亭修禊图》，唐寅的山水人物《骑驴思归图》和仇英的《桃源仙境图》。

"清四王"指清初四位著名画家王时敏、王鉴、王原祁和王翚。他们在艺术思想上的共同特点是仿古，把宋元名家的笔法视为最高标准，这种思想因受到皇帝的认可和提倡而被尊为正宗。"四王"以山水画为主，其代表作为：王时敏的《夏山飞瀑图》，王鉴的《仿黄公望山水图》，王原祁的《烟浮远岫图》和王翚的《平林散牧图》。

"扬州八怪"指清乾隆时期在江苏扬州活动的一批职业画家，他们有着相同的艺术思想和命运。八怪的成员一般认为是汪士慎、李鱓、金农、黄慎、高翔、郑燮（郑板桥）、李方膺和罗聘。他们靠卖画为生，对现实抱怀疑和不满态度，对百姓疾苦寄予同情。在艺术上，他们不受陈古之法的束缚，在题材选择和内容含义上翻新创造，将平民生活用品入画，扩大了国画的表现范围。他们的笔墨豪放洒脱，力求神似，表达了独特的审美感受和艺术个性，为近现代国画的发展开辟了道路。

（三）国画审美

中国画根植于深厚的民族文化土壤，在长期社会历史发展进程中逐渐形成了富于个性的审美特征。

首先，国画和其他艺术相同，注意整体和谐，任何细部都必须符合整体性，比如绘画中墨的浓淡枯湿，相反相成，对立统一。绘画讲究整体性，首先要突出主要人物或主峰。人物画中主要人物总是画得大于其他人，山水画"画山者必有主峰，为诸峰所拱向"①。例如八大山人的绘画，不论用笔造型多奇多怪，仍能保持和谐的构图。

其次，由于绘画的整体性要求，中国画内在的生动气韵便被凸显了。南朝谢赫著有《古画品录》，其中著名的"绘画六法"即以"气韵生动"为第一，将中国画的这一特点说得最为透彻。气韵生动是国画艺术的生命力所在，反映了中国人审美情趣与观照世界方式的独特性。

此外，中国画还具有独特的诗性意境。画家取景不拘泥于焦点透视，多用散点透视。其作品视野宽广，咫尺而有万里之势；善于运用富有节奏感和韵律的各种线条来勾画物象和构成意境，主张"意存笔先，画尽意在"，强调"外师造化，中得心源"。绘画还注重空白处理，"虚实相生，无画处皆成妙境"。画家作画偏

---

① （清）刘熙载：《艺概·书概》。

重于传神达意。由于书法和绘画在抒情达意上都和线条的运用紧密相连，便形成了书画同源的绘画传统。又由于画和诗在构造意境方面有相同之处，画家又受传统诗文的文化熏陶，在文人画兴起后，打破了诗与画的界限。绘画与诗文、书法以至篆刻相互影响交融，形成了诗书画一体的艺术传统，在世界美术领域中自成独特体系，成为与西方艺术风格迥异的东方艺术代表之一。

第二节　文 章 诗 赋

中国文学是中国文化中最有活力、最辉煌灿烂的一部分。在历史发展的长河里，中国文学自身独特的个性、精神风采以及体现出的中华民族的理想信念和美学追求，在文化的观念层面，构成了中国文化特定的价值体系。

一　诗歌

中国是诗的国度，诗歌是中国文学的主流。

(一)《诗经》与《楚辞》

《诗经》与《楚辞》合称"风骚"，是中国古代诗歌的两大源头，两千多年来一直被历代诗人尊为学习的典范。

1.《诗经》

《诗经》是中国第一部诗歌总集，它收录了从西周初年到春秋中叶(公元前11世纪至公元前7世纪)，大约500年间的305首诗。相传，周代的采诗官经常到民间收集诗歌，也有官员们向天子献诗的制度。这些诗歌经过乐官的整理编订，形成了这部最初名为《诗》或《诗三百》的诗歌总集。后来经过孔子的进一步删编整理和评价，汉代以后被推为儒家经典，称为《诗经》。《诗经》中的作品本来都是合乐的歌词，因此按音乐的类别可分为三部分："风"即《国风》，共160篇，是从十五个诸侯国采集的民间歌谣，最具有思想意义和艺术价值；"雅"即《大雅》、《小雅》，共105篇，多是西周宫廷的正声雅乐；"颂"包括《周颂》、《鲁颂》、《商颂》，分别为西周王室和春秋前期鲁国、宋国用于宗庙祭祀的乐歌。

《诗经》中大多作品都真实地反映了当时的社会风貌。具体说，它主要描写了下列五方面的内容：一是以歌颂周室祖先的功德为主，但客观上较生动地记载了周祖历史上的一些重要片断；二是描写古代田猎、畜牧和农业生产的情景，叙述一年四季的劳动生活；三是描写战争和徭役的情形，如《小雅·何草不黄》等刻画征夫久役于外的辛苦以及征夫、思妇之间的相思，控诉了战争对人民和平生活的破坏；也有少量诗歌反映了人民抵抗侵略的决心，例如《秦风·无衣》；四是控诉统治者对人民的残酷剥削，如《魏风》中的《伐檀》、《硕鼠》等，对那些不劳而获的贵族进行了辛辣的揭露和嘲讽；五是表现青年男女的爱情、婚姻生活，例如《郑风》中的《将仲子》等描写青年男女的恋爱经历，又如《卫风·氓》叙述一个弃妇从恋爱、结婚到被遗弃的全过程，是一首完整、优美的叙事诗。总之，《诗经》在整体上体现了"饥者歌其食，劳者歌其事"的写实倾向，表现了干预人生、反映社会的批判意识（即所谓"美刺"），奠定了中国诗歌的现实主义传统。

《诗经》的艺术特征也值得注意。它以四言诗为主，重章叠句，音韵和谐，语言清新，风格朴素。比如：《采葛》，它表达了一位男子思念情人的焦急心情，"彼采萧兮，一日不见，如三秋兮"。其大意是：她去采集香草了，一天没见，好像隔了三年那么长。成语"一日不见，如隔三秋"就是由此而来的。古代学者把《诗经》的艺术表现手法归纳为"赋"、"比"、"兴"三类。"赋"是指直接的铺陈和描写，"比"是比喻或比拟，"兴"则是用意义、声音等的类比关系来引发诗歌。赋、比、兴的手法对后代诗歌产生了深远的影响。而就《诗经》自身来说，"赋"的手法运用得最多，这显然是与《诗经》的写实倾向密切相关的。

2.《楚辞》

中国古代另一部著名的诗歌总集是《楚辞》。"楚辞"本是战国时期兴起于楚国的一种诗歌样式，汉代也有不少作家模仿这种样式进行写作，经过刘向、王逸等学者的收集整理，编成《楚辞》，"楚辞"就成了此类作品的通称。

《楚辞》的主要作者是屈原（约公元前339—前278年）。他是楚国的贵族，曾官居要职，参与内政外交等重要政治活动，后来被谗、放逐，因报国无门而自沉于汨罗江。屈原的作品有《离骚》、《九歌》、《九章》、《天问》等，其中最主要的是长达2400多字的《离骚》，"楚辞"因此又名"骚"。《离骚》是屈原"发愤以抒情"的一首政治抒情诗。它首先叙述了诗人自己的世系、天赋、修养和抱负，回顾了自己辅佐楚怀王革除弊政的过程及受谗被逐的遭遇，表明了自己决不与邪恶势力同流合污的决心。然后借与重华等的对话，总结了历史上国家盛衰的经验教训，阐明了"举贤授能"的政治主张，并以神游天地、上下求索的幻想境界表现了自己对理想的执着追求。最后写自己因苦闷而求神问卜，寻求出路，倾诉了远游他方与眷恋故国的内心冲突，并决心以死殉志。《离骚》是屈原用他的整个生命熔铸成的伟大诗篇，强烈的爱国思想和执着的人生追求融会成激越的精神力量，奇特的想象和瑰丽的语言产生了巨大的艺术魅力。诗中大量运用的"美人"、"芳草"的比兴手法也对后代诗歌产生了深远的影响。《离骚》是我国最早的一首长篇抒情诗，屈原也由此成为中国历史上第一个抒发个人激情的伟大诗人，他的作品闪耀着伟大人格的光辉和南方楚文化的奇丽色彩。《楚辞》的其他作者宋玉、贾谊等人的作品都继承了屈原的传统。楚辞成了一种源远流长的独特文体。

(二)唐诗与宋词

1. 唐诗

中国古典诗歌发展到唐代，进入了它的全盛时期。唐诗是诗歌中最为辉煌的高峰。在不到300年的时间里，其创作达到了非常高的水平，产生了许多著名的诗人和诗作。以数量而定，清代编订的《全唐诗》共录作者2300余位，诗作48900余首，还有许多失散的作品未能包括在内，可谓盛况空前。唐诗的发展过程大致可分四个阶段，即初唐、盛唐、中唐和晚唐。其中尤以盛唐、中唐两个时期的诗坛最为光辉夺目。

初唐诗坛尚有齐梁艳丽诗风的余绪，至"初唐四杰"王勃、杨炯、卢照邻、骆宾王，诗风为之一变。更有陈子昂高举革新的旗帜，提倡"汉魏风骨"，力扫"宫体"颓靡诗风，并以自己的创作实践，成为盛唐诗歌的先声。

盛唐是指唐玄宗开元、天宝时期的50年。唐诗在此期间出现了全面繁荣的高潮，形成了以王维、孟浩然为首的山水田园诗派和高适、岑参、王昌龄所代表的边塞诗派。山水田园诗主要以清新自然的语言，描绘优美的山水景色和闲适、虚静的田园生活，从而营构一种静穆空灵、清疏淡远的意境。诗人的心灵沉浸在美丽自然的怀抱之中，滤去了现实生活中的名利杂念。代表作有王维的《山居秋暝》、《积雨辋川庄作》和孟浩然的《过故人庄》、《夜归鹿门歌》等。边塞诗则以唐帝国的边境战争为表现对象。诗人们描绘了塞外大漠的奇异风光与艰苦的军旅生活，塑造了边关健儿的英雄形象，同时也表达了保卫祖国、建立功勋的人生理想。其格调雄浑豪放、慷慨悲凉。如高适的《燕歌行》，岑参的《白雪歌送武判官归京》、《走马川行奉送出师西征》以及王昌龄的《出塞》、《从军行》等。

在这一辉煌时期，有两颗巨星照耀诗坛："诗仙"李白与"诗圣"杜甫。盛唐气象在诗歌中的体现就是富于浪漫气息和理想色彩，最能体现这种精神面貌的代表首推李白。他继承和发扬了中国诗歌浪漫主义传统，以自己天马行空、遗世独立的人格特征和感情炽烈、豪气干云的创作热情，写下了大量清新、飘逸、豪迈的杰作。他热情地讴歌现实世界中一切美好的事物，而对其中不合理的现象毫无顾忌地投以轻蔑，真可谓"落笔惊风雨，诗成泣鬼神"（杜甫评语）。以浪漫想象为主要外貌特征的李白诗歌仍蕴含着深刻的现实意义，想落天外的精神漫游也以对人世的热爱为归宿。笑傲王侯、桀骜不驯的"诗仙"李白受到中国百姓的热爱，原因就在于此。他的代表作有《梦游天姥吟留别》、《庐山谣》、《蜀道难》、《行路难》等。与李白齐名的伟大诗人杜甫，则以清醒的洞察力和积极的入世精神，承接和光大传统的现实主义，结合自己一生颠沛流离的体验，深刻而全面地反映现实生活，唱出了离乱时代的深沉悲歌。杜诗对"朱门酒肉臭，路有冻死骨"的黑暗现实进行了入木三分的揭露和批判，为安史之乱前后那个唐朝由盛而衰的时代，提供了生动的历史画卷，因而被后人誉为"诗史"。其代表作有《赴奉先县咏怀五百字》、《茅屋为秋风所破歌》、《兵车行》、《丽人行》等。在艺术风格上，李白诗飘逸奔放，杜甫诗沉郁顿挫，既具有鲜明的个性特征，又具有丰富的内涵，从而对后代诗歌的审美取向产生了深远的影响。作为盛唐诗史上的"双子星座"，李白与杜甫二人被后世称为"李杜"，正所谓"李杜文章在，光焰万丈长"。

安史之乱后，唐诗的发展面临转折，总体上由盛唐的浪漫主义热情转向中唐的现实主义冷静思考。随后经过短期的过渡，唐诗又呈现第二次繁荣，中唐诗坛出现了两个主要流派。一个是以白居易为代表，元稹、张籍、王建、李绅等人为辅翼的"元白诗派"。他们主要继承杜甫正视现实、抨击黑暗的精神，强化了诗歌的讽谏美刺功能；在艺术上则以语言通俗流畅、风格平易近人为特征。另一个流派是以韩愈为首，孟郊、贾岛、姚合、刘禹锡、柳宗元、李贺等人为辅翼的"韩孟诗派"，他们主要继承杜甫在艺术上刻意求新、勇于创造的精神，特别致力于杜诗中稍露端倪但尚未开拓的艺术境界。韩派诗人善于刻画平凡、琐屑乃至苦涩的生活和雄奇险怪乃至幽僻阴森的景象，艺术特征是语言独造，风格或雄奇，或幽艳，或怪诞。中唐诗坛有如百花齐放，其风格的多样性和诗人艺术个性的独特性，比之盛唐诗有过之而无不及。

2. 宋词

词，古典诗歌的一种，故称"诗余"。又因句子长短不齐，称作长短句。它萌芽于南朝，形成于唐，盛行于宋。开始时本以俗文学的面目出现，后来转为雅文学，是雅俗文学转化相通的具体表现。

早期的词，因合乐歌唱，故唐、五代时多称为曲、杂曲或曲子词。最初的词，都是配合音乐来歌唱，或依调填词，或按词制调，曲调名称即为词牌。早期的词牌名多与词的内容有关，如《谢秋娘》、《渔歌子》、《菩萨蛮》、《更漏子》、《一斛珠》等。后来，多数的词已不再配乐歌唱，只是依调填词，曲调和词的内容已很少有联系，因而调名仅成了字数、音韵结构的固定形式。有些词牌，在正名之外尚有异名一至数种，也有同名异调或一名数体者。少数精通音律的词人，自己制谱并填词，这种新词牌则称为"自度曲"。

词作为一种新体诗歌，在宋代时发展到了鼎盛。真正成为一代文学之圣，并在古代诗歌史上堪与唐诗交相辉映的就是宋词。宋词名家辈出，流派众多，后人往往把宋词划分为婉约派与豪放派两大流派。自晚唐温庭筠以来，词在题材和风格走向上都形成了自己的独特传统，因而被称为"艳科"。北宋词坛几乎是婉约词一统天下。其词风委婉柔美，以柳永、秦观、李清照等为代表。柳永的词市民气息浓厚，风行一时，故有"凡有井水饮处，即能歌柳词"之说①，以《雨霖铃》（"寒蝉凄切"）和《八声甘州》（"对潇潇暮雨洒江天"）等独步北宋词坛。秦观作词风格清婉，以长调抒写柔情，词章婉转，颇近柳永，代表作有《鹊桥仙》（"纤云弄巧"）、《踏莎行》（"雾失楼台"）等。南宋词坛因突出的民族矛盾而爆发出强烈的爱国主义精神。女词人李清照原本词风委婉含蓄，清新淡雅，为婉约派正宗。遭亡国之变后，词作时有豪放之气，充满身世飘零、国残家破之感。

相对而言，豪放词的兴起要晚得多。北宋中叶，苏轼首先对革新词风作了巨大贡献。他一方面打破了词为艳科的传统题材领域，不仅大量写作抒情抒志、咏

---

① （宋）叶梦得：《避暑录话》。

史怀古等题材，还在描写女性的传统题材中一扫脂粉香泽，完成了使词从伶工歌女之歌词向士大夫抒情诗的转变。另一方面，他在传统词乐中增添了高昂雄壮的因素，使词的语言风格转向豪放与飘逸。其代表作有《水调歌头》（"明月几时有"）、《念奴娇·赤壁怀古》、《江城子》（"老夫聊发少年狂"）等。以辛弃疾为首的爱国词人更把爱国主义的主题变成当时词坛的主旋律，他们继承并发扬了苏轼词中始露端倪的豪放词风，并以慷慨激昂和沉郁悲凉两种倾向充实和丰富了豪放风格。辛派词人在艺术上从苏轼的"以诗为词"到"以文为词"，全面实现了与婉约词的分道扬镳，形成了豪放词派。从那时起，豪放词与婉约词双峰并峙，平分秋色。这种局面一直持续到宋亡，并且成为元明清词坛的基本格局。

（三）古典诗歌与诗性文化

古典诗歌作为中国文学的主流，其影响不仅直接及于中国文学的发展，同时也波及整个中国传统文化的博大体系。纵观整个文学史，诗歌创作在古代中国不仅历史悠久、作品浩繁，而且达到了后人无法企及的艺术高峰。从文化的角度看，作为中国文化主流或正宗的儒家文化，主要是一种理性文化。但中国古代的诗歌创作和诗歌理论，在更多的时候是突破了理性文化的传统，时时表现出一种与理性文化大异其旨的诗性精神，使得中国文化在理性精神之外，又别具一种诗性魅力。并且古代文化的诸多形式都内在地具有一种诗化的追求。因此，如果要用简洁的语言来概括中国古代文化最显著的性格，那么"诗性"这两个字无疑是非常恰当的。下面，我们从中国诗歌及诗性与中国文化之关系的角度，分四个方面来探讨中国文化的诗性特征。

1. 情感的丰富性

诗歌创作的整个过程，始终伴随着丰富而强烈的情感。这也是艺术创作的普遍规律。在真正的诗歌创作中，是很难"发乎情"而"止乎礼义"的。如果说《诗经》的抒情还较有节制，还有"温柔敦厚"之风，那么《楚辞》的抒情就是浪漫奔放、怨愤而激越的了。重"情"就成为了中国诗歌的诗性传统之一。

就诗歌创作而言，有《古诗十九首》抒发游子、思妇的哀怨，有《孔雀东南飞》抒发恩爱夫妻同赴黄泉的凄惨，有蔡文姬《悲愤诗》抒发家破国亡、骨肉分离的悲愤，有曹植《赠白马王彪》抒发对同根相煎的愤懑……就诗歌理论而言，有陆机《文赋》的"诗缘情而绮靡"，有刘勰《文心雕龙》的"为情而造文"，有钟嵘《诗品》序中的"非长歌何以骋其情"……丰富而激越的情感，常常使得诗人在创作中超越儒家礼教的束缚，能够直面并抒写情感的真实与美丽。唐代诗人白居易写《长恨歌》的初衷是要"惩尤物，窒乱阶，垂于将来者也"，也就是将杨贵妃视为"女人祸国"的典型，并以此警醒后世君王。但是整首诗却真实地描写了一个动人的爱情故事，塑造了爱情主人公的悲剧形象，表达的是"天长地久有时尽，此恨绵绵无绝期"的悲情主题。《长恨歌》的重情而轻礼对后世的文艺创作影响很大。明代汤显祖直言："世间只有情难诉"，"情不知所起，一往而深，生者可以死，死可以生。生而不可与死，死而不可复生者，皆非情之至也"！① 这是汤显祖的情感宣言，也是中国诗性文化的情感宣言。

2. 想象的奇特性

诗歌创作不能没有想象，诗歌理论也不能不重复想象，因此想象构成了中国诗性文化的第二大特征。以庄子为代表的道家文化尤其具有想象性。《庄子》一书中充满了奇异甚至怪诞的想象，古今人物、骷髅幽魂、草虫树石、大鹏小雀，无奇不有，荒诞迷离。《庄子》的奇特想象对后代诗人产生了很大影响，从阮籍、陶渊明、李白、苏轼、辛弃疾等人的作品中都可以看到他的影响。

以李白为例，作为浪漫主义的代表人物，他的诗歌中随处可见奇特的想象。李白凭着他特有的想象力，通过现实事物形体规模的变形来取得强烈的艺术效果。他忽而化小为大，如"白发三千丈，缘愁似个长"；忽而化大为小，如"吟诗作赋北窗里，万言不值一杯水"；忽而化轻为重，如"兴酣落笔摇五岳，诗成笑傲凌沧州"；忽而又化重为轻，如"感君恩重许君命，太山一掷轻鸿毛"，用这些想象来表现诗人丰富的情感。诗性文学的想象力对正统理性文化是有冲击力的，即便是像王充这样的儒学理论家，在疾虚妄、明理性的《论衡》一书中，仍然肯定文艺作品中想象的价值，认为"以往推来，以见卜隐"是合理的，也就是说可以根据过去想象将来，根据已见想象未见。

3. 思维的直觉性

与理性思维不同，诗性思维是直觉式、灵感式的。其思维过程始终伴随着生

① （明）汤显祖：《牡丹亭·题辞》。

动的形象、丰富的情感和奇特的想象，其思维的结果常常诗化为有言外之意、味外之旨的艺术品。中国的诗歌理论一向注重对直觉思维的研究和表述，陆机的《文赋》专门探讨"应感之会"（灵感）的思维特征，认为艺术灵感是突如其来的，来的时候"行犹响起"，无法阻挡，去的时候"藏若景灭"，无法挽留。当灵感袭来时，诗人的思绪如春风舒卷于胸臆，诗句如泉水流淌于笔尖，不假思索，有如神助。钟嵘的《诗品》反对诗歌用典而标举"直寻说"，主张诗人"寓目辄（则）书"，将自己的即目、所见直接抒写出来。除了像《文心雕龙》这样极少数的体大思精的理性批评之外，绝大部分的诗论都是一种以直觉思维为特征的诗性的批评。比如"诗话"是中国诗论的主要文本形式，它的特点就是直觉式、灵感式、即兴式地发表对诗歌和诗人的看法，它追求悟性和诗意的美，而并不注重逻辑性和思辨性。这样一种诗性的思维方式不仅表现在诗歌批评之中，而且表现在哲学宗教等其他文化门类中，如道家哲学、禅宗等。

4. 言说的灵动性

作为观念层面的文化，无论哲学、宗教还是文学艺术，都要用语言表达出来；而采取何种言说（表达）方式，同样也可以见出理性与诗性的区别。一般来说，哲学和宗教的语言是理性的，文学和艺术的语言是诗性的；在文学中，文学作品的语言是诗性的，文学批评的语言是理性的。但中国文化的具体情况有着某种特殊性。

中国的哲学和宗教都不同程度地具有诗性的特征。例如，道家哲学的经典著作《庄子》用的就是诗性言说方式；道教关于"长生不死"的幻念，以及对仙境的充满浪漫和神话色彩的描绘，也是一种诗性言说的方式。中国文学常常有意无意地淡化乃至模糊创作与批评之间的区别，其突出表现就是用文学创作的语言形式来进行文学批评活动。在古代诗论中有一种常见的文体，叫"论诗诗"，也就是用诗的形式来论说诗歌，如杜甫、元好问都曾经用"论诗诗"来表达他们的文学思想。

中国文化既是理性文化，也是诗性文化。只有在理性与诗性的双重意蕴中把握中国文化，才能得中国文化之精髓和真谛。

二 散文

被看作"经国之大业，不朽之盛事"的中国古代散文，同样历史悠久，成就斐然。由于它更便于作者表达自己的功业道德与治国理想，因此历代的散文创作都受到一定的重视。

中国古代散文除纯文学散文之外，还有描写生动的政论、传记、史记等。其自身从一开始就很难划清文学与非文学的界限，而以广泛的文化关怀和模糊的文体区别为特征。相对于西方的纯文学性散文，中国散文呈现出"杂"的特点；相对于西方文学的独立性，中国散文呈现出"泛文学"的文化特征。

(一)先秦散文——历史散文与诸子散文

中国散文以先秦散文为起点。此时，散文出现了勃兴的局面，历史散文、诸子散文等构成了中国散文史上的第一个黄金时代。这一时期的散文，其作者大多都不是专门的散文家，其内容也融文史哲于一体，但却结构严整、文句精粹、风致优美，对后代散文发展产生了极为深远的影响。

1. 历史散文

古代史官的记录成为史书，也就是所谓的历史散文。先秦史书内容丰富形式多样，主要有编年体的《左传》，国别体的《国语》、《战国策》，专记个人言行的《晏子春秋》等。《左传》是"春秋三传"中文学价值最高的一种，相传为鲁国左丘明传孔子《春秋》而作。《左传》是以具体的史实来丰富和补充文字过于简略的《春秋》，记载了春秋时代250多年间各国的政治、外交和军事活动，上至诸侯、士大夫，下至商贾、乐师、百工等社会阶层，叙写了广阔的社会生活画面，深刻地反映了当时诸侯角逐、社会急剧变革的历史进程。《左传》善于条理井然地叙述头绪纷繁、错综复杂的战争，其中晋楚"城濮之战"、秦晋"殽之战"、晋楚"鄢陵之战"写得尤为出色。《左传》也善于刻画人物，尤其是在具体事件的叙述中展开人物形象与性格，书中如重耳、郑伯、楚灵王、蹇叔、子产等人物都写得栩栩如生。《左传》中的人物虽然都是真实的历史人物，但也以其生动的形象列入了传记文学中的人物长廊。

2. 诸子散文

从春秋末年开始，随着社会的急剧变动，"士"阶层逐步兴起，成为最活跃的社会力量。他们针对当时的社会现实，展开论辩，形成了思想史上"百家争鸣"的局面，于是产生了以论说为主的诸子散文，也即哲理散文。诸子散文的发展可分为三个时期：第一个时期是春秋末年到战国初期，此时的散文主要是语录体，代表作是《论语》；第二个时期是战国中叶，散文已由语录体向对话体、论辩体过渡，代表作是《孟子》、《庄子》；第三个时期是战国后期，散文发展成专题论著，代表作是《荀子》和《韩非子》。

《论语》主要记录了孔子及其弟子的言行。其言词简约而意旨丰厚，说理深入浅出，许多句子成为后世的格言或成语，如"三人行必有我师"、"欲速则不达"、"温故知新"等；有些篇章描写人物对话、举止相当生动，体现出鲜明的人物个性。《孟子》和《庄子》的内容大多是论辩之辞，是争鸣风气盛行时典型的散文形式。《孟子》是孟轲及其门人所作，其中心内容是宣扬儒家的"仁政"说，抨击暴政，主张"民贵君轻"。其散文以雄辩著称，感情激越，气势磅礴，笔带锋芒，富于鼓动性，讲解道理多用比喻和寓言。尽人皆知的"缘木求鱼"、"五十步笑百步"以及"揠苗助长"等典故极有意趣。《庄子》是道家的经典著作，是庄周及其后学所作，主要内容是主张顺应自然、返璞归真、清静无为。《庄子》散文具有变幻诡奇、汪洋恣肆的风格特征，在论说时大量运用寓言和幻想，具有浓郁的诗意和抒情色彩，对后世的浪漫主义文学有深远影响。尤其是《逍遥游》等篇，想象奇特，笔力酣畅，描写生动传神，语言恢宏瑰奇，具有很高的文学价值。《荀子》和《韩非子》都是比较严谨的学术论文集，它们中心明确，条理清晰，逻辑严密，论证充分，具有很强的说服力。《荀子》中比喻和辞藻丰富多彩，《韩非子》中的寓言生动精警，具有较强的文学意味。

（二）汉代散文——政论、史传与汉赋

1. 政论与史传

两汉时期，在封建大一统的广阔社会背景下，散文品种在前世基础上更加繁多，其成果主要体现在政论和史传两方面。

贾谊、晁错等作家针砭时弊、笔锋犀利的政论散文，司马迁、班固秉笔直书、爱憎分明的史传散文，文质相生，异彩纷呈。贾谊的《过秦论》和晁错的《论贵粟疏》都是不朽之作。前者分析了秦王朝覆灭的历史教训，见解深刻，文笔奔放；后者提倡重农抑商，安定人民生活，立论精辟，思路明畅。汉代最伟大的散文家当数司马迁。他的伟大巨著《史记》，不仅以无与伦比的史学成就被公认为

"史家之绝唱"，而且在文学领域里开创了我国传记文学的先河，令汉代散文放射出更加璀璨的光芒。作者通过一系列的重大历史事件，塑造了廉颇、蔺相如、刘邦、项羽等有声有色，栩栩如生的人物形象。东汉班固的《汉书》，写西汉一代的历史，叙事周密，语言精炼，其中也有许多名篇，如《苏武传》等。一般来说，西汉散文比东汉朴实，气势也较东汉雄厚。

2. 汉赋

汉代还流行一种特殊的文学体裁——赋。作为中国特有的一种文学样式，它兼有散文和韵文的性质，既不像诗歌那样可以配乐歌唱，也不像散文那样毫无韵脚。其主要特点是铺陈描写，通过细致入微的描绘抒写情志；韵散相间，讲究辞藻华美，给人以美的艺术享受。赋的形成和发展经历了很长的时间。它产生于战国后期，接受了纵横家游说之辞及楚辞的巨大影响，至两汉达到鼎盛阶段。之后，赋仍然丰富而变化，出现了六朝的骈赋、唐代的律赋和宋以后的文赋，直至延续于宋、元、明、清，但总体成就最高的仍推汉赋。

汉赋按题材取向可分为两大类。一类是抒情抒志的短赋，如汉初贾谊《鵩鸟赋》、《吊屈原赋》，东汉张衡《归田赋》，汉末赵壹《刺世疾邪赋》等。另一类则是以铺陈排比为主要手法的"体物"大赋。后者是汉赋的主流。汉大赋滥觞于汉初枚乘的《七发》，此赋假设楚太子与舞客的问答，以七大段文字铺陈了音乐、饮食、漫游、田猎等盛况，辞采富丽，气势宏阔。《七发》的影响很大，拟作者很多，以致形成了称作"七"的一类文体。

司马相如、班固、扬雄、张衡被称为"汉赋四大家"。但成就最突出者首推司马相如，其代表作《子虚赋》和《上林赋》，奠定了散体大赋的体制，显示了散体大赋的风格。这两篇赋假托子虚、乌有先生、亡是公三人的对话，对天子、诸侯的田猎盛况与宫苑之豪华壮丽作了极其夸张的描写，并归结到歌颂汉帝国的强盛和汉天子的威严。作者在赋的末尾委婉地表示了惩奢劝俭的用意，但由于赋的主要篇幅与精彩部分是铺陈描写，这种"曲终奏雅"的讽谏方式只得到了"劝百讽一"的实际效果。所以司马相如《大人赋》本欲讽谏武帝喜好神仙，但武帝读后反而飘飘然有凌云之志。大赋的另一位重要作家是西汉末年的扬雄，其代表作有《甘泉赋》、《羽猎赋》和《长杨赋》。这些作品在题材、思想倾向和结构写法上都与司马相如的大赋很相似，不同的是，赋中的讽谏成分有所增加，铺陈描写也更加沉博绝丽。扬雄与司马相如并称"扬马"，成为后人心目中大赋的典范作家。此外，东汉班固的《两都赋》、张衡的《二京赋》等"京都大赋"也是汉代大赋的名篇，其铺张扬厉、曲终奏雅的基本体制仍同于"扬马"。

(三)唐宋散文——"古文运动"

两汉之后，散文走向骈体化，骈文成为官方文章正体，散文受到压抑变得无足轻重。但由于骈文逐渐显露出片面追求形式、文风轻浮奢华的弊端，唐宋时期文坛上出现了两次大规模反骈、复古的革新运动。这就是中唐韩愈、柳宗元发起的"古文运动"和北宋时期欧阳修领导的"古文运动"。

中唐时期，韩愈、柳宗元上承先秦两汉质朴优美的散文，高举复古旗帜，向六朝骈体发起猛烈的攻击。运动所提出的基本口号是"文以载道"，意即文章必须有思想性，必须表达和宣扬儒家的道统，反对因袭模仿、矫揉造作与空洞无物。韩、柳二人身体力行，创作了许多有代表性的优秀散文，如韩愈的《送孟东野序》、《师说》、《进学解》、《柳子厚墓志铭》、《祭十二郎文》和柳宗元的《捕蛇者说》、《段太尉逸事状》、《童区寄传》等。由柳宗元首创的山水游记散文如《永州八记》，则清新明丽，意境悠远，寓意深沉，堪为千古佳作。韩柳二人的创作理论和实践，无可争辩地确立了他们在中国文学史上的崇高地位。故苏轼盛赞韩愈"文起八代之衰"，应该是毫不过分的。

韩柳之后，古文运动一度衰微。北宋前期，作为文坛领袖的欧阳修，继承中唐古文运动的复古革新精神，以更为成熟的散文革新理论以及令人瞩目的散文创作成就，掀起了北宋时期的"古文运动"。继而，"三苏"(苏洵、苏轼、苏辙)和王安石、曾巩等人均积极应和，以绝妙散文闻名古今，与欧阳修及韩柳二人一起被后世称为"唐宋八大家"。"古文"创作达到了更高的水平，古文运动取得了全面胜利并影响及于元明清各代。欧阳修的《五代史伶官传序》、《醉翁亭记》，王安石的《答司马谏议书》、《游褒禅山记》，苏轼的《石钟山记》，苏洵的《六国论》等都成为脍炙人口的传世名篇。其他，如范仲淹的《岳阳楼记》，其中一句"先天下之忧而忧，后天下之乐而乐"成为千古为人治世名言；周敦颐的《爱莲说》托物言志，文中"出淤泥而不染，濯清涟而不妖"是世人永恒的道德品格追求。南宋散文以陆游、辛弃疾、文天祥等人为代表，大多文辞慷慨、感情激越，抒发了作者崇高的爱国情怀。

（四）明清散文——小品文

元明清三代，新兴的戏曲、小说呈现出勃勃生机，散文处于江河日下的局面。明初始有清新之作出现，像刘基的《卖柑者言》、宋濂的《送东阳马生序》都写得相当出色。明代中期，以李梦阳、何景明为首的"前七子"和以李攀龙、王世贞为首的"后七子"，反对形式主义的"台阁体"，提出"文必秦汉，诗必盛唐"的口号，对革新文风起了一定积极作用，但其盲目崇古也带来了消极影响。因而产生了唐顺之、茅坤和归有光等主张推崇唐宋古文的"唐宋派"，其中以归有光成就最高。他的《项脊轩志》等，文风朴实，物中写情，感人至深。明朝后期，又有袁宗道、袁宏道、袁中道兄弟三人，主张散文"独抒性灵"，不拘格式。因他们均是湖北公安人，又被称为"公安三袁"或"公安派"。还有钟惺、谭元春等湖北竟陵作家，主张散文表现"幽情单绪"，使文章的题材更窄，被称为"竟陵派"。明末散文家张岱，以其散文集《陶庵梦忆》和《西湖梦寻》中的许多风格清新、手法细腻的小品文著称。还有张溥则以其悲壮慷慨的《五人墓碑记》感动后人。

清中叶，产生了以方苞、刘大櫆、姚鼐为代表的"桐城派"和以恽敬为首的"阳湖派"，两派都提倡唐宋古文，讲究"义法"。但以"桐城派"影响为最，代表作有方苞的《狱中杂记》和姚鼐的《登泰山记》。晚清时期，受资产阶级改良主义的思想影响，散文内容和形式都发生了新的变化。一些启蒙思想家、改良主义者都写过不少揭露黑暗现实，鼓吹进步政治主张的散文。龚自珍的《病梅馆记》表达了作者对人格自由和精神解放的渴求；康有为的《强学会序》纵论天下大事，张扬改良之风；梁启超的《少年中国说》洋溢着改革现实的热情。他所开创的"平易畅达，杂以俚语"的新文体，有力地冲击了传统散文。此外，章炳麟的《邹容传》讴歌青年革命家的壮烈事迹，也写得气势磅礴，振奋人心。明清文体的解放，为"五四"白话文铺平了道路，使散文发展进入了一个新的历史阶段。

第三节 戏曲小说

中国俗文学对于构建民族文化、塑造国民心理起着极为重要的作用，有着正统雅文学所不可替代的意义。在我国，远古的歌谣、神话，先秦的寓言，汉代的乐府民歌、晋代的志怪小说，唐代的传奇、变文，宋代的话本、南戏、诸宫调，元代的杂剧，明清的章回小说、俗曲、笑话，新民主主义革命时期的新秧歌剧，以及少数民族的史诗等，都属于俗文学的范围。戏曲与小说是俗文学之中最主要的两种类型。

一　戏曲

我国戏曲具有将曲词、说唱、舞蹈、音乐、表演，甚至杂技、武术、美术等有机地融为一体的高度综合性的艺术特征。20 世纪中叶，戏剧史研究移用宋元间开始流行的"戏曲"一语作为宋金以来，包括杂剧、南戏、传奇和各种地方戏曲在内的我国传统戏剧的统称。

在漫长的历史岁月中，我国戏曲经历了萌芽、滋长、发展、成熟等几个重要的发展阶段。戏曲的形成，最早可以追溯秦汉时代。但其过程相当漫长，到了宋元之际才得以成形。成熟的戏曲从元杂剧算起，经历明清的不断发展而进入现代，历经八百多年繁盛不衰，如今已有 360 多个剧种。

(一) 早期戏曲

1. 古代傩戏

中国传统戏曲的起源，最早可以追溯到原始时代的歌舞。原始歌舞最初是集诗歌、舞蹈、音乐为一体的，用以表现对鬼神的祭祀、对祖先的崇敬，对丰收的喜庆以及后来对男女爱情的倾心唱颂。周代以后在祭祀活动中出现了傩戏：傩舞和巫舞。古代的傩戏，代表着远古崇拜的祭仪歌舞，可以说是最古老的戏曲。傩舞是一种驱鬼的仪式。这种驱逐恶鬼的舞蹈，戴着恐怖的假面、奇怪的服装、狂叫的喊声，遗存着原始时代的一些舞蹈动作。傩舞的表演、装扮及脸谱等都存留于后世戏曲舞台上。巫舞是祭祀时的歌舞。在祭祀时伴以歌舞，既娱神又娱人。巫舞中已具有某些情节性，含有较多的戏曲因素。

在西周末年则出现了由贵族或诸侯豢养，专供他们声色之娱的职业艺人——"优"。当时的优人分为三类，歌舞表演者为倡优，吹打乐器者为伶优，调兴、滑稽、讽刺表演者为俳优，俳优往往由男性担任。三类艺人中，俳优最接近戏剧艺术，其表演类似于今天的戏剧小品。《史记·滑稽列传》中曾经记载过一个"优孟衣冠"的故事。其情节是春秋时俳优优孟，假扮已死楚国宰相孙叔敖的模样劝谏楚王，使贫困的孙叔敖之子得到国王封赠的田产和银两。几乎所有的中国戏剧史书都记载了这则轶事。它的重要意义在于，优孟的扮演行为第一次较为接近了严格意义的角色含义，尽管这个角色还不是活动于舞台的戏剧情境之中。

2. 汉代百戏

古代歌舞又一次较大的蘖变与综合发生在汉代，主要见于汉代"百戏"之中。作为古代乐舞、杂技表演总称的"百戏"，它上承周代与"雅乐"相对的民间乐舞"散乐"，其中便包含着古代歌舞的蘖变与综合。汉代百戏中的人物扮演乐舞，包括部分与此相近的"角抵戏"。

汉武帝时设立了"乐府"官署。由于张骞出使西域，使得西域各民族的一些民间技艺陆续传到中原，形成了历史上各民族艺术的大汇合，出现了"百戏"繁盛的局面。这时的统治者一方面把民间乐曲搜罗到乐府中来，让一些音乐家、文学家把它们加以提高；另一方面又把当时盛行于民间的"角抵戏"和多种伎艺集合在宫廷前的广场同时演出，时称"角抵百戏"。其中一出名为《东海黄公》的角抵戏，说的是东海人黄公，年轻时有法术，能兴云雾，制蛇御虎；后来年老力衰，法术失灵，终为老虎所杀。这出角抵戏，是史书上明确记载、有据可考的第一次由演员饰演人物，并通过动作表现冲突，按照编好的情节叙述一个有头尾、有发展的独立故事的舞台艺术作品。因此，它常被认为是我国古代短剧之始。

汉代"百戏"对于我国戏剧艺术的形成起着关键作用。由于许多伎艺都在同一广场演出，它们之间的艺术交流是很自然的事情。唱、做、念、打、舞这种综合的戏曲艺术，正是在"百戏"的发展中逐渐孕育成形的。

3. 唐代歌舞戏与参军戏

中国戏曲的雏形在唐代已经形成，这就是唐代的歌舞戏与参军戏。戏曲的特征是演员扮演人物，以歌舞表现故事，而唐代的歌舞戏和参军戏都具备了这一特征。唐代的《踏谣娘》、《兰陵王》、《拨头》等歌舞戏，都以演员装扮角色，运用歌舞手段，表现简单的戏剧冲突。

在歌舞戏产生的同时或稍后，出现了以动作和说白为主要表演手段的参军戏。参军戏是与歌舞并行的一种滑稽表演，它与上古以来的优戏有内在的血缘关系。参军戏的情节简单，演出形式较为固定，一般有"参军"、"苍鹘"两个角色，即兴表演，互相问答，以滑稽讽刺为主。被讽刺的角色叫参军，进行讽刺的角色叫苍鹘。至晚唐时，参军戏渐由女优演唱，体制上亦由单纯的滑稽表演一变而为歌舞兼行。

论及参军戏的发展和演变，王国维说："至唐中叶以后，所谓参军者，不必演石耽或周延；凡一切假官，皆谓之参军。……由是参军一色，遂为脚色之主。其与之相对者，谓之苍鹘。"他同时还指出，唐五代的歌舞戏和参军戏，"或以歌舞为主，而失其自由；或演一事，而不能被以歌舞。其视南宋金元之戏剧，尚未可同日而语也"。① 尽管如此，由先秦歌舞、两汉之角抵到唐代之参军戏，各种泛戏剧形态之间的相互影响和彼此渗透逐渐加强，"歌唱艺术和滑稽戏结合起来，使得中国戏曲形式粗具了规模，而宋代'杂剧'的多种形式中，戏曲这一种形式就是在它的基础上更加发扬光大起来的"。②

(二) 宋元杂剧与南戏

1. 宋元杂剧

中国戏曲的成熟是在宋元时期。北宋杂剧继承唐代参军戏的传统，又广泛吸收了许多表演、歌唱的技艺，并把它们进一步综合起来而形成戏曲，所以称杂剧。中国的戏曲在经历了漫长的发展过程之后，到元代形成了"元杂剧"。王国维说"凡一代有一代之文学"，并将"戏曲"作为元代文学的突出代表。③ 而代表着中国戏曲成熟的元代杂剧，更是其中异军突起的艺术形式。元杂剧融音乐、歌舞、表演、念白于一体，是比较成熟的戏剧形式。其剧本体制，绝大多数是由"四折一楔"构成。一折之内的一套曲子使用同一宫调演唱，全剧由正色一人主唱。四折，是四个情节的段落，像做文章讲究起承转合一样。楔子的篇幅短小，通常放在第一折之前，这有点类似于后来戏曲中的"序幕"。元杂剧达到了很高

---

① 王国维：《宋元戏曲史》，北京：东方出版社，1996 年，第 13 页。
② 张庚：《试论戏曲的起源和形成》，《新建设》1963 年第 1 期。
③ 王国维：《宋元戏曲史·自序》，北京：东方出版社，1996 年，第 1 页。

的文学水准，以至单从诗体而言，古人早就将唐诗、宋词、元曲并称。

元杂剧的兴盛，使元代成为中国戏曲史上的黄金时代。当时有姓名记载的杂剧作家就有 200 多名，有记载可查的杂剧剧本有 700 多种，涌现了被后人称为"元曲四大家"的关汉卿、马致远、白朴、郑光祖和以《西厢记》"天下夺魁"的王实甫等著名剧作家。

元杂剧从很多方面反映了当时的社会现实，其主要题材有五类：（1）爱情剧：主要描写青年男女对爱情与婚姻自主的追求，鲜明地体现了反对封建制度及封建道德规范的倾向，代表作有王实甫的《西厢记》、白朴的《墙头马上》、尚仲贤的《柳毅传书》、李好古的《张生煮海》等。（2）公案类：一般通过刑事案件的审判，揭露贪官污吏贪赃枉法、草菅人命的罪恶，歌颂人民群众的不屈斗争，同时也表彰廉洁公正的清官（主要是包公），代表作是关汉卿的《窦娥冤》、《鲁斋郎》及无名氏的《陈州粜米》等。（3）水浒剧：主要描写梁山英雄除暴安良的侠义行动，其中尤以歌颂梁山好汉李逵的戏为最多，代表作有康进之的《李逵负荆》等。（4）世情剧：主要揭露批判社会上形形色色的丑恶现象，包括关汉卿的《救风尘》、郑廷玉的《看钱奴》等。（5）历史剧：主要表现历史上重大政治斗争和民族斗争。一般来说，这些历史剧都有借古讽今的含义，曲折地表达了元代人民的政治道德观念，代表作有纪君祥的《赵氏孤儿》、关汉卿的《单刀会》、马致远的《汉宫秋》等。元杂剧在艺术上取得了辉煌的成功，塑造了形象鲜明、面目各异的舞台形象。它善于组织矛盾冲突，场面紧凑，高潮迭起。其语言大多质朴自然，洋溢着浓郁的生活气息。

元杂剧在中国文学史上有着划时代的意义。它的成功宣告了戏剧、小说等叙事文学开始成为中国文学的主流。元杂剧的作者多为社会地位低下的文人、演员等，观众更是遍及各个社会阶层，它的兴盛意味着文学在作者和读者两个方面都进一步走向民间。元杂剧中的许多剧目一直到今天仍在戏剧舞台上上演，有的还被拍成了电影和电视剧，影响十分广泛。18 世纪，元杂剧《赵氏孤儿》曾流传到欧洲，被改编成《中国孤儿》，受到了世界的瞩目。

2. 关汉卿与王实甫

关汉卿是元代成就最高、影响最大的剧作家，《录鬼簿》将其列为"前辈已死名公才人有所编传奇行于世"之首①。他一生创作杂剧 67 部，现存的 18 部中有 15 部被确认为是他本人所作。这 15 部杂剧的题材，大致可分为三类。第一类是社会剧(亦叫公案剧)，有《窦娥冤》、《蝴蝶梦》、《鲁斋郎》、《绯衣梦》4 种；第二类是爱情风月剧，有《救风尘》、《望江亭》、《拜月亭》、《谢天香》、《金线池》、《调风月》、《玉镜台》7 种；第三类是历史剧，有《单刀会》、《西蜀梦》、《哭存孝》、《陈母教子》4 种。关汉卿的杂剧大多表现了下层妇女的苦难和斗争，歌颂了她们的机智和勇敢。他的代表作《窦娥冤》，将古老的"东海孝妇"故事直接移植到吏治黑暗的社会现实之中，以悲剧的震撼力量引起广泛而持久的共鸣效应，是元杂剧中最著名的悲剧。剧中描写了善良的女子窦娥，遭到坏人陷害，被官府关进监狱，最终含冤被杀的故事。这个悲剧深刻地表现了作家对社会的不满，对弱者的同情。关汉卿的创作对后世戏曲的发展产生了巨大的影响，他不仅是中国伟大的戏剧家，也是世界文化名人。

王实甫也是元代著名的戏剧家，他一生写了 14 种剧本。他创作的《西厢记》，代表着元代爱情杂剧的最高水准，在中国戏曲史乃至封建社会后期文学史上都占据着重要的历史地位。《西厢记》讲述的崔莺莺与张生的爱情故事，来源于唐代元稹的传奇《莺莺传》。北宋时，《莺莺传》所述崔、张恋爱故事开始广泛流传。随后出现的董解元《西厢记诸宫调》，共用 190 多个套数，讲唱崔、张恋爱婚姻的全过程，可以说是一部规模宏伟的叙事体作品。与《莺莺传》相比，《董西厢》在主题、情节、人物等方面都作了再创造。《莺莺传》的矛盾冲突，主要在莺莺和张生之间，而《董西厢》的矛盾冲突，则是以张生、莺莺、红娘为一方，老夫人与郑恒为另一方。这一重大"改造"，使《董西厢》的主题上升到挣脱封建礼教的羁绊、争取自主婚姻的时代高度，人物形象也较原作有诸多突破。王实甫《西厢记》则进一步把《董西厢》所肯定和颂扬的男女爱情提升到了"愿普天下有情的都成了眷属"的理想境界，歌颂了他们追求自由婚姻、反抗封建礼教的精神。剧中莺莺、张生、红娘的可爱形象，在中国几乎家喻户晓。除此以外，元代著名的杂剧作家还有马致远、白朴、郑光祖、纪君祥等。

---

① (元)钟嗣成：《录鬼簿》。

3. 南戏

南戏是宋元明初在浙江、福建等地流行的戏曲形式。一般称这一戏曲形式为南戏，称其作品为"戏文"。因其最初流行在浙江温州(旧名永嘉)，故有"温州杂剧"、"永嘉戏曲"之称。后人为有别于北方杂剧，简称之为南戏。

宋元南戏产生的时期，是戏曲的成型时期。南戏产生后，相当长时间不被文人士大夫们重视，只是在我国东南沿海一带缓慢流行。南戏与杂剧并行，相互吸收，逐渐合流。元中叶，北方政治经济中心向南转移，江浙地区，尤其是杭州，成为全国重要经济中心。此时，随着北杂剧的衰落，南戏得到迅速发展，出现像徐渭在《南词叙录》中说的"忽而亲南疏北"的艺术景观。至元末，南戏发展为相当成熟的戏剧形式，由题目和正文两部分组成。题目是戏文前面用韵文写成，用以介绍剧情的四句诗。正文包括开场和正戏两部分。与北方杂剧不同，南戏以舒缓柔和的南方乐曲为曲调，没有形成严密的宫调结构。南戏的代表作，除被称为"南戏之宗"的《琵琶记》(高明作)之外，还有写义夫节妇的《荆钗记》，写悲欢离合、有情人终成眷属的《白兔记》、《拜月亭记》，写家庭伦理的《杀狗记》。由于这后面四部作品产生于元末，广泛流传于明初，被称为"元末四大南戏"或"明初四大传奇"。

高明(字则诚，号菜根道人，人称永嘉先生)的《琵琶记》，根据民间传说，写陈留人蔡伯喈(即蔡邕)与赵五娘结婚不久，蔡伯喈迫于父命，离家赴试，高中状元。牛丞相要招他为婿，伯喈辞官、辞婚均不为皇帝所允。蔡伯喈离家后，家乡发生灾荒，尽管赵五娘竭尽全力侍养公婆，但蔡公蔡婆还是相继死去。赵五娘埋葬公婆后，怀抱琵琶沿途卖唱行乞，上京寻夫。几经周折，赵五娘终于找到蔡伯喈，以一夫二妇大团圆为结局。全剧塑造了"又忠又孝"的蔡伯喈与"美贞美孝"的妻子赵五娘，并借此在剧中大肆宣扬封建了伦理道德，对明代以来的传奇创作产生了重要影响。

明代前期，南戏逐渐向传奇演进，到梁辰鱼《浣纱记》出现，这一段被视为南戏向传奇的过渡转型期。

(三) 明清传奇

"传奇"最早是唐代文言小说的代称，后来的指谓相当广泛，宋话本、宋元南戏、元杂剧都被称作"传奇"。但明清传奇，一般是指在宋元南戏基础上发展成熟的长篇戏曲形式。它产生于元末，明初继续流传，到明嘉靖年间兴盛，至万历而极盛，并延至明末清初。其作品之多，号称"词山曲海"。传奇的剧本结构和表演要求比较自由，篇幅也较杂剧为长，更利于表现起伏跌宕的故事。

1. 明代传奇

明代嘉靖后期至万历初年间，先后产生了三部著名传奇作品：李开先的《宝剑记》、梁辰鱼的《浣纱记》和无名氏的《鸣凤记》。这三部作品以其独特的创造性和崭新的面目给后世戏曲以巨大的影响，故有"明中期三大传奇"之称。

明代戏曲的鼎盛时期是明代下半叶，出现了以沈璟为代表的"吴江派"和以汤显祖为代表的"临川派"。这两大派的形成和论争，是万历至明末中国戏曲发展史上的一件大事，也是中国戏曲观念空前活跃和戏曲创作空前繁荣的标志。他们论争的中心是戏曲创作究竟是"文辞第一"，还是"声律第一"。沈璟从曲乐角度要求文辞创作要服从于声律规范，汤显祖则从曲文角度要求声律选用要服从于文辞创作。双方各执己见，相持不下。当时几乎所有的文人传奇作者都卷入这场论争，结果有力地促进了中国戏剧观念的发展和传奇创作的繁荣，使更多传奇作家越来越清醒地认识到熔文辞与声律于一炉的重要性。

沈璟，江苏乌江人，致力于戏曲声律理论的研究，主张创作严守音律，崇尚"本色"。他著有传奇十七部，现存《红蕖记》、《义侠记》、《博笑记》、《埋剑记》、《双鱼记》、《桃符记》、《坠钗记》七种，合称《属玉堂传奇》。从曲论研究到传奇创作，沈璟可谓"全能戏曲家"。吴江派作家尚有卜世臣、叶宪祖、顾大典等人。

汤显祖是明代著名的文学家和戏曲家。现存诗二千多首，辞、赋、文约六百篇。戏曲作品有《紫箫记》、《紫钗记》、《牡丹亭》、《南柯记》、《邯郸记》。除《紫箫记》外的四部传奇剧，因为都写有神灵感梦的情节，故总名为"临川四梦"（或"玉茗堂四梦"）。

其中，《南柯记》本事见唐代李公佐的传奇小说《南柯太守传》，写游侠之士淳于棼梦中到大槐安国，被招为驸马，任南柯太守，功绩显赫。后由于外族入侵，防卫失利，公主惊亡。回朝后淳于棼拜为左丞相，由于他善于笼络人心，威势日盛。右丞相向国王控告他的罪行，结果淳于棼被遣回老家。最后他醒来才知是一场噩梦。《邯郸记》本事见唐代沈既济的传奇小说《枕中记》，写卢生梦中娶了一个有财有势的妻子崔氏，并中状元，后为朝廷建立不少功勋。但奸臣宇文融不断陷害他，致使他一度到海南避难。后来奸臣被杀，卢生还朝做了20年宰相，备受皇帝恩宠，享尽荣华富贵。他醒来才知道这是美梦一场。淳于棼与卢生梦醒后都极度悲伤，一个皈佛，一个入道。

从题材选择看，《南柯记》、《邯郸记》是仕宦题材，《紫钗记》和《牡丹亭》写的是爱情题材。《紫钗记》是汤显祖根据尚未完成的处女作《紫箫记》改写的。该剧写霍王之女霍小玉元宵赏灯丢失紫钗，被书生李益拾得。益借还钗之机向小玉求婚，果得霍家应允。新婚不久，益欲应试，小玉虑其负心，取素缎由李益写下誓言："粉身碎骨，永不相舍，生则同衾，死则同穴。"益状元及第，被卢太尉强招为婿。小玉为寻找他，不得不出售紫钗。钗至卢太尉手，卢用计骗益，说小玉已嫁人，故出售此钗。后来小玉得知李益入赘卢府，因怨愤忧伤成疾。此事为侠士黄衫客知，黄打抱不平，强劫李益重归，终使两人团圆。该剧虽取材于唐蒋防的传奇小说《霍小玉传》，但其中增益颇多。蒋防小说的意旨在于谴责始乱终弃的薄情郎李益，而《紫钗记》所鞭挞的是权臣卢太尉。

《牡丹亭》是汤显祖的戏剧代表作，也是明代传奇最杰出的作品。它展现了浪漫主义和现实主义的完美结合，其形式与内容达到了高度统一。汤显祖曾说："一生四梦，得意处惟在《牡丹亭》。"①《牡丹亭》主要写杜丽娘和柳梦梅生死离合的爱情故事，暴露封建礼教的残酷和虚伪，歌颂女主人公为情而死，为情而生的"至情"表现以及要求个性解放的强烈欲望。作者以高超的艺术构思以及充满浓厚浪漫主义色彩的手法，在剧中刻画了一个具有强烈生命感召力和艺术感染力的新的女性形象——杜丽娘，并借主人公的生死恋情，对摧残人性的封建伦理思想进行了猛烈抨击。

2. 清代传奇

清代传奇剧主要指清初与清中叶的传奇剧。顺治元年至康熙末约80年，传奇剧继明后期的繁荣进入了全盛期。其主要标志是出现一批以创作和演出谋生的专业文人剧作家，以李玉为代表的苏州剧派和李渔最为著名。

---

① （明）王思任：《批点玉茗堂牡丹亭词叙》。

苏州剧派是中国戏曲史上阵容最大的戏剧流派，活动时间长达四五十年之久，创作剧本有 150 多个，全本传世的近 60 种。苏州剧派的主将李玉，最有影响的代表作是《一捧雪》、《人兽关》、《永团圆》和《占花魁》，合称"一人永占"。清代的曲论研究以李渔成就最高。他的《闲情偶寄》系统总结了前代戏曲创作积累的丰富经验，是一部在中国戏曲理论史上堪称里程碑式的著作。

康熙年间，洪升的《长生殿》和孔尚任的《桃花扇》问世，把中国戏曲的结构、音乐、表演和史剧创作等艺术发挥至登峰造极的境界。二人被称为"南洪北孔"。戏曲史家将这两部杰作视为传奇的"压卷之作"，是传奇达到顶峰的标志，也是传奇创作最后的辉煌一页。

二　小说

（一）"小说"之解

在中国古代社会，"小说"一词产生甚早，含义丰富。随着社会文化的发展，其内容变更，历代所指有以下几种情况：一是春秋战国时，诸子用以指本学派以外的琐屑浅薄的言论，谓其无关宏旨。二是《汉书·艺文志》中列为九流十家之末，谓其出于稗官，乃街谈巷议之类，道听途说者所造。后世沿用，凡丛杂的记述论说皆称为"小说"，以区别于经史文章。三是指以演说故事为宗旨的唐人传奇及后世的文言笔记小说，如《剪灯新话》、《聊斋志异》之类。在此之前的先秦神话、传说、寓言、魏晋志怪等，皆其先河。四是在宋代，小说为"说话"四家之一。唐末已开其端。五是在"说话"的基础上出现的平话、话本。此后，小说遂成为故事性文体的专称，如《京本通俗小说》。元明以来，则盛行章回小说。①

（二）贯穿始终的文言小说

"文言小说"的概念最初现于五四前后，用来区别于白话小说。白话小说包括话本、拟话本等短篇白话小说和长篇章回小说，其类型特征非常明显。而文言

---

①　参阅鲁迅：《中国小说史略》，《鲁迅全集》第 9 卷，北京：人民文学出版社，1981年，第 110~117 页。

小说的类型特征却复杂得多。文学史家们公认的文言小说主线为魏晋南北朝志怪志人小说、唐传奇、再到清代的《聊斋志异》。

1. 发轫：六朝志人志怪小说

所谓"六朝小说"出现于魏晋以后。一类是"志人"，主要记载士族阶层的逸闻轶事，代表作为刘义庆的《世说新语》；另一类为"志怪"，主要记述神话故事和民间传说，多神仙鬼怪，其代表作为干宝的《搜神记》。此时，小说的地位有了明显的提高，反映在理论上最早是曹植的议论："夫街谈巷说，必有可采，击辕之歌，有应风雅，匹夫之思，未易轻弃也。"①这是小说理论史上第一次将小说的地位提到与儒家经典"风雅"相类似的高度。

2. 成熟：唐传奇

唐传奇的出现，不仅是我国文言小说成熟的标志，也是我国小说整体发展趋于成熟的标志。"传奇"的含义是"传写奇事，搜奇记逸"②，所叙之事不外乎六朝以来的"志人"与"志怪"两种倾向。但两者有很大的区别，鲁迅在《中国小说史略》中指出，其"叙述宛转，文辞华艳，与六朝之粗陈梗概者较，演进之迹甚明，而尤显者乃在是时则始有意为小说。"③

唐人小说被称为"传奇"，始自晚唐裴铏的《传奇》一书，宋代以后人们便开始用这一书名概称唐人小说了。唐传奇的结构比较完整，情节更为复杂，人物形象塑造和人物心理刻画也有了显著的提高，形成了具有独特民族风格的、体制简短而有长篇小说规模的小说形式。无论就现实意义或美感价值来看，唐代传奇都超过了六朝志人志怪小说。唐人传奇作品极多，其艺术性也很高，较为著名的有陈鸿《长恨歌传》、沈既济《枕中记》、元稹《莺莺传》、李朝威《柳毅传》、白行简《李娃传》和蒋防的《霍小玉传》。它们揭开了我国现实主义小说的序幕，反映了城市社会生活的繁荣复杂，把反对封建门阀制度和礼教压迫当作自己的基本主题。其中许多名篇，如《莺莺传》、《南柯太守传》等，都成为后世戏曲创作依据的蓝本，并且影响了后来的小说创作。从此，小说正式形成了自己的规模和特

① （魏）曹植：《与杨祖德书》。
② （明）胡应麟：《少室山房笔丛·九流绪论》。
③ 《鲁迅全集》第9卷，北京：人民文学出版社，1981年，第70页。

点，成为一种独立的文学样式。一些专门从事传奇创作的作家出现，促进了小说在艺术上的丰富和提高。

3. 辉煌：明清文言小说

文言小说的转型自宋代开始，一直持续到明代。明清时期，在长篇章回小说和短篇白话小说（又称话本）空前繁荣并出现一大批优秀作品的背景下，文言小说不仅没有退出历史舞台，反而有了进一步的发展。

唐传奇产生之后，"传奇"作为文言小说的特定类型延续下来，构成完整的、可以辨别的发展线索。明代传奇小说的代表作，以著名传奇小说集《剪灯新话》中的作品为主。明末清初较为重要的文言小说主要见于张潮选辑的《虞初新志》。稍后产生的《聊斋志异》，由于使文言文的小说叙事功能得到前所未有的发挥，被认为代表了古代文言小说的最高成就。作者蒲松龄，字留仙，号柳泉居士，淄川（今山东省淄博市）人。《聊斋志异》继承六朝志怪小说和唐人传奇的传统，以浪漫主义手法，借狐鬼花妖之形，写嬉笑怒骂之情。它通过各种狐鬼精灵的动人故事，或歌颂美好的品德，或表现青年男女追求婚恋自由的愿望，或揭露封建统治的黑暗和罪恶，抨击科举制度的腐朽和弊端，对后来的文言创作产生了巨大的影响。这部小说深受人们喜爱，也是中国文言短篇小说的最高峰之作。

（三）宋元话本小说与明代拟话本

宋元以来由于市民阶层的兴起，产生了与市民艺术趣味密切相关的白话小说"话本"。之所以被称为"话本"，是因为现在所知的宋代通俗小说大多都是当时"说话"艺人所用的底本。话本小说的形式，大抵以诗词起，以诗词终，中间叙述故事情节。属于说话范围的有四家："小说"、讲史、讲经、合生（或说诨话），其中以"小说"和"讲史"两类最为重要，影响也最大。"小说"一类主要包括传奇、公案、灵怪等，多就现实生活汲取题材，形式短小精悍，内容新鲜活泼；其中描写婚姻爱情和狱断公案的小说尤其生动感人，给后来的短篇小说创作以深刻影响。代表作有以爱情为主题的《碾玉观音》和《闹樊楼多情周胜仙》，公案类的《错斩崔宁》和《宋四公大闹禁魂张》。讲史一类则主要是将历史演绎为小说形式，对中国古典小说影响巨大，是中国长篇小说的开端。宋刊话本今已无从看到，元刊话本中，其代表作有《大宋宣和遗事》和《全相平话五种》（即《武王伐纣平话》、

《七国春秋平话》、《秦并六国平话》、《前汉书平话》、《三国志平话》)。其中《三国志平话》、《大宋宣和遗事》和讲经的《大唐三藏取经诗话》三种话本，后来分别演变成三部长篇小说名著《三国演义》、《水浒传》和《西游记》。

明代通俗文学出现新的高潮，不少文人不仅搜集整理话本小说，而且创作了大量拟话本。拟话本的写作，由冯梦龙开始，凌濛初继之。冯梦龙和凌濛初是明末两位功绩卓著的通俗文学家。"三言"和"二拍"是明代话本小说的集大成作品，合称"三言二拍"。"三言"(即《喻世明言》、《警世通言》、《醒世恒言》)为宋元明三代话本小说的选集，其中也有冯梦龙的拟作；"二拍"(即《初刻拍案惊奇》、《二刻拍案惊奇》)则是凌濛初模拟话本形式的个人创作。这五部短篇小说集中的作品，突出反映了社会矛盾，其中大量描写市民爱情生活，对妇女命运的描述尤其生动。如"三言"中的《杜十娘怒沉百宝箱》、《卖油郎独占花魁》、《玉堂春落难逢夫》、《沈小霞相会出师表》等，都是中国文学史上闪光的篇章。"三言二拍"还着重描写了商人生活，反映了明中叶以后资本主义因素增长的历史事实。其主导倾向是冲击和反抗传统的陈腐观念，表现晚明社会的市民意识。

(四)明清章回小说

章回小说有白话章回小说与文言章回小说之分。白话章回小说是主流，明清时最为盛行；文言章回小说是在白话章回小说盛行以后，文人好奇，偶一仿作，未成气候。章回小说直接从宋元说话艺术的基础上发展起来。作为我国古代文学的一种以叙事为主的重要文体，章回小说具有如下一些体式特征：分章叙事，标明回目；继承宋元"说话"传统，作者(叙事人)始终扮演着说话人的角色，采用"说给人听"的散说为主并间以韵文的叙事方法；全知全能的叙事视角；丰富多彩的叙事结构，包括单线组合、单线纵贯、多线交叉、网状交织等基本形态；缓急有致的叙事节奏和通俗化的叙事语言。

明清两代是中国古典小说兴盛繁荣的时代，特别是白话小说活动广泛流行，并且达到了很高的艺术水平。这时被称为明代"四大奇书"的《三国演义》、《水浒传》、《西游记》、《金瓶梅》，出现在文坛，放射出亘古未有的光辉。到了清朝繁盛时期，章回体小说创作继续繁荣，其中曹雪芹的《红楼梦》达到了中国古典小说的最高峰。

（五）中国古典小说的高峰：四大名著

《三国演义》不仅是章回小说的开山之作，也是在我国影响最大的长篇历史演义小说。作者罗贯中是元末明初人。他根据东汉末年魏、蜀、吴三国鼎立的历史记载和民间流传的三国故事创作了这部小说。《三国演义》生动描绘了三国时代各封建统治集团之间在政治、军事和外交方面的公开与隐蔽的斗争，揭露了社会的黑暗腐朽，反映了人民所受的离乱之苦，为那个群雄逐鹿的动荡时代创造了一幅全景式的历史画卷。小说不仅向广大读者提供了丰富的历史知识，而且大量传播了在政治斗争和社会生活中积累起来的智慧。书中塑造了许多性格单纯鲜明的人物，如宽厚仁爱的刘备，神机妙算的诸葛亮，雄豪奸诈的曹操，勇武忠义的关羽，勇猛暴烈的张飞以及气量狭小的周瑜等，成为家喻户晓的人物典型。《三国演义》描写错综复杂的政治、军事、外交斗争时崇尚智谋，在客观上把统治阶级的各种斗争手段、谋略向民间普及，成为一部形象化的政治、军事教科书，包含着十分深厚的文化内涵。就艺术成就而言，《三国演义》有一个相当完整细密的宏大结构，有条不紊地处理了繁复的头绪，描绘了极其壮阔的历史画面。

《水浒传》是一部描写农民起义的长篇英雄传奇小说。作者施耐庵是元末明初人。他根据民间流传的北宋末年宋江等人起义的故事，写出了"官逼民反"的社会现实。在"替天行道"的堂皇大旗下，作者热烈地肯定和赞美了被压迫者的反抗和复仇行为。其中武松打虎、鲁智深倒拔垂杨柳等故事，至今令人百读不厌。值得注意的是，《水浒传》所描写的造反是以"忠义"为行动准则的有限度的反抗。歌颂反抗与宣扬忠义在这里并行不悖，这也正是中国传统文化精神两面性的体现。《水浒传》在艺术上最值得称道的是人物形象的塑造。书中成功地塑造了108位梁山好汉的英雄形象，他们大多是社会"无道"的受害者，如武松欲为兄申冤却状告无门，于是拔刀雪仇；又如林冲遇祸一忍再忍被逼到绝境，终于复仇山神庙。全书人物众多而身份、经历又各异，因而表现出各自不同的个性，如金圣叹所说"人有其性情，人有其气质，人有其形状，人有其声口"。① 他们或勇武过人，或智谋超群，或身具异能，却都具有胸襟豁达、光明磊落、敢作敢为的共

---

① （清）金圣叹：《第五才子书施耐庵〈水浒传〉序三》。

同特点。

《西游记》是一部著名的神话长篇小说。作者明代吴承恩根据唐朝高僧玄奘远赴天竺(今印度)取经的故事和民间传说，创作了这部想象丰富、情节离奇、语言生动诙谐的艺术巨著。书中讲述孙悟空、猪八戒、沙僧保护唐僧去西天取经，他们一路上降妖伏魔，历经81难，终于取回了真经。这部小说充满了奇特的幻想，表现了丰富的艺术想象力，在中国影响极大。全书包含着两个基本的文学母题和相应的两个故事结构。第一个母题关系到人性的自由本质与不得不接受约束的矛盾处境，表现为孙悟空从无法无天、绝对自由的状态到受禁制、皈依佛门正道的过程。但是，小说中对孙悟空难以束缚的一面有更大的兴趣。第二个母题是"历险记"式的，它不仅便于展开离奇的情节，也寓涵着人必须经历千难万险才能获得最终完整和幸福的意义。在小说中，它表现为孙悟空、唐僧等人西天取经的过程。孙悟空的艺术形象，在两个故事结构中都占据着核心地位。他机智勇敢，尚侠行义，本领高强，敢于反抗天神和妖魔，深受人们喜爱。作者通过这个神话英雄，寄托了人们反抗压迫的生活愿望。

《红楼梦》是中国古典小说中最优秀的现实主义作品。作者是清代文学家曹雪芹。这部小说通过贵族青年贾宝玉和林黛玉的恋爱悲剧，叙述了一个封建贵族家庭由盛到衰的历史，深刻揭示了封建社会必然走向没落的历史命运，堪称封建末世的百科全书。《红楼梦》对封建的国家政治制度、家庭宗法制度、科举制度、婚姻制度以及依附于这些制度的伦理道德、价值规范进行了大胆的否定和批判，成功地塑造了贾宝玉、林黛玉这一对封建官僚家庭的叛逆者的形象。

在主人公贾宝玉的身上，集中体现了《红楼梦》的核心主题：新的人生追求与传统价值观的冲突，以及这种追求不可以实现的痛苦。这是一部具有历史深度和社会批判意义的爱情小说，它颠倒了封建时代的价值观念，把人的情感生活的满足放到了最高的地位上，用受社会污染较少、较富于人性之美的青年女性来否定作为社会中坚力量的士大夫阶层，从而表现出对自由生活的渴望。它也前所未有地描绘出美丽聪慧、活泼动人的女性群像。虽然《红楼梦》始终笼罩着一种宿命的伤感和悲凉，但也始终未曾放弃对美好理想的追求。在引导人性毁弃丑恶、趋向完美的意义上，它是有着不朽价值的。

第四节 音 乐 舞 蹈

音乐与舞蹈这两种审美艺术，常常是紧密联系，难以分割的。二者融为一体，形成了中国古代早期独特的乐舞或舞乐文化。它们以独特的方式承载着中国古代的审美文化，成为了中华民族宝贵的精神财富。

一 中国音乐

(一)中国古代音乐的起源

中国音乐的起源与发展，一方面与原始人类的生产劳动有关，另一方面又与中国礼乐文化制度紧密相联。中国古代早期的音乐多为舞乐，即融诗、舞、乐于一体。最晚在公元前 11 世纪，中国已称这种音乐舞蹈结合的艺术形式为"乐"。甚至在音乐、舞蹈各自成为独立的艺术形式之后，"乐"仍保存着它的模糊词义，既可以指舞蹈，也可以指音乐。今天的"乐"已专指音乐，所以学者均通称原始时期的"乐"为"乐舞"。根据文献记载，原始乐舞的举行跟祈求丰年等祭祀是"一而二，二而一"的事，因此其中必然包含有生产活动的再现成分。原始时期，乐舞并不成其为社会分工对象，原始社会不存在专职的乐工，乐舞一般是部落社会的全体成员都要参加的活动。现存的一些原始岩画生动地描绘了原始乐舞的场面，那是一种群体的歌舞活动。因此，原始时期的乐舞，并没有以专门的艺术形式的面貌和身份从社会上独立出来。严格地说，大约到夏代以后，乐舞才真正作为一种社会分工而取得独立的地位。

(二)传统音乐的历史分期

在脱离原始的胚芽状态之后，中国音乐的发展大致经历了以下几个时期。

1. 先秦时期

先秦音乐以"钟鼓之乐"为主，"雅乐"兴盛；多种乐器陆续产生，大型乐队初步形成；音乐美学及律制理论(即"八音"分类法等)初步确立，产生了中国古代音乐史上第一部系统的音乐理论专著《乐记》；《诗经》、《楚辞》的出现又标志着"俗乐"的成熟与繁荣。尤其是礼乐制度的形成，所谓"兴于《诗》，立于礼，成于乐"①，将音乐放在与礼教、道德同等重要的位置，为古代文化奠定了更加全面的基础。

2. 汉唐时期

中国文化经历了两汉、魏晋南北朝的发展与转折，到唐代进入了全盛时期。这一时期，一种由器乐演奏、歌唱和舞蹈相结合的宫廷歌舞大曲是音乐的主要形式。汉族音乐经过历史上空前的中外各族音乐大交流，达到了歌舞音乐的峰巅。据乐府等有关古籍记载，这个时期的南北民歌都有蓬勃的发展；西域、北欧的音乐大量传入，中国音乐又增添了许多新品种和新乐器。唐代的歌舞大曲，是这一时期音乐走向全盛的值得骄傲的标志，其中以"音清而近雅"②的《霓裳羽衣舞》曲最具代表性。

3. 宋元明清时期

明代中期出现了资本主义经济的因素，虽然仅仅是萌芽状态，但却对思想、文化的活跃起到了十分重要的作用。此时文艺大量走向世俗，戏曲、曲艺的兴起，时调小曲的流行，各种乐器合奏、独奏形式的发展与成熟，音乐美学、乐制、创作与表演理论的进一步发展，为古代音乐带来了新的生机，成为中国近代音乐的基础。说唱和戏曲品种日益丰富，成为最重要的两大音乐体裁。

4. "五四"新文化运动以后

外国音乐文化大量输入，对中国传统音乐的发展产生了巨大的积极作用。但是中国传统音乐的固有形式和特征尚未消失，它在与西方音乐碰撞、融合的过程中，进行着自身衍化、蜕变的历史性转折。自20世纪50年代以来，广大的中国音乐工作者对这份丰厚而宝贵的文化遗产进行了全面的搜集、整理和研究，并创作了大量不同题材形式的新作品，极大地丰富了中国音乐的宝库。

(三) 中国民间音乐的主要类别

1. 江南丝竹

江南丝竹，指流行于江浙两省和上海地区的民间丝竹风俗音乐。合奏时，每

---

① 《论语·泰伯》。
② 《新唐书·礼乐志》。

件乐器既富鲜明个性又互相和谐，手法常用加花变奏。其风格清新优雅，细致活泼；曲调悠扬柔美，婉转流畅。反映出江南人勤劳朴实，细致含蓄的性格特色。其中上海江南丝竹最具特色，其演奏风格秀雅精细，合奏时各个乐器声部既富有个性而又相互和谐，很有特点，深得音乐工作者的珍视。上海地区的丝竹演奏活动，七、八十年来从不间断。丝竹乐爱好者常在固定场所进行演奏，相互交流，共同切磋，使这一乐种有了更进一步的发展，在全国颇有影响。

其乐队组合以丝弦乐器和竹管乐器为基本编制，包括"丝"（二胡、中胡、琵琶、三弦、扬琴、秦琴等），"竹"（笛、箫、笙）及其他打击乐器（鼓、板、碰铃等）。

2. 广东音乐

广东音乐形成于20世纪初，发展迅速，不久即风行全国，在港澳台及东南亚各国华侨聚居的地方也很盛行。清末，在广州市及珠江三角洲一带流行着不少"过场"，又名"宝字"，即"丝弦乐队无唱时，各弦合弄之谱也"。广东音乐就是在这种音乐的基础上发展而来。而后，"济隆"、"素社"、"钟声慈善社"等一批音乐团体也推动了广东音乐的发展。1926年，新月唱片灌制的《小红桃》、《昭君怨》等唱片受到欢迎，因此各地唱片公司争相灌制广东音乐的唱片。这些都促成了广东音乐的发展，也使得广东音乐很快在全国流传开来。广东音乐的音响色彩清脆、明亮、华美，旋律风格华丽、跳跃、活泼，乐曲结构多为短小单一的小品，很少有大型套曲。

早期的合奏，多用二弦、提琴（类似板胡）、三弦、月琴、横箫（笛子），称为"五架头"，又叫"硬弓组合"，独奏多用琵琶或扬琴。20年代以后，改以高胡为主奏乐器，辅以扬琴和秦琴，俗称"三架头"，又称"软弓"。后来在"三架头"的基础上加入了洞箫、笛子、椰胡等丝竹乐器，乐队有了扩大，大约在1930年乐队定型下来。主奏或特性乐器是高胡，也称粤胡、南胡。它与二胡的型制基本相同，只是琴筒更细更短。演奏时两腿夹持琴筒，以控制音量。广东音乐擅长于生活小境的描摹，对传统的生活情趣无不流露着关注。它常常以对自然景物的表现，给人娱乐的享受。

3. 潮州弦诗

潮州弦诗在当地被称为"弦诗乐"，流行于广东潮、汕地区及福建部分地区，是一种古老的民间丝竹乐种，颇具地方色彩。弦诗乐是用弹拨乐器演奏诗谱的总称。它的历史已无文字记载可查考，只能从它使用的"二四谱"古谱式可以推断至少有六七百年的历史。根据班社组织的性质及活动范围，潮州弦诗可分为"儒家乐"和"棚顶乐"两种。"儒家乐"是上层社会人士资助的专门性演出团体；另一种是民间群众性的自由集结，其演奏活动范围较前者为广。目前流行的弦诗乐以"儒家乐"为多。

潮州弦诗乐最早曾是用古琴演奏，后发展成由竹弦、洞箫和月琴三种乐器组成的小型丝竹乐。近三百年来，引进外江乐中的二弦，其发音高而尖细，有很强的穿透力。以十弦作主奏乐器，使弦诗乐更具独特的风味。乐队中还有椰胡、提胡、扬琴、三弦、琵琶、葫芦琴、皮琴等弦乐器，有时加用筝。弦乐器在乐队中占有很大比重。吹管乐器有洞箫、横笛，有时用大、小唢呐。打击乐器有小鼓、板、木鱼等。

4. 福建南曲

福建南曲（又称南音、南管、弦管）是一种历史悠久的民间音乐，流传于福建闽南地区，在港澳台及东南亚地区也十分盛行。其曲调典雅淳朴，古色古香。它包括"指"、"谱"、"曲"三大部分。"指"，有词、谱、指法的套曲，如《刘智远》、《王月英》；"谱"，无词而有指法的器乐演奏谱，最著名的有《四时景》、《梅花操》、《八骏马》、《百鸟归巢》；"曲"，即散曲，也称草曲。乐队组合形式分为"上四管"、"下四管"，上四管又分为洞管和品管两种，下四管又称"十音"，乐器有南暖（小唢呐）、琵琶、三弦、二弦、响盏、狗叫、铎、四宝、铜铃和扁鼓等。

5. 河北吹歌

河北吹歌是流行于河北省中部村镇的吹打音乐，也称"冀中吹歌"、"吹歌会"、"吹鼓乐"、"吹管乐"、"吹打班"等。它以吹管为主，吹奏的曲目大多是民歌和戏曲唱腔，因而得吹歌之名。河北吹歌使管乐器和吹奏技巧得到了很大发展，如《梆子调》、《河北梆子》等，演奏者能把戏曲行腔和人物性格模拟得惟妙惟肖。另外，它还创造了模拟三弦弹奏和细雅箫声的特技，如《山东大鼓》、《小开门》等。其演奏形式生动活泼，音乐风格粗犷、活泼，格调清新刚健，富有地方色彩。

6. 浙东锣鼓

浙东锣鼓是流行于浙江东南部嵊县、宁波、奉化、舟山以及温州等地的吹打音乐。其打击乐非常丰富。浙东锣鼓的乐队编制常因地区不同而异。如嵊县的五锣形式，奉化、舟山等地的十锣形式，都是由一人演奏多面锣或多面鼓，其色彩丰富，技巧复杂，为人们所喜闻乐见。浙东锣鼓的曲目丰富，《大辕门》、《将军得胜令》等乐曲表现了古代士们凯旋时万民欢乐的情景；《划船锣鼓》、《舟山锣鼓》和《绣球》等表达了人们轻快愉悦的情绪；《万花灯》结构庞大，富有层次，生动地描绘了元宵节闹花灯的各种情景；还有《丰收锣鼓》、《夏雨》和《东海渔歌》等作品，其曲调都源于民歌和戏曲音乐，中间插入锣鼓等打击乐器。

7. 晋北鼓乐

晋北鼓乐是流行于山西北部五台、定襄、原平、静乐一带的吹打乐。据史料记载，秦末时有人为逃避兵乱，移居娄烦（今山西西北静乐县内），以放牧为生，成为富豪。他出入游猎，旌旗鼓吹，以财雄边。今天的晋北鼓乐是否为当年的遗音，实难考查，但鼓乐早在秦汉时已在晋西北地区流行，可见其历史相当久远。

演奏鼓乐的班社又叫鼓房或鼓班，几乎村村都有。常演奏的曲目有《八大套》、《大得胜》、《打酸枣》、《探妹子》和《毛奴观灯》等散曲。《八大套》自成一系，是《青天套》、《扮妆台套》、《推辘轴套》、《十二层楼套》、《大骂渔郎套》、《箴言套》、《鹅郎套》、《劝金杯套》八大套的总称。其中每首套曲都有多首曲牌按照固定的顺序连缀而成。以管子为主奏乐器，配以笙、海笛、笛子、锣、铙、梆子等。《八大套》的音乐朴实热闹，富有乡土气息，常用于婚丧喜庆及社火、庙会等。以大型套曲《大得胜》为代表的作品是晋北鼓乐的另一类型，它在曲牌选用及顺序编排方面自由灵活，演奏时富于即兴性，更能适合民间风俗中各种场合演出的需要。

8. 潮州大锣鼓

潮州大锣鼓是流行于广东潮安、汕头地区的吹打音乐，分为牌子套取锣鼓和长行套取锣鼓两种。牌子套曲锣鼓的传统曲目多表现戏曲中的历史战斗故事；长行套取锣鼓是在戏曲牌子套取锣鼓的基础上，吸取古代民歌小曲的精华构筑而成，极富生活气息。其演奏乐队选用了斗锣、唢呐（长杆）、二弦等独特乐器，因而乐队音色与众不同。唢呐以麦秆为哨，音色高昂、洪亮、富有穿透力，是领奏乐器。打击乐器各有一定的音高，其合奏音响较谐和。司鼓者以轻重缓急的底鼓和刚柔徐疾的手势指挥乐队，并以演奏复杂多变的鼓套充分发挥它的表现作用，是一种具有中国气派和民族风格的击鼓艺术。传统十八大套乐曲除描写生活情景的《双咬鹅》和《斗鸡》以外，其他均是"正字戏"音乐联奏，如《关公过五关》、《抛网捕鱼》等。

9. 苏南吹打

苏南吹打是江苏南部无锡、苏州、宜兴一带的吹打音乐。它与明清文人著作中所记述的江南"十番鼓"和"十番锣鼓"相似。《满庭芳》、《甘州歌》等乐曲是以独奏的鼓段为中心，把丝竹牌联合成套头的"十番鼓"。鼓段有慢板段、中鼓段和快鼓段。鼓套子丰富，演奏难度高，这种形式在现存的吹打音乐中很罕见，其历史悠久、影响深远。如《下西风》、《喜遇元宵乐》等乐曲，就是以锣鼓段为中心的大型套头，即"十番锣鼓"。"十番锣鼓"早在明代就已出现，传统风俗多用于婚丧喜庆等场合。江南道士用此做道场，僧人和道士称之为"梵锣鼓"。苏南吹打的套头结构庞大，组织有序，锣鼓段的写作很有规律，是研究吹打音乐至为重要的乐种。

（四）中国十大经典古曲

1.《高山流水》

此曲最初刊见于我国现存最早的琴曲集——《神奇秘谱》。该书在解题中写道："《高山流水》本只一段，至唐分为二同曲，不分段落。宋代分《高山》四段，《流水》八段。"

2.《广陵散》

又名《广陵止息》。现存琴谱最早见于《神奇秘谱》。据该书编者称，此谱传自隋宫，历唐至宋，辗转流传于后。"广陵"是指琴曲的流传地在广陵（今江苏扬州），"散"即操、引、曲的意思。《广陵散》题材源于古代的《聂政刺韩王曲》。该作品讲的是一个造剑工匠被韩王无辜杀害，他的儿子聂政为了报仇，以泥瓦匠身份混入韩宫；谋刺失败后，他逃入深山刻苦学琴，十年成绝技再度混入宫中，利用弹琴的机会刺死了韩王，自己也为此而壮烈牺牲。

3.《平沙落雁》

明代又称为《雁落平沙》。乐谱最早刊于《古音正宗》琴谱集。其曲调悠扬流畅，通过时隐时现的雁鸣，描写雁群在空际盘旋顾盼的情景。《天闻阁琴谱》中写道："盖取其秋高气爽，风静沙平，云程万里，天际飞鸣，借鸿鹄之远志，写逸士之心胸者也。"《平沙落雁》虽然出现较晚，却是近三百年来流传最广的作品之一，有近百种琴谱刊载此曲。它之所以流传甚广，除了曲调流畅、动听之外，还因为它的表现手法新颖、别致，容易为听众理解。

4.《梅花三弄》

现存谱最初刊见于1425年出版的《神奇秘谱》。它借物咏怀，借梅花的洁白、芬芳和耐寒等特征，来赞颂节操高尚的人。乐曲前半阕奏出了清幽、舒畅的泛音曲调，表现了梅花高洁、安详的静态；急促的后半阕，描写了梅花不屈的动态。前后两段在音色、曲调和节奏上截然不同，有着鲜明的对比。同曲中泛音曲调在不同的徽位上重复了三次，所以称为"三弄"。

5.《十面埋伏》

这是一首历史题材的大型琵琶曲。本曲现存乐谱最早见于1818年华秋萍编的《琵琶行》。关于乐曲的创作年代迄今无一定论。资料追溯可至唐代，在白居易的著名长诗《琵琶行》中，可探知作者曾听过有关表现激烈战斗场景的琵琶音乐。它描写公元前202年楚汉战争垓下决战的情景。汉军用十面埋伏的阵法击败楚军，项羽自刎于乌江，刘邦取得胜利。明末清初，《四照堂集》的"汤琵琶传"曾记载了琵琶演奏家汤应曾演奏《楚汉》一曲时的情景："当其两军决战时，声动天地，屋瓦若飞坠。徐而察之，有金鼓声、剑弩声、人马声……使闻者始而奋，继而恐，涕泣无从也。其感人如此。"

6.《夕阳萧鼓》

这是一首抒情写意的文曲，旋律优美流畅，在演奏中运用了各种琵琶技法。曲式上，用扩展、收缩、局部增减和高低音区的变换等手法展开全曲。乐谱最早见于1875年的抄本。1925年前后，上海大同乐社根据此曲改编成丝竹乐曲《春江花月夜》。它犹如一幅长卷画面，把多姿多彩的情景联合在一起，通过动与静、远与近、情与景的结合，使整个乐曲富有层次，高潮突出，音乐所表达的诗情画意引人入胜。此曲流传甚广，是琵琶古曲中的代表作品之一。

7.《渔樵问答》

此曲在历代传谱中有 30 多种版本，有的还附有歌词。现存谱初见于明代。乐曲通过渔、樵在青山绿水间自得其乐的情趣，表达出对追逐名利者的鄙弃。乐曲采用渔者和樵者对话的方式，以上升的曲调表示问句，下降的曲调表示答句。旋律飘逸潇洒，表现出渔、樵悠然自得的神态。正如《琴学初津》中所述："《渔樵问答》曲意深长，神情洒脱，而山之巍巍，水之洋洋，斧伐之丁丁，橹歌之欸乃，隐隐现于指下。迨至问答之段，令人有山林之想。"

8.《胡笳十八拍》

根据同名古诗谱写，歌词最早刊于南宋朱熹的《楚辞后语》，有《大胡笳》和《小胡笳》两种传谱。"胡笳"原来是我国北方少数民族的吹奏乐器，它音量宏大，用于军乐以壮声威。《胡笳十八拍》所反映的主题是著名的"文姬归汉"的故事：汉末战乱中，蔡琰（即蔡文姬）在匈奴流落十二年之久。她虽身嫁左贤王为妻，却十分思念故乡。当曹操派人接她回内地时，还乡的喜悦却被骨肉离别之痛所淹没，她的心情非常矛盾。诗人李欣曾作诗如下："蔡女者造胡笳声，一弹一十有八拍。胡人落泪向边草，汉使断肠叹归客。"诗人戎昱在《听杜山人弹胡笳》中，也正是抓住了这一矛盾最尖锐的场面："南看汉月双眼明，却顾胡儿寸心死。"此曲成功地表达了这种复杂的心情，非常感人。

9.《汉宫秋月》

该曲有两种较为流行的演奏形式，一为筝曲，另一为二胡曲，由刘天华先生所传。本曲意在表现古代受压迫宫女的幽怨、悲泣情绪，唤起人们对她们不幸遭遇的同情。筝曲演奏运用吟、滑、按等诸多技巧，风格淳朴古雅，是一首有代表性的山东筝曲；二胡曲则速度缓慢，用弓细腻多变，旋律经常出现短促的休止和顿音，加之各种复杂技法的运用，表现了宫女哀怨、悲愁的情绪，具有很深的艺术感染力。

10.《阳春白雪》

相传是春秋时期晋国的师旷或齐国的刘涓子所作。《宋玉答楚王问》中记载了"阳春白雪"的故事：当歌手唱《下里巴人》时，国中和者数万人，后又改唱《阳春白雪》，因为曲高和寡，只有几个人跟着唱和。现存琴谱中的《阳春》和《白雪》是两首器乐曲。《神奇秘谱》在解题中说："《阳春》取万物知春，和风淡荡之意；

《白雪》取凛然清洁，雪竹琳琅之音。"现在，音乐舞台上流传的琵琶曲《阳春白雪》，又名《阳春古曲》，是一首有标题的多段体乐曲。它经过历代名人的删改，音乐结构更集中、更严谨、更富有层次，音乐形象也更加鲜明，成为一首雅俗共赏的优秀传统乐曲。

二　中国舞蹈

作为古老的多民族国家，中国有着丰富的舞蹈文化历史资源。舞蹈是我国古代所称"乐"的重要组成部分，而乐是一种古老的综合艺术形态，包含着诗、乐、舞这些基素，密不可分，浑然一体，其中诗表述思想感情，音乐演奏唱出它的声音，舞蹈表现它的外在形象。三者都根源于人的内心。今人所称之诗歌、音乐、舞蹈，只是在经历了相当长一段发展过程之后，才逐步演化形成的。

(一) 中国舞蹈的历史概况

灿烂的中华舞蹈文化，源远流长。从整体上看，它从原始社会开始萌芽，大约到青铜时代臻于成熟；然后在封建社会进一步发展，至唐代进入鼎盛时期；宋代以后，随艺术领域的整体变动又进入了转型期。

1. 先秦时期

舞蹈是原始文化的基本形态，举凡狩猎、战争、祭祀、祈祷等活动，都是通过舞蹈来进行的。原始舞蹈为全氏族共有，形式和动作比较简单，道具和服饰一般还是日用品。阶级的出现，使舞蹈艺术发生了分化：一部分被奴隶主阶级占有，成为专供王室、贵族祭祀及享乐用的仪式和表演舞蹈；而另一部分则继续盛行在下层民众之间，成为以自娱为主的群众性舞蹈。王室贵族的歌舞由专业的舞蹈者担任，这一分工使舞蹈脱离了原始状态而日趋完美。当时的舞蹈分巫舞和乐舞两大类。巫舞带有较浓厚的宗教色彩，主要服务于宗教活动，但客观上也有一定的娱人作用；乐舞是由乐舞奴隶所作的表演舞蹈，主要供奴隶主贵族享乐。当时的贵族常在宫廷中举行大规模的歌舞盛会，而且"以巨为美，以众为观"①。

周代舞蹈是中华乐舞文化的第一个高峰，其乐教思想在先秦儒家著述中得到

---

① 《吕氏春秋·侈乐》。

了系统的发展，形成身心一元论的乐舞美学思想。西周初年，统治阶级制礼作乐，将前代遗留的乐舞集中整理，建立了明确的宫廷雅乐体系，使我国奴隶社会的舞蹈艺术发展到了前所未有的高度。当时的宫廷雅乐主要分"文舞"和"武舞"两种：文舞表示君王能以德服天下，武舞表示国家武力的强盛。它的实际应用和统治阶级规定的礼制紧密结合，其目的除了供统治阶级享乐以外，主要在于维护等级的尊严。西周末年，周王室日益衰微，礼乐制度逐渐失去对新兴势力的实际控制作用。同时，由于雅乐的内容和形式已经定型以至僵化，不能满足贵族们的享乐需要，终至"礼崩乐坏"，日渐没落。另一方面，民间歌舞由于和生活的关系紧密，内容范围和表现技巧不断得到丰富提高，受到了包括大部分统治阶级成员在内的普遍欢迎，大量的民间歌舞被引进宫廷和贵族生活，替代雅乐而成为舞蹈表演的主流。

2. 宋代以前

秦汉以后，我国古代舞蹈艺术的发展演变可以宋代为界，分为前后两个时期。宋代以前，舞蹈是主要的表演艺术，也是统治阶级骄奢淫逸、追求声色享乐的重要方面。歌舞艺术因而深入普及社会各阶层的日常生活之中，得到了蓬勃的发展，先后在汉代和唐代出现了两个高峰。两汉舞蹈百技纷呈，是俗乐舞文化的高峰。两汉时代不仅国家设有专门的乐舞机构——乐府(古代所谓的"乐"，包括音乐和舞蹈两个方面)，贵族豪门也蓄养了大批专业乐舞艺人，歌舞之风盛极一时。我国舞蹈的民族风俗特色在当时已初步形成，现今各种舞蹈样式、体裁在汉代舞蹈中几乎都已出现，现存的各种传统舞蹈也大多可在汉代舞蹈中寻见其渊源。

魏晋南北朝时期，社会剧烈动荡，民族文化大融合。各民族共同创造的舞蹈文明在这个时期显示了艺术的自觉，为隋唐乐舞文化的新高峰奠定了基础。当时，南方主要继承汉魏时代的旧乐，并逐渐采集民间乐舞。"雅舞"、"杂舞"产生，前者用于郊庙朝飨，后者用于宴会。著名的《春江花月夜》、《玉树后庭花》等宫廷乐舞，大概也是由民间舞发展的结果。少数民族统治下的北方则好"胡戎之伎"，西部各民族的乐舞大举传入中原。天竺(印度)、龟兹(库车)等地的音乐舞蹈，上至宫廷，下及闾巷，盛极一时。亚洲各民族舞蹈艺术的交流混合，为后来的隋唐舞蹈艺术发展打下了基础。这一时期舞蹈艺术的主要倾向是着意追求舞蹈自身的技巧和形式美，努力增强舞蹈演出的华丽悦目和娱乐性。

继之而起的唐代是我国舞蹈发展史上的又一个高峰，其舞蹈文化灿烂辉煌，达到了艺术巅峰。唐代继承隋代的设置进一步完善和丰富宫廷各种乐舞机构，使唐代舞蹈成为吸收异域优秀文化和传播东方文明精华的博大载体。隋初修订雅乐，会聚南朝旧乐和北朝胡舞，制定了供朝会宴享用的"七部乐"（又称"七部伎"），后来又扩充为"九部乐"（包括《清乐》、《西凉》、《龟兹》、《天竺》、《康国》、《疏勒》、《安国》、《高丽》、《礼毕》）。唐代承袭这一乐舞设置，并增加《高昌》一部，组成"十部乐"。唐代中期，在吸收波斯（伊朗）、大秦（东罗马帝国）舞蹈艺术的基础上，又将这多部乐制分为坐、立两大部。坐部在堂上演舞，丝竹合奏比较贵重；立部在堂下，击鼓吹笙，并作杂戏。从九、十部乐到坐、立部伎，说明各族各地的乐舞文化通过交流，互相吸收融合，已经达到更高的新阶段。唐代舞蹈除主要用于朝会宴享的大型乐舞，如《秦王破阵乐》、《霓裳羽衣舞》等之外，还有专为娱乐的、艺术性特别强的小型舞蹈。根据舞的性质和形态，它们大致可分为健舞和软舞两类，健舞如《剑器》等，动作爽朗，快捷刚健；软舞如《绿腰》、《甘州》等，动作舒徐，安详温婉，表情比较细腻。唐代舞蹈中还有表演特定人物及情节的歌舞戏，见之记载的有《拨头》、《兰陵王》、《踏谣娘》三出，题材均取自现实生活，体现了我国民间歌舞现实主义的优秀传统。

3. 宋代以后

宋代以后，我国舞蹈艺术的发展进入了不同于过去的新阶段。一方面由于封建礼教对人们思想行为的束缚，另一方面，由于戏曲、说书等多种艺术形式的兴起，特别是戏曲的形成和发展，原来歌舞在表演艺术中所占的首要地位，逐步被新兴戏曲中的舞蹈所取代。宫廷乐舞场面盛大，但渐趋呆板，独立的舞蹈艺术开始衰落。一些从唐代继承的独立舞蹈节目也逐渐加入故事，成为歌舞剧。部分古代舞蹈为戏曲所综合，成为戏曲艺术的重要组成部分，部分歌舞还与杂技相结合。这样，专业舞蹈的主流由豪门贵族转向广大市民阶层，雅乐衰落，而民间舞蹈成为这一时期舞蹈艺术的主体。当时舞蹈活动的方式，主要是民间自娱性的业余活动。一些为群众喜闻乐见的舞蹈，如秧歌舞、花灯舞等，一直流传至今。

(二) 雅乐舞蹈与伎乐舞蹈

中国舞蹈是一个整体，有着共通的神韵和风貌，且不说民族之间、地域之间的频繁交流，相互融会，就是专业和业余、宗教和世俗、宫廷和民间……也无不呈现出错综纠结的状态。雅乐舞蹈、伎乐舞蹈、民俗舞蹈、宗教舞蹈等不同舞种，都是中华舞蹈文化传统的重要组成方面。其间，雅乐舞蹈与伎乐舞蹈相对，它们构成了我国乐舞艺术的重要两翼，为中国古典舞蹈的"宫廷"与"民间"两条传统路线打下了基础。在此，我们对二者进行一下简单介绍。

1. 雅乐舞蹈

中国舞蹈在走出蛮荒、进入文明社会以后，便加快步伐，趋向成熟。西周初年制定的雅乐体系，是我国乐舞文化进入成熟期的里程碑。武王推翻商殷，建立周朝不久，就命周公姬旦制礼作乐，因袭夏、商的礼仪乐制，建立了周王朝的礼乐制度。作为一种统治手段——礼乐教化的工具，乐舞艺术的地位和作用被提到了前所未有的高度。这一部分乐舞就是所谓的"雅乐"、"雅舞"，虽然几经兴衰，但在几千年封建社会中，始终居于乐舞的正统地位。雅乐舞蹈的主要内容是"六大舞"(也称"六代舞")，代表六个朝代，有黄帝的《云门》、尧帝的《大章》、舜帝的《大韶》、夏禹的《大夏》、商汤的《桑林》和武王的《大武》。六大舞又分"文"、"武"两类，前四舞属文舞，《大武》等属武舞。文舞持龠(似笛的管乐器)翟(鸟羽)而舞，故又称龠翟舞；武舞持干(盾牌)戚(斧钺)而舞，又称干戚舞。两类乐舞的划分，与舞蹈的内容形式有一定联系，但据后世儒家考证，主要是受祭的帝王得天下的手段差异，所谓"以文德得天下的作文舞，以武功得天下的作武舞"。这一定例一直贯穿到以后历朝历代的封建帝制。周代雅乐除上述六大舞外，还有《羽舞》等"六小舞"，这些舞蹈和六大舞一样，也是用作教育贵族子弟的教材，成为乐教的重要内容。

2. 伎乐舞蹈

伎乐舞蹈是一个很宽泛的概念。古代社会中除雅乐舞蹈之外，种种由专业艺人表演的观赏性舞蹈，如秦汉的伎乐杂伎，隋唐的九、十部伎，坐、立部伎，宋代的队舞等，都可以归纳在这个范畴之内。

汉代是伎乐大发展的时期。这一时期出现了新的表演形式，如著名的角抵百戏、相和大曲；一些著名的舞蹈节目，如《盘鼓舞》、《巾舞》与《巴渝舞》；以及一些在历史上留下了姓名的乐舞伎人。它们都标志着我国的乐舞文化已进入了繁盛期。

盛唐是我国舞蹈发展史上的黄金时代，也是伎乐舞蹈的全盛时期。当时，能歌善舞的乐伎遍及社会各阶层，蓄伎之风盛行。标志着唐代乐舞文化高峰的隋唐燕乐(也即宴乐)，主要就是由乐舞伎人表演的。其形式品种之丰富，技艺之高超，队伍之庞大，以及在社会上流传之普遍与深入，都可以说是空前绝后的。歌舞大曲是唐代新形成的一种集器乐、舞蹈、歌曲于一体的大型表演形式。唐代大曲数量很多，仅留传曲名于后世的就有六十多个。唐代伎乐以其惊人的创造力在当时社会生活中造成了广泛的影响，以致在唐代各种文艺作品——诗歌、传奇、绘画、雕刻……中留下了光彩照人的形象，栩栩如生，至今还为人所欣赏、所神往。

唐代末年，伎乐花期已过。宋代虽仍有发展，但规模和节目之丰富多彩，已不能和唐代相提并论；社会上也还有官伎、营伎和家伎，但也远远比不上唐代的声势和影响了。"女乐余姿映寒日"，伎乐舞蹈已不可避免地走向衰落。

(三) 多姿多彩的中国民族舞蹈

中国幅员辽阔，民族众多，复杂多样的生态环境和文化传统，不平衡的历史发展进程，为我国乐舞文化渲染出一幅色彩斑斓、内容繁复的壮丽画卷。中国舞蹈是中华民族全体智慧和心灵的结晶，各个民族都有自己的舞蹈。它们直接反映少数民族的生活内容与风俗习惯，不但具有舞蹈艺术价值，还是一项珍贵的文化遗产。

1. 汉族秧歌舞

秧歌是我国汉民族的一种民间广场集体歌舞艺术，主要流行于我国东北地区和陕北高原。秧歌舞历史悠久，形式多样，表演起来多姿多彩，红火热闹，为中国老百姓所喜闻乐见。

秧歌主要有"大秧歌"和"踢场子"两大类。大秧歌，是一种在广场上进行的集体性歌舞活动，规模宏大，气氛热烈，动作矫健豪迈，情绪欢快奔放，并伴有狮子、龙灯、竹马、旱船、跑驴等社火节目。"踢场子"秧歌，参加人数为偶数，成双成对，男持彩扇，女舞彩绸，既刚健又柔美，既洒脱，又细腻。逢年过节，城乡都组织秧歌队，拜年问好。村邻之间还扭起秧歌互相访拜，比歌赛舞，热闹非凡。秧歌表演形式的主要特点是"扭"，所以也叫"扭秧歌"，即在锣鼓乐器伴奏下以腰部为中心点，头和上体随双臂大幅度扭动，脚下以"十字步"作前进、后退、左腾、右跃的走动。上下协调，步调整齐，彩绸飞舞，彩扇翻腾，同时还可以伴随着唱。

2. 蒙古族安代舞

辽阔无垠的绿色大草原养育了中国的游牧民族——蒙古族。蒙古族是个能歌善舞、活泼开朗的民族。牧民们在生活中创造了大量的音乐舞蹈，有"挤奶舞"、"筷子舞"、"盅碗舞"等，其中最著名的是"安代舞"。

"安代舞"的起源有十几种传说，其中流传最普遍的一种是：很早以前，科尔沁大草原上有一对相依为命的父女。女儿长到 17 岁时突然得了重病，找了多少大夫也没治好。无奈之下，老人套起牛车拉着女儿四方求医，半途车轴断裂。可怜的老人急得围着牛车来回转，高声唱着祈祷神灵的保佑。歌声传到不远的村子里，引来了众乡亲，他们见状也潸然泪下，跟着老人甩臂跺脚，围着牛车哀歌。这样唱着、舞着，感动了上苍。雨停了，太阳出来了，姑娘的病也好了。她加入了舞蹈的人群，一同唱舞起来……

后来，草原上不管是求雨、祭敖包，还是那达慕盛会，都用这种载歌载舞的形式来抒发感情，形成了"安代舞"。依据习俗，早期的安代舞表演场地，中间立一断轴车轮或木杆（意为镇妖避邪之物），参加者围成圆圈，右手握一块绸巾或扯起蒙古袍下摆，随领唱（领舞）者边歌边舞。曲调悠扬婉转，韵味醇厚，善于表达情感。唱词内容丰富，活泼生动，富有即兴色彩。

3. 苗族芦笙舞

芦笙舞是苗族最有代表性的舞蹈，也是苗族人最喜爱的民间舞蹈。它基本可以分为三类，群众性芦笙舞、表演性芦笙舞和风俗性芦笙舞。

第一种是群众性芦笙舞，苗语中叫"究给"，是苗家流行最广泛的芦笙舞。每逢节日，人们都涌上芦笙场，由一支庞大的芦笙队伴奏领舞。芦笙队保持"一"字队形，原地吹奏，群众则把芦笙队围在中间舞蹈。男的动作矫健潇洒，女的轻慢柔美，姑娘们随着身体的跳动，佩戴的银饰发出和悦的声响。

　　第二种是表演性芦笙舞,苗语中叫"丢捞比给",是一种男性边吹边跳的表演性芦笙舞。这种芦笙舞是集会和节日中作为表演比赛的一种形式,舞曲明快,节奏强烈,动作技巧比较难,只有少数人能跳。

　　第三种是苗家人称之为"跳花"和"跳月"的风俗性芦笙舞,是反映青年男女恋爱活动的群舞。一般只有青年男女参加,男青年边舞边吹优美的芦笙曲。随着优美的芦笙曲,姑娘则边舞边把自己精心绣制的花带,拴在喜爱的小伙子的芦笙上,自己牵着花带的另一头跟着男青年跳舞。有时,一个男青年身后有好几个姑娘牵着花带,队形好像孔雀开屏,而有的男青年身后却空无一人,十分有趣。

　　4. 傣族孔雀舞

　　由于气候及自然条件关系,傣族地区孔雀较多。傣族人民认为孔雀美丽、善良、智慧,是吉祥的象征,对它怀有崇敬的感情。他们把孔雀作为自己民族精神的象征,并以跳孔雀舞来表达自己的愿望和理想,歌颂美好的生活。孔雀舞是傣族具有代表性的一种民间舞蹈。

　　孔雀舞的内容,多为表现孔雀飞跑下山,漫步森林、饮泉戏水、追逐嬉戏,拖翅、展翅、抖翅、点水以及蹬枝、歇枝、开屏、飞翔等。感情内在含蓄,舞蹈语汇丰富,舞姿富于雕塑性。舞蹈动作多保持在半蹲姿态上均匀地颤动,身体及手臂的每个关节都有弯曲,形成了特有的三道弯舞姿造型。手形和手的动作也较多,同一个舞姿和步法,不同的手形或手的动作,就有不同的美感和意境。孔雀舞有严格的程式和要求,有规范化的地位图和步法,每个动作有相应的鼓语伴奏。

　　5. 维吾尔族舞蹈

　　维吾尔族舞蹈与民间音乐结合得十分紧密。舞蹈时,头、肩、腰、臂、肘、膝、脚都有动作,还有"动脖"、"打指头"、"翻腕子"等一系列小动作,眼睛尤其传神。这一切形成了维吾尔族舞蹈的鲜明特点。维吾尔族舞蹈大致可分为自娱性舞蹈、礼俗性舞蹈和表演性舞蹈。

　　"赛乃姆"是一种自娱性舞蹈,在喜庆佳节以及举行婚礼和亲友欢聚时都要跳"赛乃姆"。"赛乃姆"舞蹈自由活泼,没有固定的程式,舞者即兴表演,合上音乐节奏即可,可一人独舞、两人对舞或三五人同舞。人声、鼓乐声欢腾喧闹,把火热的气氛推向高潮,使所有参加者无比激动、兴奋。

还有一种特点鲜明的舞蹈是"多朗舞"。"多朗舞"来自塔里木盆地多朗地区，有着结构严谨的舞蹈形式。开始时以双人对舞为主，不限对数，中途不能退场，直到竞技性旋转开始为止。随着鼓声加快，舞蹈速度也越来越激烈，由两人对转变成分散的竞技性旋转，最后只留下一人在场中央。在众人喝彩声中，"多朗舞"达到了高潮而结束。

6. 朝鲜族长鼓舞

朝鲜是一个能歌善舞的民族，在中国盛唐时期，朝鲜族的《高丽乐》被列为著名的《十部乐》之一。朝鲜族的舞蹈具有上千年的历史，其中最具代表性的是"长鼓舞"，也叫"杖鼓舞"。

长鼓舞素有朝鲜族舞坛上的一颗明珠之美称，以其典雅飘逸的舞姿驰名中外，历来备受朝鲜族人民的珍爱。长鼓的表演，以柔软的扛手、伸肩、鹊雀步等动作为主，以肩挎长鼓，右手持鼓鞭，边跳边敲鼓的形式表演。身、鼓、神融为一体，高度协调统一。长鼓两面具有不同的音高。舞蹈时，右手用鼓鞭敲打高音鼓面，左手拍打低音鼓面。由于音高不同，节奏不同，变化多端的鼓点和着优美的舞姿，令人赏心悦目、兴奋异常。长鼓舞通常由慢板起拍，节奏逐渐加快，最后戛然停止。其舞蹈形式有独舞、双人舞、群舞等多种。建国后，长鼓舞经朝鲜族舞蹈家们的精心改编，增进了新的时代气息和民族特色，艺术形式日趋完善。

7. 藏族的"一顺边"舞蹈

生活在雪域高原的藏族是一个神秘、圣洁的民族，也是一个能歌善舞的民族。藏族信奉藏传佛教，其虔诚的宗教心理，给舞蹈渲染上许多宗教的色彩，使舞蹈带有凝重虔诚的气氛。藏族舞蹈大多来源于生活。

"一顺边"，指的是舞蹈过程中顺手和顺脚一同出一侧特殊的动律、体态，它是在高山缺氧，山路崎岖，劳动艰辛，往来不便等特殊条件下形成的。在高原上进行劳动或负重行走，当身体重心斜向一侧时，该侧之脚尤为吃力，该侧之手也就随着摆向一顺边。由于这种体态最省力、最得力，又能减少危险，于是就成为日常生活的基本步态，并逐渐升华为"一顺边"的舞蹈美，构成了藏族舞蹈的基本动作，体现出高原民族共同的审美心理。

8. 高山族"甩发舞"

在中国美丽的宝岛台湾生活着能歌善舞的高山族人。"甩发舞"是高山族雅美人的女子舞蹈，多在月夜进行，具有浓郁的海洋色彩。

雅美人生活在名为兰屿的海岛上，暖湿的海洋气候和充足的阳光照射下，雅美少女们体质健美，都有一头乌黑的秀发，并喜欢赤足走路。明亮的月夜，她们来到宁静的海边，聚集在铺满卵石的海滩上跳"甩发舞"。开始时，她们先站成横排散开长发，轻摇身体歌唱，双脚下卵石滑动的美妙之声和歌声交织在一起，充满诗意；她们互相紧挽双臂，俯身将长发甩至前面，边歌边进，直至发梢触及地面后，随即微屈双膝，用力仰头将头发甩起，使长发与身体有瞬间的垂直，再甩至身后披散开来。古拙而热情的"甩发舞"，显示出高山族姑娘的青春活力，也显示出中国民族舞蹈的独特魅力。

◎ 思考题：

    1. 琴棋书画与古代文人人格有何关系？

    2. 如何理解气韵生动是中国书法与绘画的共通之处？

    3. 中国文化的诗性特征有何具体表现？

    4. 如何评价唐代以后文坛持续出现的"复古"思想？

    5. 汤显祖"临川四梦"中"梦境"情节的手法和用意何在？

    6. 中国古典章回小说的叙事特征在四大名著中的具体表现如何？

    7. 中国古典音乐与舞蹈有哪些相通之处？

    8. 宗白华先生认为中国艺术的核心精神在于生命之"动"（也即"节奏"），你怎么看？

◎ 关键词：

    【琴棋书画】中国传统文化范畴。最早由张彦远提出，分别指古琴、围棋、书法、绘画。张彦远《法书要录》："辩才博学工文，琴棋书画，皆得其妙。"自张氏首次以并称形式提出之后，琴棋书画逐渐为历代文人所认同使用，成为文人修身所必须掌握的技能。今常用以表示个人的文化素养。

【气韵生动】中国古典艺术术语。最早出自南朝谢赫《古画品录》，作为"绘画六法"的第一条被提出。作为对绘画的整体性要求，气韵生动是绘画的最高境界。它要求作品中刻画的形象或作品整体应充分表现对象的内在精神，体现生动的气度韵致，富于生命的活力。气韵生动原为人物画创作和品评的准则，后扩至其他题材作品，成为中国绘画、书法等艺术类型的创作、批评和鉴赏所遵循的总圭臬。

【风骚】《诗经》与《楚辞》的合称。"风"是指《诗经》中的《国风》，"骚"是指《楚辞》中的《离骚》，"风骚"是借《诗经》与《楚辞》中的代表性篇目来指称这两部中国古代著名的诗歌总集。由于《诗经》与《楚辞》代表着两种不同的创作倾向和艺术风格，并且深刻影响到后世的文学，堪称中国古代诗歌的两大源头，后世也常以"风骚"泛称文学或文采。

【词】古典诗歌的一种。萌芽于南朝，形成于唐，盛行于宋。开始为配乐演唱所用，故又名"曲"、"歌曲"或"曲子词"。词同乐府也有一定关系，被认为是由乐府发展而来，故又有"乐府"、"乐章"、"琴趣"等别名，后来脱离音乐成为一种独立的文体。词同格律诗一样，对句式、字数、平仄、押韵等都有严格的规定，但其主要特征是句子长短不一，故又称"长短句"。词最初产生于民间，至唐代出现文人创作。但不少文人囿于"诗庄词媚"的传统观念，把词看成诗的余绪，称之为"诗余"。

【传奇】有多种含义。"传奇"一词始于唐人裴铏短篇小说集《传奇》。唐宋时指文言短篇小说，以其情节多奇特神异之故。唐传奇源于六朝志怪，未脱猎奇好异的风气，但在渲染神异色彩的同时已增添了人情世态和深刻的社会内容。其作大多出自著名文人史家手笔，文辞简洁优美，情节曲折生动，想象大胆丰富，人物形象也较鲜明，已初具小说规模，标志着我国文言小说的成熟。唐传奇内容多为后代戏剧和说唱文学所取用，故后来的宋元戏文、诸宫调、元人杂剧等，有的也被称作"传奇"。明清时期，传奇又指在宋元南戏基础上发展成熟的长篇戏曲形式。它产生于元末，明初继续流传，到明嘉靖年间兴盛，至万历而极盛，并延至明末清初。其作品之多，号称"词山曲海"，有《牡丹亭》、《桃花扇》、《长生殿》等优秀代表。传奇的剧本结构和表演要求比较自由，篇幅也较杂剧为长，更利于表现起伏跌宕的故事。

【小说】在中国古代，"小说"一词产生甚早，含义丰富。其内容变更，历代所指有以下几种情况：第一，春秋战国时，《庄子·外物》最早提出："饰小说以干县令，其于大达亦远矣。"此时"小说"意指本学派以外的琐屑浅薄言论，无关宏旨。第二，《汉书·艺文志》中列为九流十家之末，谓其出于稗官，乃街谈巷议之类，道听途说者所造。后世沿用，凡丛杂的记述论说皆称为"小说"，以区别于经史文章。第三，指以演说故事为宗旨的唐人传奇及后世的文言笔记小说，如《剪灯新话》、《聊斋志异》之类。在此之前的先秦神话、传说、寓言、魏晋志怪等，皆其先河。第四，在宋代，小说为"说话"四家之一。唐末已开其端。第五，在"说话"的基础上出现的平话、话本。此后，小说遂成为故事性文体的专称。元明以来，则盛行章回小说。从文学史来看，中国小说历经先唐笔记小说、唐代传奇小说和宋元话本小说三个发展阶段后，到明清时代臻于极盛，涌现出《三国演义》、《水浒传》、《西游记》、《红楼梦》等优秀作品。

第五章　民俗文化

民俗是表现一个民族生活方式、历史传统和文化心态的重要因素。各个时期民间风俗的变化，实际上就反映出一个国家政治、经济和文化的变化。在社会生活中，民俗是一种模式，一种规范，是相对于法律、政令等硬控制形式的软控制，被人们称为"不成文的习惯法"。深入了解中国的民俗文化，对于正确认识与评价中国社会、中国历史以及整个中国文化，都具有不可或缺的重要意义。

第一节　姓氏称谓

姓氏文化是中华民族古老文化的一个重要组成部分，它产生于远古的氏族社会，伴随着历史的车轮姗姗而行，延传至今。姓氏称谓作为一种代号，将与人类社会同存亡，共始终。本节主要介绍姓氏的源起与演变，以及各种名谓称号的基本常识。

一　姓和氏

说起姓氏，或许有人认为姓和氏是一回事，就是我们的姓名里的"姓"。事实上，古代社会的姓与氏是既有联系又有区别的两个不同概念，而且它们的作用也是不相同的。

(一)姓和氏的区别

上古有姓有氏。姓是表示具有共同血缘关系的同一家族的标志，是一种族号；氏是姓的分支。明代大学者顾炎武在《日知录》上指出："言姓者，本于五帝……自战国以下之人，以氏为姓，而五帝以来之姓亡矣。"由此可知，中国人是先有姓而后有氏的。

姓起源于母系社会，是一个氏族或部落的标志。从史料记载来看，远古的华夏民族在母系社会时，姓是以母系为中心，人们"但知有母，不知有父"。即便是三皇五帝，古文献也只述其母，而不载其父。故远古的姓多以"女"为偏旁。如"姚"、"姬"、"姒"、"妫"、"姜"等即是。《说文·女部》对姓的解释为："姓，人所生也……从女从生。"可见，"姓"保留着母系制的遗痕。

夏商周三代，远古部落及帝王之族有姓。后来由于子孙繁衍，一族分为若干分支散居各地，每支有一个特殊的称号作为标志，这就是氏。例如夏王姒姓，后来分出夏、曾、褒等氏；商王子姓，后来分出殷、时、边、宋等氏。这样，姓就成了旧有的族号，氏就成了后起的族号了。《通鉴外纪》说："姓者统其祖考之所自出，氏者别其子孙之所自分。"也就是说，姓用来区别不同的家族，"百世而不变"；氏用来区别同一家族子孙的不同支系，"一传而变也"。二者是既有联系又有区别的。

三代以前，姓、氏有别，其功能也不同。姓是用来"别婚姻"的。远古的人们在漫长的繁衍进程中逐渐发现，同一血统内的群婚乱交不利于后代繁殖，提出了"男女同姓，其生不蕃"①的进化原理。因此，"同姓不婚"成为了一条社会法则，后来又纳入了礼制的轨道，人人都须遵循。这一点，应该说是中华民族为人类文明史所作的贡献。氏是用来"明贵贱"的。先秦时期，只有贵族才有氏。天子分封子弟为诸侯，诸侯分封子弟为卿大夫，都要赐"氏"。一般即以受封赐的国名或采邑之名为氏，也有以官爵、居处或父祖的字为氏的。《通志·氏族一》上说："三代之前，姓氏分而为二，男子称氏，妇人称姓。氏所以别贵贱，贵者有氏，贱者有名无氏。"

战国时期姓氏制度开始发生变化，秦末大乱以后姓与氏逐渐融合，汉代则通谓之姓，并且上至天子下至庶人均有姓，表明个人所出家族。"姓氏之称，自太史公始混而为一。"②司马迁在《史记》中直接讲齐国姓姜，秦国姓嬴，周王姓姬等，而不再严格区分姓与氏。历史发展到了今天，"姓"与"氏"已经完全融为一体了。

---

① 《左传·僖公二十三年》。
② （清）顾炎武：《日知录·氏族略》。

(二)姓氏的来源

生活在远古时代的原始先民，根据血缘关系的不同，分为一个个部落，各个部落又进一步分衍出许多支族。这些部落和支族为加以区别，有着各自的名称，这些名称无疑就是姓和氏的雏形。根据历代史籍所述，后世之姓，大约有以下几种来源：

1. 以氏为姓

氏族社会晚期以至夏、商时代，许多分支氏族的标号成为后起之姓，如：姬、姒、风、子、姜、任、嬴、姚等。

2. 以国名为姓

夏、商二代均封侯赐地，西周初年更是大行分封，大大小小的诸侯国遍布华夏，这些国名便成为其国子孙后代的氏。如齐、楚、赵、魏、宋、郑、吴、秦等。

3. 以邑名为姓

如周武王时封司寇忿生采邑于苏(今河北省临漳县西)，忿生的后代因此姓苏。与此类似的还有以郡名为氏、以乡名为氏、以亭名为氏的，如楚国大夫肥封于南郡麇亭，其后代姓麇。

4. 以官职为姓

如李，"皋陶……为尧大理(官名)，因官命族为理氏(即后来的李氏)"。①又如周代把露天的粮仓称为"庚"，有房顶的粮仓称为"廪"，此后，粮官的后代便以庚、廪为姓。同样，司马、司空、司徒、帅、尉等，皆是以官职为姓的。

5. 以职业为姓

商朝有巫氏，是用筮占卜的创始者，后世便以巫为姓。以业为姓的，还有陶、卜、乐、甄、屠等姓。

6. 以谥号为姓

如周朝的文王、武王，其后代分别姓文、姓武，又如庄氏原为楚庄王之后，康氏原为周武王之弟康叔之后。

---

① 《通志·氏族略·以官为氏》。

7. 以图腾为姓

把祖先崇拜的生物作为姓氏,动物类的如龙、牛、马、羊、熊、鹿、骆、鱼等,植物类的如杨、柳、松、梅等。

8. 以居地为姓

如齐国公族大夫分别住在东郭、南郭、西郭、北郭,这四郭便成了姓氏。同类的还有东门、西门、南宫、池、桥、井等姓。

9. 以祖先的字或名为姓

如周平王的庶子字林开,其后代姓林。又如孔丘乃宋公孙嘉之后,嘉字孔父,故以孔为姓。还有以祖先的称号为姓的,如轩辕、高阳等。

10. 以天干地支为姓

以天干为姓的,如甲、丁、辛、壬等。以地支为姓的,如子、午、未、申等。

11. 古代少数民族融合到汉族中带来的姓

如长孙、万俟、拓跋、尉迟、耶律、慕容、宇文、呼延等。

除此之外,还有以数字为姓的,如伍、陆、万等;以颜色为姓的,如白、黄等;以五行为姓的,如金、木、水、火、土等;以爵位为姓的,如王、公、侯、公子、公孙等。姓氏来源多样,得姓方法各异,再加上几千年来的演变发展,这些都是造成我国姓氏繁多而复杂的重要原因。

(三)姓氏的演变发展

我国的姓氏出现以后,经历了一个漫长的发展演变历程。在此过程中,许多古老的姓氏或被废止,或遭灭绝,同时又有许多新的姓氏诞生。这些新姓氏主要产生于改姓,历史上改姓的原因有很多,主要有以下几种情况①:

1. 帝王赐姓

如汉代娄敬因献和亲政策有功,汉高祖赐其刘姓,改称刘敬;郑成功因收复台湾有功,明末皇帝赐朱姓于他,闽台百姓称其为"国姓爷"。

2. 避讳改姓

如秦汉时的籍姓,因避西楚霸王项籍的名讳而改姓席;汉明帝名刘庄,庄助

---

① 朱洪斌:《中华五百姓氏源流》,武汉:武汉大学出版社,1999年。

改名为严助；唐末王审知称闽王，当地沈姓改为尤。

3. 因祸改姓

有的是因避祸逃难自行改姓，如汉代韩信被斩后，其后人改姓何；南北朝时，南朝人刘凝之避乱入北朝，改姓员氏；唐末王审知闽国灭亡之后，子孙为逃避仇人追杀，分别改姓游、沈、叶等。有的是因祸乱被强行改姓，如南朝齐巴东王萧子响起兵作乱，兵败被杀，家族除籍，改姓蛸氏；隋朝贵族杨玄感反隋失败后，被改姓枭氏。

4. 音近改姓

如江淮地区"韩"、"何"不分，北京一带"耿"、"简"相近，福建沿海"王"、"黄"不分，历史上都有互改的现象。

5. 少数民族改姓

中国文化史是一部民族大融合的历史，在此过程中，许多少数民族融入汉族，说汉语、用汉字、改汉姓，显示出汉文化的魅力。少数民族改汉姓历朝历代皆有之，但改姓最多、影响最大的一次是由北魏皇帝主持的汉化运动。北魏皇室出自鲜卑族，姓多为三字或四字，既复杂难记，又不利于民族融合。公元496年，北魏孝文帝下令把繁复的鲜卑姓改为汉姓。其中，皇姓拓跋氏改为元氏，其他如丘穆陵氏改为穆氏，普六菇氏改为杨氏，步六孤氏改为陆氏，等等。据《魏书·官氏志》和《通志·氏族略》记载，在这次易姓运动中，总计有144个鲜卑姓氏被改为汉姓，是历史上规模最大的一次少数民族改姓汉姓之举。

二　名和字

名和字在古代也不是同一个概念。古人有名有字，名和字既有区别又有意义上的联系。旧有"幼名冠字"之说，意即古人出生三月后由父亲命名，男子年二十行冠礼而后取字，女子年十五行笄礼而后取字。成年后，除了名和字之外，还可以有别号。有些贵人、名人去世后还有代称。下面分别介绍：

(一) 名

名是代表一个人区别于其他人的称号，有乳名、学名之分。乳名亦称"小名"、"奶名"，是小时候取的非正式名字，仅用于家族内部，偶尔也流行于亲戚或熟友之间。小名一般较鄙俗，这是因为在古代，小孩夭折的情况比较多，据说取贱名，孩子不易夭亡，容易养大成人。如司马相如小名犬子，曹操小名阿瞒，刘禅小名阿斗，刘裕小名寄奴。至今农村还有起小名的习惯，多以贱物为名，如阿狗、阿毛、铁蛋、石头等。

学名是入学读书时使用的正式名字，亦称"大名"、"官名"，以后应考、出仕皆用此名。上古人取名崇尚质朴，从商汤到纣，凡十七代三十一王，几乎全以干支为名，如太甲、太戊、武丁等。后来，随着语言文字、文化观念的发展，人名也日趋复杂。到了周朝，已经确立了完备的取名规则，"名有五，有信，有义，有象，有假，有类"。① 还有一定的禁忌，"不以国，不以官，不以山川，不以隐疾，不以畜牲，不以器币……"②这里重点讲一下排行和辈分。

古代多子女者命名时讲究排行。先秦时期分为伯(孟)仲叔季，即老大老二老三老幺，如伯夷、叔齐、仲尼、季札即是。唐宋开以族谱辈次命名之风，沿及清代达到高峰。其具体操作方法是，由宗族统一规定几句话或若干字，作为辈分次序，同宗子孙皆依其先后命名，一辈用一字。排行字辈的讲究，最有代表性的首推孔氏家族。乾隆九年，清朝皇帝为孔子后裔钦定三十个辈次用字：

希言公彦承　　宏闻贞尚衍
兴毓传继广　　昭宪庆繁祥
令德维垂佑　　钦绍念显扬

1920 年，第七十六代衍圣公孔令贻又在这三十字后续了二十字：

建道敦安定　　懋修肇益常
裕文焕景瑞　　永锡世绪昌

在古代，大多数字辈排男不排女，明显有"重男轻女"的思想，现在则男女

---

① 《左传·桓公六年》。
② 《左传·桓公六年》。

都排辈。排辈分用在双名时，多放在第一字，如毛泽东、毛泽民、毛泽覃；也有的放在末一字，如宋庆龄、宋霭龄、宋美龄；起单名时则多采用同一偏旁的字，如苏轼、苏辙，又如贾敬、贾赦、贾政。这种命名制度，反映了封建宗法思想和儒家道德观念，影响极深，延传至今。

另外，汉唐以后，受佛教影响，和尚出家时，由寺院师父赐名，称法名，又曰法号，多为入教受戒仪式上所赐，故又称戒名。法名前往往冠以"释"字，也可以不加。《水浒》记载：提辖鲁达，出家受戒，赐法号智深。当代著名小说家汪曾祺的短篇名作《受戒》对佛家受戒赐名作了详尽的描述。

(二)字

古人的字，是由名而生，一般是对名的解释和补充，与名互为表里，多对外使用，故也称表字。如屈原，名平字原。《尔雅·释地》："广平曰原。"平原同义。陆机，字士衡，机衡为北斗二星名，两者同类。唐寅，字伯虎，取寅属虎之义，字释名意。也有取反义的，如朱熹，字元晦，熹为光明，晦为黑暗。也有连义的，如钱谦益，字受之，取自《尚书》"满招损，谦受益"之句。故《白虎通·姓名》云："闻其名即知其字，闻其字即知其名。"一般人只用一名一字，也有一名二字，如蒲松龄，字留仙，又字剑臣，还有三字的，此处不详述。

字早见于周代，"男子二十，冠而字……女子许嫁，笄而字"①。春秋时男子取字最普通的方式是在字的前面加上"子"字，这是因为"子"是古代对男子的尊称。如子渊(颜回)、子有(冉求)、子我(宰予)即是。这个"子"字常常省去，直接称颜渊、冉有、宰我，等等。古人名字连着说的时候，通常是先称字，后称名。如孟明(字)视(名)、孔父(字)嘉(名)、叔梁(字)纥(名)等。

(三)别号

古人除名、字外还有号。号是人的别称，故又称别号。名和字通常由长辈所定，号则由本人自取，往往表现出个人的性情理想和志趣爱好。喜用别号的多是文人，如陶渊明号五柳先生，杜甫号少陵野老，李白号青莲居士，欧阳修号六一

---

① 《礼记·曲礼上》。

居士。所谓"六一",指的是一万卷书,一千卷古金石文,一张琴,一局棋,一壶酒,再加上本人一老翁。别号大多表示清高、雅致,往往带有佛教和道家的色彩,也反映出一代士风。

绰号也是别号,又叫外号、诨名,多为他人所起,用比喻借代手法概括人的形象特征,朗朗上口,生动易记。如《水浒》中的一百零八将,人人皆有外号,有正有反,有褒有贬,如及时雨、智多星、小李广、笑面虎、母大虫等。也有中性的,并无褒贬,颇具谐趣,如花和尚、黑旋风等。

另外说一下室号。古代有些文人,为寄托自己的情思、志趣,常给自己的书斋、居室命名,称为室号。室号中常用到斋、堂、庵、房、楼、馆、榭、屋、居、室、所、轩等字。实际上到了后来,这室号也成了其主人的一种别称。例如,刘禹锡名其室为"陋室",作有《陋室铭》,陆游号老学庵,杨万里号诚斋,朱熹号晦庵,冯梦龙号墨憨斋主人,梁启超号饮冰室主人,等等。

(四)代称

代称是除了生前的名、字、号之外,死后由他人所拟的一种称号,或是一种习惯性称呼,多含尊重褒赞之意。代称主要取自以下几种情况①:

1. 地望

即以籍贯所在地或任职地区为代称。如韩昌黎(韩愈为昌黎人)、贾长沙(贾谊曾任长沙王太傅)。还有一个很典型的例子——柳宗元,既有称其为柳河东的(以籍贯为代称),也有称其为柳柳州的(以任职地区为代称)。

2. 官爵

即以官职或爵位为代称。如嵇中散、王右丞、韩吏部、杜工部、蔡中郎、班定远、沈隐侯、王荆公……一般情况下,一个人担任过多种官职者,只取其中最高者为代称,而不能随意取用其他官职。

3. 排行

唐代诗文中常常见到以排行相称。如白居易被称为白二十二,元稹被称为元九,还有董大、李十二(白)等。宋代也有,如秦七(观)、黄九(庭坚)等。还有

---

① 谭家健主编:《中国文化史概要》,北京:高等教育出版社,1997年。

一种情况，是将排行和官职连称，如李绅被称为李十二侍郎。以排行代称的情况到了后世比较少见。

4. 谥号

这是贵族名臣死后由帝王按其功德而赐予的美称。先秦各国卿大夫死后由诸侯赐谥，如赵文子、韩献子、孟武伯等。唐以后至清末，规定三品以下无谥，三品以上大臣由朝廷赐谥，如韩文公、范文正公、苏文忠公、包孝肃公、岳武穆公、朱文正公、左忠毅公、纪文达公、彭刚直公……文臣多用"文"字，武将多用"武"字，以"文正"最为荣耀。

此外还有私谥，这是有名望的学者死后其亲友门人所加的谥号。例如东汉陈寔死后，赴吊者三万余人，谥为文范先生；晋代陶渊明死后，颜延年为他作诔，谥号靖节征士；唐孟郊死后，友人韩愈等谥其为贞曜先生。

5. 合称

两个或两个以上的人合用的特称。有同姓并称的，如大小阮、大小谢、大小杜、二陆、二程、三张、三苏、三袁等；也有异姓并称的，如孔孟、老庄、王谢、李杜、韩柳、元白、程朱、顾黄王、曾左彭胡等。合称皆属习惯性称呼，约定俗成之后，不可再用于他人。

现举一例，对前面所述各种名谓称号作一回顾：诸葛亮，复姓诸葛，名亮，字孔明，号卧龙先生，后世称其为忠武侯（以谥号为代称），或称诸葛武侯。

（五）古人称呼习惯①

中国是礼仪之邦，在称呼上最容易看出中国人的谦恭、礼貌和文雅。分而言之，即自称要谦恭，称呼他人要有礼貌，用词要文雅。

1. 自称

先秦时期，男子对尊贵者皆自称臣或仆，后世只有官吏对帝王称臣，清朝大臣对皇帝自称奴才。官场中，下属对上司自称卑职。老百姓在官员面前自称小民、小人。仆是古代平辈的自谦称，此外还有鄙人、不才等。对年长者自称晚

---

① 谭家健主编：《中国文化史概要》，北京：高等教育出版社，1997年；另参见王力主编：《中国古代文化常识图典》，北京：中国言实出版社，2002年。

生、后学，对年轻者自称老朽、愚。写信给别人时，署名而不用字号。古人对平辈或尊辈则称字。

除了自称以外，在与他人的交往中，对自己的亲人也应使用谦称。如家父、家母、家兄、舍弟、内人、犬子、小女，等等。

2. 称呼他人

古代称呼他人，一般不直呼其姓名。通常平辈称字或号，下级对上司称大人。晚辈对长辈或称亲属关系（如叔、伯、爷、舅），或称某老、某爷、某翁。长辈称晚辈用"尔"、"汝"，自称"吾"、"余"、"我"。古代尊称，男性年长者为"丈"，平辈为"子"。"×子"是后人对有学问的古人的尊称。"公"、"君"、"先生"，可用于长辈或平辈，可以单用，也可以与姓连用。这几个称谓使用时间最长，尤其是先生，口头及书面皆适用。还有"足下"，多用于平辈。"阁下"，多用于对有地位者的尊称。

同样，对别人的亲人也应使用尊称。如令尊、令堂、令兄、令郎、令爱、尊夫人、昆仲、高足等。

3. 称呼妇女

上古同姓不婚，贵族妇女的姓比名更为重要，待嫁的女子如果要加以区别，则在姓氏前冠以伯（孟）仲叔季，表示排行。如孟姜（姜家的大女儿）、伯姬、仲子、叔姬（姬家的三女儿）等。出嫁以后如果要加以区别，就采用下列几种方法：

（1）在姓前冠以所自出的国名或氏。如齐姜、晋姬、秦嬴、陈妫。

（2）嫁给别国的国君，在姓前冠以配偶受封的国名。如秦姬、芮姜、息妫。嫁给别国的卿大夫，在姓前冠配偶的氏或邑名。如赵姬（赵衰妻）、棠姜（棠公妻；棠，邑名）。

（3）死后在姓前冠以配偶或本人的谥号。如武姜（郑武公妻）、昭姬（齐昭公妻）、敬嬴（鲁文公妃）、齐归（鲁昭公母）。

此外，上古称呼妇女可以在姓下加"氏"字。如武姜被称为姜氏，敬嬴被称为嬴氏，等等。后来，随着历史的发展，妇女出嫁后要随夫姓。如王家女子嫁到张家为妻，称为张门王氏，或张王氏。从原始母系社会的男随女姓到封建社会的女随男姓，反映出母权中心向父权中心的转变，也显示出封建宗法伦理观念的影响。

三　帝王称号

夏商周三代，中国的最高统治者皆称王。秦王嬴政一统天下后，因传说远古时有三皇五帝，比王更尊贵，于是改称皇帝。从此以后，中国历代最高统治者都称皇帝。不管称王称帝，历代统治者都有着一整套严格而完备的称号制度。与帝王相关的称号主要有以下几种：

（一）国号

国号即国家的名称。为了区别于其他朝代，每一新王朝开始建立时，都首先要确立国号，以表示改朝换代。宋以前的国号皆以地为名，元明清三代则用抽象意义的字。为显示气势，历代帝王喜在国号前加一"大"字，如大汉、大唐等，就连文弱的宋朝也自称"大宋"，这是一种"天朝上国"意识的反映。称呼某位帝王时，国号须放在最前面。如周×王、汉×帝、唐×宗。

（二）年号

年号是开国或继嗣君主即位时，为了区别于前代皇帝而确立的纪年称号。中国历史上最先使用年号的是汉武帝，第一个年号是"建元"，建元元年即公元前140年。以后每位新皇帝即位后的第一件事就是建立新的年号，叫做"改元"。同一皇帝在位期间也可以改元，如汉武帝在位54年，改元11次；武则天称帝后在位15年，改元14次。到了明清两朝，皇帝基本不改元（除了明英宗和清世祖各改元一次）。所以，老百姓习惯于以年号称当时皇帝。如明世宗被称为嘉靖皇帝，清高宗被称为乾隆皇帝。

年号一般用二字，也有用三个字的，如梁武帝的年号"中大同"；四个字的也有，如宋太宗的"太平兴国"；最长的六个字，如西夏景宗的"天授礼法延祚"。

（三）尊号

尊号指皇帝生前接受含有尊崇赞美之词的称号。每位开国君主或嗣君即位，都要举行"上尊号"仪式。尊号多是群臣的阿谀奉承之词，开始二字或四字，后越加越多。如武则天称大周皇帝之后，加尊号曰"圣神皇帝"，三年后又加"金轮"二字，次年又加"越古"二字。唐玄宗尊号为"开元圣文神武皇帝"，宋太祖为"应天广运仁圣文武至德皇帝"。唐代上尊号尚未成为定制，宋代则规定每年大祀之后，群臣皆上尊号，以歌功颂德。宋以后基本上停止了这种做法。

历代皇帝对禅位于他的前代皇帝皆上尊号为太上皇，对母亲则上尊号为皇太后，祖母则称太皇太后。汉以后，后妃也有尊号，后来成为徽号，最初一二字，后来也越来越长。如慈禧太后那拉氏的尊号长达十八字："孝钦慈禧端佑康颐昭豫庄诚寿恭仁献熙显皇后"，其中最主要是前四字，故那拉氏又简称孝钦后或慈禧太后。西太后则是俗称。

年号和尊号是皇帝在位时就有的，而谥号和庙号则是死后才有的称号。

(四)谥号

谥号是指帝王、诸侯、卿大夫、权贵大臣等死后，根据其生平事迹、品德修养所给予的一种评判性称号。帝王之谥，由礼官议上；臣下之谥，由朝廷赐予。谥号起于周文王，周懿王之前皆自称，后为死谥。秦王嬴政统一中国后，自称始皇，废谥。汉代复谥，并沿袭至清。

谥法是给予谥号的标准。谥号是固定的一些字，这些字被赋予特殊含义，用来指称死者的美德、恶行等。周代谥法很严，大致可分为三类①：

1. 美谥。指表扬的，例如：

经纬天地曰文	布义行刚曰景	威强睿德曰武
柔质慈民曰惠	圣文周达曰昭	圣善闻周曰宣
行义悦民曰元	安民立政曰成	布纲治纪曰平
照临四方曰明	辟土服远曰桓	聪明睿智曰献
温柔好乐曰康	布德执义曰穆	

2. 恶谥。指批评的，例如：

---

① 王力主编：《中国古代文化常识图典》，北京：中国言实出版社，2002年，第157页。

乱而不损曰灵　　好内远礼曰炀　　杀戮无辜曰厉

3. 夭谥。指同情的，例如：

恭仁短折曰哀　　在国遭忧曰愍　　慈仁短折曰怀

谥号也多溢美之词，名不符实。例如汉元帝，生前昏庸无道，宦官专权，赋役繁重，致使汉朝由盛及衰，死后谥"元"（"行义悦民曰元"），名实相悖，何其显明。

上古谥号多用一个字①，如周平王、齐桓公、秦穆公。汉代用二字，其中一字必是"孝"，如孝文帝、孝景帝。唐以后谥号字数加多，如唐太宗初谥文皇帝，后来改为"文武大圣大广孝皇帝"，清代乾隆帝的谥号为"法天隆运至诚先觉体玄立极敷文圣武钦明孝慈神圣纯皇帝"，多达二十三字，其中区别于其他皇帝的是最后一个字，故乾隆谥号简称为纯皇帝。

（五）庙号

庙号是指已故帝王在太庙里立室奉祀时追尊的名号。皇帝死后，根据他在皇族中的世系，奉入太庙祭祀，追尊为某祖某宗，以彰显其地位。庙号始于商代，如商王太甲庙号太宗，太戊为中宗，武丁称高宗。汉景帝承袭此制，历朝历代，沿传至清。

历代庙号，开国君主一般称为太祖、高祖或世祖，以后的嗣君则称为太宗、世宗等。庙号通常加在谥号前面。举例来说，汉高祖刘邦的全号是太祖高皇帝，汉文帝刘恒的全号是太宗孝文皇帝，汉武帝刘彻的全号是世宗孝武皇帝，隋文帝杨坚的全号是高祖文皇帝，魏文帝曹丕的全号是世祖文皇帝，等等。前人说法，"始受命称太祖"，"有功也称祖"。如明太祖朱元璋为开国之君称祖，而明成祖朱棣有功也称祖。

最初规定，第一代开国皇帝称祖，第二至五代皇帝称宗，六代以下不再称

---

① 上古谥号多用一个字，也有用两三个字的，如魏安厘王、赵孝成王、贞惠文子等。

宗。在汉代，不是每个皇帝都有庙号，要"有功""有德"的才被称"祖"称"宗"。事实上，历史并没有遵循这个规定。南北朝时称"宗"已滥，到了唐代就已经是无帝不"宗"了。另外，元明清三代不止一祖。元代有太祖、世祖（实为第五代），且有二帝（孝定、顺），余皆称宗。明代二祖（太祖、成祖），除建文帝外皆称宗。清代三祖（太祖、世祖、圣祖），余皆称宗。

唐以前的皇帝，有的称宗，有的不称，所以人们习惯以谥号称呼为某帝。如汉景帝、隋炀帝等。唐以后的皇帝非祖即宗，所以人们皆以庙号称之为某祖某宗。如唐高宗、明太祖等。还有一个原因，唐以后由于谥号、尊号越来越长，不便称呼，称庙号更方便。如宋代开国皇帝赵匡胤号"应天广运仁圣文武至德皇帝"，直接称庙号就是"宋太祖"。

四　避讳

避讳是中国古代社会一种特有的文化现象。所谓避讳，简单地讲就是在言语活动中避免说出、写出他人的名字，而改用其他字眼代替，以表示敬畏。避讳是古代礼制的重要内容之一，如果违犯了避讳的规定，就是大不敬，轻则受处罚，重则判刑杀头。

避讳起源于原始巫术文化和鬼魂信仰。远古社会，一方面，人们认为人的名字与人的安全、健康及命运有着极为密切的关系，他们不愿意别人知道或使用自己的名字，以保护自己；另一方面，人们也避免说出帝王或尊长的名字，以此显示出尊重和敬畏。① 后来，在社会交往中，避讳发展为一种礼仪规则。周朝时，为了显示君主的独尊地位，避讳被纳入到政治体系之中。避讳这种文化现象在中国延续了几千年，至今仍有一定的影响。

（一）需要避讳的四种情况②

1. 国讳

又称公讳，即当代皇帝及本朝历代皇帝之名，有时甚至包括后妃之名。

---

① 王建：《中国古代避讳史》，贵阳：贵州人民出版社，2003年，第1页。
② 谭家健主编：《中国文化史概要》（增订版），北京：高等教育出版社，1997年，第22~23页。

2. 圣讳

即儒家圣贤孔子、孟子之名，金代包括周公之名，宋代讳黄帝之名，明清又讳周敦颐、程颢、程颐、张载、朱熹之名。

3. 家讳

又称私讳，即父母、祖父母之名。

4. 宪讳

下属不得直接使用长官本人及其父祖之名。这一条虽无明文规定，但在官场流行。

古时有"入境而问禁，入国而问俗，入门而问讳"之说，指的就是要了解各种忌讳常识。在古代，这是人人都应遵守的，做不到这一点，会被看作是无知、无礼的表现。

（二）无需避讳的几种情况

1. 讳名不讳姓，君前无私讳

《孟子·尽心下》曰："讳名不讳姓。姓，所同也；名，所独也。"多数情况下不讳字，不讳别号。在君主那里，臣下不得避自家先人之讳，只避君主之讳，以示君主的独尊无二。

2. 礼不讳嫌名，二名不偏讳

郑玄注："嫌名谓音声相近，若'禹'与'雨'，'丘'与'区'也。"又曰："偏讳，二名不一一讳也。孔子之母名征在，言在不称征，言征不称在。"意思是，如果名有二字，避讳时可以只避其一，不须二字皆讳。

3. 诗书不讳，临文不讳

诗书指《诗经》、《尚书》等儒家经典，一般书籍不在其内。例如，周文王名昌，《诗经·周颂·雍》曰"克昌厥后"，不讳"昌"字。《玉藻》孔疏："临文谓简牒及法律之事也，若讳则失于事正也。"

4. 庙中不讳，凡祭不讳

"庙中不讳"是指在宗庙祭祀祖先时，对辈分低的先人可以不讳。例如，祭祀祖父时，可以不避父亲的名讳，但对曾祖、高祖之名仍要避讳。"凡祭不讳"，是指祭祀社稷山川诸神时祷告词中可以不避先君之讳。

5. 已祧不讳，大功小功不讳

天子七代以上先祖要迁入另外的庙堂，叫做祧。因年代久远，可以不讳。大功、小功均为丧服的种类，借以指代血缘关系较远的亲属，他们的名讳也可以不避。

6. 妇讳不出门

即妇女之讳仅限于所居宫门之内，宫门之外可以不讳。这实际上是男尊女卑观念的一种表现。

以上各条不讳的规定是对避讳所引起的弊端的一种矫正，说明人们早已认识到了避讳所带来的负面影响。这些规定不是绝对的，有的朝代严（如隋唐、清代），有的朝代宽（如明代）。老百姓因为害怕犯禁，宁可从严，不敢疏忽。

(三) 避讳的办法

1. 改字

改字是最古老也是运用最多的一种方法。改字法有三种：一是同训代换，即用同义或近义字代之。如汉文帝名恒，恒山改为常山。《说文》："恒，常也。"二是随宜更换，即因事更易，有较大的随意性，如三国时吴国为避孙休之讳，改休宁县为海宁县；为避孙和之名，改禾兴为嘉兴。三是改为形近字，如唐人讳"虎"字（避李虎讳），改"虎"为"虍"。

2. 缺笔

即不改其字，仅增删笔画的方法。缺笔亦有两种：一种是缺笔后不成字，如孔子名丘，改为丌。康熙帝名玄烨，玄改为玄，宋太祖名匡胤，胤改为肎。一种是缺笔后另成一字，如晋朝避司马师之讳，"师"字缺笔改为"帅"。

3. 改音

旧时避孔丘讳，遇"丘"字读作"区"或"休"即是改音之例。又如，《红楼梦》第二回："子兴道：'目今你贵东家林公的夫人……在家时名字唤贾敏……'雨村拍手笑道：'是极！我这女学生名叫黛玉，他读书凡'敏'字皆念作'密'字，写字遇着'敏'字亦减一二笔。'"此外，还可以将平声读作上声，去声读作入声。

4. 替代

为了避免直呼人名，用其他词代替的方法。主要有三种：一是以"某、君、子、氏、公"等字代替。如为避朱熹之名，旧时将《归去来兮辞》里的"晨光熹微"读作"晨光某微"。二是以官名、地名代替。如孙策给袁术的信说："然而河北异谋于黑山……"因其兄袁绍当过冀州牧，故用"河北"代之。三是以"讳"字代替。如《周书·文帝纪上》："遣仪同李讳与李弼、赵贵等讨曹泥于灵州。"此"李讳"即李虎。

5. 空字或覆黄

即少写一字，或以"□"代之。如唐朝将韩擒虎改为韩擒，王世充改为王充。遇有讳字，用黄纸覆盖，称为覆黄。

避讳给古人的交往带来了诸多麻烦，也使得语言文字产生混淆错乱，严重妨碍了其交际工具的作用，古代有识之士（如颜之推、韩愈等）早就表示不满，辛亥革命以后即被废除。而我们今天了解一点避讳的文化常识，对于文化典籍的阅读，乃至对于中国文化的学习都会有所帮助。

第二节　宗法家庭

本书《导论》已经指出，中国传统文化是一种伦理型文化。中国先民栖息的这块东亚大陆，以其特有自然地理条件，孕育了华夏民族以农耕经济为主体的经济生产形态。聚族而居的生活方式，形成了以血缘关系为基础的宗法制度，其完备而系统的程度是世界各国所无法比拟的。纵观几千年的中国文化史，宗法制度一直广泛而深刻地影响着整个中华民族的生活，虽几经变异而基本模式循而未改。

一　宗法制度

(一)宗法制度的产生和确立

在人类社会初期，人们过着原始群居生活，以后形成氏族，继而发展成部落。这些组织都是以血缘关系为纽带建立起来的，先是母系血统制，其后是父系血统制。在父系氏族社会后期，随着生产力的发展，剩余产品的增加，私有财产也产生了。父系家长死后，其权力和财产需要有人继承，于是须规定一定的继承程序，这些继承程序自然是以血缘的亲疏远近为依据的。这便是宗法制度的萌芽。

进入阶级社会以后，为了维护巩固君主和贵族集团的世袭统治，首先必须确立稳定的继统秩序；为了协调理顺统治阶级内部的关系，就必须严格区分尊卑亲疏、明确规定各自的权利和义务。这样，以血缘关系为基础的宗法制度应运而生。从现存文献和地下发掘材料来看，中国古代的宗法制度最迟产生于商代后期。如《左传·定公四年》中周初分封诸侯的一段记载就提到"氏"、"族"、"宗"，这就是宗族存在的证明。

西周建立以后，统治者在商代宗族制度的基础上，建立了一套体系更为完整的宗法制度。西周宗法制度的创立者是周公。《尚书大传》说："周公摄政，一年救乱，两年克殷，三年践奄，四年建候卫，五年营成周，六年制礼作乐，七年致政成王。"周公制礼作乐一项最重要的内容就是确立宗法制度。自西周至春秋时期，宗法制度日趋完善，成为中国历史上最为严密、最为典型的统治制度。

(二) 宗法制度的内容

所谓宗法，是指一种以血缘关系为基础，标榜尊崇共同祖先，维系亲情，而在宗族内部区分尊卑长幼，并规定继承秩序以及不同地位的宗族成员各自不同的权利和义务的法则[①]。宗法制度十分繁复，主要包括以下几个方面：

1. 嫡与庶、大宗与小宗

严格区分嫡庶、确立嫡长子的优先继承权是西周宗法制度最显著的特点。在一夫多妻的制度下，众多的妻妾中有一个法定的正妻，这就是"嫡"，其子为"嫡子"；其他妻妾均为"庶"，其子为"庶子"。嫡为尊，庶为卑。因此，周朝宗法制度规定，继承天子王位的，必须是嫡妻长子，至于嫡长子是否贤明，不予考虑，这便是"立嫡以长不以贤"[②]。如果嫡妻无子，则只能立级别最高的庶妻之长子，

---

① 阴法鲁、许树安主编：《中国古代文化史》，第 1 册，北京：北京大学出版社，1989 年，第 80 页。

② 《春秋公羊传·隐公元年》。

至于他是否为庶子中最年长者，也不在考虑之内。这便是"立子以贵不以长"①。贵族阶级其他成员的权力继承亦如此，这便是在中国影响深远的"嫡长子继承制"。嫡长子继承制由父权家长制演变而来，是整个西周宗法制度的核心，它较之商代的兄终弟及制最大的优点是：嫡长子只有一个，权力早已有了归属，这就杜绝了兄弟之间为争王位而造成的祸乱，使西周出现了一段政治上比较平静的时期。

在嫡长子继承制的基础上，宗族内部又有大宗、小宗之分。西周统治者分为四个等级：天子、诸侯、卿大夫、士。周王自称天子，其嫡长子继天子之位为天下大宗，余子被分封为诸侯，相对天子而言被称为"小宗"，但是在其封国之内，则为大宗，后世奉本国的始任诸侯为祖。诸侯的嫡长子承诸侯之位，继续为本国大宗，即所谓"别子为祖，继别为宗"②；其余诸子，自成一家称为"祢"，被分封为卿大夫，其嫡长子便是所谓"继祢者为小宗"了。由此推之，卿大夫的嫡长子继承父位为大宗，诸子为士，称小宗；士的嫡长子仍为士，诸子为平民。简言之，在整个统治阶级内部，都是嫡长子继承父位为大宗，其余诸子受分封为小宗，小宗必须尊奉大宗。无论大宗、小宗，都以正嫡为宗子，宗子具有主持祭祀、掌管财务、处理宗族大事和教导惩罚宗族成员等特殊权力，所有的宗族成员都必须尊奉宗子。

2. 昭穆与丧服

周代统治者把自始祖以下的同族男子逐代先后相承地分为"昭"、"穆"两辈轮流排列。例如，周王室奉大王（古公亶父）为宗庙之祖，大王之子大伯、虞仲和王季等就是昭辈，王季之子文王、虢仲和虢叔等就是穆辈③；文王的下一代武王、周公等又是昭辈，武王的儿子成王、唐叔虞，周公的儿子伯禽等又是穆辈。昭穆之别，亦体现在宗庙、墓冢和祭祀上，始祖居中，昭的位次在左，穆的位次在右，井然有序。由此可见，周代统治者用"昭""穆"二字来区别父子两代，隔代的字辈相同，这是周代宗法的独特之处，而后世则在此基础上发展为通过制定

---

① 《春秋公羊传·隐公元年》。

② 天子和诸侯的其他儿子因地位卑于嫡长子，所谓"自卑别于尊"，称为"别子"。

③ 《左传·僖公五年》所说的"大伯虞仲，大王之昭也"、"虢仲虢叔，王季之穆也"即是此意。

族谱来排定字辈，一辈用一字。

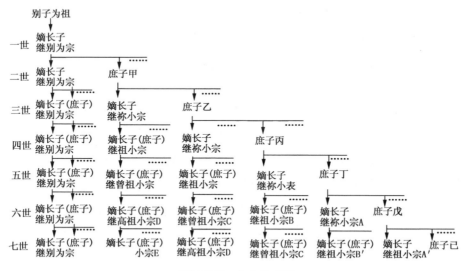

"别子为祖"宗法关系图

最能体现周朝宗法制度的是丧服制度。古代的丧服分为五等，分别是斩衰、齐衰、大功、小功和缌麻，俗称"五服"。后面的章节有专门介绍。从丧服之制中可以明显地看出嫡庶之别、亲疏之别和男女之别的宗法观念。

3. 分封制和宗庙制

在宗法制度下，同一宗族的成员具有共同的祖先、共同的姓氏，从一定意义上讲，宗族的财产也是应该共有的。因此，周王朝得天下后，将同姓子弟封为诸侯，建立地方邦国，以血缘纽带联系起来，作为保护周王室的屏障，即"封建亲戚，以藩屏周"①。"封建"即封邦建国制，就是我们今天所说的分封制。分封制的具体内容是，"天子建国（即分封地方邦国给诸侯），诸侯立家（即分封采邑给卿大夫），卿置侧室（为支庶另立一系），大夫有贰宗（为支庶另立小宗），士有隶子弟，庶人、工、商，各有分亲，皆有等衰，是以民服事其上，而下无觊觎"②。

---

① 《左传·僖公二十四年》。
② 《左传·桓公二年》。

由此可见，周朝的宗法制度与国家政权紧密结合，从上到下结成一张严密的统治网，形成一种"家国同构"政治结构体系。

以血缘亲疏来确定同宗子孙尊卑等级的宗法制度，为维护宗族的团结，十分强调尊祖敬宗。"宗"字的本意就是祭祀祖先的场所，即祖庙、宗庙。周朝的宗庙之制有着严格的规定，据《礼记·王制》记载，周天子为七庙，诸侯为五庙，大夫为三庙，士为一庙。周代严格的宗庙祭祀制度，对于维护以家庭为核心的宗法制度和巩固政权，发挥过重要的作用。宗庙祭祀制度的发展，形成了中国传统的礼乐文化，这种文化在中华大地传承了两千多年，而且还影响到周边的国家和地区。

（三）宗法制度的衰落和对中国社会的影响

春秋后期，西周那种典型的宗法制度开始动摇并逐步瓦解。自平王东迁以后，作为天下大宗的周天子只是徒有虚名，各诸侯国僭越礼制、以下凌上、不朝觐纳贡的现象时有发生。到了战国时期，各国为图强争霸，纷纷进行变法。为推行新法，首先须加强中央集权，宗族势力自然是最大的障碍。经过一系列的变革，到了秦帝国统一天下后，分封制为郡县制所取代，嫡长子继承制则让位于不再世袭的官僚制和俸禄制，"家国同构"的统治体系已经崩坏，所谓"宗法始坏矣"、"宗法格不行"，宗族与政权分离开来。除了帝王之位仍按皇族血缘关系传承以外，各级权力机构官员的任用主要是通过各种选拔制度来进行，而不再是通过血缘关系分封继承了。但是这种转变并不意味着宗法制的彻底消亡，而是从客观上促使其形态的变换。宗法制度在长达两千多年的中国历史里始终顽强地表现着自己，久盛而不衰。

宗法制度在后世的延续与发展有两条线索：一条是嫡长子继承制这一宗法制度的核心内容，在王室皇位的继承上历代沿袭下来，贯穿周朝以后的整个封建社会，形成"家天下"的统治格局。其主要特点就是一姓家族统治一个朝代，直至被另一个家族推翻而改立新朝。秦始皇统一中国，结束了姬姓统治的周王朝，秦朝之后，又有刘氏的汉朝，司马氏的晋朝，杨氏的隋朝，李氏的唐朝，赵氏的宋朝，朱氏的明朝，爱新觉罗氏的清朝，等等。一部中国史，就是一部家族统治史①。另一条线索是，宗法制度不仅维系着皇族统治，也构成了整个中国传统社会的基石，以血缘纽带联系起来的宗族（家族）始终非常稳固。如果从广泛的意义上来理解，把宗法制度视为一种以血缘关系为纽带，在各个家族内部体现尊卑秩序，维护族主特权，约束族人思想行为，以巩固统治秩序的规范和法则，那么封建社会的门阀制度和家族制度仍然深深地打有宗法的烙印，可以看作是西周宗法制度的变形与发展。

二　门阀制度

（一）门阀制度的产生和兴起

为了强化中央政权，压制强宗大族，秦汉两朝皇帝在统一中国后均采取强制性手段对各地大宗族进行打击。例如，汉武帝曾下令"徙强宗大族，不得族居"②。通过一系列的行政和法律措施，原有的宗法制度被打破，严密的宗族组织遭瓦解。但是到了东汉时期，由于中央政权控制力的削弱和大地主庄园经济的发展，强宗大族的势力又迅速发展起来，他们以封建大土地所有制为经济基础，拥有强大的经济实力或政治权力，并建立私人武装力量——部曲，称霸一方，以至于阻梗政令，形成割据势力。这种强宗大族势力的进一步发展，最终形成了魏晋南北朝时期的门阀制度。

（二）门阀制度的特点

所谓门阀制度，"乃是以家族为基础的地方性的组织。这种制度不仅标志着统治阶级与被统治阶级的区别，而且标志着统治阶级中部分家族与其他家族的区别；换一句话就是封建社会中等级制在家族中的深刻表现及其制度化"③。门阀是门第阀阅的意思，指世代显贵的家族。门阀制度是战乱纷飞的魏晋南北朝时期特定的历史产物，主要呈现出以下三个方面的特点：

---

① 张岱年、方克立主编：《中国文化概论》，北京：北京师范大学出版社，2004年，第47页。

② 《后汉书·郑弘传》。

③ 唐长孺：《魏晋南北朝史论丛》，北京：三联书店，1955年，第119页。

1. 把持权势

门阀地主是地主阶级中的特权阶层，又叫士族地主或世家地主。他们有着世袭的政治地位和社会身份，并掌握着大量的私有土地和荫附农民，甚至拥有强大的私人武装力量。门阀士族作为特权阶层形成于曹魏后期，司马氏代魏就得力于当时一些世家大族的支持和拥护，因而西晋建立后，朝廷对门阀士族的特权从法律上予以公开承认，尽可能满足他们在政治和经济上的利益。西晋政权中的要职差不多都由大族出身的人担任，从而形成了"公门有公，卿门有卿"这种政权世袭等级森严的门阀制度。

西晋亡，东晋继之。东晋元帝司马睿是在南北大族的拥戴下称帝的，因而门阀制度在东晋政权的庇护下进一步巩固，士族势力达到鼎盛。整个东晋，朝政一直由琅琊王氏、颍川庾氏、谯国桓氏、陈郡谢氏等几个北方大家族轮流执掌，皇帝几乎没有什么实权，出现了"晋主虽有南面之尊，无总御之实，宰辅执政，政多出门，权去公家，遂成习俗"①的局面。其中尤以王、谢两家权势最重、地位至尊。山东琅琊大族王导辅佐司马睿渡江称帝，连任三朝（元帝、明帝、成帝）宰相，其从兄王建为荆州刺史，拥重兵坐镇武昌，当时有"王与马（司马），共天下"之说。陈郡大族谢安，经淝水一战，大败前秦苻坚的百万大军，为晋室立下了不朽之功，使谢氏在江南大放异彩，荣耀至极，与王导一族齐名并称。刘禹锡的《乌衣巷》中"旧时王谢堂前燕"，指的就是东晋的王、谢两家。在其后的南北朝时期，门阀士族在各自所处政权中仍享有很高的政治特权和社会影响。

2. 标榜门第

门阀士族与一般地主阶层的不同之处在于他们的政治地位不完全依据经济实力，而主要由家世门第来确定。当时用来选拔官吏的"九品中正制"，由地方官根据家世才德，把人才分为九个等级，以此推选官职，但实际成为士族阶级把持选举、垄断高官的工具。他们的子弟即便无才无德，也总被列为上品；即便不学无术，亦可"平流进取，坐至公卿"，而且往往累世居高官。例如弘农华阴杨氏四世四人官至三公，汝南汝阳袁氏四世五人官至三公，汝南平舆许氏三世

---

① 《晋书·姚兴载记》。

三人位至三公，皆为世人所羡，成为高门望族。而出身寒微的普通地主和庶族子弟，即便才德超人，也总是被列为下品，即便能入仕，也只能担任为士族所不屑的卑浊之职，以致"上品无寒门，下品无世族"①，"世胄蹑高位，英俊沈下僚"②。

士族在政治上的势力和社会上的声望累代延续，各以门阀自诩，而且相互标榜，形成一种具有特殊身份、享有特殊权利的集团，在魏晋南北朝时被称为"大姓"、"著姓"、"高门"、"冠族"、"士族"、"世族"、"势族"等。为了显示本阶层的身份和地位，士族与庶族（一般地主和下层平民）保持着严格的界限，不同门第之间不能联姻，不能同乘共坐，服饰也有严格区别。所谓"士庶之别，国之章也"。如果士族中人与庶族结为姻亲，或者就任一般由庶族中人出仕的卑浊之职，当时称为"婚宦失类"，是十分耻辱的事，会因此而受到排挤。不仅"士庶之间，实则天隔"，在士族集团内部，不同门第的地位也有高下之分。例如东晋士族中有侨姓、吴姓之分，侨姓指流亡到南方的北方大族，以王、谢、袁、萧为大；吴姓指江南土著大族，以朱、张、顾、陆为大。侨姓士族地位高于吴姓士族。另外，侨姓、吴姓与关中"郡姓"、代北"虏姓"合称"四姓"，"举季才，州主簿、郡功曹，非'四姓'不在选"③。

3. 重视谱系

门阀制度与西周宗法制度相比，其宗族内部的层次系统不是依大宗小宗的血缘远近而作明晰的区分，而更偏重于各个支系、各个家庭的政治权势和经济实力。宗子的地位被族中官职最高、财富最多的显贵人物所取代，他们成为实际的首领，在宗族中处于家长的地位。门阀制度不仅在不同的姓氏之间有高低贵贱之分，在各个士族内部同样有尊卑上下之别。以宗主为核心，一个大宗族往往分出许多支派和家庭，以血统家世决定各自的社会地位，等级森严，尊卑分明。同一宗族的不同支派、不同家庭之间，也因自身财富的多寡和代表人物官职的高低而地位不同，"一姓之中，高下悬隔"。此外，门阀士族的首领又通过招诱、逼迫

---

① 《晋书·刘毅传》。

② （晋）左思：《咏史》。

③ 阴法鲁、许树安主编：《中国古代文化史》，第1册，北京：北京大学出版社，1989年，第97页。

等手段收纳门生，庇护流民，使其成为自己的"荫户"、"附户"、"宾客"、"部曲"，对他们具有号令不二的权力，平时在同族之称的掩盖下榨取他们的劳动力，战乱时又把他们同宗族子弟一起编为家兵作战，体现了十分严重的人身控制和人身依附关系。

门阀制度下的各朝政权都处于名门大族的把持之下，为了维护世族的特权，高门望族非常重视编修家谱，把祖辈显赫的功名都记在谱书上，严防寒门庶族假冒。因此，魏晋南北朝时期谱牒之学十分盛行，大量的姓氏书籍和家传、家谱应运而生。其中以东晋人贾弼撰著的《姓氏簿状》最为著名，南齐人王俭和梁朝人王僧孺等也都是这方面的名家，魏晋南北朝时期的姓氏谱牒研究还因此被称为"贾王之学"。郑樵《通志·氏族略·氏族序》说："隋唐而上，官有簿状，家有谱系，官之选举必由于簿状，家之婚姻必由于谱系……以绳天下，使贵有常尊，贱有等威者也。"可见，谱牒用以明统系，明统系则宗族不淆，"系之地望而不惑，质之姓氏而无疑，缀之婚姻而有别"。① 谱学的兴盛正是适应了门阀制度的需要。

(三)门阀制度的消亡与历史的转折

如前所述，门阀制度是中央集权减弱和历史动荡的产物，当统一的隋唐王朝建立以后，高度集中的王权统治使门阀制度失去了生存的土壤，科举制对九品中正制的取代更是断其后路，使得门阀制度终于渐趋没落以至衰亡。虽然其影响延续了很长一段时期，但再也无力对皇权构成威胁了，中国历史悄然发生了转折。正如陈寅恪先生所言，中唐时期(具体而言是中宗、武后乃至玄宗一朝)华夏文明经历了一场非常深刻的变革。之前的贵族性社会结束了，此后是漫长的庶族社会时期。皇帝不再是贵族集团的一员，而是成了高高在上、手握绝对权力的人间之神。像魏晋时期那样能够强有力地钳制皇权的门阀制度一去不复返，贵族集团操控下的一幕幕帝位"禅让"仪式已成历史。谁拥有了王位，谁就拥有了绝对的

---

① (唐)柳芳：《氏族论》。

权力，谁就成了神，成了主宰①。在这样一种新的历史条件下，宗法制度也必然向着新的形态转变。

三　家族制度

(一)家族制度的形成和鼎盛

隋唐以后，朝廷废除了九品中正制，以科举取士，这样一来，原来的那些名门望族骤然失去了累世高官的特殊身份，而普通的中小地主阶层甚至庶族寒士也能够依靠科举入仕取得富贵地位，成为新的官僚地主，并且更迭迅速。鉴于历史的教训和对旧士族声望的妒忌，隋唐皇室和朝中大臣对当时的强宗大族均采取打击和压制政策，再加上唐末五代战乱的荡涤，显赫一时的门阀制度终于退出了历史舞台，随之而来的是宋代租佃契约制形式的地主经济的迅猛发展。与荫户门客对门阀宗主的依附关系不同，农民租种土地，对地主的人身依附相对较弱。但与此同时，农民阶级与地主阶级之间的阶级矛盾也进一步尖锐，农民的反抗斗争时有发生，为了维护本阶级、本家族的政治经济利益，北宋的一些代表人物提出重建西周时期的宗法制度，企图用血缘关系来掩饰阶级对立，以稳固封建统治秩序。由于历史条件久已改变，要原封不动地照搬是不可能的。经过一系列的调整之后，上古宗法尊祖、敬宗、收族的原则得以继承和贯彻，形式上则形成以族长权力为核心，以家谱、族规、宗祠和族产为手段的封建家族制度，并一直延续到新中国成立。

(二)家族制度的内容

1. 家族与家谱

在中国古代，"家"与"族"是有区别的。所谓"家"，是由夫妻间的姻缘关系与亲子间的血缘关系共同构成的社会最小单位，即我们所说的家庭。所谓"族"，是一个放大了的"家"的概念，由若干具有亲近血缘关系的家庭组成，即我们所

---

① 陈寅恪：《唐代政治史述论稿》，北京：三联书店，2001年，第234~235页。

说的家族。古人有"三族"、"九族"之说。"家"与"族"的关系实质上是以血缘姻亲纽带所建构起来的。

"家族"与"宗族"的概念基本通用，但实际上也有区别。"宗者，尊也，为先祖主也，宗人之所尊也。"①可见，"宗"是同宗之内奉一人为主，其余的人都必须遵从，所以它强调的是一种主从关系。宗族之中，以宗子为核心，以宗法制度为准则。而"族"是总称凡与血统有关之人，它强调的是一种血缘关系。家族之中不再尊奉各自的宗子和共同的大宗，取而代之的是以族长为核心，以族规为准则。为了与西周的奴隶制宗法制度相区别，我们称之为封建家族制度。

家谱在历史上有"谱牒"、"宗谱"、"族谱"、"世谱"、"家乘"等不同名称。如前所述，以明统系、别贵贱为目的的谱牒之学在魏晋南北朝曾经兴盛一时，但发展到后来，由于只有旧家著望才能得到社会上的尊重，各士族纷纷以本姓中最显赫的郡望②为标志。于是，崔氏必号博陵，李氏必号陇西，王氏必号琅琊或太原，张氏必号清河……以致同姓即认同宗，甚至假托祖先、冒认名宗、攀附望族的现象都时有发生，谱系逐渐混乱，徒有其名而无其实。唐末五代战乱之后，旧的谱牒大多散失，谱学衰微。宋代以后，经欧阳修和苏洵、苏轼父子作私谱之倡导，家谱重新受到地主阶级和理学家的重视。发展到明清，不但著族皆有谱，"家之有庙，族之有谱"③成了极其普遍的现象。在聚族而居的农村社会，甚至可以说没有无谱之族，除少数从事所谓"贱业"者以外，也可以说几乎没有不入谱之人。

张载说："管摄天下人心，收宗族、厚风俗，使人不忘本，须是明谱系世族与立宗子法。宗法不立，则人不知统系来处。"④由此可见，与着重区分门之高下、族之贵贱的旧谱学不同，新谱学以重立宗法为"谱心"，在明统系的基础上注重体现敬宗收族、管摄人心的精神。这一变化在家谱的内容上也可以看出。明清时比较完备的家谱一般由以下几部分组成：序文，谱例，目录，家训族规，族

---

① 《白虎通义》。
② 高门望族的子孙即便迁徙外地，习惯上仍举原籍的郡名作为标识，后世称之为郡望。一姓常常不止一望，举郡望成为区别宗支的一种方法。
③ （明）方孝孺：《童氏族谱序》。
④ 《经学理窟·宗法》。

墓、祠堂、族田的情况，自始祖以下全族已故和现存的所有成员的谱系世表。有的家谱还载有祖先的画像、诰敕、传记、墓志和著作等。家谱中最主要的部分是谱系名录。入谱之人，"讳某字，娶某妇，生几子，葬某处，寿若干，咸备载于后，庶几可示后昆"①。女性在家谱中则只能以"某氏"的名义附见于丈夫之后或以"第几女"的名义附见于父亲之后。至于能立家传的，则都是本族引以为荣的高官、名士、忠臣、孝子、烈妇、贞女等。不难看出，"谱系之作，所以敦孝弟、重人伦、睦宗族、厚风俗"②，具有鲜明的敬宗收族和伦理教化意味。

家谱或十年一修，或二十年、三十年一修，长期不续修家谱，乃"不孝"之举。修谱是宗族大事，须由族中的头面人物主持。修谱之费用或由族中财力雄厚者承担，或向族众摊派。家谱相当于一个家族的百科全书，同时兼具户口簿、法典、档案和教材等多项功能。

2. 宗祠与族产

宗祠俗称祠堂，是供奉祖先神主，进行祭祀活动的场所，被视为宗族的象征。周礼规定，只有士以上的阶层才能立祖庙，庶民则只能在自己家中祭祀祖先。自明世宗允许民间立庙以来，联宗建祠之风大兴，宗庙祠堂各地可见。一些官僚富贾所在之族，不惜耗费巨资来修建气势宏伟、富丽堂皇的宗祠，"衒耀乡邻，以示贵异"③。

祠堂祭祖是最为重要的宗族活动。每当祭祀之时，合族男子会集宗祠，由族长或宗子主祭，以年辈、官爵较高者为陪祭，穿着整齐的族人们随之拈香行礼，跪拜如仪，场面庄严肃穆。祭毕会食，依次饮福、享胙④。宗祠祭祖的目的在于通过追思共同祖先的"木本水源"之恩，用血缘上的联系团结族人，进行封建伦理教化。除了作为祭祀场所之外，宗祠又是处理宗族事务、调和族人矛盾、执行族规家法和对族中子弟进行教育的地方。祠堂在一定意义上具有一族"公堂"和"学堂"的性质。

---

① （明）宋濂：《符氏世谱记》。
② （清）李希莲：《重修李氏族谱序》。
③ （清）陈耀：《祠堂示长子》。
④ 饮福为饮用祭酒，享胙为食用祭肉。祖先用过的祭品，吃了会沾其福泽、得其庇佑。而"革胙"、"停胙"则是对犯有过失的族人的一种处分。

族产又称祠产，名义上是合族公有的财产，包括山林、土地、房屋等。族产中最重要的是可以年年有地租的族田，族田又分为祭田、义田、学田等，其收入分别用来祭祀祖先、赒济贫者和兴办义学等。族田的公益和救济功能在一定程度上掩饰了宗族内部的阶级对立，缓解了贫民的反抗斗争，有利于维护封建统治，所以朝廷把购置族田当作"义举"而大力提倡，对捐资较多的人予以旌表。一些高官富商，也常常表现得颇为慷慨，有的捐田达几百亩甚至上千亩之多。

族田和宗祠相结合，二者互为补充，"敬宗收族"的原则得到了充分的体现。正如清人张永铨所说的："祠堂者，敬宗者也；义田者，收族者也。祖宗之神依于主，主则依于祠堂，无祠堂则无以妥亡者。子姓之生依于食，食则给于田，无义田则无以保生者。故祠堂与义田并重而不可偏忘废者也。"①

3. 族长与族规

族长又称族正，是宗族的最高首领。族长掌管着宗族的各种事务，在一族之内具有至高无上的权力。这些主事之权包括：通过祭祀、修谱和管理宗祠，族长成为祖先的代言人，地位高踞于众族人之上；通过管理族产族田，族长既可以攫取更多的经济利益，又可以利用部分族产收入赡族济困，以达到笼络人心、进一步控制族人的目的；通过处理族中纠纷，教化和惩罚族人，族长的威严得以彰显和巩固。

族长与宗法制度下的宗子有所不同。一个宗族宗子的身份是靠其大宗正嫡的血统世袭而来，族长则是由推举产生的，推举的依据一是年龄和辈分，二是权势和财富，后者往往起决定作用。到了封建社会后期，妻、妾、婢所生之子都有平等的继承权，正嫡宗子不一定能保持富贵之位，故推举最有权力和财力的族长取而代之。宗子兼任族长的也有之，但多数情况下由族长统理族务，有的家族干脆不立宗子，有的形同虚设，族中真正的权力操纵在族长手里。一些较大的家族又分有支、房等，族长手下还有若干助手，如宗长、支长、房长、知事董事等，这些执事人员通常也是由有钱有地位之人担任，一般族众基本上没有什么管理权和发言权。

族规又称族训、族约、宗规、家规、祠规等。族规是全体族人必须恪守的行

---

① （清）张永铨：《先祠记》。

为规则，相当于一个家族的法律，对族众具有强制性的约束力。族规是维护封建家族制度的支柱，也是族长统治族人的有效工具。族规的主要内容是将前面所述的各项宗族事务制度化、具体化，包括祭祖的礼仪，修谱的程序，族长、房长的产生办法和宗祠、族产、宗学的管理制度等。族人遵族规行事，族长依族规管理。族规的思想基础是"三纲五常"，带有浓厚的封建礼教和宋明理学色彩，主要表现在：族规首先尊崇的是君权和族权，把对国家和宗族应履行的义务放在首位。其次，族规大力提倡敦人伦、崇孝悌、序长幼的封建伦理道德，尤其宣扬同本共源、合族一气的封建家族思想。同时，对违反族规家法、败坏纲常礼教、损害家族利益的行为制定了具体的惩罚办法，以保证族规的效力。

族规只行于一族，如果以地域为单位，由若干家族共同制定，那就成了乡约。族规、乡约虽然只是民间规约，却具有合法的地位，在封建朝廷的允许之下发挥效力以补充国家法律之不足，对巩固封建王朝统治起了不容低估的作用。

(三)封建家族制度的政治功能

中国封建时代，统治和束缚人民的有四权：政权、神权、族权和夫权。封建社会后期，以家族制度为载体的封建族权完全适应了专制统治的需要，并自觉朝着巩固封建制度的方向发展。族权在宣扬封建伦理、执行封建礼法、维护封建秩序、巩固封建统治方面与国家政权的目标完全一致，并以其特殊的功能弥补了国家政权在某些方面的缺陷。封建家族制度的一个重要优势是，它以温情脉脉的血缘面纱在一定程度上掩饰了阶级矛盾，削弱了农民的反抗斗争，帮助封建政权更牢固地控制住农民，进一步稳定和加固了封建统治秩序。因此，封建家族制度理所当然地得到了封建政权的大力扶植和理学家们的极力推崇。族权受到政权的庇护，政权也离不开族权的支持，二者密切配合，互补互用。族权与政权联合的关系在清代达到高潮，政府把宗族组织编进"保甲为经，宗族为纬"的统治网，承认宗族的法律效力，使之成为仅次于政权的无孔不入的权力体系，充当起封建朝廷抵御新生力量冲击和维护旧的社会秩序的得心应手的工具。可以说，封建家族制度的存在是中国封建社会得以长期延续并且一代比一代更稳固的一个重要原因。

第三节 礼仪风俗

中国是世界闻名的"礼仪之邦"。"礼"文化源于周朝，周礼规定，社会生活的方方面面——上自祭祀、用兵，下至婚嫁、丧葬，都要遵循严格的礼节仪式，这些成为后世传统民俗的礼仪规范，在制定之初则是为了处处体现君臣、父子、兄弟、夫妻的上下尊卑之别。因此，礼仪风俗是人们在政治、经济、社会和家庭等各个方面行为规范的准则，是一个民族制度文化、行为文化和观念文化的集中体现。"从一定意义言之，一部中国文化史，即是一部礼的发生、发展史。"①

一 婚姻礼俗

何谓"婚姻"？《白虎通义》云："昏时行礼，故谓之婚也。"《礼记》注疏："婿曰婚，女曰姻。婿以昏时来迎，女则因之而去，故名'婚姻'。"

婚姻是人生的大礼，自古至今一直受到世人的高度重视。《礼记·昏义》说："昏礼者，将合二姓之好，上以事宗庙，而下以继后世也，故君子重之。"可见，婚姻首先承担着繁衍人类、传宗接代以祭祀祖庙的重要使命。其次，婚姻为"礼之大体，而所以成男女之别，而立夫妇之义也。男女有别，而后夫妇有义；夫妇有义，而后父子有亲；父子有亲，而后君臣有正。故曰：昏礼，礼之本也。"②从这段话可以看出，婚姻之所以被视为"礼之本"，除了延续种族发展之外，还为人类建立正常的社会秩序提供了一种统一的行为模式，成为构建家庭进而维系社会的纽带。正因如此，古人创设了一系列繁冗复杂的婚姻礼仪，并不断演化发展，形成了具有中国特色的传统婚姻礼俗。

（一）说媒

"天上无云不下雨，地上无媒不成亲。"说媒是中国传统婚姻礼俗中必不可少的第一个环节。在漫长的专制社会里，男女"授受不亲"，更不用说自由恋爱了。

---

① 冯天瑜：《中华元典精神》，上海：上海人民出版社，1994年，第73页。

② 《礼记·昏义》。

而且，在封建家长制的统治之下，婚姻大事由不得自己作主，"男不自专娶，女不自专嫁，必由父母，须媒妁何"。① "媒妁"，许慎在《说文解字》中是这样解释的："媒，谋也，谋合二姓"；"妁，酌也，斟酌二姓"。另有解释男为"媒"，女为"妁"。综合起来，就是斟酌谋合男女二姓，撮合促成两家婚姻。因此，媒妁实际上就是在男女双方的父母之间牵线搭桥，起着协调双方利益的作用。

担当媒妁重任的"谋人"可谓历史悠久。早在两千多年前的周朝，"媒氏"是一种官职，《周礼·地官·媒氏》："媒氏掌万民之判……令男三十而娶，女二十而嫁。"青年男女欲成婚姻，必须要借助媒人。《礼记·坊记》："男女无媒不交，无币不相见。……娶妻如之何，匪媒不得。"可见"媒"之重要。到了唐代，《唐律·户婚》规定："为婚之法，必有行媒。"这说明做媒已经列入了法律条款，媒人法定地成为婚姻舞台上首先出场的角色。如此一来，凡是没有经过媒人的婚姻，就要受到全社会的谴责和否定。《孟子·滕文公下》中说："不待父母之命，媒妁之言，钻穴隙相窥，逾墙相从，则父母国人皆贱之。"这便是"父母之命、媒妁之言"的来历。千百年来，在中国形成了这样一种奇特现象：凡男女婚嫁，必经媒人，否则便会遭人耻笑和鄙视，女方甚至会被怀疑不贞。

既有礼教律法上的规定，又能成全青年男女的终身大事，媒人注定是一个重要的角色，理所当然地受到双方家长的高度重视。在做媒过程中，礼遇有嘉、好吃好喝自不必说；如若成事，在男女大婚的亲迎之日，媒人总是被待为座上宾，并且还可得到一笔钱财，即"谢媒礼"。也正因为如此，一些品行不端的媒人为了牟取私利，常在男女两家之间相互隐瞒欺骗，花言巧语，不负责任，有的甚至酿成恶果。因此，媒人常在"三姑六婆"之列，被蔑称为"媒婆"，遭到世人的厌恶。

（二）"六礼"

"六礼"是中国古代传统婚姻礼俗的核心内容，大体形成于周代。据《仪礼·士昏礼》记载，这"六礼"按其顺序依次为"纳采"、"问名"、"纳吉"、"纳征"、"请期"、"亲迎"。其中，前五项为婚前礼，属于议婚、订婚的过渡性礼仪，最

---

① 《白虎通义·嫁娶》。

后一项"亲迎"为正式婚礼。

1."纳采"

即男方家请媒人向女方家表示求婚之意，就是俗称的"提亲"、"说媒"。如果女方同意议婚，男家则要备礼去女家正式行聘。纳采须以雁为赘礼，后面的几项礼仪也大多须用雁作礼物（只有"纳征"可以不用雁），古人主要是取大雁"逐阳随夫"、"忠贞不二"和"长幼有序"之意。因活雁难得，后世多用鹅或鸡代替。

2."问名"

女家接受了纳采的礼物，就初步表示同意结亲。接下来，男家要托媒人携礼物前往女家询问清女子的姓、氏、名、字、排行以及出生的年、月、日和时辰，以便回去占卜吉凶，即迷信所说的"合八字"。如果属相有冲或五行相克，则不能缔婚。口头问名后，男女两家要交换书有文字资料的"草帖子"，以示庄重。

3."纳吉"

这是订婚阶段的主要仪式。问名之后，经过占卜，如果认为各方面都合适，即所谓"吉兆"，男方就要再备雁礼派人通知女方，表示婚约已成，女家则设宴酬答，这就是"纳吉"，相当于现代民间的"订婚"之礼。"纳吉"之后，男女双方都要受到社会伦理的约束，婚姻之事就不可轻易言废了。

4."纳征"

又称"纳币"、"大聘"、"过大礼"等。即男家向女家送较重的聘礼的仪式，经过这一道礼节，婚姻进入正式筹备阶段。"纳征"所送的聘礼，多取吉祥之义，数目宜双忌单。例如，称夫妻为"伉俪"，即来源于古代以"俪皮"为聘礼的风俗。"俪"为成双、配对之意，"俪皮"就是两张鹿皮。

5."请期"

送过聘礼后，男方择好合婚的具体日期，并准备礼物请媒人通报女方，征得同意，也称之为"提日子"、"告期"、"送日子"、"探话"，等等。成婚的日期不是随便确定的，也要经过占卜推算，选择所谓的"吉日良辰"。大户人家还要"下婚书"，即以书面形式予以确定。请期之后，男女双方就开始忙于操办具体的婚事了。

6."亲迎"

又称"迎亲"、"完婚"，"六礼"中最后一道礼仪。就是合婚之日新郎迎娶新娘、举行婚礼大典的一系列仪式和活动。"亲迎"是整个婚姻礼俗中最隆重、最热闹，也是最繁缛琐细的一个环节，下面将作详细介绍。

(三)亲迎

"亲迎"礼俗十分复杂，从开始到结束，共有三至四天，最重要的是亲迎日的迎娶和成婚礼仪。其主要内容依次为出发迎亲、叫门、搜轿、哭嫁、下轿、拜堂、喜宴、入洞房、撒帐、饮合卺酒、合髻、闹洞房，等等。在亲迎日的前一天有"搬嫁妆"、"铺房"，后一天有"拜舅姑"，第三天有"庙见"等礼俗。其繁简程度各地不一。

1. 铺房与嫁妆

"亲迎"前一日，女家要派人到男家来布置新房，以便让人观看，这就是"铺房"。由于民间习惯把床和床上用品作为新房物品的代称，故又称"铺床"、"暖床"。古代婚姻"六礼"中没有提到铺房，但在实际的婚姻程序中这一环节不可或缺。

宋代形成的"铺房"礼俗，其基础是"嫁妆"。"嫁妆"是指女子出嫁时带往夫家的财物，又称陪妆奁、嫁奁、陪嫁、添箱等。铺房的陈设是否耀眼、阔气全在于嫁妆的贵贱、多寡。"嫁妆"不仅是为了婚后生活的需要，更成为公开炫耀女方财富的一种方式。"有嫁必有送"，由此产生了"送嫁妆"的礼俗。送嫁妆也是在"亲迎"前一日。为了炫耀，"送嫁妆"多采取肩挑杠抬、前呼后拥招摇过市的形式。

由于嫁妆的多少既体现女家的身份，又直接影响到女子婚后在夫家的地位，故历代上层阶级嫁女竟尚奢华，民间亦染此风，并影响至今。

2. 迎娶与哭嫁

按《仪礼》规定，"亲迎"这天早晨，男家要拜祭祖宗神位。古人迎娶新娘须在黄昏以后甚至黑夜，乘墨车，着黑衣，故"婚"字在周礼中写作"昏"，意为"阳往而阴来"。后来，这种"崇黑"的习俗逐渐为"尚红"所取代，迎娶也改在白天进行。随着轿子的普及，用车马迎亲的习俗又被乘花轿所代替。迎亲队伍从起轿到抵达女家，有一系列的礼仪仪式。在女方家门口，通常有"开门礼"的习俗，即女家的人故意不开门，男方迎亲的人就燃放鞭炮("开门炮")，然后新郎叫门，并塞进事先准备好的礼包，有时女家的人还要借机挑逗戏弄新郎一番。新郎进入女家后，由陪侍人员带着去正房叩见新娘的父母和长辈，然后出门外等着新娘上轿。

新娘上轿时，一定要在亲人和自己的哭泣声中依依不舍地离开，俗称"哭嫁"。哭嫁之俗先秦即有之，各地都很常见。哭嫁多是表达对家庭、父母的不舍和对少女时光的惜别。有的地方则纯粹是一种礼俗，称为"哭发"，即女子在出嫁前哭得越厉害，今后的日子就越发，娘家和婆家都兴旺。在父母之命、媒妁之言的封建婚姻桎梏下，也有许多是真正违背本人意愿的婚姻，此时新娘真的是无奈地痛哭，已经不再是一种礼节了。有的地方上轿前还要"搜轿"，是一种象征性的礼俗，主要是避邪驱鬼之意。

新娘乘坐轿子到达男家后不能随便下轿，还有"传代"的礼俗。就是新娘下轿入门时双脚不可着地，要踩着男家所铺设的麻袋前行，男家则安排二至四人把新娘踩过的袋子往前传，取其谐音"传代"之意。与此类似的习俗不胜枚举，例如"跨火入门"取煞灭一切邪气的寓意，"踏鞍入门"取一生平安之意，"铺柴入门"取吉祥发财之意，等等。

3. 拜堂、牵巾

"亲迎"礼俗的重要仪式之一是"拜堂"，俗称"拜天地"。现在我们大多数人所熟悉的程式是"一拜天地，二拜高堂，夫妻对拜"，其实这个程序有一个衍化过程。在古代传统婚礼中，新娘入新郎家门后并不在厅堂上拜天地、拜高堂，而是径入洞房，在洞房中夫妻对拜，共牢合卺；第二天"见舅姑"，即拜高堂；第三天才到宗庙里去拜天地祖先，即"庙见"。大约从宋代起民间的婚礼趋向简化，在有些地方于结婚的当天便完成了本应在三天甚至三个月中才完成的夫妻合卺、新妇见舅姑和庙见的全过程，于是便有了新娘进门后先拜堂的婚俗。此后，经过近现代戏剧的表演和传播，"拜堂三项"便成为婚典上的固定礼仪。

"牵巾"是拜堂仪式中的重要礼俗。婚礼上的牵巾用两根彩缎相交盘绕绾成一个同心结，寓意男女相爱，永结同心。新郎新娘各执一端，面对面相牵而行，共同进行各项参拜仪式。南宋吴自牧《梦粱录》对这一礼俗有详细的描述："礼官请两新人出房诣中堂参堂，男执槐简，挂红绿彩，绾双同心结，倒行；女挂于手，面相向而行，谓之'牵巾'。"

4. 合卺、结发

新郎新娘入洞房后，便要"共牢而食，合卺而酳"①。"共牢"即夫妻二人同吃一块祭过祖先的肉。"卺"，古代酒器，就是一个瓠（葫芦）分成的两个瓢；"酳"，古代宴会的一种礼节，指食后用酒漱口；"合卺"就是新郎新娘一起进餐后用一瓠分成的二卺盛酒漱口，以表示夫妻合体、尊卑平等、相亲相爱，故后人常用"合卺"一词作为男女新婚的代称。合卺之后，新娘获得了新郎之妻的身份。

自宋代起，合卺之礼逐步取代了共牢之礼，并演变为"饮交杯酒"。《东京梦华录·娶妇》载："用两盏以彩结连之，互饮一盏，谓之交杯酒。"此时，酒器改用普通酒杯，饮酒方式也改为夫妻互饮。近代以来，饮交杯酒是用一根红线系住两只酒杯，新郎、新娘各执一杯同时饮酒，饮至一半，交换酒杯，再一齐饮干。到了现代，则发展为新郎、新娘各持一杯酒，男左女右交臂同饮。

合卺之后，还要行"结发礼"，又叫"合髻礼"。"结发"并非将新郎、新娘的头发系在一起，而是将他们的头发各剪下一绺，绾成同心结式样的发髻作为吉祥信物。因"结发"之礼，古代人们把原配夫人称为"结发妻子"或者"发妻"。曹植《种葛篇》："与君初婚时，结发恩义深。"杜甫《新婚别》："结发为君妻，席不暖君床。"

5. 撒帐、闹洞房

新人行完交拜礼后面对面手执牵巾入洞房，并排坐于床沿，由喜娘或"全福人"②以金钱彩果散掷，称为"撒帐"礼。据《戊辰杂抄》记载："撒帐始于汉武帝。李夫人初至，帝迎入帐中共坐，饮合卺酒，预戒宫人遥撒五色同心花果，帝与夫人以衣裙盛之，云得多得子多也。"从这段关于撒帐的记载可以看到"撒帐"的两个含义：一是"五色同心"，祝新人相亲相爱；二是"得果多，得子多"，这是中国传统生育观念在婚姻礼仪上的体现。

到了宋代，撒帐的礼俗已经在民间广为流行。撒帐之物历代并无多大变化，只是因地域不同而有所差异，但都是取其谐音以示祝福。在我国北方盛行用红枣、栗子撒帐，南方则多用莲子撒帐。"枣"谐音"早"，寓意"早生贵子"；"栗

---

① 《礼记·昏义》。
② 上有公婆、父母，下有儿女的妇女。

子"谐音"利子"或"立子";"枣栗子"正是"早立子"的寓意。"莲子"谐音"连子",寓意"连得贵子"。到了明代,撒帐的礼俗更为流行,而且还有了撒帐歌,歌词多为吉祥祝福之语。直至今天,撒帐的礼俗在城乡不少地方的婚俗中依然存在。

大约从汉代起,有些地方就出现了"闹洞房"的风俗,亦称"闹新房"、"弄新妇"、"谑亲"等。即新婚之夕,新人入洞房后,男女宾客,无论尊卑长幼,皆可进房围观新娘,并以言语行动挑逗戏谑,使其难堪或者出丑,由此哄笑取乐。"闹洞房"之俗流行甚广,花样颇多,至今民间仍有"闹喜闹喜,越闹越喜"、"新婚三日无大小"的俗谚。

闹洞房本是喜事,但有时闹得过火会引发事端,甚至闹出人命。因此,历代都有人批评此俗,有的名门望族在家法中明文禁止,但千百年来,闹洞房的礼俗非但没有禁住,反倒越传越广、愈演愈烈。可见,图喜庆、求热闹的闹房本意还是广为世人所接受的,关键是要掌握闹的分寸,以免乐极生悲。

6. 拜舅姑、庙见

"拜舅姑"就是新婚媳妇拜见公婆的礼仪,这是古代婚姻礼俗中十分重要的一项。"舅姑",以及古文中的"姑嫜"、"姑妐"等,都是指的公婆。按照古礼,新娘在亲迎日的第二天早晨拜见公婆。唐代诗人朱庆余《闺意上张水部》:"洞房昨夜停红烛,待晓堂前拜舅姑。妆罢低声问夫婿:画眉深浅入时无?"写的就是一个将要去拜见公婆的新媳妇在洞房中认真打扮的情景。

"拜舅姑"的具体过程在《仪礼·士昏礼》中有详细的记载。新妇要向公婆行一系列的跪拜之礼,并献上赘礼。各种仪式完成后,婆婆向新媳妇交代家里的事情,这样新妇才获得了参与夫家事情的资格,作为公婆之媳的身份才得到正式确认。

先秦时,新妇要在结婚三个月后才能"庙见",即参拜夫家的宗祠,后来固定于新婚第三天进行。"庙见"之日,男家主人将新妇带至祠堂或者供有祖先神位的寝堂。先由男家主人按常仪行礼,并跪告祖宗:"[某]之子[某]以[某]日婚毕,新妇[某]氏敢见。"随后,新妇入内,向列祖列宗的神位四拜。至此,新妇终于"成妇"。

（四）回门

"回门"，又称"归宁"、"省亲"或"拜门"，即成婚后新女婿携礼品，随新娘第一次回娘家，拜谒妻子的父母及亲属。回门的时间，从古至今并无定制，各地风俗也不尽相同。近代通例在婚后第三天，俗称"三朝回门"。

"回门"在传统婚礼中也是很隆重的。一般仍旧是坐花轿或是乘花车前往女家，仍然有很多繁琐的礼节。有的地方还有"谑郎"习俗，即如同闹洞房时戏谑新娘一样捉弄整治新郎。回门之日，女方大宴宾客，高朋满座，新女婿入席上座，由女族尊长陪饮。一般情况下，新娘在回门的当天必须随新郎返回婆家，不在娘家留宿。若万不得已非留宿不可，夫妇二人也不能同住一室。

"回门"为婚事的最后一项仪式，新婚夫妇从岳家返回后，传统婚礼宣告完成。此后每年都有与此相关的家庆，即结婚纪念日。

（五）休妻与再醮（离婚与再婚）

中国古代社会是典型的男权社会，传统婚姻是以男子为核心的。按《说文》的解释："妇，服也。"妇女没有独立的人格，一切须服从丈夫之命。因此，在中国古代，离婚很容易，主动权完全掌握在丈夫手中，故称之为"休妻"、"弃妻"、"出妻"等。简要地说，中国传统婚姻中的离婚规则可以概括为"七出三不去"。

在男尊女卑的古代社会，离婚的过错全在女方。"七出"是《汉律》中规定的丈夫休妻的七条标准："不顺父母，去；无子，去；淫，去；妒，去；有恶疾，去；多言，去；窃盗，去。"只要妇女违犯了其中任何一条，男子都可以宣布"去妻"，打发其回娘家。"七出"之条，源于《大戴礼记·本命篇》："不顺父母去，为其逆德也；无子，为其绝世也；淫，为其乱族也；妒，为其乱家也；有恶疾，为其不可共粢盛也；口多言，为其离亲也；窃盗，为其反义也。"由此七条，不难看出封建礼教和封建宗法对妇女的不公正待遇和严重压迫。

作为对"七出"的补充，也为了巩固家族稳定，古人又有"三不去"的规定。《孔子家语》云："三不去者，谓有所取无所归，与共更三年之丧，先贫贱而后富贵。"意思是：娘家绝户无处可归者不能休，所谓"古人虽弃妇，弃妇有归处"；为公婆治丧三年的妻子不能休，因为不能忘恩；贫贱时娶的妻子富贵后不能休弃，所谓"贫贱之交不可忘，糟糠之妻不下堂"。"七弃三不去"的原则自《汉律》确定以后为历朝列代的法规所继承，贯穿了整个封建社会。

在封建礼制统治下的中国古代社会，男人不仅可以有三妻四妾，还被赋予休妻的巨大权力；而女人则只能"嫁鸡随鸡，嫁狗随狗"。她们一旦被休弃，不仅得不到世人的同情，还将受到社会的歧视。因此，"七出"之条既可以成为男人喜新厌旧、休妻另娶的借口，也是封建家族强化夫权、压迫妇女的一柄尚方宝剑。

改嫁再婚在古代称为"再醮"。"再醮"是相对于女子新婚时的"醮礼"（亲迎之日父母对即将出嫁的女儿进行训导的仪式）而言的。按照礼制的规定，改嫁再醮是一种十分可耻的非礼行为。《礼记·郊特性》说："一与之齐，终身不改，故夫死不嫁。"可见，儒家的伦理道德是反对寡妇改嫁的，特别是在宋代理学产生之后。理学代表人物之一的程颐说，"饿死事极小，失节事极大"，提倡宁可饿死也不改嫁。从此以后，失节改嫁便被认为是奇耻大辱的事情，并影响中国社会近千年。除了礼教的束缚之外，历代统治者还采用正面表彰和法律保护的手段鼓励妇女守贞从一。唐代"烈女"可以和忠臣义士享受同等的礼遇，清代建"节孝祠"，为寡妇立贞节牌位，定时致祭。《清会典》曾规定罪犯的母亲是寡妇的，若守寡满二十年，可以判处缓刑或者免刑。在封建礼教和律令的双重桎梏下，不少妇女为了换取"贞烈"的虚名，付出了血淋淋的代价，有的甚至作出了无谓的牺牲。

(六) 其他婚俗

1. 烝报婚

《左传》中讲的"烝"，是指父亲死后，儿子娶庶母；"报"，指兄、叔死后，弟娶寡嫂，侄娶婶母。实行收继时要祭祀祖先，以期在心灵上得到安慰。烝报婚在奴隶制社会是符合上层社会道德规范的制度与习俗，所生子女享有合法的社会地位，可以做诸侯的世子或嫡夫人。而超出"烝""报"之外的两性关系称为"私通"，会受到社会舆论的谴责。

2. 媵妾婚

奴隶社会的一种婚姻制度。周代，诸侯娶一国之女为夫人，女方须以娣（妹妹）侄（兄弟之女）随嫁，同时还须从另两个与女方同姓之国各请一位女子陪嫁，亦各以娣、侄相从，一共九人，只有夫人处于正妻地位，其余都属于妾。诸侯的正妻如亡故或被休弃，不可再娶，应由众妾中依次递补，此种制度称为媵妾婚或媵婚制度。由此，体现了周人对嫡庶的严格区分，同时也是对一妻多夫现象的承认，使其明确化和合理化。

3. 赘婿婚

也称作"入赘"、"招女婿"等，民间俗称"倒插门"。即女子不出嫁，而招男子入女家为婿。行赘婿婚之家，大多是因家中有女无男，招婿是为了承接香火以继家业。也有的少数是因钟爱女儿不愿其出嫁而招婿入门的。从男方说，一种是家贫无力娶妻，一种是贪图女方权势财富，从而入赘于女家。赘婿婚是古代夫从妻居"服役婚"的遗留与发展，在几千年的男权社会中一直受到伦理和世俗的歧视。

4. 童养媳

即收养幼女进门，待长大后给子弟作妻子的婚姻形式。童养媳的名称起于宋代，它是先秦媵妾制的遗物。《宋史·后妃传》载，仁宗的周贵妃，四岁时随其姑母进宫，由张贵妃抚育成人，后为仁宗所宠幸。元、明、清时，童养媳从王宫普及于民间。童养媳大多出于下层社会的贫困家庭，其家长或因家贫难以度日，或因债务所逼，只得将幼女送给或廉价卖给有子嗣的人家做童养媳，长大后再成婚，称为"圆房"，或称为"开怀"。这种婚姻形式具有严重的强迫性与剥削性，童养媳不仅是男家的廉价劳动力，而且因年幼家贫，常受虐待。有些地区的小女婿婚，也属于这种婚俗。关汉卿的杂剧《窦娥冤》中的窦秀才因借用蔡婆婆二十两白银无力偿还，只好忍痛把自己的七岁女儿送去抵债，做了蔡家的童养媳。由此引出一幕惊天动地的悲剧。

5. 指腹婚

又称"胎婚"、"子腹婚"、"仳儿婚"。这是封建家长包办子女婚姻的极端形式，流行于全国广大地区。即双方家长，于孩子尚未出生之时，事先约定，产后如一男一女，则结为婚姻。这种婚俗起于六朝，多流行于官宦人家，其意在保证门当户对，延续两家关系。有的怕男女长成后，互不相认，或一方不守信诺，遂裁孕妇衣襟相交换，各执一幅以为凭证，称"指腹裁襟"或"指腹割衿"。统治阶级时或禁止，但无实际效用。指腹婚在传奇故事、话本、戏曲中常有反映。

6. 冥婚

亦称"阴婚"、"鬼婚",是古代的一种婚姻陋习。即男女两家为死亡的未婚子女联姻,然后再将全婚男女迁葬在一处。由于统治阶级自身的迷信与提倡,历代虽禁犹盛。如曹操幼子曹冲十三岁而卒,聘甄氏亡女与之合葬。此种习俗反映了古代灵魂不灭的观念及对幽冥世界的想象。出于慰藉死者、安息灵魂并保佑生者的动机,这种迷信风俗得到古人的普遍认同。冥婚中最残酷的一种当数"守望门寡",即活着的未婚妻,抱着已死亡的未婚夫的神主牌拜堂成亲,婚后终生守寡,死后才到阴间与"鬼丈夫"圆房。

7. 典妻婚

典妻是由旧社会买卖婚衍生出来的一种临时婚姻形式,即将妻子议价典给他人,期满而还,一般为三至五年。所典之妻多出于下层社会,因饥馑贫病不得已而为。典雇他人妻子者,往往以生子为目的。民间俗称"借妻生子"。典妻之俗起于宋元,尤盛于江浙一带,统治阶级屡禁无效。现代作家柔石的短篇小说《为奴隶的母亲》,讲的就是浙江农村的一个典妻故事。

婚俗是一种复杂的文化现象,在历史不断向前发展的过程中,许多古老的婚姻形式都会留下或深或浅的痕迹。除了前面介绍的几种之外,各地区、各民族的婚俗多不胜举,此处不一一赘述。总之,随着人类社会的进步,婚姻也会破旧立新,朝着自由、文明的方向发展。

二 生育礼俗

人类社会的生产大体可分为两种形式:一类是物质生产,一类是人类社会自身的再生产。后者就是我们所说的"生育",因为它承担着维系人类种族延续和发展的重要使命,任何一个时代、任何一个民族莫不高度重视。华夏文明源远流长,生育礼俗代代相传,基本上可以分为三个部分:产前求子、产期禁忌和产后庆贺。

(一) 求子风俗

"早生贵子"、"子孙满堂"是中国民众十分普遍的一种文化心态。究其根源,婚姻最直接、最根本的目的就是延续家族血脉、增加劳动人口,因为这一点在传统的农业国度里是非常重要的。婚礼中的许多仪式和习俗都反映了人们对生育的祈盼。能否生子、是否多子，成为评价女子婚后贡献度的一个重要尺度，并被纳入道德评价的范畴，所谓"不孝有三，无后为大"。婚后无子，给整个家族尤其是不孕之妇带来了极大的心理压力。于是，各种求子风俗应运而生，充分满足了广大民众的精神需求。

1. 送子娘娘

碧霞元君是百姓传说中的"送子娘娘"。明清时期每年自四月初一起，北京周围的各碧霞元君祠（有的直接称"娘娘庙"）相继开庙，举办各种祭祀活动，一直持续到六月初一，历时达两个月之久。在此期间，京城百姓倾城而动，长途跋涉，结伴前往各个碧霞元君庙进香朝拜。没有孩子的求早日得子，有孩子的求保佑平安。

观音菩萨也是百姓信奉的"送子娘娘"，民间有"送子观音"之称。除了专管生育和保婴的"送子娘娘"之外，各地还有一些兼管的神仙，如河南有花神，广东有地藏王、磨地夫人等神。有的地方甚至见神就求子。这些都反映了中国古代子嗣为重、求子心切的传统心态。

2. 麒麟送子

传说中，麒麟为仁兽，是吉祥的象征，能为人带来子嗣。相传孔子将生之夕，有麒麟吐玉书于其家，上写"水精之子孙，衰周而素王"①，此为"麒麟送子"之本。故民间有"麒麟儿"、"麒儿"之美称。此后有"麒麟送子图"之作，为木版画，上刻对联"天上麒麟儿，地上状元郎"，以此为佳兆。

民间普遍认为，求拜麒麟可以生育得子。《中华全国风俗志·湖南》引《长治新年纪俗诗》："妇女围龙可受胎，痴心求子亦奇哉。真龙不及纸龙好，能作麒麟送子来。"原注："妇人多年不生育者，每于龙灯到家时，加送封仪，以龙身绕妇人一次，又将龙身缩短，上骑一小孩，在堂前绕一周，谓之麒麟送子。"按麒麟属于龙族，此乃以龙灯代麒麟者。

3. 借物祈子

为了求子，人们还想象出许多具有象征意义的东西，借以祈求生育，由此又

---

① 见载于（晋）王嘉《拾遗记》。

衍生出各种各样的求子民俗。比较典型的有两种：一种是由男性生殖崇拜演化而来的，例如"摸钉"。在北京，元宵节晚上不孕妇到正阳门或前门摸一摸大门上的铜钉，就意味着可以生得男孩。与此类似的有"送桩求子"的习俗，即偷得象征男性生殖器的牛桩、船桩、桥桩等送给不育人家，以求生子。还有一种就是以"子"带子，最典型的就是"拴娃娃"习俗。在娘娘庙的神案上，常有得子的妇女们还愿时送来的泥娃娃，不孕妇女拜神之后，用红线拴住一个"娃娃大哥"，以红布裹住，"请"回家中，就相当于把儿子领回了家。"送瓜求子"则是将一个冬瓜画上眉毛、鼻子，扮成小孩状，送给不孕之家以祝其生子。

（二）孕期产期禁忌

新人结婚后，做公婆的和做父母的最关心的事就是媳妇和女儿何时"有喜"。一旦怀孕，两家人都会喜上眉梢、乐从中来。为了顺利地生个健康的孩子，婆婆（母亲）总是千叮万嘱媳妇（女儿）哪些东西不能吃，哪些事情不能做。这些禁忌反映了人们对生命的高度重视和对优生的强烈愿望。

1. 科学成分

对于孕期产期的诸多避讳与禁忌，不能一律视之为无稽之谈。许多禁忌是人们长期以来生活经验和生理经验的总结，有利于孕（产）妇和胎（婴）儿的身体健康，是符合科学道理的，有些则是现代胎教的雏形。

《颜氏家训·教子》云："古者，圣王有胎教之法，怀子三月，出居别宫，目不邪视，耳不妄听，音声滋味，从礼节之。"这短短的一段话，起码包含四个方面的内容：其一，夫妻分居，节制房事。性生活乃不洁行为，有秽于胎儿成长，此为孕期之首忌。其二，目不邪观，非礼勿视。即不看丑恶污秽之物，不看打架斗殴、射杀生灵之事，以免影响孕妇情绪。其三，耳不妄听，勿闻非言。即戒绝淫乱不洁之声和各种噪音、嘈杂声，以利于胎儿成长。其四，怡情养性，从礼节之。孕妇应行端坐正，口谈正语，节嗜制欲，清静养神，乃至诵读诗书，等等。以上四条，产妇"坐月子"期间亦须遵循。不难看出，这些规定已十分接近现代的医学和胎教理论，具有较高的科学价值。

除了上述几条之外，民间还有许多禁戒。例如，孕妇产妇在怀孕、"坐月子"期间，少出门、少说话、少干活，多休息、多补充营养，不使用冷水，不做针线活，严禁外人进入产房，等等。这些都是为了保障孕（产）妇和胎（婴）儿的健康，是完全正确也是十分必要的。

2. 迷信色彩

在古代社会，由于医学欠发达，人们对孕妇流产、难产，以及畸形儿、残疾儿无法作出科学的解释，于是就编造出种种迷信的说法以警示孕妇，主要包括食物和行为两方面的戒律。现在看来，有些禁忌荒唐可笑，但古人的心情是可以理解的。

首先看食物禁忌。孕妇忌吃兔肉的说法流传甚久，"妊娠者不可啖兔肉，又不可见兔，令儿唇缺"。① 孕妇不能食姜，否则生下的婴儿多指；吃驴肉，生下的孩子"驴性"，不听话；吃螃蟹，生下的孩子爱咂泡沫、流口水，等等。

再看行为举止方面的禁忌。民间以为，孕妇是不洁之身，煞气过重，很多地方不能随便去。例如，孕妇不得到神庙里去，否则是大不敬之事；孕妇不能进入新房看新娘，因为她是"双身人"、"四眼相"，若是看了，新娘日后不是克夫守寡，就是断子绝后；孕妇不能抱别人的孩子，说是抱过的孩子要生病，俗称"替胎"。但同时，孕妇又很脆弱，容易惹事上身，有些地方若去了会给自己带来祸患。例如，孕妇不能看产妇分娩，会冲上血光之灾，导致自身难产；孕妇不能到未过五七的死人家中，否则亡魂会令其难产；孕妇不能到邻村串门，不然该村的鬼怪妖魔会附体上身，使其难产。非要去时，须设供品祭祀该村土地神，以求平安。

（三）贺诞之礼

一个新生命降临以后，作为家长和亲友，自然十分高兴，为表示庆祝，就在一些特定的日子举行各种贺诞之礼。同时，在医疗和生活条件极为落后的古代，新生儿的成活率是很低的，为了能使婴儿健康地存活下来，顺利地长大成人，人们常常通过各种仪式表达对孩子的美好祝愿和殷切期望。贺诞之礼主要集中在三个时间——"三朝"、"满月"和"周岁"，尤以"三朝礼"最为隆重。

---

① （晋）张华《博物志》。

1. 三朝

　　婴儿诞生后第三日，称之为"三朝"，三朝日是人生的第一个大庆之日，亲朋好友和外婆家咸来庆贺与祝福。三朝贺诞的风俗由来已久，这大概与民俗中以"三"为重的观念有关，据《梦粱录》记载："三日，女家送冠花、彩缎、鹅蛋，以金银缸儿盛油蜜，顿于盘中，四围撒贴套丁胶于上，并以茶饼鹅羊果物等合送去婿家，谓之送三朝礼也。"在各地民俗中，三朝日所送之礼也不尽相同，但通常都有红鸡蛋、衣帽、鞋袜和红包等。主人家在这一天除了迎宾待客之外，还要给婴儿举行一系列的重要礼仪。三朝礼包括"洗三"、"添盘"和"开奶"等。

　　"洗三"就是在三朝日给婴儿洗澡的仪式，旧时的"洗三"和"添盘"是结合在一起的，三朝这天，主人家请来收生婆或外祖母主持，供上床公床母神像，将煮过槐条、艾蒿的热水倒入一个大铜盆内，本家长辈和亲友依尊卑顺序将事先准备好的花生、栗子、枣子、鸡蛋、桂圆等物投入盆中，也有的往里面投铜钱、金银、首饰的，这就叫"添盆"。添盆时姥姥有一套固定的祝颂词，边搅盆边念叨，"长流水，水流长，聪明伶俐好儿郎"、"一搅二搅连三搅，哥哥领着弟弟跑"、"早儿立子"(枣、栗谐音)、"连生贵子"(莲、桂谐音)等。添盆完毕后开始洗儿，也是边洗边唱："先洗头，做王侯；再洗腰，一辈更比一辈高；洗洗蛋，做知县；洗洗沟，做知州。"洗完给小孩梳胎毛时，又念："三梳子，两拢子，长大戴个红顶子；左描眉，右打鬓，日后奔个好前程。"梳完头，拿起一根葱在孩子头上或身上拍打三下，边打边说："一打聪明、二打伶俐、三打邪魔。"整个礼仪充满祝福婴儿顺利成长、期望日后富贵发达的殷切之情。

　　有的地方在"洗三"、"添盆"之后还要进行"开奶"仪式。开奶前，让婴儿按次序品尝醋、盐、黄连、勾藤和糖，称"尝五味"，意味着尝遍人生酸甜苦辣，方知艰苦奋斗。可见这一习俗倾注了父母对孩子的良苦用心和殷切之情。"开奶"时请一位能说会道的妇女，将五味汤滴于婴儿嘴上，说："好乖乖、今朝吃得黄连汤，来日天天吃蜜糖。"然后把肥肉、状元糕、鱼、糖等制成的汤水，加上酒，用手指蘸少许涂在婴儿嘴唇上，边涂边念："吃了肉，长得胖；吃了糕，长得高；吃了酒，福禄寿；吃了糖和鱼，往后生活甜蜜又富余。"最后让婴儿吃从别家妇女讨来的乳汁，"开奶"之礼才告完成。

　　在苏北还有初生婴儿吃墨的风俗。开奶时，母亲在奶水里滴上几滴陈年老墨研磨的墨汁，拌和一起喂婴孩，希望孩子长大后满腹"墨水"，才华横溢。

"三朝"日的午宴称为"汤饼宴"。一般由新生儿的舅舅坐首席，所谓"娘亲舅大"；由新生儿的叔叔作陪，叫做"爹亲叔大"，其他座位按尊卑长幼编排。宾主入座后，先上汤饼（一种面食），故名"汤饼宴"。接着由新生儿的祖母或外祖母抱着新生儿出来逐一认亲，也是从舅舅开始。认亲完毕，才正式开席。席间，主人要向每位客人敬酒三杯，以表谢意。

2. 满月

婴儿出生一个月叫"满月"，父母发帖宴客，亲友携礼祝贺。满月这一天的重要礼仪是"剃满月头"，也叫"剃胎发"。

剃头过程中，讲究颇多。小孩由祖父或有福气的亲友抱着，脚踩用红布包着的一把葱、一扎芸、一柄斧，分别取聪明、运气、富贵之意。发式也有好几种：脑后留一撮毛的，俗称"百岁毛"、"长命毛"或"撑根长"；额前留一撮毛的，称为"聪明发"；还有的在顶囟门留一寸见方的胎发，叫做"孝顺毛"，因其呈瓦片状，也有称"瓦片头"的。剃下的胎发不能随便丢弃。有的用红纸包好置于大门顶上，意谓步步登高；有的用红布包裹，悬挂于保生娘娘的神座旁边，祈求保佑长生；也有很多人家将胎毛搓成团，用彩线缠好，或悬于堂屋高处，或挂于床头枕边，前者取有胆识之意，后者认为可以镇邪。

3. 周岁

婴儿一岁，古代称"周"或"晬"。婴孩周岁这天，亲戚好友要来赠礼庆贺，并参加举行一项重要的仪式——"拈周试晬"，俗称"抓周"。

抓周之俗历史悠久，早在南北朝时就流行于民间，那时叫"试儿"。《颜氏家训·风操》有载："江南风俗，儿生一期（一年），为制新衣，盥浴装饰，男则弓矢纸笔，女则刀尺针缕，并加饮食之物及珍宝服玩，置之儿前，观其发意所取，以验贪廉愚智，名之为试儿。"如果小孩抓得书和文具，以为将来定能饱读诗书、仕途无量；若抓算盘铜钱则经商；抓刀剪则为工；等等。《红楼梦》第二回记述宝玉抓周："那年周岁时，政老爷便要试他将来的志向，便将那世上所有之物件摆了无数，与他抓取。谁知他一概不取，只把些脂粉钗环抓来。政老爷便大怒了，说：'将来酒色之徒耳！'因此便大不喜悦。"抓周实际上寄托了大人对孩子的一种祈盼，以此来预示婴儿将来的前途，这只是一番心意而已，切不可当真。

(四)成年仪式

成年礼是人生礼仪的一个重要环节,是男女青年步入成年的标志。成年礼有性别之分,男子的成年礼称"冠礼",加冠的年龄是 20 岁;女子的成年礼称"笄礼",及笄的年龄是 15 岁。《白虎通》里说:"男女幼娶必冠,女子幼嫁必笄。"由此可见,古代的男女青年只有在举行了冠礼和笄礼之后才获得成年的资格,才能够谈婚论嫁。

成年礼在周代就已盛行。周代冠礼的过程比较复杂:举行冠礼前,须要"筮日"和"筮宾",即确定加冠的吉日和选定负责加冠的人。冠礼中,"宾"(主加冠者)一共要给受冠者加三次冠(缁布冠、皮弁冠、爵弁冠),分别象征着授予其治人的权利、服兵役的权利和参加祭祀的权利。加冠拜祖之后,还要给受冠者取"字",以受人尊称,有的地方称"庆号"礼。《礼记·冠义》说:"已冠而字之,成人之道也。"至此,冠礼结束,"成人"诞生,家长可以考虑给孩子办婚事了。

至于成年女子的笄礼,则是改变幼年时的发式:把头发绾成一个髻,用一块黑布包住,然后再拿簪子插住。"笄"就是插在头发上的簪子,"笄礼"由此得名,有的地方也称"上头"。"笄礼"的主持者是女性家长,负责加笄的是女宾。礼成之后,女子同样可"以姓配字",成为社会的一员,并可以开始婚恋了。

除了传统的"冠礼"和"笄礼"之外,有些地方和民族流行的"穿裤礼"、"穿裙礼"、"纹身礼"、"染齿礼"、"凿齿礼"等,都属于成年礼的形式。

三　丧葬礼俗

"丧"指哀悼死者的礼仪,"葬"指处理死者遗体的方式。中国古代的丧葬制度包括服丧制度和埋葬制度。前者体现了等级森严、轻重分明的封建宗法观念和注重孝道的儒家伦理思想,所以治丧是围绕与死者的血缘亲疏关系展开的;后者则反映了古代人们"灵魂不死"、"轮回转世"的生死观,因而葬礼是围绕着死者的"再生"、"复生"以及在阴间的生活展开的。整个丧葬制度礼俗庞杂、形式繁缛,是中国古代传统文化的重要组成部分。

(一)治丧程序

1. 送终、招魂与停尸

人之将死,子女亲属守护身旁,听其遗嘱,目送辞世,称为"送终"。送终是对尚未去世的人尽孝的最后机会,做子女的十分重视,若未能为父母长辈送终,则会成为心中的一大憾事。

古人为判断死者是否断气,将一缕儿新棉絮置于死者口鼻之上,观其是否扇动,这种方法称为"属纩"("属"是放的意思,"纩"是棉絮)。如果确认已死,需马上"招魂"。招魂的方法是:手持死者上衣登上屋顶,面北挥动,口呼其名:"×××,回来吧!"连呼三遍后,下到地面来,将衣服覆盖在死者尸体上。这种仪式古代称为"招复"或者"复",其意在召唤死者的灵魂归来,"复"而不醒,才意味着真正死亡,在场亲人才可以哭丧。治丧程序由此开始,第一项为"停尸"。

停尸又称"停床",将尸体安于尸床,置于房屋正室的厅堂中,接着为死者整容,洗面洗身,放含口(即"饭含","饭"指放在死者口中的米粮,"含"指放在死者口中的珠玉),换殓服,用白绸掩面,俗称"小殓"。然后在灵头摆供设祭,安放长明灯,等待亲友来吊祭。

2. 报丧、奔丧与吊唁

亲人去世后,应尽快向亲友邻里通报死讯,称为"报丧"。通常由丧家晚辈或亲邻着孝衣登门叩头报丧,也有的发送讣告、丧帖以书面形式通知,同村邻居和附近亲友则采取放鞭炮、敲铜锣的形式报丧。

得知亲人去世的消息后,子女亲属从外地赶回料理丧事或吊孝祭拜,称为"奔丧"。按照古礼,子女在外,闻父母死讯后,先要痛哭一番,然后详细询问父母死因,再哭一番,换上孝衣,日夜兼程赶回家中。古时为官者逢亲属亡故,无论多远,一般都应去职奔丧,否则会被视为大逆不道,为伦理舆论所不容。如因病残、产孕等原因不能奔丧,则寄物以吊。

吊唁又称"吊孝"或"吊丧",是死者亲友前来祭拜哀悼和孝子孝女接待还礼的仪式。吊唁之礼最早盛行于周代。吊唁者首先要送上吊礼,吊礼多为钱、挽幛和烧纸等,由专门管理丧礼事宜的"执殡人"收纳并写在礼单上。

一般情况下,亲友进门以后,首先扑倒在死者灵前叩头致哀,孝子和家人也随之磕头号哭。然后，孝子向吊唁者行"稽颡"礼，即屈膝下跪，额头触地，以表示对客人的感激之情。礼毕，客人打听死者去世的有关情况，孝子一一作答。最后丧家依吊客与死者的关系，发给裁剪成不同规格的白布，或包头，或袖臂，客人则当场"戴孝"。

报丧之后，孝子孝女便着丧服一直守在死者灵前，每当有客人前来吊唁时，都要陪其磕头号哭，并还礼答谢，一个人都不可怠慢，一个礼节都不能少。

3. 大殓、出殡与落葬

大殓，就是将已着衣的尸身放入棺材并盖棺的仪式，亦称"入殓"、"入棺"、"落材"等。大殓一般在第三天举行。大殓的程序繁琐，禁忌颇多，从入棺的方位、棺内的铺垫到尸体和随葬品的放置，都有严格的规定。尸体放好之后，先要给死者"开光"（用缠在筷子上的棉球蘸水给死者净面），然后举行盖棺仪式，最后在灵座前行祭奠礼。殓毕，则择日出丧安葬。

大殓之后，停柩待葬的这段时间称为"殡"。出殡，就是把盛放死者的棺材送往安葬地的仪式，又称"出灵"、"送葬"。民间出殡通常用人抬，从八杠、十六杠到六十四杠，依贫富人数不等。出殡时，孝子孝女和众亲友都在灵前拜祭，长子头顶丧盆，灵柩启动前将丧盆摔破，号啕大哭，然后起行。灵起后由孝子扛"灵头幡"在前面引路，女儿或侄儿抱领魂鸡随后，灵柩后是鼓乐队，最后面是亲戚朋友哭唱挽歌相送。出殡途中棺材不得落地，一直要送到葬地。

在送葬过程中，沿途都要撒纸钱，遇到路口、关卡、桥梁、高岗等地要拜祭，目的是买通阴间小鬼，让死者顺利通过。在出殡途中，亲友在路旁设筵致奠，有的甚至请来戏班表演，称为"路祭"，逢遇"路祭"时，应停柩进行祭奠和答谢，礼毕即抬棺继续前行。到达墓地后，先将棺材停放在已挖好的墓穴前，祭奠哀哭一番后，由僧道诵经，然后将棺椁和各种随葬品放入墓穴，铲土掩埋，堆积成坟。

4. 丁忧守孝

灵柩入土后，孝子返回家中，拜送宾客，正式开始守孝。按旧制，父母丧亡，子女要在家守孝三年，不能饮酒食肉，不能歌舞作乐，不能访友赴宴，不能赶考应试，不能娶妻纳妾，甚至不能近女人行房事。做官的则要辞掉官职，回家为父母服丧守孝，叫做"丁忧"。

丁忧守孝期间，"居倚庐不涂，寝苫枕块"①，即在父母灵旁搭建一座简陋的竹木茅草棚，内以柴草为席，以土坯为枕即可。一般情况下，不出庐寝，不与人言。服丧的头三天不饮不食，出殡后只能早晚喝一点粥，七天之后才能吃蔬菜水果。守丧期内，孝服一直要穿在身上，不能洗澡，甚至不能理发剃胡子。总之，要用最简单的生活条件，来表示丧亲后最深切的悲痛和哀思。像这样服丧三年才算期满，届时要举行隆重的祭祀，把父母灵位移入祖庙或家庙，然后才能除孝，恢复正常生活。

为什么非要守孝三年呢？孔子的学生宰予，曾经主张再把服丧的时间缩短一些，遭到孔子的坚决反对，他责问宰予说："予之不仁也，子生三年然后免于父母之怀。……予也，有三年之爱于其父母乎？"孔子的意思是，一个人来到世上，需要父母养育三年才能离开其怀抱，父母得花费多少心血？所以父母去世后，也应为其服丧守孝三年，这样才算回报了父母的养育之恩。这种观念，对整个民族心理产生了极为深远的影响，再加上历代统治阶级的倡导和规定，千百年来，上至帝王将相、下至庶民百姓，为父母服丧守孝已成为社会普遍的伦理要求。

（二）丧葬用品

丧葬用品分开来说包括两个方面——服丧者的治丧用品和死者的下葬物品，前者主要是丧服和各种祭器，后者有死者的殓服、葬具和随葬品等。

1. 丧服

丧服，又称孝服。指古代丧礼中按照本人与死者血缘关系的亲疏远近而穿戴的不同服饰和长短不同的期限，丧服主要包括冠、服、鞋和各种孝布等，通常用白色麻布制成。丧服分为斩衰、齐衰、大功、小功、缌麻五等，俗称"五服"。通常说来，服制越重，其丧服制作也就越粗糙，以示悲痛之情越深。

"斩衰"是"五服"中最重的丧服。衰通"缞"，丧服的上衣。"斩衰"是用最粗的生麻布制作，不缝下边，断处外露，不缉边，表示毫不修饰以尽悲痛。在古代，诸侯为天子，臣为君，儿子和未出嫁的女儿为父亲，承重孙（长房长孙）为祖父母，妻妾为夫，都要穿斩衰丧服。服期为三年。

---

① 《礼记·丧服大记》。

"齐衰"是次于"斩衰"的丧服，也是用粗生麻布制作的，和"斩衰"不同的是剪断处缉边。"齐衰"有几种不同的服期：儿子、未嫁女为母亲(继母)穿齐衰丧服三年，已嫁女为父亲、孙为祖父母服一年；重孙为曾祖父母服五个月；玄孙为高祖父母服三个月。

"大功"是次于"齐衰"的丧服，用熟麻布制作，质料比齐衰稍细。为叔伯父母、堂兄弟、未嫁的堂姐妹、已嫁的姑姐妹以及已嫁女为母亲、伯叔父、兄弟服丧都要穿"大功"丧服。服期为九个月。

"小功"是次于大功的丧服，用较细的熟麻布制作。这种丧服是为从祖父母、堂伯叔父母、未嫁祖姑、堂姑、已嫁堂姐妹、兄弟之妻、从堂兄弟、未嫁从堂姐妹，及外亲为外祖父母、母舅、母姨而穿的。服期是五个月。

"缌麻"是五服中最轻的一种孝服，用最细的麻布做成。穿这种丧服是为从曾祖父母族伯叔父母、族兄弟姐妹，及外姓为表兄弟、岳父母而服丧所穿。服期为三个月。

以"五服"为核心的丧服制度是中国古代宗法伦理观念的集中表现，从中可以明显地看出重男轻女、重嫡轻庶、重父轻母的宗法倾向。在古代传统葬礼上，只要看一下服丧者身上穿戴的孝服，便可知道他(她)与死者关系的亲疏远近，可以说丧礼是对亲族关系的一次大检阅。

2. 棺椁和随葬

《说文》："棺，关也，所以掩尸。"我国历史上曾经有过石棺、玉棺、瓦棺等多种葬具，但最为正统、最为普及的还是木质棺椁。棺用来盛放尸体，椁是棺外的套棺。古人使用棺木的历史十分久远，到周朝时形成了完善的棺椁制度。据《礼记》载，天子棺椁四重，最里面的棺称椑，其外蒙以犀牛或水牛皮；第二重称杝，以椴木制成；第三重称属，第四重称大棺，皆以梓木制成，因而又统称"棺梓"或"梓宫"。诸侯公卿以下由内至外递减，到士这一阶层，就只有一层大棺，不得用椁了。除此之外，棺木的大小、厚薄、内外装饰均有严格的等级规定。棺椁制度自汉以后，日渐衰亡，内外几层已经无人监控了。棺材的大小、形貌、制作材料和装饰图案越来越讲究，使用怎样规格的棺木，主要取决于死者的社会和经济地位。

随葬之俗源于"灵魂不死"的观念，古人普遍认为，人死了是到另外一个世界——阴间(冥界)去了,在那里还要继续生活,于是其家人就在棺椁、墓室里置放各种随葬用品,以供死者在冥间使用。远古之时,丧葬简单,进入阶级社会后,统治阶级竞尚奢侈,厚葬之风盛行。自殷商至秦汉,随葬品中珠玉珍宝等贵重物品大量增加,凡生人所用之器,无不列为随葬之物,甚至以活人殉葬,即"人殉"。汉末三国之时,天下大乱,盗墓猖獗,厚葬渐为世人所不取。唐宋明文禁止各级官员和庶民百姓在棺内置放金宝珠玉,有的朝代还规定了随葬物品的等级差别,但事实上,许多官僚富商的随葬物品仍然相当丰富,而且不乏贵重物品。

(三)各种葬俗

1. 土葬

土葬是我国最古老、最普遍,也是最有代表性的一种葬法。汉民族是世界上最典型的农业民族,人们普遍认为土地是万物之母,生命之本。人的生存离不开大地的养育,死后也须回归母体,灵魂才能得以再生。"落叶归根"、"入土为安"的观念反映出汉族民众强烈的重土、恋土情结,这便是土葬的思想根源。

土葬必有坟墓,坟和墓在古代是有区别的。"墓"是指地下的坑,又称"茔";"坟"是指墓上的封土,又称"冢"。上古至春秋前期的土葬"墓而不坟"、"不封不树",也就是说,地面是平的,没有坟堆,周围也没有种树。春秋中期至末期,中原地区将北方挖墓与南方堆坟的葬俗结合起来出现了完整意义上的坟墓。以坟墓的方式进行土葬,一方面便于后人墓祭;另一方面,随着统治阶级的垂范与倡导,上行则下效。秦汉以后,几乎是无墓不坟了。整个阶级社会,坟墓成为身份等级的标志,官爵越高,墓地越大,坟头也越高。帝王之坟更是高大如陵,故称"陵墓"。自唐至清的历朝典章,对不同品官和庶人墓地的大小和坟丘的高低都作了严格的规定。土葬由于契合了中国人对土地的崇拜和死后转入阴间地下继续生活的观念,盛行数千年而不衰。

2. 火葬

即在人死后,将其遗体用火焚化,保存骨灰,或藏或埋。火葬起源于原始社会时期,最初流行于少数民族地区。《后汉书》有"死则烧其尸"的记载。随着佛教的盛行,僧侣死后火葬之俗影响到佛教信徒,进一步扩大到民间。唐宋以后,许多地方流行火葬，江浙、四川等地尤盛。由于这种葬法与儒家伦理道德和经书中的丧葬仪规相悖，明清两代统治者曾下诏或颁布法律严加禁止，违者治罪，火葬之习由此转衰。即便如此，朝廷对佛教徒、少数民族仍然不禁。

3. 水葬

水葬在我国并不普遍。范缜《东斋纪事》载："凤州贫民不能葬者，弃尸水中。"这是因为实在太穷，才行此葬法。康藏古俗中多有水葬。出于传统的投胎转生观念，水葬一般将尸体裸露，蜷身于木匣内作胎儿状或捆尸作胎儿状，先由喇嘛为死者诵经，然后投尸江中。海边民族也常行水葬。有的直接投尸海中，有的装入棺材，置于海滩，涨潮时便会冲入大海。还有一种情况就是夭折的婴儿常用水葬法。

4. 鸟葬

又称"天葬"，是西藏及周边地区较为流行的一种葬法。即人死后，将尸体背到山坡上的天葬场，燃起松柏通知"神鸟"秃鹫到来，然后碎尸喂鸟，如果尸体全被吃光，则认为死者可随鹫鹰一起升天，进入极乐世界。在藏人心目中，"天"具有崇高的地位。若未吃完，则被认为是生前罪孽深重，当入地狱。我国古代南方、内蒙古及青海等地均有此俗。弃尸郊野者也称"弃葬"、"野葬"。

5. 树葬

将尸体置放在树上或木架上，直至风干的一种葬法，所以也叫"风葬"或者"木架葬"。东北及内蒙古地区是树葬、木架葬的主要分布地，古代这些地区的契丹族，近代的鄂伦春族、赫哲族、鄂温克族均有此葬法。

6. 悬棺葬

悬棺葬是我国葬制中的一道奇特景观。因其将棺木悬置于陡崖峭壁，故而得名。悬棺葬法又有好几种，或将木棺置于插入峭壁的木桩上（真正的悬棺葬），或置于崖洞中、崖缝内（崖窟葬、岩洞葬），或半悬于崖外（崖洞葬），或置于两面崖壁之间的横架木梁上（崖墩葬）。许多地方的悬棺陡峭高危，下临深渊，无从攀登，至今仍是千古之谜。此葬俗流行于少数民族地区，悬置越高，表示对死者越是尊敬。悬棺葬虽然不是很普遍，但分布地域甚广，遍及半个中国。依据文献及实地考察发现的古代悬棺葬遗物，在四川、湖北、湖南、江西、安徽、云南、贵州、广东、广西、陕西、福建、台湾等省区，均有此种葬俗。

四　交往礼俗

人是社会关系的总和，交际礼仪与人类社会同步产生和发展，成为维系人际关系、推动社会进步的重要力量。在中国古代社会，上层统治阶级之间的交往有着专门的"礼制"，以体现出尊卑之分、贵贱之别；而民间的交往则以约定习俗的方式相互遵守一定的仪节，并代代传承，逐渐形成了具有中国特色的社交礼仪文化。

（一）见面礼

古人见面时行跪拜礼是历史最久远、使用最普遍的一种社交礼仪。《周礼·春官·大祝》把跪拜礼分为九种，合称"九拜"，分别是稽首、顿首、空首、振动、吉拜、凶拜、奇拜、褒拜、肃拜。九拜之中，以"稽首"、"顿首"、"空首"为正拜，是跪拜礼节内的最基本类型；"振动"、"吉拜"、"凶拜"都是丧事之拜；"奇拜"和"褒拜"则是指拜的次数（"奇拜"是拜一次，"偶拜"是拜两次以上）；"肃拜"即低头肃立，乃妇人之礼。下面重点介绍一下"稽首"、"顿首"、"空首"和"肃拜"①。

1. 礼中之重——稽首

东汉郑玄《周礼注》说："稽首，拜头至地也。"唐人贾公彦《周礼正义》认为，"稽首"之"稽"，为"稽留之字，头至地多时，则为稽首也。……稽首，拜中最重，臣拜君之拜"。可见，稽首是臣子对君王表示最虔诚最恭顺的大礼，因此要求跪拜于地时，头触地的时间要长久。春秋以降，"稽首"除了用于臣拜君之礼外，也用在子拜父，徒拜师，拜天祀地，祭祖拜神，新婚夫妇"三拜"之礼等古人视为最隆重的大礼中。至于僧、道礼俗中的稽首，不过只是举一手向人行礼罢了，实际乃借用俗礼名称而已。

2. 平辈之礼——顿首

"顿首"，郑玄注为"拜头叩地也"。林尹注释说："与稽首略同，惟头急遽叩于地而触其额。"这就是讲，头触地后很快抬起，即今所谓"磕响头"。贾公彦《周

---

① 参见谢芳琳：《〈三礼〉之谜》，成都：四川教育出版社，2000 年。

礼正义》还说："顿首，平敌自相拜之拜"；就是说，顿首在周代属平辈之间的礼节。以后下对上的敬礼也用顿首。其使用场合包括官僚之间的拜迎、拜送，民间的拜贺、拜候、拜望、拜别、拜谒等。

3. 男子常礼——空首

至于"空首"，郑玄注说"拜头至手，所谓拜手也"。林尹注释说："男子之常拜，屈膝跪地，拱手于胸前与心平，俯头至手也。"它与稽首、顿首的最大不同就是头不挨地，而相对于大礼的"稽首"来说只可谓半礼。因此，它成为古代男子相互之间表示尊重的常礼之一。诚如顾炎武《日知录·杂事·拜·稽首》所识："古人席地而坐，引身而起则为长跪，首至手则为拜手（空首），手至地则为拜（顿首），首至地则为稽首，此礼之等也。"

4. 妇人之礼——肃拜

对于妇人来说，稽首并非正礼，其正礼乃"肃拜"。郑玄《礼记注》说："拜低头也……妇人以肃拜为正。"《礼记·少仪》专门规定："妇人吉事，虽有君赐，肃拜。"意思是，妇人遇到喜事、好事，即使是答谢国君赏赐时，也仅仅只是行"肃拜"这种低头之礼。这从表面上看是要保持妇女的端肃，实际上是妇女地位低下的缘故，即跪拜礼这种重大礼节仅属于男子交往使用，女子只能行肃拜这种最轻礼节。不过，也有一个例外，就是女子结婚时可行跪拜礼。

武则天做了皇帝后，为长女儿威风，索性将女子的肃拜姿势改为正身直立，两手放于胸前，微俯首，微动手，微屈膝，时称"女人拜"。唐宋时，女子行此礼还常口道"万福"，故又称"万福礼"。此礼一直沿用到清代，这在古装戏、古装电影里屡屡可见。

5. 从三跪九叩到抱拳握手

据《清宫琐记》载，清代还有一种"三跪九叩"礼。行此礼时，首先是刷刷放下马蹄袖，再跪下，上身挺直，双手平伸举起至鬓角处，手心向前，然后放下，再举起再放下，第三次举起又放下，如此为"三跪"；反复三次即为"三跪九叩"。与此同时，还要高呼"吾皇万岁，万万岁……"

从《周礼》、《礼记》等记载的跪拜礼算起，这种卑躬屈膝的繁缛礼节至少倡行了三千多年，直至辛亥革命推翻了帝制，才正式宣布取缔这种有辱人格尊严的礼仪。从此，人们相见敬礼，只需脱帽（女子无需脱帽）鞠躬或抱拳、作揖、握手而已。此亦可谓"礼轻仁义重"也。

(二)待客礼

"有朋自远方来，不亦乐乎!"好客重友情是中华民族的优良传统。围绕着怎样招待好客人这一主题，我们的祖先创建了一整套待人接客的礼仪，一举一动都体现出对宾客的欢迎和尊敬。

1. 迎客

客人来访，第一件重要的事就是要做好迎接工作。如果事先有约，主人一定会整理厅堂，打扫庭院。若要留宿客人，还需换洗卧具，备好客房。客人将至，主人要出门远迎，通常到村外路口或码头迎候，称为"接客"，隆重的甚至以鞭炮鼓乐相迎。宾客到达门口，家中仆人要双手拿着扫帚向来宾鞠躬，这便是"拥慧礼"。司马贞解释：拥慧"谓为之扫地，以衣袂拥慧而却行，恐尘埃之及长者，所以为敬也。"可见，"拥慧"的意思是告诉客人家里已经打扫干净，欢迎贵客光临。

2. 沏茶

客来沏茶，以茶为礼，这是中华民族待人接客的传统礼俗。中国是茶的故乡，种茶、制茶、饮茶有着数千年的历史，自唐以后，品茶、敬茶、送茶更成为十分普遍的社交礼俗。"寒夜客来茶当酒，竹炉汤沸火初红"①让感受到以茶待客的热情与温馨。"与君坐对成今古，尝尽冰泉旧井茶"②则散发出中华茶文化的古老芳香。

以茶待客有许多礼仪，处处要体现出对客人的敬意。投放茶叶前，先要以开水浣洗茶具，然后以好茶好水冲泡。往杯中注水或向外倒茶时，有一条规矩很重要，那就是"酒要满，茶要浅"，也有"茶七酒八"之说。即斟茶以杯之七分为敬，不可太满，而倒酒则以八分为宜。奉茶时，须以双手捧送为敬，放在客人右手的前方，切忌单手奉茶。客人则需细品慢饮，以杯中留少许为宜。此外，民间礼俗讲究"客来沏茶，客走倒茶"，客人未走不要倒残茶，否则无异于下逐客令。

---

① （宋）杜东：《寒夜》。
② （清）施闰章：《苍梧云盖寺访无可上人》。

3. 吃饭

"民以食为天"，中国的食文化格外地发达，请客人吃饭是必不可少的接待礼节。早在周朝之时，古人就已制定出了一整套严格规范的进食礼仪，从主宾入席时坐的方位到桌上菜肴摆放的位置，从食器、饮器的规格到仆从端菜的姿势，都作了明文规定。至于进食过程中的讲究则更多了。《礼记·曲礼上》说："共食不饱，共饭不泽手。毋抟饭，毋放饭，毋流歠，毋咤食，毋啮骨，毋反鱼肉，毋投与狗骨，毋固获，毋扬饭……卒食，客自前跪，撤饭齐，以授相者。主人兴，辞于客，然后客坐。"这些规矩现在看来过于繁缛，有的甚至是迂腐，但是其中也不乏科学合理的成分和值得后世借鉴的地方：一是恭敬谦让；二是讲究卫生。进食仪俗虽多有变更，但"以礼待客、文明用餐"的基本原则一直影响至今。

4. 饮酒

俗话说"无酒不成席"。酒文化是我国传统交际礼仪文化的重要组成部分。从统治阶级到庶民百姓，不同民族、不同地域的人们都有饮酒的习俗。逢年过节、婚丧嫁娶、生育寿诞，几乎事事不离酒，迎宾待客的宴席上当然也少不了酒。饮酒的风俗，各地不尽相同，但总的来说，还是有共通之处：首先要给客人和长辈敬酒，敬酒时须双手捧杯，先干为敬；为人斟酒时，要尽量倒满，以示满心满意，所谓"酒满敬人，茶满欺人"。有的地方讲究"三杯为敬"，而古礼则规定"酒不过三"①。总之，形态各异的饮酒习俗中，都隐藏着同一内核，即对长者的谦恭和对客人的敬意。

自古以来，民间就有划酒拳行酒令之俗。古代的酒令形式多样，内容丰富，许多酒令具有很强的文学性和知识性。现在，绝大多数复杂的酒令均已消亡，一些简单易行的酒令和划拳习俗仍在民间流传。

(三)送别礼

中国人重情义，"迎来"、"送往"是最基本的待客之礼。客人辞行时，主人一定要出门相送。如果是远行久别，亲朋好友更当专程送别。古人送别的方

---

① 《礼记·玉藻》。

式有很多，从各种文献和影视作品来看，我们比较熟悉的是"饯行送别"和"折柳赠别"。

1. 饯行送别

古人长途远行，交通和通信工具不发达，一路上跋山涉水，风餐露宿，通常一去几个月甚至几年都难以归还，尤其是途经（去往）荒凉偏远或兵荒匪乱之地，更是令亲人朋友担心。故自先秦以来即有祭祀路神，然后登程之俗，称为"祖"，其意在祈求一路平安。后人沿袭此俗，多于路旁亭舍或在野外临时设立帷帐，备酒肴送别行人，故也称祖帐、祖送、祖道等。饯行送别乃离愁别恨、怅惘兴悲之事，古诗词中佳咏极多。王维《齐州送祖三》诗："祖帐已伤离，荒城复愁入。"柳永《雨霖铃》词："寒蝉凄切，对长亭晚，骤雨初歇。都门帐饮无绪，留恋处，兰舟催发。"王实甫《西厢记》第四本三折："今日送张生赴京，十里长亭，安排下筵席。"

2. 折柳赠别

"折柳送别"之俗起于西汉，当时官员商旅出入长安，必经灞桥，灞桥一带，绿柳成荫，景色宜人，送行者正好至此折柳与行人赠别。据《三辅黄图·桥》载："灞桥在长安东，跨水作桥，汉人送客至此桥，折柳赠别。"这一礼俗有两层含义：其一，"柳"与"留"字音相谐，取眷恋不舍、殷勤挽留之意；其二，"人之去乡正如木之离土，（赠柳之礼）望其随处皆安，一如柳之随地可活，为之祝愿耳"。① 此俗汉唐最盛，其他地方也多行之者。刘禹锡《杨柳枝词》："长安陌上无穷树，唯有垂柳管别离。"李白《忆秦娥》词："秦楼月，年年柳色，灞陵伤别。"

第四节　岁时节庆

节日作为一种综合性的民俗文化，较之其他文化类型而言，更集中、更鲜明地展示出一个民族独特的风俗习惯、宗教观念和文化特色，而且在每个节日中都可以找到一些最为古老的文化遗存因子。中国历史悠久，民族众多，各种传统节

---

① （清）褚人获：《坚瓠广集》卷四。

日不仅形式多样，而且内涵丰富。基本上每个节日都有着特定的礼仪、禁忌、传说以及相应的饮食风俗、娱乐活动，由此构成了一个个繁复的节日习俗系统。

一　节日概说

(一) 节日的源起

岁时节日在中国由来已久。岁时指的是时令的推移、季节的变化和物候的转换等自然规律以及由此展开的一些活动事项，节日则是在固定的时间或季节举行的仪式和庆典，二者往往是密不可分的，它们最初都是古代历法和天文知识发展到一定阶段的产物。

我国古代农历把一年分为十二个月，并按气候的变化过程，分五天为"一候"，三候为"一气"，这样，一年三百六十天(约)就被分为七十二候，二十四节气。可见，"节"取其"分节"之义，即把岁时的渐变分为像竹节一样的间距，两节气相交接之日为"交节"，由此转意为"节日"。在二十四节气中最早形成的重要节日有八个，简称为"四立"(立春、立夏、立秋、立冬)、"二分"(春分、秋分)、"二至"(夏至、冬至)，这八节是标志阴阳四时、季节变换的时令。

在天文方面，我国古代人民还注意到了月亮的圆缺变化，月之"朔""望"成为确定节日的重要标志之一。朔是每月初一，称为"上日"或"元日"。正月朔日，谓之"元旦"，是一年中最早的节日。一年之始的正月元旦(后改称春节)至今仍是中华民族最隆重、最盛大的传统节日。望是每月十五月圆之日，以"望"为节的有"三元"之称的上元节(正月十五)、中元节(七月十五)、下元节(十月十五)以及中秋节(八月十五)。其中，上元为一年中的第一个望日，后发展为元宵节。

除此之外，古代又以甲子干支排列日时，一些特殊的"日"逐渐演变为节。例如，早在春秋战国时期便有"正月上辛"的节祭日，即在正月上旬的辛日行祭，到汉代正月上辛日专祀太乙神。又如"上巳"，郑国之俗，农历三月上旬巳日，在溱水洧水举行招魂续魄之礼。此外，古代还有"值五日午"之俗，凡逢五之日都称"午"，五月初五为"重午"，俗称"端午"，也发展为节日。

二十四节气表

春季	节气名	立春 （正月节）	雨水 （正月中）	惊蛰 （二月节）	春分 （二月中）	清明 （三月节）	谷雨 （三月中）
	节气 日期	2月 4或5日	2月 19或20日	3月 5或6日	3月 20或21日	4月 4或5日	4月 20或21日
	太阳到达黄经	315°	330°	345°	0°	15°	30°
夏季	节气名	立夏 （四月节）	小满 （四月中）	芒种 （五月节）	夏至 （五月中）	小暑 （六月节）	大暑 （六月中）
	节气 日期	5月 5或6日	5月 21或22日	6月 5或6日	6月 21或22日	7月 7或8日	7月 23或24日
	太阳到达黄经	45°	60°	75°	90°	105°	120°
秋季	节气名	立秋 （七月节）	处暑 （七月中）	白露 （八月节）	秋分 （八月中）	寒露 （九月节）	霜降 （九月中）
	节气 日期	8月 7或8日	8月 23或24日	9月 7或8日	9月 23或24日	10月 8或9日	10月 23或24日
	太阳到达黄经	135°	150°	165°	180°	195°	210°
冬季	节气名	立冬 （十月节）	小雪 （十月中）	大雪 （十一月节）	冬至 （十一月中）	小寒 （十二月节）	大寒 （十二月中）
	节气 日期	11月 7或8日	11月 22或23日	12月 7或8日	12月 21或22日	1月 5或6日	1月 20或21日
	太阳到达黄经	225°	240°	255°	270°	285°	300°

（二）节日的类型

随着古代历法天文知识的发展，人们将年月日与气候变化相结合，排定一系列的节气时令，并与生产、生活、祭祀和娱乐等活动结合起来，逐渐形成了大大小小、各种各样的节日。大致说来，我国传统节日的产生和发展有三大影响因素：一是农事祭祀；二是宗教信仰；三是神话传说。需要指出的是，这几个因素不是孤立地发生作用的，它们相互影响、相互渗透，以合力的方式共同融入节日。但为了介绍的方便，我们还是相应地分为三种类型来陈述：

1. 农事祭祀节日

中国自古以来就是一个农业大国，所谓"国以农为本，民以食为天"，与人们生产生活密不可分的节日首先与古老的农业文化有着不解之缘。"二十四节气"的出现为农业生产起到了指导作用，也为节日的产生提供了可能，人们把不同季节中的特定时间定为节日，根据不同节日安排相应的生产劳动和社会活动，农忙时抢种抢收，农闲时娱乐、祭神，祈求丰收。

祭祀性节日也是由农事发展而来的。早期的祭祀，例如夏商周三代举行的春、秋二祀或四时常祀，都是农业的祭祀。春祈（春藉）是春耕前祈年求谷的祭祀；夏雩，是夏季求雨的祭祀；秋报（秋尝）是丰收后酬神报功的祭祀；冬烝，是祈求来岁丰稔的祭祀。在对自然科学规律没有充分认识的古代，人们普遍相信上天和神灵的力量，时时不忘向他们祈求风调雨顺、五谷丰登，同时也祈求他们保佑自己祛病除灾、健康平安。因此，祭祀的作用显得十分重要，上至统治者，下至老百姓，无不视祭祀为头等大事，所谓"国之大事，在祀与戎"。在中国传统节日中，半数以上的节日含有祭祀祈祷的成分，如春节、社日、中秋、冬至、腊日等。

祭祀与农事的重要关系还表现在时间的安排上。杨恽《报孙会宗书》："田家作苦，岁时伏腊，烹羊炰羔，斗酒自劳。"人们通常在农闲之时举行祭祀和娱乐活动，尤以岁末年初的几个节日最为典型。时值隆冬，万物凋零，农业生产已告一段落，人们开始清洁扫除和准备食物，并借此时机举行各种祭祀活动。从腊日（腊八）到春节，"群神频行"，祭祀不断。古代称为"蜡祭"或"腊祭"，因而农历十二月被称为腊月。

2. 宗教节日

宗教信仰是贯穿节日产生和发展的具有普遍性的重要因素，在世界各国各民族的节日中都可以见出宗教的影响。在我国影响最大的两种宗教是本土的道教和外来的佛教。相比之下，后者的影响更大。

有的节日直接来源于宗教。例如浴佛节，传说四月初八日是佛祖释迦牟尼的生日。《荆楚岁时记》载："四月八日诸寺各设香汤浴佛，共作龙华会。"又如，古代道家有"三元"之说，即天官、地官、水官，又说天官赐福，该神为正月十五日生，是为"上元"；地官赦罪，该神为七月十五日生，是为"中元"；水官解厄，该神为十月十五日生，是为"下元"，都发展成为节日。有的节日受宗教影响发生新的变化。例如腊日，本为古代重要的农猎祀日，后来佛教盛行，据传释迦牟尼是十二月初八成道的，故腊八节又称为"成道节"。并由佛祖曾受一牧羊女乳糜粥救命之恩的传说衍生出吃"腊八粥"的民俗。

3. 纪念节日

纪念节日主要是为了纪念某些重大历史事件或有重要影响的人物。有的在历史上是确有其事，如锡伯族的"杜因拜专扎坤"节（农历四月十八日），是锡伯族从沈阳举族西迁至新疆察布查尔的纪念日；更多的纪念节日纪念的对象是神话或传说中的人物，如七夕节源于中国古老的牛郎织女传说，寒食节是为了纪念"士甘焚死不公侯"的介子推，端午节是为了纪念著名的爱国诗人屈原，等等。

（三）节日发展的几个阶段

1. 先秦至秦汉——孕育形成期

秦汉以前、节日孕育产生之初，宗教色彩极为浓厚，且内容单一，数量不多，各地风俗也各异。随着社会政治经济和天文历法知识的发展，尤其是秦始皇统一六国后，各地区、各民族的交流空前活跃，文化也趋于同一，一些原来不同的节日习俗逐渐统一，且数量增多，许多重要的节日如除夕、元旦、元宵、上巳、寒食、端午等，都是在这一时期定型的，有些节日习俗甚至上升为国家的重要祭典。所有这些都为后来节日文化的发展奠定了基础。这一时期还有一个重要特点就是儒家思想独尊地位的确立对节日的影响，如端午节由最初的送瘟神仪式向纪念屈原、歌颂爱国者转化，寒食节由禁火寒食的习俗转向纪念晋国大夫介子推。历史人物取代原始自然神而成为民俗节日的核心，反映了整个社会对于建立道德伦理体系的关注。

2. 魏晋至隋唐——继承融合期

这一时期的节日民俗是在继承秦汉以来传统节日文化的基础上发展起来的，是一个承上启下的过渡期。同时，这一时期也是中国历史上南北民族大迁徙、中外文化大交流的融合期。在此过程中，许多地方性的节日活动随着民族和文化的汇合而成为全国性的节日，如春节本是汉族节日，现为华夏各民族的共同节日；

南方楚越民族的端午节，后来也成为全国性的、全民性的传统节日。另外，此时的宗教极大地影响着节日的发展，以盛行的道教、佛教尤甚。一些节日直接来源于宗教传说，一些节日受到宗教的影响而发生新的变化，节日民俗与宗教信仰相融合，更易为虔诚的人们接受，也因此促进了节日文化的传播与发展。

3. 宋代至明清——由盛及衰期

宋代是我国封建社会发展的高峰期，城市生活十分繁荣，农村文化不断提高，节日文化达到了鼎盛。这一时期的一个重要转变是，传统节日开始从古老的宗教信仰中解放出来，向着礼仪化、娱乐化的方向过渡。例如，传统的春节习俗如燃爆竹、跳傩舞、贴门神、写春联这些原本用于驱鬼的仪式，此时已演变为具有明显的娱乐性和文化性的民俗活动。宋代以后，中国传统节俗的格局基本定型，并沿袭至今。明清时期，封建社会已是穷途末路，受社会政治经济文化制约的节日文化也随之趋于停滞，既无新内容，也无新节日。

从节日的发展轨迹可以窥见其发展的规律：从不定型到定型，从不完善到完善，从形式单一到内容繁复，从崇拜自然到注重人文，进而相对独立和稳定，并代代传承，在传承中发展，在发展中变异，呈现出民族性、地域性和历史的多层面性。而我国数千年的农业文化，各民族政治、经济、文化的密切联系，历史文化的传承，以及历代统治者对传统节日的提倡，都在节日文化的发展中起着重要作用，使传统节日富有顽强的、永久的生命力，成为一个独立的、系统的传统文化分支——节日文化①。

二 主要节日

(一) 春节

1. 春节的来历

农历正月初一是中国传统的农历新年，亦称新正，今天我们称之为春节，古时称"元旦"。"元"者，始也；"旦"者，晨也。正月初一为岁之元、月之元、时

---

① 王玉德、邓儒伯、姚伟钧主编：《中国传统文化新编》，武汉：华中理工大学出版社，1996年，第296页。

之元，所谓"三元"之日，故称之为"元旦日"或"元日"，意为新的一年由此开端。在古代，关于"岁首"有好几种说法①，"元旦"作为古代官方法定岁首，乃汉武帝时代编定的《太阳历》所规定。此后，其地位不断得到巩固，并汇聚了其他许多节日和习俗，到宋代时，农历新年的节日面貌已基本定型，成为自腊月廿四（廿三）日至正月十五元宵节、持续一个月左右的综合性的盛大节日。辛亥革命以后，规定公历一月一日为"元旦"，农历正月初一遂改称为"春节"了。

中国人称春节为"过年"。古代关于"年"的概念最初来自农业，古文有"年，谷熟也"的说法，以谷熟为一年。甲骨文中的"年"字是果实丰收的形象，金文中的"年"字也是谷穗成熟的样子。禾谷都是一岁一熟，引申一下，就把"年"作为岁名。可见，"年"原是预祝丰收喜庆的日子，这一名称正是传统节日来源于古代农业的典型反映。关于"年"，民间还有一段古老的传说。相传远古之时，有一种叫做"年"的怪兽，长着血盆大口，凶残无比，每到腊月三十晚上就出来伤害人畜，毁坏家园。因此，人们都要熄灭灯火，避灾躲难。有一次，这个怪兽到了一家门口，恰巧这家人穿着大红衣裳，点了一堆竹子取暖，燃烧的青竹"啪啪"爆响，"年"因怕红、怕火、怕响而吓得掉头逃窜。此事传扬开来，人们为了防御怪兽"年"的侵袭，每到除夕，就穿着红衣服，通宵达旦地围坐在篝火旁，投以青竹，噼啪作响，以吓跑怪兽"年"。翌日清晨，大家互道平安，并置酒食以庆祝。这个习俗流传日久，就逐渐发展为后世"春节"的种种传统风俗习惯。

2. 春节习俗

春节是中国最盛大的传统节日，节仪习俗相当丰富，主要包括三个方面：一是祭祀，祭祀的对象有很多，最为普遍的是祭灶神和自家的祖先。二是驱鬼，民间认为腊月二十四日诸神上天述职后，各种妖魔纷纷出动，行凶作怪，残害百姓。前面所述除夕驱"年"的传说源于此。驱鬼的方式很多，贴门神、贴对联、放爆竹、庙里打鬼、宫中跳傩，其目的都是为了驱鬼避邪。三是社交娱乐，春节期间联络人际关系的最重要手段就是拜年，其次就是参加各种各样的游艺娱乐活动，既能锻炼身体、展示才艺，又能增进交流，活跃节日气氛。下面择其要者加

---

① 司马迁在《史记·天官书》中提出了四个岁首日："岁始或冬至日，产气始萌；腊明日，人众卒岁，一会饮食，发阳气，故曰初岁；正月旦，王者岁首；立春日，四时之卒始。"

以介绍:

祭灶——灶王爷负责管理各家的灶火,是一家之主,古时民间几乎每家都设有灶神牌位。据说每年腊月二十四日,灶王爷都要升天向玉皇大帝汇报这一家人的善恶言行,玉帝再据此确定这一家人来年的吉凶祸福。因此,灶王爷的地位十分重要,在他升天之时,民间都有祭灶仪式。祭灶的时间在历史上并不固定,宋代以后才基本集中于腊月廿三、廿四日,后来又有"北方二十三,南方二十四"的说法。

祭祖——中国人对祖先崇拜有嘉,像春节这样的重大节庆自然忘不了祭祖。正月初一要将祖宗遗像或牌位供在正厅,摆供、焚香、燃烛、醑酒,全家老少按照一定的尊卑长幼秩序,在家长的主持下共同祭拜本家祖先。如果是大家族,族人还要在族长的带领下,去祠堂或坟前祭祖。祭祖后,按历书所示吉利方向,点灯笼火把,燃香鸣炮,迎接喜神,祈求一年顺利。除了初一祭祖,因民族、地域的不同,春节期间的其他时间,也有许多形式各异的祭祖仪式。例如,有些地方腊月廿四日要"迎祖",即将祖先请入家中过年,元宵过完后还要送祖。

放鞭炮——放爆竹、燃焰火,在我国源远流长,已有两千多年的历史了。古人焚竹发出爆响声,名曰"爆竹",其原意在于惊惮和驱逐恶鬼。南朝梁宗懔所著《荆楚岁时记》中记述:"正月一日,是三元之日也……鸡鸣而起先于庭前爆竹,以辟山臊恶鬼。"火药发明后,人们用纸造的筒子代替竹子,在筒内装上硝,用麻茎编成串,称为"编炮",因声音清脆如鞭响,也叫"鞭炮"。后来,人们用鞭炮"接财神"、"送灶王"、祭祖,甚至在其他节日或者庆典仪式上也放鞭炮。这时放爆竹的意义,已不只是驱逐"山鬼"了,而是转向"爆发"的象征,取吉利之意。

贴年画——年画是由古时的"门神"画演变而来的。正月一日,绘二神贴门左右,左神荼,右郁垒,俗谓之门神。到了唐代,便由大将秦叔宝、尉迟恭来代替假想中的神荼、郁垒。吴承恩的《西游记》里讲述了这样一则故事:有一次唐太宗生病,夜里梦见鬼叫,无法安寝。翌日,告之诸臣。大将秦琼向太宗请命,自己愿同敬德一起全副披挂,持铜仗剑,把守宫门。太宗应允。是夜,果然睡得很好。为了每天睡觉都能安定,又不忍心叫两位老将军夜夜把守宫门,唐太宗便命画工画了二人的像,悬挂在宫门两旁。久而久之,上行下效,两人就成了"门神"。

贴春联——春联又称对联、对子，它起源于古代的"桃符"和"门贴"。"千门万户瞳瞳日，总把新桃换旧符。"五代后蜀的孟昶，有一次命翰林学士辛寅逊题写桃符板时，觉得辛的词句欠佳，便亲自写了一封联语：新年纳余庆，嘉节号长春。据考证，这是我国最早的一副合格的春联。但这春联仍写在桃木板上，被称为"桃符对句"。到了宋代，贴春联已成民俗。不仅春节贴，平时逢吉日喜事，都在门上、建筑物的楹柱上张贴。因此，又叫"楹联"。然而，正式命名为春联，乃始于明太祖。据说明太祖十分喜欢春联。他不但除夕传旨门上须贴春联，还经常向大臣们赐联，并微服出巡，到民间观赏春联。此后贴春联便作为一种风俗，流传至今。

守岁——除夕之夜，一家老小围坐吃团圆饭，通宵不寐，叙旧话新，祝贺来年有个良好开端，称之为"守岁"。除夕守岁，自古有之，年年如此。据西晋周处《风土记》载：除夕之夜，"各相与赠送，称曰'馈岁'；酒食相邀，称曰'别岁'；长幼聚饮，祝颂完备，称曰'分岁'；终夜不眠，以待天明，称曰'守岁'。"唐诗中对守岁习俗有不少描写。白居易《客中守岁》诗："守岁樽无酒，思乡泪满巾。"到了宋朝，守岁之风遍于城乡。苏东坡的"儿童强不睡，相守夜欢哗"，描述了当时守岁的情景。

拜年——春节期间的重要仪式之一，它源于除夕驱"年"传说，远古的人们初一早上开门见了面后，作揖道喜，互相祝贺没被"年"吃掉。此后，拜年之风绵绵不绝。柴萼的《梵天庐丛录》称："男女依次拜长辈，主者牵幼出谒戚友，或止遗子弟代贺，谓之拜年。"即初一早上先给长辈拜年，长辈也趁这个时候给孩子们压岁钱。然后，晚辈在长辈的带领下，前往亲朋好友家拜年，若拜之不及，也可遣家人或子弟代为拜贺。到了宋代，上层统治阶级和士大夫感到互相登门拜年，耗费时日，便使用名帖相互投贺。

此外，春节期间各地各民族还要举行各种各样的民间游艺活动，如龙灯、狮舞、秧歌、高跷、花鼓、花灯，等等，给节日增添喜庆和祥和的气氛。

（二）元宵节

1. 元宵节的来历

元宵节，又叫上元节，灯节，起源于汉代。《艺文类聚》卷四："《史记》曰，

'汉家以望日祀太一，从昏时到明。'今夜游观灯，是其遗迹。"相传汉武帝信神，有大臣奏请祭祀太一神，他便立刻传人在汉长安城东南方建了一座太一祭坛，一年分春秋两季用三牲祭祀。后又在长安西北的甘泉宫修建太一祠坛专祭太一，其中尤以正月十五日夜最为隆重。这一天，人们从黄昏开始，用盛大燎炬祭祀太一。汉明帝时，为弘扬佛法，下令正月十五日夜燃灯表佛，使原有的燎炬习俗从宫廷走向民间。"元"者，始也，"正月"又称"元月"；"夜"在古语中又叫"宵"。因此，一年中的第一个望日之夜便称为"元宵"。

元宵节的来历，有一个故事。相传有一年岁末，著名辩士东方朔在皇宫御花园中赏梅，忽见一宫女欲投井自尽，急忙阻拦，问其原因。这位名叫元宵的宫女说，因久处深宫思念家中亲人而不得相见，不如了此一生。东方朔听后十分同情，思得一条妙计。他请人到处散布谣言：天上的玉皇大帝责怪世人敬天不诚，传旨在正月十五日火烧长安，予以惩戒。这话越传越广，闹得京城内外人心惶惶。汉武帝知晓后也十分惊恐，忙向东方朔请教。东方朔道：听说天上的火神君非常喜欢吃一种名为"汤团"的食品，可让全城士庶百姓都以糯米面裹馅儿做成汤团供奉于他，必能讨其欢悦，阻其纵火。并于当夜在通衢巷陌、殿庭院屋都高悬红灯，放鞭炮，燃焰火，形同火烧。还要打开宫城各门，撤去守卫，让百官吏员、宫娥彩女都进进出出往来观灯，如同逃难。这样一来，定能骗过玉皇大帝，免此一劫。武帝闻言大喜，传旨依此而行。元宵等众宫女遂于当晚得以与亲人团聚，暂解离愁。后来，人们以该节因宫女元宵而起，遂命名为"元宵节"，那种用糯米面裹馅儿做成的汤团就称为"元宵"，而元宵节期间悬挂花灯、鸣放鞭炮、燃点焰火的民间习俗一直流传至今。

2. 元宵习俗

民间有"正月十五闹元宵"之说，元宵节最重要的特色除了吃汤圆的饮食习俗以外，莫过于丰富多彩的游艺娱乐活动了。每年元宵，城乡各地人头攒动，昼夜狂欢，喜庆热闹的气氛达到极点。元宵节的传统节目有挂灯笼、赏花灯、猜灯谜、耍龙灯、舞狮子、闹社火、踩高跷、划旱船、扭秧歌、打腰鼓，等等，不胜枚举。经过几千年的发展，元宵佳节已经发展成为一个展示民间工艺、民间美术、民间文艺和民间体育的大舞台。

张灯赏灯——元宵节的一大景观就是处处张灯结彩，人们赏灯游乐，故而称之为"灯节"。汉明帝永平年间，皇帝亲自到寺院张灯祭神，以示对神佛的尊敬。唐代在元宵前后三天取消戒严令，京城出现了繁华热闹的灯市。据《雍洛灵异小录》载："灯明如昼，山棚高数百丈，神龙以后，复加俨饰，士女无不夜游，车马塞路。"到了宋代，由于最高统治者的热衷和参与，灯市规模空前盛大，灯节持续时间也由三夜增加到五夜。《水浒传》中的"元夜闹东京"就描绘了这种盛况。朱淑贞《生查子》："去年元夜时，花市灯如昼。"明代的灯节依然可与唐、宋两朝媲美。清代末期，都市灯火的规模逐渐缩小，但农民舞灯彩的风俗却一直盛行。

制谜猜灯——灯谜是我国艺苑中一种独特的文学艺术形式。每到重大节日，尤其是元宵节期间，张灯结彩的同时都少不了猜灯谜这个游艺项目。"一时欢乐一时愁，想起千般不对头。如若想得千般到，自解忧来自解愁"。这首诗就是一个谜语，它的谜底正是"猜谜"。

猜灯谜在我国有着悠久的传统。南宋时期，都城临安每年元宵节放灯，一些好事之人把诗谜条系于五彩缤纷的花灯之上，供人猜射。这样，文义谜语也就成了"灯谜"。先是在官宦士大夫阶层兴起，后来渐渐普及到民间。每逢灯节，制谜猜谜者人数众多，内容生动活泼，格式更是名目繁多，比较著名的谜格有秋千格、卷帘格、求凤格、徐妃格、谐音格等。谜语已成为我国独有的富于民族特色的一种文艺形式，几百年来一直方兴未艾。

耍龙舞狮——耍龙灯也叫"舞龙"、"龙灯舞"，是民间传统舞蹈形式之一，每逢喜庆节日，尤其是在春节元宵期间，各地都有耍龙灯的习俗。龙是中华民族的吉祥物，寄托了劳动人民的美好愿望。龙灯的形象各有特色，一般用竹、木、纸、布扎成龙头、龙尾和一节节龙身，节数不等，但均为单数。每节内燃蜡烛的称为"龙灯"，不燃蜡烛的称为"布龙"。舞狮子，也叫"耍狮子"、"狮子舞"，是一种流行很广、艺术性强的传统民间体育活动。舞狮一般由两人合作扮一头大狮子(有的地方称太狮)，一人扮一头小狮子(有的地方称少狮)，另一人扮武士。手拿绣球作引导，并开拳踢打，以诱狮子起舞。狮子随着鼓点的缓急轻重摇头摆尾，作出各种姿态，妙趣横生。

(三) 清明节

1. 清明节的来历

清明节是由古代的寒食与清明汇合而成的，前者是有着古老历史的禁火与寒食的节日，后者本是重要的农业节气，两者之间毫不相干，而且与敬祖也都没有什么联系。到了唐宋时期，才逐渐发展且正式成为一个以祭祖扫墓为中心的节日，并最终取代了寒食节。二节合一、主题转移反映出古代节日习俗的存亡兴替和演变发展。

寒食在清明前二日。《荆楚岁时记》说："去冬节一百五日，即有疾风甚雨谓之寒食，禁火三日。"禁火寒食习俗折射出先民曾经历过食物匮乏阶段，是一种远古生活的遗风。后来，寒食节与一个流传甚广的民间传说挂上了钩：相传春秋时代晋国公子重耳流浪在外即将饿死之时，其随从介子推割自己的腿肉烤熟给公子吃，鼓舞公子战胜困难，日后重整国家。重耳当上国君（晋文公）后，遍封当时流亡之臣，唯独落下介子推。文公记起去请时，听说他已背负老母躲进绵山（今山西省介休县东南），怎么也找不到。文公便下令放火烧山逼他出来。未料大火烧了三天三夜，一片青山成了焦土也不见介子推出来。火熄后才发现介子推和老母皆已烧死。文公追恨之余，规定每年介子推被烧死的那天都要严禁烟火，吃冷食物，这就是禁火寒食的由来，后称"寒食节"。而这位"士甘焚死不公侯"的介子推，也受到了人们普遍的尊敬与仰慕。

因为寒食和清明的日期非常接近，而古人在寒食中的活动又往往延续至清明，久而久之，两个节日也就没有严格区分了。到了唐代，玄宗下诏允许官员寒食扫墓，此后的几个皇帝接连颁诏准许官员请假上坟。五代时皇帝亲自在寒食时上坟。自此二节开始合一，主题转为敬祖祭祖。元明以后，扫墓之风遍及全国，清明节因此得鬼节之名。

2. 清明习俗

扫墓上坟——"清明时节雨纷纷，路上行人欲断魂。"清明节最重要的仪俗就是到家族墓地上坟扫墓、祭拜祖先。明代刘侗《帝京景物略》载北京民俗："三月清明日，男女扫墓，担提尊榼，轿马后挂楮锭，粲粲然满道也。拜者、酹者、哭者、为墓除草添土者，焚楮锭次，以纸钱置坟头。望中无纸钱，则孤坟矣。"官府则在清明招请城隍神到厉坛，奉祀孤魂野鬼。时至今日，清明节仍是一个为全体华人所看重的重要传统节日，起着追念先祖、团结族人的教育作用。

踏青春游——清明前后，春光明媚，桃红柳绿，正是人们踏青郊游的大好时节。清明出游由来已久，历代文人墨客多有记载。吴自牧就在《梦粱录》中生动地描绘了宋时杭州清明野游的盛景。郊游归来时采回花草插于头上、门上，尤以柳枝为甚。民间有"清明不戴柳，红颜成皓首"的俗语，可见戴柳也是古代清明习俗之一。此外，农谚有"植树造林，莫过清明"之说，古代人民多于清明前后栽种树木，据此又称清明节为植树节。

（四）端午节

1. 端午节的来历

农历五月初五，是我国传统的端午节，又称端五节、端阳节、重午节。"端"有开头、开端之意，五月初五称为"端五"，古代逢五日皆称"午"，故又称"端午"或"重午"。古人常把"午时"当作"阳辰"，因又谓"端阳"。又有一说因唐玄宗八月五日生，宋璟为讨好皇帝，将"端五"改为"端午"。自唐以后，端午被定为大节，常有赏赐。

关于端午，人们普遍认为与纪念屈原有关。传说屈原在报国无门、悲愤绝望的情况下，于公元前278年农历五月初五投汨罗江自杀。屈原投江后，楚人哀其不幸，投粽子、咸蛋于江中以饲蛟龙，希望护全屈原之体；又竞驾舟楫穿梭江面，寻踪觅迹，企盼拯救屈原。此后，遂相沿成习，每年农历五月初五日，人们都要吃粽子、划龙舟，以祭奠这位伟大的爱国诗人。其实端午节并非源自纪念屈原，南方初夏时节疫情流行，五月端午最初是驱瘟疫、避邪气的节日。划龙舟的习俗也是早已有之，部落时代的铜鼓上就刻有龙舟竞渡的图案。据考证，竞渡有可能是祭祀水神求雨的活动。因此，所谓赛龙舟救屈原的说法不过是一种解释性的传说而已，很大程度上是因为屈原的爱国情操符合儒家思想而受到后世士大夫阶层推崇的结果。

2. 端午习俗

吃粽子——端午的节令食品是粽子，早期称角黍。黄石先生在《端午礼俗史》中指出，角黍本是农民祀祖的供奉物。端午吃粽子，魏晋时代就已盛行。西晋周处《风土记》中载："俗以菰叶裹黍米……煮之，令烂熟，于五月五日及夏至啖之，一名粽，一名角黍。"千百年来，粽子的做法变化不大，只是形式更趋多样，品种越发丰富，味道愈加鲜美。

赛龙舟——赛龙舟历史悠久，《事物源起·端阳》说它"起于越王勾践"。竞渡活动在南北朝时开始广泛传播，到了唐宋，由于皇帝和地方官员的提倡而日益兴盛。胡三省在《〈资治通鉴〉注》中首次将竞渡舟船称为"龙舟"，并作了详细的描述："自唐以来，治竞渡船，务为轻驶。前建龙头，后竖龙尾。船之两旁，则为龙鳞而彩绘之，谓之龙舟。"

驱瘟避邪——农历五月正是毒瘴滋生、疾病多发的季节。从端午发源至今，人们就利用这一节日清洁扫除、驱瘟防疫。艾叶和菖蒲两种植物芬芳宜人，能驱虫去异味，是端午节的必备之物。民谚有"清明插柳，端午插艾"之说。同样，端午喝雄黄酒也为了消毒避虫、驱散瘴气，有的地方还将雄黄水遍撒房前屋后，或涂于小孩耳鼻面颊，起到预防保健的作用。此外，民间还有系挂朱索、佩戴香囊的习俗，据说这样可以避邪。

（五）中秋节

1. 中秋节的来历

每年农历八月十五日，是我国传统的中秋佳节，亦称"仲秋节"、"团圆节"等。中国古代历法，以农历七、八、九三个月为秋季，名为"三秋"，八月在秋季正中间，十五又在八月正中间，恰为"三秋"之半，故名"中秋"或"仲秋"。

中秋节起源于古老的秋社。《礼记》注中有"天子春分朝日，秋分夕月"的记载，"秋分夕月"指的就是古代帝王在秋天举行祭拜月亮的礼仪。两汉魏晋时期，中秋拜月赏月逐渐在民间流行开来，已具节日的雏形。唐代开始形成现在的中秋节，宋代以来盛行不衰，现已成为中华民族最重要的传统节日之一。关于中秋节，民间广泛流传着"嫦娥奔月"的神话故事。相传，美丽的嫦娥原是射日英雄后羿的妻子，他们相亲相爱，过着幸福美满的生活。有一次，后羿路遇仙人，得到一包长生之药，交给嫦娥保管。后羿的徒弟逢蒙得知此事后，一心想据为己有。这一年的八月十五，后羿出外射猎，逢蒙闯入后羿家中，威逼嫦娥交出仙药。嫦娥迫不得已，乘其不备，一口将药吞下，忽觉自己身如轻燕，飘然飞起，直上云天。人们传说嫦娥上天后，玉皇大帝封她为仙女，并将月亮里的广寒宫赐给她居住。后羿回家后得知此事，十分伤心。夜晚，他就在庭院中摆放供果，向高挂天空的一轮明月顶礼叩拜，遥祭妻子，祈盼夫妻团圆。乡亲们怜悯后羿的不幸遭遇，亦纷纷摆桌供果，遥祝他们夫妻团圆。此后，人们年年在农历八月十五的夜晚，拜月，赏月，企盼阖家团圆，世代相沿成习。

2. 中秋习俗

中秋自古以来就是祭月赏月的节日，各种节俗自然都与月亮有关。

拜月赏月——"拜月"是中秋节最重要的仪式。早在北宋时期，就有这种风俗。中秋之夜，明月初升之时，家家户户在庭院里摆上供桌，立上月光神位，祭上各种供品，向着月出方向顶礼叩拜，祈愿合家团圆，幸福美满。

吃月饼——"八月十五月正圆，中秋月饼香又甜。"月饼是中秋特有的节令食品，因其形状如圆月故而得名，亦被称为"团圆饼"，寓意着人们企盼团圆美满的心愿。时至今日，中秋佳节已成为海内外华人的共同节日，月饼则是不可或缺的节日食品，食月饼、供月饼、赠月饼成为佳节的重要礼俗。

（六）重阳节

1. 重阳节的来历

"重阳节"亦称"登高节"、"重九节"、"茱萸节"、"菊花节"等，是流行于各地的汉民族传统节日，时在每年农历九月初九日，故又被称为"九月九"。《易经》中，"以阳爻为九"，九为阳数，九九相遇，则阳阳相重，故称为"重阳"。"重阳"一词源自《楚辞·远游》中的诗句"集重阳入帝宫兮"，在汉代末期才正式成为节名。唐代中期李泌奏请皇帝将中和(二月一日)、上巳(三月三日)、重阳定为三大节，重阳节才逐渐成为受到广泛重视的节日。

重阳节最初是收获期的丰收节，只是后来这一层意义为世人所淡化，而一则传说在民间广为流传。据梁朝吴均《续齐谐记》载：汝南人桓景跟随方士费长房学道多年，甚得师父器重。有一天，费长房突然对他说："九月九日你家中会有大灾降临，赶紧回去，让家中每个人都亲手做一只绛色的囊袋，里面装着茱萸，系在臂上；然后，带领全家登上郊外高岭，一起饮菊花酒，便可逢凶化吉。"桓景听后，立即回家，遵师嘱而行。夜晚返回时，看到家中喂养的鸡、犬、牛、羊全都暴死。后来费长房向桓景解释说：“它们代为受祸了，你家平安了。”此事传开以后，每年农历九月初九日，人们纷纷仿效，久而久之，遂成重阳习俗。

2. 重阳习俗

重阳正值秋季，节俗颇具时令特色。《齐人月令》中说：“重阳之日必以糕酒登高眺迥，为时晏之游赏，以畅秋志。必采茱萸甘菊以泛之，既醉而还。”重阳节的三大习俗尽收其中，历代文人雅客对此多有记述，妙诗佳句流芳至今。

登高眺远——九月重阳，秋高气爽，风轻云淡，丹桂飘香。值此佳节，士大夫阶层常常风流自赏，结伴饮酒作乐；而老百姓则趁此时上山登塔，入庙烧香，祈求平安，亦可饱赏秋景。杜牧的《九日齐山登高》为我们描绘了一幅重阳秋游图：“江涵秋影雁初飞，与客携壶上翠微。尘世难逢开口笑，菊花须插满头归。”

赏菊饮酒——菊花，不仅姿容娇艳，更以其凌寒绽放的傲然品格博得世人的青睐与赞赏。从药用的角度来看，菊花清火去毒，明目利胆。曹丕说：“（秋季）群草庶木无地而生，菊花纷然独秀，辅体延年，莫斯之贵，谨奉一束，以助彭祖之术。”除了赏菊、戴菊，古人还有重阳节吃菊花糕、饮菊花酒的习俗。孟浩然《过故人庄》诗云：“待到重阳日，还来就菊花。”

插戴茱萸——茱萸，一种常绿小乔木，香气浓烈，有驱虫去湿、抵御初寒的功效。重阳节插戴茱萸的习俗虽然已经消亡，但是我们并不陌生，一提到茱萸就会想起王维的那首千古名诗《九月九日忆山东兄弟》：“独在异乡为异客，每逢佳节倍思亲。遥知兄弟登高处，遍插茱萸少一人。”

三 其他节日

（一）其他传统节日

1. 社日

农家祭社祈年的日子，分“春社”和“秋社”。春社在立春后的第五个戊日（春分前后），秋社在立秋后第五个戊日（秋分前后）。

社日源于祭土，在古人观念中，世上万物都是大地孕育的结果。因此，社日历代都很受重视，文人也多有记载。杜甫《遭田夫泥饮美严中丞》：“田翁逼社日，邀我尝春酒。”王驾《社日》：“桑柘影斜春社散，家家扶得醉人归。”中学课本里的鲁迅小说《社戏》也是取自社日活动的题材。

2. 七夕

七夕节，又名"乞巧节"、"女儿节"。时在每年农历的七月初七。七夕节来源于中国家喻户晓的牛郎织女传说。七夕节的基本内容是妇女们向织女乞巧以及与之相伴随的对牛郎织女夫妇的纪念。

牛郎织女的传说浓缩了中国传统社会对于小农经济下男耕女织的生活方式的全部理想，而织女崇拜以及七夕乞巧的风俗则反映了妇女对心灵手巧的向往，同时也起到了督促女子勤习技艺、培养生活能力的教育作用。

3. 中元

中元节在每年农历七月十五日，亦称"盂兰盆节"、"鬼节"、"七月半"，是流行于中国民间颇为悠久的传统节日。中元节本是道家祭祀"地官"的节日，随着佛教的盛行，中元节的由来逐渐让位于佛经所载"目连救母"的故事。

目连是佛祖释迦牟尼的十大弟子之一，其母亲生前爱财如命，尤其待出家人吝啬刻薄，死后被打入地狱，倒悬于恶鬼腹中，遭受各种酷刑，食物一入口中，立即化为烈火灰烬。目连无计可施，只得向佛祖请教。佛祖教他在七月十五这一天大设"盂兰盆会"，让天下所有的饿鬼都吃饱，这样其母才能得救。"盂兰盆"是梵语的音译，其义为解倒悬，即以此解脱先亡之人的倒悬之苦。目连于是招请四方僧众，在这一天广设"盂兰盆会"，超度饿鬼，母亲才得以摆脱地狱之灾。

大同四年（538年），梁武帝以帝王身份设斋，使这一宗教节俗得以迅速普及。

4. 冬至

冬至是一年中黑夜最长的一天。古人把冬至看成是节气的起点，"气始于冬至，周而复生"。① 从冬至起，日子一天天长起来，相传汉代宫女做女工时，冬至后每天都要多用一根线，故民谚有"吃了冬至面，一天长一线"的说法。此外，民间还有阴气至极而变，阳气开始上升的说法，"日冬至，则一阴下藏，一阳上

---

① 出自《史记·律书》。

舒"①。因此，古人认为冬至是个吉日，冬天来了，春天就要跟着来到。杜甫《小至②》诗："冬至阳生春又来。"

冬至在古代是很重要的节日。秦以前曾以冬至为岁首，民间视为"小年"。魏晋称冬至为"亚岁"，南北朝直接称冬至为"岁首"，唐宋一直沿用此说。

5. 腊日

"腊"在古代是祭名。"腊者，猎也，言田猎取禽兽以祭祀其先祖也。"(《风俗通·祀典》)腊日在秦汉以前便是重要的农猎祀日。《说文》："冬至后三戌腊祭百神"，可见汉代的腊日是冬至后第三个戌日，后来固定于十二月初八，正是俗称的"腊八"。

随着佛教的传入，腊日又被解释为佛祖释迦牟尼的成道日，故又称"成道节"。此节的一个重要节俗是吃腊八粥。腊八粥又名"七宝五味粥"，是由桃仁、松子、栗子、柿子、红豆、糯米、红枣等多种原料混合熬制而成的一种节日食品。传说释迦牟尼成道之前修行甚苦，有一天由于饥饿劳累而昏倒，不省人事。一位牧羊女恰好经过，就用杂粮野果煮了一大碗奶粥救了他，最终释迦牟尼恢复了体能，修道成佛。佛家弟子们为了纪念此事，便在每年腊八这天，上午浴佛，并熬制腊八粥，施粥扬义，弘扬佛法。腊八粥也最终流入民间，成为民间的节令小吃。

(二) 少数民族节日

1. 壮族"对歌节"

"对歌节"，是流行于广西壮族自治区的壮族同胞的传统节日，因其节期一般定在每年农历三月初三日，故亦称"三月三"。又因节日的主要活动为众人汇聚于一些"歌场"对唱民歌，形成以唱歌为乐的"圩市"，于是也被称为"三月歌圩"。

"对歌节"的来历与人们怀念"歌仙"刘三姐有关。相传，壮乡有一位擅唱山歌的美丽姑娘刘三姐，她山歌唱得优美动听，盘歌唱和应对如流，十里八乡无人能将她难倒。有一位仙人，化为俊秀的青年与她对歌，他们相互盘诘，旗鼓相

---

① 出自《史记·律书》。
② 古人称冬至前一天为小至。

当，连续几昼夜，绵延不停歇。后来，他们相继飞升而去，但优美歌声久久回荡于人间。人们传说刘三姐已成"歌仙"，为了怀念她，就在她成仙的那个日子——农历三月初三日举行歌会，久而久之，于是就形成了这个节日。

壮族被称为"民歌之乡"，对歌聚会表达了壮族人民对生活的热爱之情。"歌圩"不仅让壮族同胞切磋民歌、交流友谊，更是青年男女借以传情达意、寻觅知音的重要场所。

2. 彝族"火把节"

"火把节"，是流行于我国云贵等省的彝、白、纳西、基诺、傈僳、拉祜等众多民族的传统节日，节期因地域、民族的不同而有先有后，但大多都在每年农历六月下旬举行。

关于火把节的由来，各地区、各民族有着不同的传说。居住在四川西部大凉山的彝族同胞有这样一个传说：古时候，有一位天上的大力神，自恃臂力过人，来到人间与一勇士比试摔跤，谁知比赛下来，输得一塌糊涂。他恼羞成怒，返回天庭后，就在天神面前煽风点火，说了世人许多坏话，天神听后大怒，就派害虫在这一年的农历六月二十四日下凡，祸害人间，以惩罚世人。人间的勇士得知此事，就在这一天组织族人们用松枝燃起火把，四处除害灭虫，与天神抗争。熊熊的火把四处燃起，害虫纷纷葬身火海，大家群策群力，终于扑灭虫灾，于是人们就高举火把，欢庆这场抗击天神、解脱祸患的胜利。此后，世代相沿，久而成习，遂形成"火把节"这个传统的节日。

火把节又叫星回节，农历六月二十四日，北斗星斗柄上指，俗有"星回于天而除夕"之说，相当于彝历的新年。火把节的主要活动在夜晚，人们或点燃火把照天祈年、除秽求吉，或烧起篝火，举行盛大的歌舞娱乐活动。尽管因民族、地域、习俗的不同而有所差异，但节日期间，各族同胞都要身着节日盛装，杀猪宰牛以祭神，并举行斗牛、斗羊、赛马、摔跤、射箭、荡秋千等活动，纵情欢聚，放歌畅饮。火把节展示了中华各族儿女勇敢无畏的民族精神。

3. 傣族"泼水节"

"泼水节"，傣语称"楞贺尚罕"，意为"六月新年"或"傣历新年"，是傣族最隆重的传统节日。泼水节源于印度，曾经是婆罗门教的一种宗教仪式。其后，为佛教所吸收，经缅甸传入云南傣族地区。

　　泼水节一般在每年的傣历六月(公历四月)中旬之间，节期一般为 3 至 4 天。第一天，傣语称之为"麦日"，与农历的除夕相似，是送旧岁的日子，常有划龙舟、放高升(即燃放自制的土火箭)等传统活动。第二天，傣语称之为"恼日(空日)"，它不属于旧的一年，也不属新的一年，而是旧年和新年之间的空日子，所以，这一天人们可自由安排活动。第三天为傣历的元旦，也是傣历年中最热闹的一天。清晨穿上节日盛装，挑着清水，先到佛寺浴佛。然后就互相开始泼水，用飞溅的水花表示真诚的祝福。到处欢声笑语，充满了节日气氛。"泼水节"也因此而得名。

　　泼水节另一项引人注目的活动是划龙舟，跳象脚鼓舞和孔雀舞。傣族新年的第三天，傣语称之为"麦帕雅晚玛"，节日的气氛达到了高潮。穿着节日盛装的群众欢聚在澜沧江畔、瑞丽江边，观看龙舟竞渡，场面极为热烈。

　　4. 蒙古族"那达慕节"

　　那达慕节又称那达慕大会，是内蒙古、甘肃、青海、新疆的蒙古族人民一年一度的传统节日。"那达慕"，亦称"那雅尔"，蒙古语音译，意为"娱乐"、"欢聚"或"游戏"，起源于古代祭敖包，多在七、八月份水草丰美、牲畜肥壮、秋高气爽的黄金季节举行，故有"敖包那雅尔"之说。一般一年一度，节期视规模而定，每次一至三日，或五至七天不等。

　　它在蒙古族人民生活中占有重要的地位，是适应蒙古族人民生活的需要而产生的。那达慕大会历史久远，早在 13 世纪的古籍中就有有关此节的记载。成吉思汗时期，"那达慕"只是一种祭天求神的活动，喇嘛们焚香点灯，念经颂佛，举行大规模祭祀活动，祈求神灵保佑，消灾消难。同时，蒙古族的首领在活动中除例行公事、制定法规、任免官职、实行奖惩以外，还要开展射箭、赛马、摔跤三项比赛，这就是后来被称为那达慕节保留项目的"男儿三艺"。除传统的三项游戏外，还有武术、马球、拔河、歌舞、赛布鲁、套马、下蒙古棋等民族传统项目。

◎ 思考题：

　　1. 中国民间有一种说法，认为同姓之人"五百年前是一家"。从姓氏演变的角度看，这种说法正确吗？为什么？

2. 中华姓氏文化有哪些积极或消极的意义？

3. 宗法制度在中国现代社会有什么影响？

4. 试举一部你熟悉的家族或家庭小说，分析家族或家庭对个人的影响和意义。

5. 渗透中国社会生活方方面面的传统礼节仪式，其主要思想源头在何处？

6. 在现代中国社会，保留传统礼仪有何种必要性？

7. 中华传统节日的形成和发展反映出华夏文明的哪些历史特征？

8. 在现代弘扬传统节庆文化具有怎样的积极意义？

◎ 关键词：

【姓氏】姓氏是指称家族子孙的代号。三代（夏商周）以前，姓与氏是既有联系又有区别的两个概念，它们的作用也不相同。姓是表示具有共同血缘关系的同一家族的标志，是一种族号；氏是姓的分支。故《通鉴外纪》云："姓者统其祖考之所自出，氏者别其子孙之所自分。"同时，姓用来"别婚姻"，而氏用来"明贵贱"。三代之后，姓氏合而为一，皆所以别婚姻而以地望明贵贱。

【名字】名字与"姓"结合，作为个人的称号。名和字在中国古代不是同一个概念。古人有名有字，名和字既有区别又有意义上的联系。名是代表一个人区别于其他人的称号，有乳名、学名之分。乳名亦称"小名"、"奶名"，是小时候取的非正式名字，仅用于家族内部，偶尔也流行于亲戚或熟友之间。学名是入学读书时使用的正式名字，亦称"大名"、"官名"，以后应考、出仕皆用此名。古人的字，是由名而生，一般是对名的解释和补充，与名互为表里，多对外使用，故也称表字。旧有"幼名冠字"之说，意即古人出生三月后由父亲命名，男子年二十行冠礼而后取字，女子年十五行笄礼而后取字。

【宗法】宗法，是指一种以血缘关系为基础，标榜尊崇共同祖先，维系亲情，而在宗族内部区分尊卑长幼，并规定继承秩序以及不同地位的宗族成员各自不同的权利和义务的法则。宗法源于氏族社会末期的家长制，依血缘关系分大宗和小宗，强调前者对后者的支配以及后者对前者的服从。中国君主制国家产生之后，宗法制与君主制、官僚制相结合，成为古代中国的基本体制和法律维护的主体。

【家族】以血统关系为基础而形成的社会组织，由若干具有亲近血缘关系的家庭组成，包括同一血统的几辈人。"家族"与"宗族"的概念基本通用，但也有区别。《白虎通义》："宗者，遵也，为先祖主也，宗人之所尊也。"可见，"宗"是同宗之内奉一人为主，其余的人都必须尊从，所以它强调的是一种主从关系。宗族之中，以宗子为核心，以宗法制度为准则。而"族"是总称凡与血统有关之人，它强调的是一种血缘关系。家族之中不再尊奉各自的宗子和共同的大宗，取而代之的是以族长为核心，以族规为准则。

【礼】从字源学的角度出发，"礼"源于原始社会早期的自然崇拜和祭祀活动。《说文解字》曰："礼，履也。所以事神致福也。"后来受儒家思想影响，"礼"逐渐成为中国封建社会的典章制度和个人道德规范。作为典章制度，它是社会政治制度的体现，是维护上层建筑以及与之相适应的人与人交往中的礼节仪式。作为道德规范，它是个人一切行为的标准和要求。礼在中国古代用于定亲疏，决嫌疑，别同异，明是非。故《释名》曰："礼，体也。言得事之体也。"

【节日】是在固定的时间或季节举行的仪式和庆典，其产生主要与古代历法和天文知识发展有关。第一，与历法相关：古代农历把一年分为十二个月，并按气候的变化过程，分五天为"一候"，三候为"一气"。一年三百六十天就被分为七十二候，二十四节气。因此，"节"即是取"分节"之义，把岁时的渐变分为像竹节一样的间距，两节气相交接之日为"交节"，由此转义为"节日"。在二十四节气中最早形成的重要节日有八个，简称为"四立"（立春、立夏、立秋、立冬）、"二分"（春分、秋分）、"二至"（夏至、冬至），这"八节"是标志阴阳四时、季节变换的时令。第二，与天文相关：古人观察到月的阴晴圆缺，并将月之"朔"、"望"作为确定节日的重要标志。朔是每月初一，称为"上日"或"元日"。正月朔日，谓之"元旦"（后改称"春节"），是一年中最早也是最隆重、盛大的节日。望是每月十五月圆之日，以"望"为节的有"三元"之称的上元节（正月十五）、中元节（七月十五）、下元节（十月十五）以及中秋节（八月十五）。其中，上元为一年中的第一个望日，后发展为元宵节。

第六章 科 技 文 化

科技是人类文化的重要组成部分，是人类在认识、改造自然界时所取得的成果，它表现为自然科学、技术、知识等精神文化以及由此创造出来的工具、房屋、器皿、机械等物质文化。科技文化对人类发展和进步的推动力是其他文化类型无可比拟的。中国古代科技文化在 16 世纪以前一直处于世界领先地位，是世界科技文化发展史上辉煌灿烂的一页。除了四大发明以外，中国古代在天文历法、医学、数学等方面均有杰出成就。商文化、秦汉文化、隋唐文化和宋元文化是中国古代科技文化对世界做出巨大贡献的几个典型。中华文化影响了亚洲文明的发展，也加速了西方乃至世界文明的进步。印刷术、指南针及火药技术的对外传播，对其后整个世界面貌的改变起了巨大的作用。

第一节 天 文 历 法

天文学是一门古老的学科，它的研究对象是辽阔空间中的天体。中国是世界上天文学起步最早、发展最快的国家之一。天文学是我国古代最发达的自然科学之一，中国古代天文学的主要研究内容是历法和天象观测。历法包括计算朔望、二十四节气和安置闰月等编撰日历的工作和日月食及行星位置的计算等一系列课题。天象观测则包括天象观测的方法、仪器和记录。

中国古代天文学领域有着丰富系统的天象记录、精确优良的历法、巧夺天工的天文观测仪器和独特的宇宙理论，这些在世界天文学发展史上，无不占据重要的地位。本节主要从中国古代天文学的发展、理论和特点三个方面来展示中国古人在天文学方面的杰出成就。

一　中国古代天文学的发展

远古时候，人们为了指示方向，确定时间和季节，就自然会观察太阳、月亮和星星在天空中的位置，找出它的随时间变化的规律，并在此基础上编制历法，用于生活和农牧业生产活动。我国古代天文学的起源可以追溯到人类文化的萌芽时代。到了战国秦汉时期后，逐渐形成了以历法和天象观测为中心的完整的体系。

（一）中国古代天文学的萌芽：从远古到西周末

远古　约公元前 24 世纪，传说中的帝尧的时候已经有了专职的天文官，从事观测天象和授时工作。《尚书·尧典》对此有记载："乃命羲和，钦若昊天，历象日月星辰，敬授人时。"①那时人们将一年四季分为 366 天，用闰月来调整月份和季节，并根据黄昏时南方天空所看到的不同恒星，来划分季节。

夏　现在保留下来最古老的典籍之一《夏小正》相传是夏代（约公元前 21 世纪到公元前 16 世纪）的历书。其中记载有人们由观察天象和物候决定农时季节的知识：一年十二个月，除二月、十一月、十二月外，每月都用一些显著的天象作为标志。《夏小正》除关注黄昏时南方天空所见的恒星以外，还注意到黎明时南方天空恒星的变化，以及北斗斗柄每月所指方向的变化，银河在天空的位置，太阳的方位等。此外还记载了每月的气象、物候以及应该做的农事和政治活动。

商　干支纪时是用十个天干字（甲、乙、丙、丁、戊、己、庚、辛、壬、癸）和十二地支字（子、丑、寅、卯、辰、巳、午、未、申、酉、戌、亥）相搭配的纪时方法，无论纪年、纪月、纪日、纪时都可以使用，是我国独特的纪时方法。夏朝末代几个皇帝有孔甲、胤甲、履癸等名字，这证明当时已用十个天干作为序数。在殷商时代的甲骨卜辞中，干支纪日的材料很多。殷代用干支纪日，数字纪月；月有大小之分，大月 30 日，小月 29 日；有连大月，有闰月；闰月置于年终，称为十三月；季节和月份有大体固定的关系。甲骨卜辞中还有日食、月食和新星纪事。

---

①　（清）孙星衍：《尚书今古文注疏》，北京：中华书局，1986 年，第 10 页。

西周 《诗经·小雅·十月之交》中有诗云："十月之交，朔日辛卯，日有食之。"从这句诗可以看出，早在公元前 8 世纪的西周，中国的天文学不仅已经开始记录日食，而且已经以日月相会（朔）作为一月的开始。西周时期人们已经使用漏壶纪时，而且按照二十八宿和十二干来划分天区了。到了西周末期，中国天文学已经初具规模。

（二）天文体系形成时期：从春秋到秦汉

春秋 《礼记·月令》代表着春秋中叶的天文学水平。它是在二十八宿产生以后，以二十八宿为参照物，给出每月月初的昏旦中星和太阳所在的位置。它所反映的天文学水平要比《夏小正》所述的高得多。

《左传》中载有丰富的天文记录。从鲁隐公元年（公元前 722 年）到鲁哀公十四年（公元前 481 年）的 242 年中，记录了 37 次日食，现已证明其中 32 次是可靠的。鲁庄公七年（公元前 687 年）"夏四月辛卯，夜，恒星不见。夜中，星陨如雨"①，这是对天琴座流星雨的最早记载。鲁文公十四年"秋七月，有星孛入于北斗"②，公元前 613 年的这条记载则留下了世界上最早关于哈雷彗星的记录。

大约在春秋中叶，我国已开始用土圭来观测日影长短的变化，以定冬至和夏至的日期。那时把冬至叫作"日南至"，以有日南至之月为"春王正月"。

战国 战国时期的四分历采用一年为 365.25 日，而这也正是太阳在天球上移动一周所需的时间，所以中国古代也就规定圆周为 365.25 度。战国时期已有了天文学的专门著作，齐国的甘公（甘德）著有《天文星占》八卷，魏国的石申著有《天文》八卷，被后人称为《石氏星经》。这些书虽然都是为占星而作，但其中也包含着关于行星运行和恒星位置的知识。战国时期的巨大社会变革和百家争鸣的局面，促进了天文理论的发展，关于"气"是万物本原的观念的元气说，影响了后代天文学理论的诸多方面。

与农业生产有密切关系的二十四节气也在逐步形成中，战国末期成书的《吕氏春秋》就记载了二十四节气的大部分名称，秦统一中国的时候制订的《颛顼

---

① 李梦生：《左传译注》，上海：上海古籍出版社，2004 年，第 112 页。
② 李梦生：《左传译注》，上海：上海古籍出版社，2004 年，第 394 页。

历》，已经把历元定在立春。二十四节气，简称"气"，这是中国古代历法的阳历成分，而"朔"则是中国古代历法的阴历成分，气和朔相配合构成中国传统的阴阳历。节气完全是太阳位置的反映，因而也就是气候寒暖的反映。《春秋》中记有春夏秋冬的四季概念，每季三个月。二十四节气是节气和中气的通称。从小寒起，每隔三十多日或黄经三十度有一节气，如小寒、立春、惊蛰等十二节气；从冬至起，每隔三十日多或黄经三十度有一中气，如冬至、大寒、雨水等十二中气。在二十四节气中又以立春、春分、立夏、夏至、立秋、秋分、立冬、冬至八节最重要。它们之间各相隔大约四十六日。一年分为四季，"立"表示四季中每个季节的开始，"分""至"表示正处在这个季节的中间。

秦 秦统一中国以后，在全国颁行统一的历法——《颛顼历》。《颛顼历》取法《夏小正》，以十月为岁首，岁终置闰。以甲寅年正月甲寅朔旦立春为历元，在历元这一天，日月五星同时晨出东方。

汉 在天象观测方面，汉代出现了世界公认最早的太阳黑子和新星的记录。在《淮南子·精神训》中，就有"日中有踆乌"的记载。踆乌，也就是黑子的现象。现今世界公认的最早的黑子记事，是西汉成帝河平元年（公元前 28 年）三月所见的太阳黑子现象，《汉书·五行志》把黑子的位置和时间都描述得很详尽。

我国商代甲骨文中，已有新星的记载。而见于典籍的系统记录，则是从汉代才开始的。有些星原来很暗弱，但是在某个时候它的亮度突然增强几千到几百万倍（叫做新星），有的增强到一亿到几亿倍（叫做超新星），以后慢慢减弱，在几年或十几年后才恢复原来亮度，好像是在星空作客似的，因此给以"客星"的名字。《汉书·天文志》中的"客星见于房"（公元前 134 年）是中外历史上都有记录的第一颗新星。

星图是恒星观测的一种形象记录，又是天文学上用来认星和指示位置的一种重要工具。两汉时期对天象观察的细致和星图绘制的精密程度，令人十分惊叹。1973 年在湖南长沙三号汉墓出土的帛书中，有关于行星的《五星占》有 8000 字和 29 幅彗星图。前者列有金星、木星和土星在七十年间的位置，后者的画法显示了当时已观测到彗头、彗核和彗尾，而彗头和彗尾还有不同的类型。

在制历方面，汉武帝于元封七年（公元前 104 年）五月颁行邓平、落下闳等人创制的《太初历》。《太初历》是中国第一部有完整文字记载的历法，以正月为岁首，以没有中气的月份为闰月，使月份与季节配合得更合理；将行星的会合周期测得很准，如水星为 115.87 日，比今天的测值只小 0.01 日；采用 135 个月的交食周期，一周期中太阳通过黄白交点 23 次，两次为一食年，即 1 食年 = 346.66 日，比今天的测值相差不到 0.04 日。

东汉张衡以发明候风地动仪闻名于世，在天文学理论方面，他是浑天说的代表人物，并制成漏水转浑天仪演示他的学说，成为中国水运仪象传统的始祖。汉代的天文学理论，除了盖天说和浑天说以外，还有宣夜说。到汉代为止，中国古代天文学的各项内容已大体完备，一个以历法编为中心的富有特色的天文学体系已经建立起来。

(三)天文体系发展时期：从三国两晋南北朝到宋初

这是中国古代天文学在体系形成之后，继续向前顺利发展的阶段，在历法、仪器、宇宙理论等方面都有不少的创新。

三国两晋南北朝　魏国杨伟创制《景初历》(237 年)，发现黄白交点有移动：知交食之起不一定在交点，凡在食限以内都可以发生；又发明推算日月食食分和初亏方位角的方法。这些发现对于推算日月食有很大帮助。

吴国陈卓把战国秦汉以来石氏、甘氏、巫氏三家所命名的星官(相当于星座)总括成一个体系，共计 283 星官、1464 星，绘制成一幅全天恒星图。陈卓的恒星体系沿用了一千多年，直到明末才有新的发展。

葛衡在浑象的基础上发明浑天象，它是今日天象仪的祖先。浑天象是在浑象的中心，放一块平板或小圆球来代表地，当天球(浑象)绕轴旋转时，地在中央不动，这就更形象地表现了浑天说。

东晋虞喜发现岁差，即回归年与恒星年的长度值是不同的。南朝祖冲之把岁差引进《大明历》的编制中。祖冲之还测定一个交点月的日数为 27.21223，与现代测定值相比误差率不到二百七十万分之一，相当精确。其子祖暅继承父业，也精于天文。他发现过去人们当作北极星的"纽星"已去极一度有余，从而证明天球北极常在移动，古今极星不同。北齐张子信，致力于天文观测三十多年，发现太阳和行星的运动也不均匀；张子信的这些发现导致隋唐时期天文学的飞跃发展。

隋 隋统一全国以后，首先使用的是张宾的《开皇历》。这部历法又于大业四年(608 年)修改，名《大业历》。《大业历》考虑到张子信关于行星运动不均匀性的发现，利用等差级数求和的办法来编制一个会合周期中的行星位置表，对行星运行的计算又提高了一步。在《大业历》行用过程中，刘焯于 604 年完成《皇极历》，用等间距二次差内插法来处理日、月的不均匀运动。刘焯还建议，发动一次大规模的大地测量来否定"日影千里差一寸"的传统说法。

唐 唐朝建立了强大的封建帝国，出现贞观、开元之治的兴盛局面，为天文学大发展创造了良好的条件。贞观七年(633 年)，李淳风制成浑天黄道仪，把中国观测用的浑仪发展到极为复杂的程度，在观测时就可以从仪器上直接读出天体的赤道坐标、黄道坐标和白道坐标三种数据。

李淳风在《皇极历》基础上制成《麟德历》，于唐高宗麟德二年(665 年)颁行，不但在计算日月食时考虑了日月运行不均匀性的问题，而且在安排日历时也同样考虑这一问题。《麟德历》还废除了闰周完全依靠观测和统计来求得回归年和朔望月的精密数据。

开元十三年(725 年)，僧一行和梁令瓒造了黄道游仪。僧一行利用这架仪器，观测了 150 多颗恒星的位置，发现前代星图、星表和浑象上所载的恒星位置有很大变化。他们还改造了张衡的水运浑象，把浑象放在木柜子里，一半露在外面，一半藏在柜内，在柜面上有两个木人分立在浑象两旁，一个每刻击鼓，一个每辰(两小时)敲钟，按时自动，这可以说是最早的自鸣钟。

与此同时，僧一行又派人分别到 11 个地方测量北极的地平高度和春分、秋分、夏至、冬至日正午时八尺圭表的日影长度。他改用北极高度(实际上即地理纬度)的差计算出，地上南北相去 351.27 唐里(约 129.22 公里)，北极高度相差一度。这个数值虽然误差很大，却是世界上第一次子午线实测。在大规模的观测基础上，僧一行于开元十五年完成《大衍历》初稿，《大衍历》成为后代历法的典范。

(四) 由鼎盛渐趋衰落：从宋初到明末

中国的封建经济在宋代得到进一步的发展。生产的发展又大大地推动了科学的前进，作为自然科学之一的天文学在这一时期也取得许多重要成就。

宋 在天象观测方面，关于 1006 年和 1054 年的超新星的出现，特别是 1054 年的超新星记录，成为当代天文学研究中极受重视的资料。在这颗超新星出现的位置上，现在遗留有一个蟹状星云，这是当代最感兴趣的研究对象之一。18 世纪末，有人通过望远镜观测，在天关星附近，发现一块外形像螃蟹的星云，取名叫蟹状星云。1921 年发现这星云在不断向外膨胀，根据膨胀速度可以反回推算出，这星云物质大约是在九百年前形成的，是超新星爆发的产物。这颗超新星就是我国《宋会要》曾记载的公元 1054 年的"客星"。

这一时期先后进行过五次恒星位置测量，其中元丰年间的观测结果被绘成星图，刻在石碑上保存下来，这就是著名的苏州石刻天文图。

苏颂的《新仪象法要》是为公元 1092 年制造的水运仪象台而写的说明书，它不但叙述了 150 多种机械零件，而且还有 60 多幅图，是研究古代仪器的极好资料。苏颂和韩公廉在完成水运仪象台以后，又制造了一架浑天象，它是现代天文馆中星空演示的先驱。

沈括在天文学上也有重要贡献。他在制造浑仪时省去了白道环，改用计算来求月亮的白道坐标，这是中国浑仪由复杂走向简化的开始。更重要的是沈括在历法上独树一帜，提出十二气历。将一年分为十二气，又分为四季，每季分孟、仲、季三个月；以立春那天为元旦，也是孟春（正月）初一，惊蛰为仲春（二月）初一等。完全根据节气来规定月份，大月 31 天，小月 30 天，大小月相间，如有两小月相并的年为 365 天，没有的年则是 366 天。其实质与现行公历相似，但因与中国传统的阴阳合历完全不同，遭到世人反对，未能实行。此外，宋代思想家对自然现象有较多的讨论。在天文学方面讨论得较多的是天体的运行和天体的形成问题。其中较有代表性的人物是张载和朱熹。

元 元代忽必烈把金、宋两朝司天监的人员集中到大都，再加上新选拔的一些人才，组成了一支强大的天文队伍。这支队伍在王恂、郭守敬主持下，制造仪器，进行测量和编制新历，取得了极大的成就，将中国古代天文学推向新的高峰。

这一时期制造了多种新的天文仪器，其中简仪、仰仪最具代表性。简仪在浑仪的基础上改良而成的，它的设计和制造水平在世界上领先三百多年，直至 1598 年著名天文学家第谷发明的仪器才能与之相比。郭守敬还创制了不少新仪器，其中大明殿灯漏是最突出的一项。它是一个外形像灯笼球用水力推动的机械报时器，上面还布置有能按时跳跃的动物模型。

元代还进行了一次空前规模的观测工作，在全国27个地方设立观测所，测量当地的地理纬度，并在南起南海（北纬15度），北至北海（北纬65度），每隔10度设立一个观测站，测量夏至日影的长度和当天昼夜的长短。在大量观测和研究的基础上，郭守敬于至元十七年（1280年）编成《授时历》，并于次年起实行。《授时历》用三次差内插法和弧矢割圆术作为计算方法，在天文学史和数学史上都具有重要地位。《授时历》是被学术界公认的古代中国成就最高的历法。

（五）中西天文学的融合与交流期：从明末到鸦片战争

从明初到万历年间的二百年中，天文学上的主要进展表现在中外交流方面，而本土的发明创造较少，是中国天文学发展史上的一个低潮。

在意大利人利玛窦的影响下，大批懂得天文学知识的传教士来华，他们所介绍的欧洲天文学知识受到当时中国学者的欢迎，被加以翻译和介绍。这一时期出版了较多有关欧洲天文学知识的著作。中国学者除参与翻译和介绍欧洲天文知识外，还向耶稣会传教士学习了欧洲天文学的计算方法。徐光启曾用西方计算方法成功预报了公元1610年11月朔（12月15日）的日食。

崇祯二年，明朝政府命令徐光启组成百人的历局，聘请耶稣会传教士邓玉函、罗雅谷、汤若望等参加编译工作，经过五年的努力，编制了137卷的《崇祯历书》。《崇祯历书》与明代之前天文学体系的显著不同是它采用了西方的宇宙体系、计算方法、经纬度概念和度量单位。它是中西文化在天文学领域交流的开端，也是中国天文学由传统向近代转型的开端。

《崇祯历书》于1634年编成后，未曾颁行。1644年清军入关后，汤若望把这部书删改压缩成103卷，更名为《西洋新法历书》，进呈清政府。清政府任命汤若望为钦天监监正，用"西洋新法"编写下一年的民用历书，命名为《时宪历》。清政府在康熙和乾隆年间还组织过两次大规模的测量工作。康熙四十七年到五十七年间进行的一次，是世界上第一次通过实地测量获得的地球为椭球体的资料。

清代还有一批民间天文学家，在中西天文学的融合上作出了较大贡献。其中著名的有薛凤柞、王锡阐、梅文鼎，他们在翻译西方天文学著作的基础上，著有《历学会通》等十余种书，除介绍一般理论外，还系统地、详尽地介绍了各种计算天体运动的方法。

1911 年辛亥革命以后，中国于 1912 年起采用世界通用的公历。

二　中国古代天文学理论

人类在远古时代就对宇宙充满了好奇，对宇宙的本原、结构、有限还是无限等理论问题产生了浓厚的兴趣，并做出了种种推测的论证，留下了十分丰富的天文学理论遗产。

(一) 关于宇宙本原和天体演化的思想

1. 五行说

中国古人很早就发现宇宙万物是物质的、运动的、发展的。天和地是从一种"浑沌"状况中诞生出来的。但是"浑沌"究竟是些什么东西，这是中国古代宇宙学探讨的焦点之一。《国语·郑语》记录，当时人们认为金、木、水、火、土五种元素是万物的本原。《管子·水地篇》则认为水才是最基本的元素。古代的思想家们用人们所熟知的物质去诠释宇宙的本原，体现了中国古人朴素的唯物主义观念。

2. 元气说

《管子·内业篇》认为"凡物之精，此则为生。下生五谷，上为列星，流于天地之间，谓之鬼神，藏于胸中，谓之圣人，是故民气"。① 这就是后世得到充分发展的元气学说的早期论述。它以物质性的"气"作为宇宙万物的本原，为物质世界的复杂性和多样性提供了较为合理和科学的解释。《管子·侈靡篇》指出："天地不可留，故动，化故从新。"②认为天地都处在不停的运动中，正因为这种无休止的运动，促成了宇宙万物的新陈代谢，生生不息。这一观点和朴素唯物主义的元气学说连同古老的天地是从混沌中产生的思想的有机结合，构成我国古代

---

① 刘柯、李克和：《管子译注》，哈尔滨：黑龙江人民出版社，2003 年，第 318 页。
② 刘柯、李克和：《管子译注》，哈尔滨：黑龙江人民出版社，2003 年，第 243 页。

天体演化思想的精髓。

西汉早期的《淮南子·天文训》明确地指出，天地生成过程中，元气中的"清阳者"上升形成天，"重浊者"向下凝聚为地。天地日月星辰都是从元气派生出来的，是元气在它发展的各个不同阶段上的产物。

唐代柳宗元对于天地生成有着辩证的理解，他认为在混沌状态中，元气是运动和发展变化的，并由此产生了阴阳二气。由于阴阳二气运动速度和温度的不同，两者既相互对立排斥，又彼此吸引渗透，从而生成了天地。

宋代朱熹在描述以地球为中心的天地生成过程的时候认为，天地初开时，只有阴阳二气，二气交错运行，互相摩擦，产生出许多渣滓，固结在中央，形成地。气中清而轻的上升，形成天、日月和星辰。天体在地之外运转，而地在中央静止。

在古代的历史条件下，不可能对天体的演化进行具体的论证，但这些朴素的思想和带有思辨性的认识在当时却是十分先进的。

（二）关于宇宙结构的学说

关于宇宙的结构，在我国古代主要有盖天说、浑天说和宣夜说三种学说。

1. 盖天说

盖天说是中国最古老的宇宙学说，它的年代最早可以追溯到周代，其最主要的理论载于《周髀算经》。基本特点是认为"天圆如张盖，地方如棋局"，以后又发展为"天似盖笠，地法覆槃"，认为大地是方形或中央隆起的覆盘似的实体，在它上面罩着半圆形的天穹。这一学说到汉代趋于衰落。

2. 浑天说

东汉张衡在《浑天仪注》中概括了浑天说，认为天是一个球壳，天包着地，像蛋壳包着蛋黄。天外全是气体，天内有水，地漂浮在水上。浑天说是一种以大地为中心、有一个浑圆的天壳绕它旋转的宇宙结构模式。它是以对天象的直观观察作为基础的，能比较好地解释一些天体的运动现象，在历法中有比较大的实用意义。浑天说是中国古代正统的宇宙学说。

3. 宣夜说

宣夜说认为日月星辰的运动并非附着于"固体"的天球，不存在固体的天壳，天之所以呈现出蓝色，那是因为离我们太遥远的缘故。日月众星的运动是由于"气"的作用的结果，地球以外到处是气体，日、月、行星、恒星、银河都是会发光的气体，它们在气体的推动下，自由来往，互不干涉。虽然宣夜说对宇宙的物质结构有接近于真实的理解，但是一直没有发展起配套的计算模式，仅停留在一种思辨性的猜想阶段。

（三）关于宇宙无限性的辩证论述

在战国时期，关于宇宙时空无限性的朴素观点，已经为社会上许多人所承认。《尸子》中认为"宇"是指东、南、西、北、上、下六个方向，"宙"包括过去、现在、将来的时间。宇宙包括了所有不同的空间和时间，尸佼的这种看法包含了时空无限性的初步认识。《墨子·经上》诠释了宇宙是一个无穷无尽的空间体和时间体，物体在空间移动，必定经历一定的空间和时间，并且空间位置的变迁是和时间的流逝紧密地结合在一起的。这些论述把空间和时间统一于物质的运动之中，是对时空之辩证统一关系的精彩表述。

关于空间无限性的思想，到东汉有了重大的发展。经王充、黄宪、郄萌、张衡等人的探讨，逐步达到了那个时期认识的高峰。唐代柳宗元认为天没有所谓的"中心"，这是对空间无限性的十分深刻的见解。元明时期，人们对宇宙无限性的认识更提高一步，出现了无穷的天体系统的观念，把空间的有限和无限辩证地统一起来。阐明了天地之外复有天地，以至于有无穷的天地的思想，整个宇宙空间是无穷的有限空间的总和。

我国古代关于宇宙的理论，凝聚着我国古代劳动人民的聪明才智。科学地总结这份历史遗产，将有助于我们发展在现代科学基础上的宇宙理论。

三 中国古代天文学的特征

中国古代天文学有其独特的文化背景。在中国古人的认识中，自然界的一切都是和人这个主体相关的。中国古代没有独立于政治、经济活动等之外的科学活动。天象观测本应是最"纯粹"的科学活动，但在中国所特有的人文精神的影响下，天象观测成为一项颇为重要的人事活动、政治活动而非单一的科学活动。中国古代的科学家一般或绝大多数都是官府的官员。在中国古代条件下天文观测和历法编制只能是由官府组织的活动，所以天文学成了皇家科学，在民间传播的范围极小。中国古人习惯把学问构建成一个实用的可以谋取功利的"术"。中国古代科学中重实用而轻理论，表现出理论技术化的倾向，使科学家们认为科学就是一种可用于天地万物的术，天文学的发展也未能出此藩篱。

（一）中国古代的天象记录是当时世界上最丰富，最有系统的

古代中国的天象记录特别丰富，而且在中国历史发展的千百年间，一直保持着很好的延续性，且精确度极高。据统计，从《春秋》中记载的从公元前722年到清同治十一年共2600多年中共记录了985次日食，其中8次的误差率仅有0.81%，精确度相当高。我国的月食记录最早是在甲骨文中，比世界上别的国家最早的记录要早半个多世纪。从殷商起至公元1943年，我国共记载月食2000多次，这样的频繁而连续的记录是古代世界任何一个国家都无法与之相较的。从汉成帝元年到明崇祯十三年（1640年），我国共记载太阳黑子119次，而在这个时期的欧洲，由于他们认为天是上帝创造的，因此也是完美的，所以根本就没有注意过太阳中会有黑子。直到公元1610年，伽利略用望远镜才在欧洲第一次真正观察到了太阳黑子现象，此时距离汉成帝元年已有1638年。而对于彗星的记录也十分丰富，从鲁文公十四年发现的哈雷彗星的最早记录到1911年，共记录的彗星有500多次，其中哈雷彗星就有30多次。而且这500多次记录中绝大多数对彗星的形状、时间、路线方位等都有详尽记载。我国古代的新星记录也是人类最早的，从汉武帝到清康熙时共记载新星93颗，其数量之多也是世界之最。中国还是流星的记录最多的国家，从周襄王元年（公元前651年）到清宣统二年（1910年），共记录有流星和流星雨1230次。除此之外，关于陨星和极光的记录也是世界上最多的。

这些悠久而丰富的天象记录，不仅向世人展现了中国古代天文观测的辉煌成就，还为世界各国留下了宝贵的天文学遗产，直到今天仍为现代天文学界所用。李约瑟在《中国科学技术史·天文分册》中评价"中国人在阿拉伯人以前，是全世界最坚毅、最精确的天文观测者"，"有很长一段时间（约自公元前五世纪至公元十世纪)几乎只有中国的记事可供利用，现代天文学家在许多场合(例如对彗星，特别是哈雷彗星重复出现的记载)，都曾求助于中国的天象记事，并得到良好的结果。"①

(二)历法的编纂带动天文学的发展，以阴阳合历为传统，并与农业关系密切

在中国古代社会，颁布历法为皇权的象征之一，故改朝换代，也往往要改年号、改历法。历法经过多次改革，正式的共有102种，是世界上其他的国家和地区都不及的。天文历法的编制成了古代天文学的核心，形成了以历法编制为中心的学科体系。

世界历史上出现过三种历法：太阳历、太阴历和阴阳历。阴阳历是一种阴阳合历，兼顾回归年和朔望月两个周期，以回归年为一年，以朔望月为一月，为了弥合二者的差距，采取了隔若干年添加一个闰月的办法，使两种周期得到了巧妙的结合。

我国是一个农业国家，农业生产与历法的关系更是密切。中国的天文学把握了地球自转与公转对地球气候变化的规律，以阴阳五行将这种规律概括出来，并以二十四个节气将具体的寒热温凉变化与农作物的耕、播、施肥、保墒、收割和储藏联系在一起，为农业生产提供了一个简单易行、方便易记的具有中国特色的历法——农历(即夏历)。从此，农业生产的全部过程均按照二十四节气开展。直至今天，中国农民仍然要按照每年所到节气的先后进行农业生产，这在世界上是绝无仅有的。中国人对历法的研究和利用，其精确性、可靠性、实用性及其对农业生产的指导性等，在世界上都是独一无二的。

(三)中国古代天文学明显的官办色彩，与占星术密切相关

李约瑟引述："希腊的天文学家是隐士、哲人和热爱真理的人，他们和本地的祭司一般没有固定的关系；中国的天文学家则不然，他们和至尊的天子有密切的关系，他们是政府官员之一，是依照礼仪供养在宫廷之内的。"②中国历史在进

① 李约瑟：《中国科学技术史》，卷四第一分册，北京：科学出版社，1975年，第3页。
② 李约瑟：《中国科学技术史》，卷四第一分册，北京：科学出版社，1975年，第2页。

入阶级社会，尤其在建立起封建君主专制制度的国家后，天文学由民间走入宫廷，成为被官方垄断的皇家科学。明朝初年禁止民间学历，还规定，凡钦天监人员"不许迁转"，"子孙只学天文历算，不准习他业，其不习学者发南海充军"。

我国历代王朝都在朝廷内设有专门的司天人员或天文机构，称为太史局、司天监、司天局、钦天监等，并配备一定数量的具有专门知识的学者，从事天文学研究工作。规模最大的数唐朝的太史局，曾拥有各种天文人员1000多人。天文官们要进行大量的、连续不断的观测计算工作。监测记录日、月食等各种异常现象的出现，探讨天体运行的规律，将观测结果呈报朝廷。正史"天文志"、"五行志"、"律行志"，就是历代天官对天象观测的记录，其丰富和详细，举世无双。

中国古代的天文学与占星密不可分，从事天文观测和研究，并不以繁荣科学、发展生产为主要目的，而是为了从天象观测得知天对帝王的示警，可以从天象上得知吉凶和时事的变化。当社会繁荣昌盛时，天上便有瑞象出现；当发生灾祸和动乱时，便有凶象出现。虽然星占带有迷信色彩，但是仍在以下三个方面对天文学的产生起到了促进作用：大量的观测记录有利于天文规律的研究和总结；部分著作本身就是科学著作，尽管其研究目的可能是为了占卜，但其研究成果客观上却是科学的，如《甘石星经》；占星术研究者在研究占星术的同时也必然要研究与占星相关的科学知识，如数学、几何、历法、地理等，这些都在客观上促进了科学特别是天文学的发展。

第二节 传统医学

中国医药学具有悠久的历史，是世界上医药文化发端最早的国家之一。有文字可考的五千年医学史，独具东方文化特色的理论框架，科学的整体健康观念，系统的综合诊断方式，丰富的自然治疗手段，全面的身心保健康复……所有这一切，不仅体现着中国传统医学的民族特质，而且也与现代健康理念相吻合。

一 中国传统医药的发展

中国绵延数千年一直未曾中断的医药文化，是世界医学史上所罕见的。中国古典医籍数量之大，名医辈出，人数之多，在同时期的世界范围内也不多见。

（一）中国医药学的起源：远古–殷商

早在远古时代，已经开始了医疗和保健活动。"神农时代"大约相当于新石器时代，那时候，人们已经对天然植物的药用性能逐步有所了解。《史记》、《淮南子》都有"神农尝百草"的记载。两千多年前的《山海经》更明确地提到120多种药，包括植物、动物、矿物三类，并提到了它们的简单用法和治疗性能，有的还用来预防疾病。

砭石　使用石器的过程中，逐步发明了用石针来治病。砭石是石器的一种，是原始人类最初使用的医疗工具，有锐利的尖端或锋面。它主要被用来切开痈肿、排脓放血，或用以刺激身体的某些部位以消除病痛。砭石是新石器时代应用的一种石制医疗工具。后世的医疗上常用的刀、针等就是由此发展而来的。

灸法　灸法也是在新石器时代用于治疗疾病的。灸法产生于火的发现和使用之后。在用火的过程中，人们发现身体某部位的病痛经火的烧灼、烘烤而得以缓解或解除，继而学会用兽皮或树皮包裹烧热的石块、砂土进行局部热熨，逐步发展以点燃树枝或干草烘烤来治疗疾病。经过长期的摸索，选择了易燃而具有温通经脉作用的艾作为灸治的主要材料。殷商时期，发明了银针、金针医疗工具。后人在经络学说等理论的基础上发展出一套独创的针灸疗法。针灸身体某些特定部位，可通过经络对身体产生刺激作用，调整人体机能，增强防病能力，达到治病的作用。由于针灸疗法简便易行，治疗效果显著，在公元6世纪传入日本，17世纪传到欧洲，至今仍受到广泛重视，成为我国传统医学对于世界文明的一大贡献。

汤剂疗法　古代称汤剂为汤液，汤剂是将药物饮片加水或酒浸泡后再煎煮一定的时间，去渣取汁，制成液体剂型，主要供内服，外用的多作洗浴、熏蒸及含漱。汤剂疗法是祖国医学使用最早、应用最广泛的一种药物治疗方法。相传商代已采用药物制成汤液治病。商代伊尹《汤液论》一书以神农本经药品制为汤液。汤液的产生，使人们对药物的使用得到灵活的发展。从单味发展到多味，从生药发展到熟药，并在应用过程中逐步改进，具有副作用小，药效发挥快的优点，是医药发展史上的一次跃进，标志着方剂的诞生，也是医学史上一项重要的发明。

（二）中国医药学的形成：春秋—汉

春秋战国是中国古代医学史上极为重要的时期，此时期的医学具有较为明显的科学性、实用性和理性，并出现了专职的医生队伍。医缓、医和、扁鹊及其弟子子阳、子豹等都是当时著名的职业医生。公元前6—5世纪的秦国还有了专门的宫廷医疗机构，并设有"太医令"这一官职。临床医学的分科已现端倪，趋于专业化，以伤寒、杂病和外科为最突出的临床医学达到了前所未有的水平。与此同时，专门医学著作也陆续问世。

《黄帝内经》 约在公元前5—3世纪，产生了我国医学最早的一部医书——《内经》，这是我国现存最早、内容比较完整的一部医学理论和临床实践相结合的古典医学著作。因托名黄帝撰，又称《黄帝内经》。此书全面地论述了人体的生理、病理、诊断、预防、针灸等方面的理论，认为人与自然存在着密切的关系，人体也是一个有机整体。这种整体观念将阴阳五行学说贯穿于中医学的各个方面，并初步概括了人体疾病变化与治疗的一些规律。此外，本书还总结出一套独特的脏腑经络学说，以及针灸学的理论与实践。《内经》的内容非常丰富，为中医学的发展奠定了理论基础，长期以来指导着中医学的发展。

《神农本草经》 公元前2世纪，出现了我国第一部药物学专书《神农本草经》。由于古代的药物主要来自自然界的植物，因而人们把药物学著作称作"本草"。这是我国现存最早的药物学专著。书中记载药物三百六十五种，分成上、中、下三品。这部书对每一味药的产地、性质、采集和主治的病症，都有详细的记载。对各种药的配合应用以及简单的制剂，都作了概述。

《伤寒杂病论》 东汉末年，著名医学家张仲景著有《伤寒杂病论》。后人把此书分别整理成《伤寒论》和《金匮要略》。《伤寒杂病论》比较系统地总结了汉代以前对伤寒（急性热病）和杂病（以内科病症为主，也有一些其他病症）在诊断和治疗方面的丰富经验。在诊断辨证方面，《伤寒杂病论》中运用四诊（指望诊、闻诊、问诊、切诊）分析病情。此书共收选方300多个，这些方剂的药物配方比较精炼，主治明确。有的医家尊称《伤寒杂病论》的药方为"众方之祖"或"经方"。

华佗和麻沸散 华佗精通内、外、妇、儿、针灸各科，外科尤为擅长。创用麻沸散，给患者麻醉后施行手术。《后汉书》等文献记载了他施行腹腔外科手术过程的描述。华佗曾经成功地做过腹腔肿瘤切除术和肠胃部分切除吻合术。这样的手术即使在今天，仍然算是大型的手术。华佗之所以能成功地进行这样高明而成效卓著的腹腔外科手术，是和他已经掌握了麻醉术分不开的。此外他还创制了五禽戏，强调体育锻炼，以增强体质。

（三）中国医药学的发展：隋唐—清

隋唐时期到清代，中国传统医药学有了全面的发展，在脉学、病因、证候、临床治疗学等方面，涌现出丰富的医学理论和医学著作。

《千金方》　唐代伟大的医学家孙思邈著有《千金要方》和《千金翼方》两部医学著作。《千金要方》共30卷，包括临床各科、诊断、治疗针灸，食疗以及预防、卫生等各个方面。关于妇、儿病的特殊论述尤详。他第一个把妇、儿科从内科分离出来。《千金翼方》其内容以本草、伤寒、中风、杂病和疼痛等记述尤为突出。该本收载了800多种药物，并对其中200种的采集和炮制作了记述，补充了许多治疗方法，以备临床应用。

金元四大家　金元时代，医学产生了各家学派，形成了百家争鸣的局面。后人称之为"金元四大家"的代表人物是：刘完素（提出"降火益水说"），张子和（提出"邪去正安说"），李东垣（又名李杲元，提出"胃气为本说"），朱丹溪（提出"阳常有余，阴常不足"之说）。

清代温病学说　清代总结了几百年来治疗热性病的经验，著成《温病条辨》、《温热条辨》、《温热经纬》、《温证论治》等书。这些著作对温病的病因、病理和辨证论治作了比较系统的论述，弥补了"伤寒论"的不足。叶天士是当时的代表人物，著有《临证指南》等，对于温病的理论和治疗作出了巨大贡献。与他同时和在他以后的有薛生白、吴鞠通、王孟英诸人，后人称为"清代温病四大家"。

《本草纲目》　明清时期，药物学有了突出的发展。明朝伟大的医药学家李时珍撰成《本草纲目》一书，共25卷，总为16部，60类。载药1892种，附方11096条。李时珍亲自上山采药，向农民、渔民、樵夫、药农请教，调查了许多药用植物和动物的生长形态，积累了第一手资料，历时27年，以理论联系实际、实地考查的研究方法，总结了明清以前的药物知识，写出了这本驰名中外的伟大著作。《本草纲目》对后世药物学的发展作出了重大贡献，为祖国医药学的一份宝贵遗产。这部书后来传到日本、欧洲，译成日、英、法、德、俄等多种文字。李时珍被尊为世界四大科学家之一。

二 中医学理论体系

中医学的理论体系受到古代的唯物论和辩证法思想——阴阳五行学说的深刻影响，以整体观念为主导思想，以脏腑经络的生理和病理为基础理论。

（一）中医五行学说

五行就是木、火、土、金、水五种物质的总称，本是古代用以解释宇宙间一切事物的一种哲学思想，春秋战国时期开始用于中医学，用以说明脏腑的属性及其相互关系，分别把肝归属于木，肺归属于金，心归属于火，脾归属于土，肾归属于水。肝能制约脾，称为木克土。脾能生养肺，称为土生金等。五行说在诊断和治疗上的运用，主要根据五脏在五色、五味，以及脉象变化在五行分类归属上的联系，来推断病情或作诊断。

（二）阴阳学说

阴阳是我国古代一种哲学思想，是宇宙中相互关联事物对立双方属性的概括。在春秋战国时代阴阳的相对属性被引入医学领域，在中医学中将具有推动、温煦、兴奋等作用的物质和功能，统属于阳；将对于人体有凝聚、滋润、抑制作用的物质和功能，统属于阴。

具体来说，在表示人体组织的属性方面：以脏为阴，腑为阳；气为阳，血为阴；背为阳，腹为阴等；在解释生理功能方面：认为阴血主要为濡润和滋养组织，阳气主要为温养和固卫肢体；气与血、肾阴与肾阳有朴素依存的关系，称为阴阳互要或阴阳资生；在病理变化方面，阴邪内盛或阳气虚衰都可以表示寒症，阳邪盛实或阴液耗伤都可以表示热症，寒症和热症在一定条件下可以转变，称为阴阳转化；诊断方面在表、里、寒、热、虚、实症候中区别阴症和阳症；治疗如用补阴的方法以制阳热，用温阳的方法以消阴寒，称为阴阳制约。

阴阳学说贯穿于中医学的各个领域，用来说明人体的组织结构、生理功能、病理变化，并指导养生和临床的诊断与治疗。它具有朴素的唯物论和自发的辩证法思想，是祖国医学基础理论之一。

(三) 脏腑学说

脏腑，古称"藏象"。藏象二字最早出现于《黄帝内经》。中医以研究脏腑的生理功能和病理变化为中心，结合脏腑与形体、诸窍的关系，以及脏腑和自然界关系的学说，称为脏象学说。脏象二字中的"脏"是指藏于体内的内脏；"象"是指表现于外的生理功能和病理现象。通过象的观察，可以推测脏的状态。历代中医都十分重视这种以表知里，以象测脏的方法。脏腑学说的主要内容为说明脏器组织的分类及作用，脏器组织的生理功能和特性，论证脏器组织的病理变化及腑脏之间的表里配合关系。脏腑学说的特点是着重于整体观念，具有高度的概括性，是祖国医学基础理论的重要组成部分。

(四) 经络学说

经络是研究人体经络系统的功能及与脏腑互相关系的理论，用以指导临床实践，与针灸的关系非常密切。经，是经络系统的主干，叫经脉，多循行于人体深部；络，是经脉的分支，像网络一样联系人的周身，循行于人体浅部。经脉的组成有十二正经、七经八脉以及络脉、十二经别、十二筋经等。其中十二正经和七经八脉是经络的重要组成部分。经络学说和脏腑学说等结合起来，奠定了中医生理、病理学的基础，它对中医的临床各科，尤其对针灸和推拿方面，具有重要的指导意义。

三　中国医学在国际上的交流和贡献

(一) 中医学在国际上的交流

公元 562 年，《明堂图》等古典书籍便传入日本，成为日本针灸学的先导，隋唐时代，中国医学成为亚洲医学中心。唐代高僧鉴真，应邀至日本传授中国医药技术，日本人尊之为药王。在阿拉伯国家，由于大量应用了中国医学，使中世纪的阿拉伯的医学得到了显著的进步，成为以后欧洲医学发展的基础。

(二) 中医学对世界医学的贡献

除了闻名世界的针灸疗法外，中国古代炼丹术对于医药化学，人痘接种法对于免疫学的发展也曾做出过巨大贡献。

1. 炼丹术

炼丹术是中国古代的一种特殊方术，其目的是通过炼制某些自然矿石或金属，得到"神丹"或人工金银等长生不老药，因而又有"金丹术"、"炼金术"、"黄白术"之称。

春秋战国时期，人们服用石药已经相当普遍，扁鹊已有了"阴石以治阴病，阳石以治阳病"的理论，《史记》中也有关于"中热不溲，不可服五石"记载①，古人最初服用石药的目的是治病还是养生，已无法作出确切的判断。现代化学技术证明，古代丹家炼制的丹药，主要是有毒的汞、铅、砷、硫化合物，所以历代服食丹药中毒丧生者史不绝书。丹药用于疾病的治疗，有外用和内服两种给药途径。

郑玄注《周礼·天官·冢宰下》疗疡"五毒"时提到的"五毒方"，是关于丹药外用的最早记载："五毒，五药之有毒者，今医人有五毒之药，作之合黄堥，置石胆、丹砂、雄黄、礜石、慈石其中，烧之三日三夜，其烟上著，以鸡羽扫取之以注创，恶肉破骨则尽出。"②"五毒方"至迟在东汉时期已被用于外科临床。目前各类丹药仍被用于骨髓炎、骨结核、淋巴结核等，在外科临床上发挥着重要作用。

炼丹术作为追求长生不老的方术失败了，但是炼丹家们取得的化学成就却在中国科技史上永放光彩。中国古代的汞化学、铅化学、砷化学、矾化学以及冶金技术，都由于炼丹家的创造而遥遥处于世界领先地位；中国四大发明之一的火药，也是在丹家的炼丹炉里诞生的；中国炼丹术经过阿拉伯传到欧洲之后，又成了近代化学的摇篮。

---

① (汉)司马迁：《史记》卷一○五，见《二十五史》，上海：上海古籍出版社，1986年，第311页。

② 《十三经注疏》，北京：中华书局，1980年，第668页。

2. 人工免疫法

在我国医学史上，免疫的概念很早就有了。在祖国医学里，有一种"以毒攻毒"的治病方法，并且很早就有近似疫苗的记载。晋代葛洪《时后方》卷七里，记有"疗猘犬咬人方"，就是人被狂犬咬了以后，便把咬人的那只狂犬杀掉，把犬脑敷贴在被咬的伤口上，以防治狂犬病。虽然在操作方法上还存在问题，但是就它的医学思想来看，可以说是狂犬病预防接种的先驱，蕴含着先进的免疫思想。

16世纪，我国已发明"人痘接种法"以预防天花。具体的操作方法又可分为以下四种：第一，痘衣法。用得了天花的儿童的衬衣给被接种的人穿上，使他感染。第二，痘浆法。用棉花蘸染痘疮的疮浆，塞入被接种的儿童的鼻孔里，使他感染。第三，旱苗法。把痘痂阴干研细，用银管吹到被接种儿童的鼻孔里。痘痂要求光圆红润。第四，水苗法。把痘痂研细并用水调匀，用棉花蘸染，塞到儿童鼻孔里。

痘苗最初是用天花的痂，叫做"时苗"。实际上就是用人工方法感染天花，所以危险性比较大。后来改用经过接种多次的痘痂作疫苗，叫做"熟苗"。熟苗的毒性已减，接种后比较安全。当时"熟苗"的选育和今天用于预防结核病的"卡介苗"的定向减毒选育，使菌株毒性汰尽、抗原性独存的原理，是完全一致的。

人痘接种法的发明，有效地保卫了儿童的健康。清康熙二十六年，俄国医生到北京来学习种人痘的方法。以后更由俄国传入土耳其。英国驻土耳其大使夫人孟塔古，在君士坦丁堡看到当地人为孩子们种痘以预防天花，效果很好，后来又把这方法传入英国，得到英国国王的赞同。不久，种人痘法就盛行于英国，更由英国传到欧洲各国和印度，至于日本等国，种人痘法是18世纪中叶直接由我国传去的。种人痘法的发明，是我国对世界医学的一大贡献。

第三节　农林数理

我国古代人民在广泛的实践活动中积累了丰富的生产经验，精耕细作的农业体系的形成不仅标志着中国古代农业种植技术的成熟，还影响和带动了林业、畜牧业、渔业等农业生产部门的全面发展，至今仍有无限的生命力。人们在生产过程中不断发现的实际问题，促进了与生产实践紧密相关的应用科学（如数学、物理学等学科）的发展：在数学方面形成了以算学为核心的中国传统数学体系；中国古代物理学也在人们对于力学、热学、光学、磁学、声学现象的朴素认识和创造性应用中发展起来。本节主要介绍我国古代农业、林业、数学和物理学方面的成就。

一 中国古代农业

农业是古代世界最重要的生产部门，社会的存在、文化的发展都有赖于农业基础的稳固。世界有三个农业起源中心：西南亚、中南美洲、东亚。东亚的中心主要就是中国。中华民族的文明史上有发达的农业，在农业种植技术和单位面积产量等方面达到了世界的最高水平。中国古代在农业方面的发明创造不但领先于当时的世界，而且对东亚和西欧农业的发展产生了深刻的影响。

(一) 中国古代农业的发展历程

中国古代农业产生于尚无文字记载的原始社会，现代人只能通过文化遗址的发掘找寻其渊源。

1. 古代农业的起源：新石器时代

这一时期的农业成就主要体现在农作物的栽培上。新石器时代栽培的粮食作物品种已十分丰富：稻、粟、麦、黍、菽、麻、粱。在距今一万年的湖南道县王蟾岩遗址发现了栽培稻，距今七千年的浙江余姚河姆渡文化遗址上发现了大面积的稻谷、稻草和稻壳的堆积物，估计折合原有稻谷24万斤，说明当时中国稻的栽培面积和产量都有了较大规模。距今七千九百年前的磁山文化出土的粟粒，使中国成为世界上公认的最早栽培粟的国家。在距今七千年前的河南陕县庙底沟遗址上，发现了麦类。麻既是粮食作物也是纤维织物，在钱山漾遗址中出土了四、五千年以前的麻织物。在黑龙江大牡丹遗址中也发现了豆类植物遗存。

新石器时代主要的农具是石斧、石铲、石磨盘、石磨棒等，制作精致。在距今七千到五千年的仰韶文化时期，农业遗迹遍布黄河流域，有大型的定居农业村落遗址，说明农业已从生荒耕作转向熟荒耕作。这一时期中国使用的是木石农具，刀耕火种，采用原始的农业生产工具和生产技术，属于原始农业形态。

2. 原始农业向传统农业转变期：夏商周

传统农业产生以畜力牵引或人工操作的金属农具为标志。在公元前 2000 多年的虞夏之际，中国已出现了金属工具，商代开始用铜镢开垦荒地，挖除草根，周代中耕农具"钱"（铲）和"镈"（锄）、收割农具镰和"铚"也开始用青铜制作，青铜工具在农业生产中占主导地位的趋势日益明显。自此，原始农业开始逐步向传统农业阶段过渡。

商、周时期的农业技术体系是农田沟洫系统，在耕作方式上以休闲制代替了撂荒制，采用两人为一组实行简单协作的耦耕是普遍实行的劳动方式；粮食作物种类已形成"五谷"、"九谷"的概念，家畜则有"六畜"，蚕桑生产已遍及黄河中下游地区，成为我国农业中仅次于谷物种植业的重要生产项目。在沟洫农业形式下，耕地整治、土壤改良、作物布局、良种选育、农时掌握、除虫除草等技术都初步发展。精耕细作的萌芽已出现。

3. 中国农业的发展与成熟阶段：战国秦汉魏晋南北朝时期

我国早在春秋战国之时就掌握了铸铁技术，到战国中期，铁农具已经在黄河中下游普及，以铁犁牛耕为标志的典型形态的传统农业真正到来。这一时期也是我国农具发展的黄金时代，中国传统农具如耦犁、耙、耢、耧车、飏扇以及使用畜力、水力的谷物加工工具碓和转磨，还有新式提水灌溉农具翻车等，都出现于这个时期。黄河流域仍是当时农业最先进的地区，除粮食作物外，大麻、芝麻、染料、甘蔗、茶等经济作物的种植和利用也得到了长足发展。

从战国起，连年种植的连种制代替了休闲制，成为了主要的种植方式。到魏晋南北朝时已形成丰富多样的轮作倒茬方式。技术方面，以防旱保墒为中心，形成耕—耙—耢—压—锄相结合的耕作体系，以及出现了"代田法"和"区田法"等特殊的抗旱丰产方法；施肥改土也受到重视；穗选法和类似现代混合选种法等选种技术先后发明，并培育出许多适应不同栽培条件的品种等。"深耕"、"熟耰"的土地耕作逐渐普遍，重视"多粪肥田"，强调良种和提出良种标准，以及对"农时"、"地宜"认识的深入，农业害虫多种防治方法的出现等，说明农业生产精耕细作技术体系开始形成。

这时期重农思想开始系统化，并出现了专门研究农业政策和农学知识的群体——"农家"学派，以无为并耕标榜的许行、陈相等可称得上是中国最早的农学家。《吕氏春秋》中的"任地"、"辩土"、"审时"三篇大体构成了一个整体，主要研究和总结了作物栽培的综合因素，涉及水旱地利用，盐碱土改良、耕作保墒、防除杂草、株行距、植株健壮、产量和出米率、品质等，包含了许多精耕细作的农业技术内容，带有总论性质。可以说它们奠定了中国传统农学的基础。

农书在这一时期发展至成熟阶段，不仅数量增加较多，农书也有综合性农书和专业性农书的区分。专业性农书的覆盖面已及畜牧、蚕桑、园艺、养鱼、天时和耕作等。《氾胜之书》、《四民月令》和《齐民要术》是这个时期具有代表性的高水平农书。

4. 中国农学全面发展阶段：隋唐宋元时期

中国传统农业在全国更大范围内得到蓬勃发展，尤以南方长江下游地区为突出。晚唐时，南方水田已普遍使用先进的曲辕犁（又叫"江东犁"）；元代发明了中耕的耘荡（后又称为耥），加上已有的整地工具耙、耖，于是形成了耕—耙—耖—耘—耥相结合的水田耕作体系；加上秧田移栽、烤田、排灌、水旱轮作稻麦两熟复种制的逐渐普及，以及讲究的积肥和用肥，作物地品种的大量涌现等技术成就，标志着完全不同于北方旱地农业的南方水田精耕细作技术体系已经形成和成熟。

农业生产结构在唐宋时期发生大规模变化：稻、麦替代粟的传统地位而上升为最主要的粮食作物。唐宋时，华北各地和东北部分地区都有水稻种植。长江中下游为最重要的稻产区，出现了"苏湖熟，天下足"的民谚。经济作物的生产发展迅猛。纤维作物中苎麻地位上升超过大麻，棉花传入长江流域。元代松江乌泥泾人黄道婆从海南岛带回来黎族人的棉纺和技术，使长江三角洲成为全国棉业中心。油料作物更多样化，除芝麻外，芸苔也由蔬菜转向油用，大豆用于榨油的记载始见于宋代。唐宋时长江以南各省均有甘蔗种植，元代福州的制糖业之盛曾引起马可·波罗的惊叹。唐代饮茶习俗风靡全国，至宋代成为不可替代的日用消费品，甘蔗和茶的种植已发展为农业生产的重要部门。园艺业有很大发展，蔬菜和果树种类大大增加，花卉栽培十分兴盛。蚕桑业重心自唐中期以后，也由黄河中游逐步转移到江南。畜牧业的农牧分区格局仍维持着，在农耕区，民间副业饲养少量猪、羊和家禽成为主要形式；牧区也有某些变化，如东北和蒙古草原以牧为主的地区种植业比重有所增加。渔业也有很大进展，青、草、鲢、鳙"四大家鱼"的养殖以及将野生鲫鱼培育成观赏金鱼都出现于这一时期。

隋唐宋元时期的农学著作数量空前增多，综合农书重要的有唐朝韩鄂的《四时纂要》、南宋的陈旉《农书》；元代司农司编的《农桑辑要》，王祯的《农书》等，体系到内容继续有发展。专业性农书新出现了蚕桑、茶、花卉、果树、蔬菜、农具、作物品种等专著，分科更细，内容更专，如唐陆龟蒙的《耒耜经》、陆羽的《茶经》等。反映出农学的分科研究在这一时期十分发达。

5. 中国传统农业的顶峰阶段：明清时期

这一时期中国的人口增长迅猛，至鸦片战争前，中国人口已经突破四亿。人口膨胀引起耕地紧缺，为了解决人多地少的矛盾，人们千方百计开辟新耕地，改造荒山滩涂和开发边疆地区是当时辟土造田运动的重点，南方珠江三角洲和长江三角洲某些地方出现的堤塘综合利用，在土地利用技术上意义最为深远，是现今提倡的所谓"立体农业"或"生态农业"的先河。引进和扩种高产的新作物以及依靠精耕细作传统也可以提高土地利用率和单位面积产量。"粪多力勤"是这一时期精耕细作技术体系的最简练的概括。中国传统农学在明清时期继续在向深入方面发展，达到了传统农业的顶峰。

明清时期主要的粮食作物是玉米、甘薯和马铃薯，花生和烟草是我国明清引进的重要的经济作物。在蔬菜种植和果树栽培方面引进和改良了许多国外优良的品种。

这一时期，中国农书的数量和种类是历史上最多的，流传至今的明清农书有几百种，占我国农书的一多半，且内容丰富，水平很高。最重要的综合性农书是明代徐光启的《农政全书》和清朝成书的《授时通考》。此外专业性农书不仅数量大，种类又有所增多，如新出现了野菜专著和治蝗书。随着分科研究的更加深入，谱录类农书中又新出现了一系列只对某种作物（或动物）进行特定研究和阐述的专著。以前已有各类专业性农书中，蚕桑专著的增加突出。此外，具有较强地区特点的地方性农书广泛出现，气象和水产专书数量也比以前有所增加。

（二）中国传统农学的特点

在中国传统农业的发展过程中，逐步形成了以下的特点：

1. 中国传统农学成熟早，富有生命力，农、林、牧、副、渔等全面发展

中国的农业科技早在两千多年前就具有了丰富而系统的知识，公元 6 世纪

《齐民要术》中总结的旱地农业生产技术体系有力地说明了中国农学的早熟性。现在中国农村中主要的耕作制度、耕作方法、栽种技术、农业工具以及主要农作物种类和布局，有很多早在二千年前就已经形成，后人只是在此基础上逐渐成熟完善而已。例如因地制宜、多种经营、地力常新壮等农学思想，精耕细作、合理种植的优良传统和轮作、间作、套种、多熟种植等耕作制，都是早在战国、秦、汉时期开始形成，到宋、元之际成熟，而今仍在农业生产中被采用。中国传统农业科学技术，在大田生产和林、牧、副、渔方面均取得重大成就，令世人瞩目。为了掌握好农时，中国于二千年前所独创的二十四节气制，不仅至今民间必用，且推广到了朝鲜、日本、越南等国家。

中国的农民在充分利用土地上显现了独特的智慧，想方设法改良和维持土地的肥力，在生产实践中逐渐形成了一套把土壤耕作、作物轮作和施肥等措施加以综合运用的方法，使中国的耕地历经数千年依然肥沃。中国的农作物品种以及各地的优良家畜家禽种类之多，品种资源之丰富，也受到世界有关人士的重视。世界上各地养蚕、栽桑的技术大多与中国有直接或间接的传播关系。而中国传统农学的载体——古农书也以其源远流长，数量大、种类多，内容丰富、深刻而著称于世。

2. 精耕细作技术体系是中国传统农学最主要的特点

"精耕细作"是近代人对中国传统农业精华的一个概括，指的是一个综合的技术体系，而不是单项技术，甚至不是局限于种植业，其基本精神也贯彻于畜牧、桑蚕、养鱼、林木生产等领域。

精耕细作技术体系的内涵，从种植业看主要有下列方面：一是从土壤整治、田间管理到收获的全部技术措施的实施表现出精耕细作。二是多熟种植，包括各种方式的轮作复种和间作套种，其主要作用是充分利用土地，同时又可抑制杂草和病虫害的发生。三是用地与养地结合，使土壤久种不衰。实行休闲制，让土壤自己恢复肥力的原始方法。四是重视品种和良种选育。五是注意农业内部所创能量的循环利用。精耕细作技术体系则开始形成和完备于铁犁牛耕出现与发展的传统农业阶段。

3. 以"三才"为核心的农学理论

中国传统农业科学技术虽建立于直观基础上，但并非局限于单纯经验范围，而是比较早就开始形成了具有特色的农学思想，最具代表性和突出的是"三才"理论。"三才"是指天、地、人。农业生产中的"三才"理论的明确表述始见于《吕氏春秋·审时》篇："夫稼，为之者人也，生之者地也，养之者天也。""稼"，是农作物，又是农业生产对象；"天"和"地"，是指自然界的气候、土壤和地形等，为农业生产的环境因素；"人"则是农业生产的主体。①《吕氏春秋》中的相关论述涉及了农业是农业生物、自然环境和人构成的相互依存、相互制约的生态系统和经济系统这一本质问题。"三才"理论指出人在农业生产中的能动作用。它是中国农业生产的核心指导思想和总纲，中国古农书无不以"三才"理论为立论的依据。中国传统农业所以取得比较大的成就，比较稳定而没有出现过中断的情况，与有正确的农学指导思想是分不开的。

4. "农本"思想促进农业发展

战国诸子著作中，有许多重视农业生产和农业科技知识的思想，并且还出现了许行为代表的农家学派，认为农业为富国裕民、治国安民和战胜守固之本。战国末期，以农业为"本"，称工商业为"末"。这种重本抑末的"农本论"思想成为中国后世历代封建王朝的基本国策，并深刻影响中国古代士大夫的思想。贾思勰写《齐民要术》就是从"农本"观念出发的，列举了经史中许多的重农教训与典故。以后的陈旉、王祯、徐光启等无不是在农本思想影响下，重视对农业生产技术的总结和推广，并写作农书，为中国农学发展史做出了巨大贡献。

5. 中国的农业文化培植了特定的社会宗法伦理制度

"宗法制度源于原始社会父家长制家庭公社成员之间的牢固的亲族血缘联系，是这种血缘联系与社会政治等级关系密切交融、渗透、固结的产物。"②民以食为天，农业稳定、农民安居则国家稳定、社会安定，重农思想等是中国农业文化的传统。以小农经济为主导的农业经济要求有相应的血缘宗法制的社会结构，农业文化的经济单位，只需要简单的一个家庭，其社会生活就是家庭生活或是家庭生活的延伸。以农事耕作为主要生活来源，以及由这种生活方式决定的对于土地的

---

① 李根蟠：《中国古代农业》，北京：商务印书馆，1998年，第159页。

② 冯天瑜、何晓明、周积明：《中华文化史》，上海：上海人民出版社，1990年，第196页。

深深眷恋，使中华民族自古养成"固土重迁"的习惯，以家为本位的生产制度和社会制度，造成了一切社会组织都以家为中心，强化了这种以血缘为纽带的社会组织。

二 林业

林业是为经营森林而组织起来的，具有保护性(生态环境)资源经营和木材、林产品生产的双重职能，并以三大效益(生态、经济、社会)的功能形态集其于森林资源一身的公益事业和基础产业。

(一) 中国古代林业的发展

人类的诞生与对森林资源的利用是紧密联系的，中国古代就有有巢氏构木而为巢的传说，森林资源逐渐开发。至夏商时，社会生产力有了很大发展，人类活动也更加广泛，人类为了扩大农业生产，在烧山毁林的同时也懂得了林木的多种经济用途，经济林得到了广泛的发展。《尚书》记载当时人们种植漆、松、桐、筱、橘、柚、杶、干、栝、柏等林木。西周之时专门设立了"山虞""林衡"等官职，负责林业管理，同时还制定了保护森林的政策和法令。春秋时管仲还制订了奖励人工造林和森林防火计划，鼓励造林和保护森林，据《周礼》记载，此时行道树、纪念树及经济林木的造林已经是很普遍了。战国时期《管子》、《荀子》都肯定了森林资源对人类生存和发展的重要意义，并指出应该加强林业保护。秦汉时期，中国古代的经济林种植和林业思想在先秦基础上进一步发展，从经济林木的种类来说，除了桑之外，还有枣、栗、橘、漆、竹等。《吕氏春秋》中记载了不少当时保护森林资源的政策和法令，并对于林业资源的砍伐时日、方式、管理体制等都作了规定。

从南北朝始，我国的林业更偏重于经济林的栽植，果类林木种植十分广泛。南北朝之后，茶树种植成为经济林的主要品种，明朝时采收白蜡和木梓榨油普及。北魏的《齐民要术》中有关林业理论和技术的记述非常全面，首次提出了农林间作和林木轮伐法，实行永业田制度，劝民种植树木，这在中国历史上是首次。各朝政府均鼓励种桑榆，北魏孝文帝规定种植树种桑五十株、枣五株、榆三株，并限三年种完。武成帝时规定每丁永业田要种 20 亩树。

唐末以后南方的林业科学技术发展较快，南方一些树种如松、桐、竹、桑、荔枝、柑橘等的栽培技术有明显的发展。宋代《东坡杂记》和元代《农桑辑要》、《王祯农书》记载了关于针叶树的栽培技术，几乎与今日的育苗技术并无二致。到了明清时期，对前人成果进行了全面总结和考证，《群芳谱》、《农政全书》、《三农纪》等所记载的插杉法和油桐、乌桕等栽培法细致而科学，一直流传至今。

总体来说，秦汉以后到鸦片战争之前，我国的林业基本上处于一种缓慢发展的状态，战乱对林业资源造成破坏，社会动荡和政局不稳定使国家对林业没有既定方针，政策不连续影响了林业的顺利发展。

(二)中国古代林业思想和林业著作

我国古代传统思想中蕴藏着丰富的天人合一思想，体现出人与自然平衡发展的和谐理念，并深刻地影响着我国古代的林业政策。数千年前，中国古代就形成了"天人合一"、"道法自然"的朴素自然生态观和"取之有时，用之有节"、"以时禁发"的朴素资源永续利用观，这是合理开发利用山林资源的"森林永续利用"学说的雏形和源泉，据《史记》记载，黄帝轩辕引导人们"时播百谷草木"，他的孙子"养材以任地"，致力于培养树木。战国时期，《孟子》和《荀子》提出了山林川泽资源是可更新的思想，总结出了"斧斤以时入山林"，"不夭其生，不绝其长"的理论。对后世乃至今天的森林培育及生态建设有着深远的影响。

秦以前尚无林业专著，有关植树的方法散见于诸子中，《韩非子》中就有关于树木种植方法的记载，《惠子》中还介绍了杨柳扦插技术。汉以后，林业专著开始出现。汉时有《氾胜之书》，为林业专著，对于种树方法论述得十分详尽。晋代嵇康《南方草木状》，专门介绍南越的珍奇植物。南北朝时有戴凯的《竹谱》，《齐民要术》中讲述的种树方法、技术至今仍需遵循。唐朝有陆羽《茶经》和王方庆的《园庭茶木疏》。宋代林业专著繁多，有陈翥的《桐谱》、蔡襄的《荔枝谱》《茶录》等。《东坡杂记》中总结了前人直接播种造林的经验，系统地介绍了松子直播造林法。元朝的王祯《农书》中专门介绍了松树育苗，还有《俞宗本种树书》专讲了种树的技术。明代有徐光启的《农政全书》、喻政的《茶书全集》、朱橚的《救荒本草》等。清朝的《授时通考》也辟专章讲植树。①

在重农思想的影响和农业经济的发展带动下，中国古代林业在经济林木的种植和营林科技及林业著作方面都有丰硕的成果。古人对于生态危机的深刻认识具有远见卓识，特别是农业思想中保护和有计划地合理开发利用森林资源的和谐发展观念对于应对当今的生态危机，促进林业的可持续发展，仍具有重要的借鉴意义。

三　数学

数学是研究现实世界的空间形式和数量关系的科学。古时候，人类在生产和生活实践中便获得了数的概念和一些简单几何形体的概念。中国古代数学是中国古代文化遗产中的一块瑰宝。勾股定理、二阶幻方、圆周率、球体面积特别是数论方面的研究在世界数学史上独树一帜，遥遥领先于当时世界水平。

(一) 中国古代数学的发展

1. 中国古代数学的起源

根据古籍记载，在公元前三千年左右，在中华民族古老的土地上就有了数学的萌芽。

结绳记事　据《易·系辞》记载："上古结绳而治，后世圣人易之以书契。"《易·九家义》中明确地解释了这种方法："事大，大结其绳；事小，小结其绳。结之多少，随物众寡。"这是我国最古老的记事方法。

十进位值制记数法　在殷墟出土的甲骨文卜辞中有很多记数的文字。从一到十，及百、千、万是专用的记数文字，共有 13 个独立符号，其中有十进制的记数法，出现最大的数字为三万。中国古代十进位制的算筹记数法在世界数学史上是一个伟大的创造。马克思在他的《数学手稿》一书中称十进位记数法为"最妙的发明之一"。

算筹　我国春秋时期出现的算筹是世界上最古老的计算工具。计算的时候摆

---

① 参见石山：《中国古代林业发展特点》，《湖北林业科技》1991 年第 1 期。

成纵式和横式两种数字，按照纵横相间的原则表示任何自然数，从而进行加、减、乘、除、开方以及其他的代数计算。表示一个多位数字时，采用十进位值制，各位值的数目从左到右排列，纵横相间（法则是：一纵十横，百立千僵，千、十相望，万、百相当），并以空位表示零。

筹算直到 15 世纪元朝末年才逐渐为珠算所取代，中国古代数学就是在筹算的基础上取得成就的。

商高定理　中国最早的一部数学著作——《周髀算经》的开头，记载着一段周公向商高请教数学知识的对话，其中指出在夏禹治水时就已经发现"勾三股四弦五"这个勾股定理的特例。我国古代的人民早在几千年以前就已经发现并应用勾股定理这一重要数学原理了，比毕达哥拉斯至少早了五百多年。

数学思想　战国时期的百家争鸣也促进了数学的发展，一些学派还总结和概括出与数学有关的许多抽象概念。《易经》已有了组合数学的萌芽，并反映出二进制的思想。《墨经》中有关于圆、平等几何名词和有穷与无穷的定义。

数学教育的开始　据《周礼·保氏》记载教国子以六艺："一曰五礼，二曰六乐，三曰五射，四曰五驭，五曰六书，六曰九数。"[①]并且指出："六年教之以数"、"十年学书计"。可见在周代时国家就把数学列为贵族子弟的 6 门必修课之一，开了世界数学教育的先河。

2. 中国数学的发展期

秦汉至南北朝时期是中国数学快速发展的时期，这一时期不仅中国的数学体系得以形成，数学专著也不断涌现。现存中国历史最早的数学专著是 1984 年在湖北江陵张家山出土的成书于西汉初的汉简《算数书》。

《周髀算经》　《周髀算经》大约成书于公元前 1 世纪。书中介绍了矩（一种量

---

① 杨天宇：《周礼译注》，上海：上海古籍出版社，2004 年，第 200 页。

直角、画矩形的工具）的用途、勾股定理及其在测量上的应用、相似直角三角形对应边成比例定理等数学内容。《周髀算经》中还有开平方的问题，等差级数的问题，以及应用于古代的"四分历"计算的相当复杂的分数运算。

《九章算术》 此书总结了先秦至东汉数百年间数学的成就，成书于公元 1 世纪前后。它是中国古代数学体系的核心。全书共九章，有 246 个数学问题。书中记载了当时世界上最先进的分数四则运算和比例算法。书中还记载有解决各种面积和体积问题的算法以及利用勾股定理进行测量的各种问题。《九章算术》中最重要的成就是在代数方面，书中记载了开平方和开立方的方法。其最引人注目的成就是它在世界上最早提出了联立一次方程（即线性方程组）的概念，系统地总结了联立一次方程的解法，并在世界数学史上第一次记载了负数概念和正负数的加减法运算法则。在中国，它在一千几百年间被直接用作数学教育的教科书。

《九章算术》不仅在中国数学史上占有重要地位，它的影响还远及国外。《九章算术》中的某些算法，例如分数和比例，就有可能先传入印度再经阿拉伯传入欧洲。"盈不足"术是我国古代数学中的一项杰出创造，它用两次假设，可以把一般的方程化为盈不足问题，用"盈不足术"求解。这种方法可能在 9 世纪时传入了阿拉伯，13 世纪时又由阿拉伯传入了欧洲，被称作"中国算法"，朝鲜和日本也都曾拿它当作教科书。

赵爽《周髀注》 东汉末至三国时代的吴国人赵爽在数学领域的最大贡献，是在研究《周髀算经》中所取得的成就。在赵爽《周髀注》中，他撰成《勾股圆方图说》，附录于《周髀》首章的注文中。《勾股图说》短短五百多字，附图六张，简练地总结了后汉时期勾股算术的成就，不仅证明了勾股定理和其他关于勾股的恒等式，还对二次方程的解法提出了新的意见。

刘徽《九章算术注》 三国魏人刘徽的《九章算术注》是我国最宝贵的数学遗产。刘徽是世界上最早提出十进小数概念的人，并用十进小数来表示无理数的立方根。在代数方面，他正确地提出了正负数的概念及其加减运算的法则；改进了线性方程组的解法。在几何方面，提出了"割圆术"，即将圆周用内接或外切正多边形穷竭的一种求圆面积和圆周长的方法。他利用割圆术科学地求出了圆周率 $\pi = 3.14$ 的结果。刘徽在割圆术中提出的"割之弥细，所失弥少，割之又割以至于不可割，则与圆合体而无所失矣"，这可视为中国古代极限观念的精辟论断。

祖冲之《缀术》 南北朝时著名数学家、天文学家祖冲之的数学成就主要汇于《缀术》一书中，此书于宋代后失传。但据史料记载，祖冲之曾算出圆周率 π 的真值在 3.1415926 与 3.1415927 两个近似值之间。确定了 π 的约率 22/7（≈3.14），密率 35/113（≈3.1415929），欧洲直到 16 世纪才得出相同结果。另外他和儿子祖暅圆满解决了球体积的计算问题，发现了"祖氏公理"，而意大利数学家卡瓦列利则是在 17 世纪才提出同一定理。

算经十书 唐代国子监内设立算学馆，置博士、助教指导学生学习数学，规定《周髀算经》、《九章算术》、《孙子算经》、《五曹算经》、《夏侯阳算经》、《张丘建算经》、《海岛算经》、《五经算术》、《缀术》、《缉古算经》十部算经为课本，用以进行数学教育和考试，后世通称为算经十书。算经十书是中国汉唐千余年间陆续出现的十部数学著作。数学教育有了长足的发展，并对保存古代数学经典起了重要的作用。

3. 中国数学发展的兴盛时期

宋、元两代，筹算数学达到极盛，是中国古代数学空前繁荣，硕果累累的全盛时期。宋元数学在很多领域都达到了中国古代数学和当时世界数学的巅峰。其中主要的成就有：

《黄帝九章算法细草》 公元 1050 年左右，北宋贾宪在《黄帝九章算法细草》中创造了开任意高次幂的"增乘开方法"，公元 1819 年英国人霍纳才得出同样的方法。贾宪还列出了二项式定理系数表，欧洲到 17 世纪才出现类似的"巴斯卡三角"。

沈括的数学思想 被李约瑟称为"中国科学史的里程碑"的北宋沈括对高阶等差级数的求和进行研究，并创立了正确的求和公式。沈括还提出"会圆术"，得出了我国古代数学史上第一个求弧长的近似公式。他还运用运筹思想分析和研究了后勤供粮与运兵进退的关系等问题。

《数书九章》 公元 1247 年，南宋秦九韶的《数书九章》，在数学史上与《九章算术》齐名，被称为"双九章"，其中论述的"大衍总数术"被国外称为"中国剩余定理"。还创立了正负开方术，叙述了高次方程的数值解法，他列举了二十多个来自实践的高次方程的解法，最高为十次方程。比 1819 年英国数学家霍纳提出的"霍纳法"早了 700 多年。

天元术 公元 1248 年，李冶著的《测圆海镜》是第一部系统论述"天元术"（一元高次方程）的著作，这在数学史上也是一项杰出的成就。

四元术 公元 1303 年，元代朱世杰著《四元玉鉴》，他把"天元术"推广为"四元术"（四元高次联立方程）解四元方程，使中国筹算代数学达到了顶峰。欧洲到公元 1775 年法国人别朱才提出同样的解法。朱世杰还对各有限项级数求和问题进行了研究，在此基础上得出了高次差的内插公式，而英国人格里高利和牛顿是在公元 17 世纪才提出内插法的一般公式。

公元 14 世纪我国人民已使用珠算盘。在现代计算机出现之前，珠算盘是世界上简便而有效的计算工具。

4. 中国数学的衰落和西方数学的传入时期

14 世纪中叶明王朝建立后，由于社会政治、经济的制约和自由思想被钳制、教育制度落后等多种因素，数学除珠算外出现全面衰弱的局面，几乎没有重要的数学著作，总体来说，学术水平不高，呈现出衰落的趋势。

明代最大的成就是珠算的普及，出现了许多珠算读本，及至程大位的《直指算法统宗》问世，珠算理论已成系统，标志着从筹算到珠算转变的完成。但由于珠算流行，筹算几乎绝迹，建立在筹算基础上的古代数学也逐渐失传，数学出现长期停滞。

16 世纪末开始，西方传教士开始到中国活动，西方数学通过传教士、经商等途径传到我国。由于明清王朝制定天文历法的需要，传教士开始将与天文历算有关的西方数学知识传入中国，中国数学家在"西学中源"思想支配下，数学研究出现了一个中西融会贯通的局面。

16 世纪末，西方传教士和中国学者合译了许多西方数学专著。其中第一部且具有重大影响的是意大利传教士利马窦和徐光启合译的《几何原本》，对我国数学影响较大，沿用至今，其严谨的逻辑体系和演绎方法深受徐光启推崇。徐光启本人撰写的《测量异同》和《勾股义》便应用了《几何原本》的逻辑推理方法论证中国的勾股测望术。在输入的西方数学中仅次于几何的是三角学。在此之前，三角学只有零星的知识。介绍西方三角学的著作有邓玉函编译的《大测》、《割圆八线表》和罗雅谷的《测量全义》。在徐光启主持编译的《崇祯历书》中，介绍了有关圆锥曲线的数学知识。

入清以后，会通中西数学的杰出代表是梅文鼎，他坚信中国传统数学"必有精理"，对古代数学名著做了深入的研究，同时他又高度评价了西方数学，使之在中国扎根，对清代中期数学研究的高潮产生了积极影响。与他同时代的数学家还有王锡阐和年希尧等人。康熙皇帝爱好科学研究，他组织数学家们编写的《数理精蕴》，是一部比较全面的初等数学书，对当时的数学研究有一定影响。这些工作使得中国传统数学重新获得了生机，也同时使西方数学在我国得以发展，数学研究在中国又出现了热潮。

（二）中国古代数学的特点

我国著名数学家吴文俊认为中国古代数学的特点是：从实际问题出发，经过分析提高，再抽象出一般的原理、原则和方法，最终达到解决一大类问题的目的。中国古代数学与西方同期数学相较具有鲜明的特点。

1. 具有较强的实用性

中国古代数学内容都和当时社会生活需要息息相关，以解决实际问题为目标，在其产生的初期，就与天文历法有着密切联系，数学专著也都以解决水利、土方、仓容等实际问题而展开。总体来说，中国古代数学是重应用轻理论，数学知识的传承和发展是依靠解决生产实践中的具体问题实现的。而在中国传统文化中，数学教育也只是被当作儒家培养人的道德与技能的基本知识——"六艺"之一，它的作用在于"通神明，顺性命，经世务，类万物"。

2. 以计算为中心，强调算法

算法是指在解决问题时按照某种机械程序步骤一定可以得到结果的处理过程。中国古代数学以算法为中心。我国古代数学研究是围绕建立算法与提高计算技术而展开的，几乎不研究离开数量关系的图形性质，而是通过切实可行的方法把实际问题化为一类数学模型，再用一套程序化的算法求解。

（三）中国数学对世界的影响

数学活动有两项基本工作——证明与计算，前者是由于接受了公理化（演绎化）数学文化传统，后者是由于接受了机械化（算法化）数学文化传统。在世界数学文化传统中，以欧几里得《几何原本》为代表的希腊数学，无疑是西方演绎化数学传统的基础，而以《九章算术》为代表的中国数学无疑是东方算法化数学传统的精髓，它们东西辉映，共同展现了世界数学文化的辉煌成就。

中国数学通过丝绸之路传播到印度、阿拉伯地区，后来经阿拉伯人传入西方。在汉字文化圈内，则一直影响着日本、朝鲜半岛、越南等亚洲国家的数学发展。

四　物理学

物理学是一门研究物体间相互运动及其规律的学科。大千世界万物运动变化无穷无尽，人们通过千百年的观察、实验、演算、分析、归纳，逐渐从这些变化与运动的规律中抽象出科学的概念、公式与法则。在古代西方，物理学是16世纪后从哲学之中分离出来的。在古代中国，人们对物理现象做过大量的观察、实验与记录，提出了许多精辟的见解。中国古代物理学成就体现在力学、光学、热学、电学、磁学、声学等方面。

（一）力学

力学是最古老的学科之一，它是研究宏观物体空间位置随时间变化的科学。力学知识起源于对自然现象的观察和生产劳动。我国古代有丰富的力学知识。

1. 牲力、风力的运用

在生活和生产劳动中，牛、马等牲畜逐渐被利用。商周时期，牛、马用于运输、耕作，减轻人们的劳动强度，提高了劳动生产率。我国在周代就有专门的观察风力和风向的候风人员。当时人们已经认识到风是大地上气体的流动。

2. 机械的发明：杠杆、滑轮、辘轳等简单机械

杠杆的使用或许可以追溯到原始人时期。当原始人用棍棒和野兽搏斗，或用它撬动一块巨石，他们实际上就是在使用杠杆。杠杆在中国的典型发展是秤的发明和它的广泛应用。古代人称它"权衡"或"衡器"。"权"就是砝码或秤锤，"衡"是指秤杆。迄今为止，考古发掘的最早的秤是在长沙附近左家公山上战国时期楚墓中的天平。这是中国人在衡器上的重大发明之一。

滑轮，古代人称它"滑车"。应用一个定滑轮，可改变力的方向；应用一组适当配合的滑轮，可以省力。至少从战国时期开始，滑轮在作战器械以及井中提

水一类的生产劳动中被广泛应用。

滑轮的另一种形式是辘轳。把一根短圆木固定于井旁木架上，圆木上缠绕绳索，索的一端固定在圆木上，另一端悬吊水桶，转动圆木就可提水。辘轳大概起源于商末周初。

由以上的简单机械还发展出水碓、水排、水车、风车等一些较复杂的机械，对我国农业生产和人民生活产生了较大影响。

3. 力学知识

《墨经》最早对力下了定义，指出力是使物体运动状态改变的原因，还认识到物体位置的变化是空间随着时间自近而远的持续增长。在《墨经》中还最早论述了"杠杆原理"和"浮体平衡原理"。

人们在推车行平地和上坡时发现用力不同。成书于春秋战国之际的《考工记·辀人》已发现推车上坡，要加倍费力气，用斜面把同样的重物升到一定高度比用双手举重物到同一高度要容易得多，从而用事例形象地说明了斜面的力学原理。

《论衡·状留篇》指出了在一定外力作用下，较重的物体运动较慢，其开始运动和加快运动也难。《论衡》还最早提出系统的内力不能使物体运动的结论。

（二）光学

光学是物理学的一个重要组成部分，狭义来说，光学是关于光和视见的科学，早期只用于与眼睛和视见相联系的事物。而今天常说的光学是广义的，研究微波、红外线、可见光、紫外线、X 射线等，研究电磁辐射的发生、传播、接收和显示，以及跟物质的相互作用。

1.《墨子》中的光学知识

人类对光的研究，最初主要是试图回答"人怎么能看见周围的物体"之类问题。在公元前 400 多年《墨子》就中记录了世界上最早的光学知识。它有八条关于光学的记载，叙述影的定义和生成，光的直线传播性和针孔成像，并且以严谨的文字讨论了在平面镜、凹球面镜和凸球面镜中物和像的关系。

2. 燧

我国古代取火的工具称为燧，有金燧、木燧之分。金燧取火于日，木燧取火于木。根据我国古籍的记载，古代常用木燧、阳燧(实际上是一种凹面镜，因用金属制成，所以统称为金燧)来取火。古代人们在行军或打猎时，总是随身带有取火器，《礼记》中就有左佩金燧、右佩木燧的记载，表明晴天时用金燧取火，阴天时用木燧取火。阳燧取火是人类利用光学仪器聚太阳能的一个先驱。讲到取火，古代还用自制的古透镜来取火。公元前 2 世纪，就有人用冰作透镜，聚太阳光取火。《淮南万毕术》中就有削冰令圆，举以向日，以艾承其影，则火生，利用冰透镜来取火的记载。但用冰制成透镜是无法长期保存的，于是便出现用玻璃来制造透镜。《淮南万毕术》还记述了我国最早的开管式潜望镜，可隔墙观望户外的景物。

3. 凹面镜的焦距测定

北宋沈括在前人研究基础上对凹面镜的焦距作了测定。他用手指置于凹面镜前，观察成像情况，发现随着手指与镜面距离的远近变化，像也发生相应的变化。这个实验在《梦溪笔谈》中曾作过记载。他发现手指靠近凹面镜时，像是正立的，渐渐远移至某一处(在焦点附近)，则无所见，表示没有像(像成在无穷远处)；移过这段距离，像就倒立了。这一实验，既表述了凹面镜成像原理，同时也是测定凹面镜焦距的一种粗略方法。

4. 小罅光景

宋末元初赵友钦用上千只炽光作为光源进行小孔成像的大型光学实验"小罅光景"，证明了光源大小、强度与小孔的大小、距离以及像的大小、亮度三者的关系。说明了当时的光学研究已经进入实验科学时代。用这样严谨的实验，来证明光的直线传播，阐明小孔成像的原理，这在当时世界上是绝无仅有的。

5. 对虹和霞的认识

虹是一种大气光学现象，从公元 6 世纪开始，唐初的孔颖达曾概括了虹的成因，他认为若云薄漏日，日照雨滴则虹生。明确指出产生虹的 3 个条件，即云、日、日照雨滴。沈括在《梦溪笔谈》中指出虹和太阳的位置正好是相对的，傍晚的虹见于东方，而对着太阳是看不见虹的。对虹有了认识之后，便尝试制造人工造虹。8 世纪中叶，唐代曾有过这样的试验：背日喷呼水成虹霓之状，表示背向太阳喷出小水珠，便能看到类似虹霓的情景。宋代的时候，人们经过长期的观察，就已经认识到早晨和傍晚的红霞是由于太阳斜照的结果。

（三）热学

热是人类最早发现的一种自然力，是地球上一切生命的源泉。热学是物理学的一个重要部分。它专门研究热现象的规律及其应用。我国劳动人民很早就认识了热现象。

1. 降温和高温技术

在西周初期，人们开始掌握降温术和高温术。据《周礼》记载，当时已设专人司贮冰事，冬季凿冰加以贮藏，到春、夏季用以冷藏食物和保存尸体。说明当时已利用天然冰来降温。我国冶炼业的发展较早，高温技术也很早被人们掌握。江苏省曾出土春秋晚期的一块生铁，生铁的冶炼温度比熟铁高，需达摄氏千度以上。生铁的出土，说明在那时的高温技术已达到一定水平。

2. 火候

《考工记》有对炼青铜时火焰的变化的详细说明，在铸铜与锡时，随温度的升高，火焰的颜色先后变为暗红色、橙色、黄色、白色、青色，然后才可以浇铸。说明当时人们在熔炼金属过程中，已经懂得了根据物理颜色判断物体冷热程度。

3. 对热胀冷缩现象的认识

热胀冷缩是重要的热现象之一，在我国古代对它已有所研究和利用。据《华阳国志》记载，李冰父子修建都江堰时，发现用火烧巨石，然后浇水其上，就容易凿开山石。这种利用岩石热胀冷缩不均从而易于崩裂的施工经验，在我国历代水利工程中不断为人们采用。

4. 对雨雪成因的认识

对水的物态变化，在我国古代也早有认识，认为是由于"积水上腾"而形成雨和雪。《论衡》中指出露、霜、雨、雪是因为不同的温度由水冻凝而成，它们都是水由地面蒸发而产生的，这是世界上最早分析一年四季变化形成的原因。《论衡·寒温》中还有关于"近水则寒，近火则温"[1]等世界上最早对热传导的论述。

---

① 黄晖：《论衡校释》，北京：中华书局，1990年，第626页。

5. 孔明灯

我国古人很早就学会了利用热空气上升的原理。《淮南子》里曾记载人们将燃烧的艾放空蛋壳中，起大风时就蛋壳就可以飞起。这是关于"热气球"的最早设想，也是空气受热上升的具体应用。"孔明灯"也是应用了这一原理。三国时诸葛亮发明可以自动升空的"孔明灯"，在五代时期，人们还将此灯改良为信号灯，用于传递军事信息。

6. 火药、火箭和雏形飞弹

我国人民就开始利用热动力。最迟在唐代中期就发明了火药，其主要成分是硝酸钾、硫磺和木炭，在燃烧时会产生大量的高温气体。如果放在密闭的容器里燃烧，就会产生高温高压气体，产生爆炸现象。火药发明后不久，人们就将其运用于军事，发明了火药炮、火箭和雏形飞弹，这些发明在世界上处于绝对领先的地位。

(四) 电学和磁学

中国古代人民经过长期的观察和实践，对于静电和静磁现象已有了初步的认识，特别是对磁性指南性质的研究是当时世界上最先进的。

1. 磁学

磁学是研究物质磁性及其应用的学科。磁性是能够吸引铁、钴、镍等物质的属性。

慈石　我国古代在磁现象的发现方面处于世界的前列，远在春秋时期，古人在从事冶铁、寻找矿石的过程中，很容易遇到这种能吸铁的石头。春秋末期的《管子·地数篇》有："上有慈石者，其下有铜金。"①这是世界上最早对磁现象的认识。

司南　我们的祖先大约在战国时代就发现了磁体的指极性。成书于公元前 3 世纪的战国末年《韩非子·有度篇》载："夫人臣之侵其主也，如地形焉，即渐以往，使人主失端，东西易面而不自知。故先王立司南以端朝夕。"②这里最早提到

---

① 马非百：《管子轻重篇新诠》，北京：中华书局，1979 年，第 411 页。
② 王焕镳选注：《韩非子选》，上海：上海人民出版社，1974 年，第 89 页。

"司南"一词，"司南"就是指南的意思。我国最早的磁性指南记载是在《论衡·是应篇》里，王充写道："司南之杓，投之于地，其柢指南。"其办法是将磁石细心琢磨而成杓状物，将其放在占卜用的"式"的光滑的地盘中，轻轻拨动之后，杓柄即可指南。在我国河南南阳东汉墓出土的石刻上刻有司南杓的图形。

磁偏角 《梦溪笔谈》第 58 条中记载："以磁石磨针锋，则锐处常指南，亦有指北者，恐石性亦不同。"这段话说明当时的人已经发现了磁铁有两极。第 437 条记述："方家以磁石磨针锋，则能指南，然常微偏东，不全南也。"是说磁针虽然朝着南方，但是指的不是正南，而略微有些偏东。这一现象，在科学上叫做"磁偏角"。① 在西方，直到公元 1492 年哥伦布横渡大西洋，才发现磁偏角，比我国迟了四百多年。

2. 电学

静电现象是把绝缘体摩擦起电后吸引轻小物体的现象，《论衡》中说："顿牟掇芥，磁石引针。"说明当时对电学有了一定的认识。我国很早就注意观察雷电现象，《淮南子》指出雷电是阴气和阳气相互碰撞产生的。我国古代建筑物的屋脊两端通常设计有龙头或其他兽类，或使其口中吐舌，或是将其尾上翘，这样的设计除了人们可以避邪外，还可以起到避雷的作用。

(五) 声学

声学是研究媒质中机械波的产生、传播、接收和效应的物理学分支学科。在中国古代物理学中，声学也成就斐然。

1. 乐器制作与乐律理论

骨笛 中国古代人民能歌善舞，喜爱音乐。河南舞阳县贾湖村的骨笛，是公元前 5000—公元前 6000 年新石器时代的遗物，这是迄今发现的世界上最早的乐器。

编磬和编钟 我国古代乐器种类繁多，仅《诗经》中记载的乐器就有 29 种，

---

① 地球上的磁极，和南极、北极稍许有一些偏差，所以磁针的南北线和地球的子午线是不一致的。这在科学上叫做"磁偏角"，又称为"磁差"或"偏差"。磁偏角的数值，在全球各地是不相同的。

现代人们最常见的是编磬和编钟。编磬是用特殊石头（如玉石）制成的具有若干固定音列的组合磬。1950 年在安阳武官村曾出土殷代大理石磬，82 厘米×42 厘米×2.5 厘米，音色浑厚如铜；1970 年在湖北江陵出土的楚国编磬 25 只，形状规则，音域达三个八度。编钟是由一系列铜制的钟挂在木架上的组合钟。1978 年在陕西扶风曾出土了西周的青铜编钟，最为著名的是 1979 年在湖北随县的战国曾侯乙墓出土了公元前 443 年的编钟，一套共 65 件，总重 2500 余斤，总音域跨五个八度，12 个半音齐全，音色优美，效果极佳，充分显示了我国古代音乐、冶金和乐器制造水平之高超。

乐律　我国古代研究乐音数学规律的律学相当发达，史书中一般都有律历志。最晚到殷商时期已产生了宫、商、角、徵、羽五声，西周编钟已刻有关于十二律①的一些铭文。公元前 6 世纪，《管子》中总结和声规律。阐述标准调音频率，具体记载了三分损益法。16 世纪末，朱载堉提出了十二平均律的理论和算法。十二平均律是我国对音乐声学的重大贡献。

2. 声的传播与发声原理的探讨

发声原理　王充在《论衡·论死篇》中先说明人的发声原理是由于"气括口喉之中，动摇其舌，张歙其口"②。

声的传播原理　《论衡》中指出："今人操行变气，远近宜与鱼等，气应而变，宜与水均。"王充认为人的行动，包括说话都会使周围的"气"发生振动，并能向外传播。宋应星则明确提出"气"被"冲"如同"水"被"激"一般，"荡气"与水的"文浪"相似，只是"荡气"微小到听不见而已，这就是"气声"。这种对声波的发生与传播的认识与分析十分精辟。

共鸣现象　关于共鸣现象中国的文献记录十分丰富。庄子调瑟时发现共振现象，汉代的"汉洗"是共振原理的具体应用。沈括在弦共振时作纸人试验，比起英国的诺布尔所做的"纸游码"实验早了 500 年。

---

①　十二律是对乐音成组的认识，其名称分别为：黄钟、大吕、太簇、夹钟、姑洗、仲吕、蕤宾、林钟、夷则、南吕、无射和应钟。

②　黄晖：《论衡校释》，北京：中华书局，1990 年，第 878 页。

3. 古代建筑中的声学效应

我国古代建筑是利用声学效应的科学宝库。《墨子·备穴篇》中关于空穴传声类的记载与建筑有关的也有"地听"、"墙听"等，用陶瓮口向内砌墙可以隔音，在琴室及戏台下埋大缸可增加混声回响效果。著名的北京天坛中的回音壁、三音石与圜丘都巧妙地利用了声的反射效应，此外还有河南郏县蛤蟆音塔，重庆市潼南区大佛寺的石琴等。

（六）中国古代物理学的理论

中国古代物理学的理论以五行说、元气说和原子论为代表。五行学说是一种宇宙观，也是一种朴素的系统论。元气说是中国古人在探索世界物质本原的过程中发展出来的，认为宇宙天地和世界万物都是由"气"构成的。五行说和元气说在前两节已经有所介绍，此处着重介绍中国古代的原子论——端。

著名的科学史专家李约瑟曾指出一切文明古国都可望独立地产生原子论基本观念。远在公元前4世纪，墨子就已经提出了原子论思想。在争论天地万物始于有还是始于无的问题上，墨家反对老子提出的"天下万物生于有，有生于无"的思想，认为天地万物不能生于无形无状之物，只能生于有形有状之物。墨家提出"端"的概念作为天地万物的始原。端就是组成实体物质的一种体积极小的、最原始的微粒，而这种微粒是不再有内部间隙的，所以是不可分割的。端的定义，实际上与古希腊的"原子"定义一样。

《墨子》还认为个体是从整体分出来的。这指出宇宙是一个统一的整体，任何事物都是其中的一部分。世界上形形色色的物类是从整体分出来的。宇宙由充实和空虚构成，也认为宏观充实物体是由"端"即原子构成，不同种类的"端"互相结合产生世界上形形色色的物质。墨家还把虚实结合的宏观世界结构推广到微观世界里去，提出一种麻纱模型来描述微观物质结构。他们将有宏观间断的宏观连续物体描述为"有间"，而将无宏观间断的物体描述为"无间"，并认为宏观连续物体内部仍然有微观间断。这种朴素的原子论到两晋后就被淹没而不为世人所重视，因而没有得到进一步的发展。

中国古代的物理学虽一直没有从哲学和自然科学中分化出来成为一门独立的科学，然而中国古代物理学在力学与光学方面的知识足以与同时期的西方相较。

在电磁学和热学方面，中国取得的成就也远胜于西方；特别是在乐律方面更是成绩卓著。我国古代丰富的物理学知识和享誉世界的发明创造，显现着中国古代人民敏锐的观察力和独特的创造力。

第四节 发明创造

在 15 世纪以前，中国的科技在世界上处于领先地位，李约瑟说："中国的这些发明和发现往往远远超过同时代的欧洲，特别是 15 世纪之前更是如此。"[①]按照自然大事表的统计，中国古代重大的科技项目在世界所占的比例是：公元前 6 世纪以前，占 57%；公元前 6 世纪至公元前 1 年，占 50%；公元前 1 年至 400 年，占 62%；公元 401 年至 1000 年，占 71%；公元 1001 年至 1500 年，占 58%。迄今为止，世界上没有任何一个国家曾经取得过如此惊人的科技成就，在这些发明和创造中，对世界产生巨大影响的中国古代科技成就首推造纸术、印刷术、指南针和火药四大发明。

英国哲学家弗兰西斯·培根指出："（印刷术、火药、指南针）这三种发明已经在世界范围内把事物的全部面貌和情况都改变了：第一种是在学术方面，第二种是在战事方面，第三种是在航行方面，并由此又引起难以数计的变化来；竟至任何帝国、任何教派、任何星辰对人类事务的力量和影响都仿佛无过于这些机械性的发现了。"[②]

一 造纸术

纸的发明，是中华民族对人类文化的重大贡献。在纸产生以前，人类早就会写字了。据历史学家的研究，我国的文字起源于六千年前。1954 年，我国考古工作者发掘出距今 6000 年前的半坡村氏族公社的遗址，挖出了大量的石器、骨器和陶器。那些陶器上，除了刻有花纹，还刻着简单的符号，这些符号具有文字

① ［英］李约瑟：《中国科学技术史》卷一第一分册，北京：科学出版社，1975 年，第 8 页。

② ［英］培根著，许宝骙译：《新工具》，北京：商务印书馆，1984 年，第 103 页。

的性质，可以说是已经发现的我国最早的文字。

（一）纸发明前的书写材料

甲骨 甲就是乌龟的腹甲；骨就是兽骨，主要是牛的胛骨。甲骨上刻的是当时的文字。因为这种文字刻在甲骨上面，所以称做甲骨文。甲骨就是他们占卜的用具。占卜的时候，他们先用铜钻在甲骨的一面钻一个孔，再用火烧灼钻孔的地方。甲骨经火一烧灼，另外一面就出现了纵横的裂纹，他们就根据裂纹来判断吉凶。占卜以后，他们常常就把结果刻在这块甲骨上。到青铜时代，我们的祖先还把文字铸在或者刻在青铜器上，有些商代和周代的青铜器一直保存到现在，上面的文字记载了当时的一些历史事件和社会状况。

简牍 除了甲骨以外，人们还用竹片和木板作为写字的材料。人们把竹子和木头削成一条条狭长而又平整的小片片，在上面写字。竹子做的叫竹简；木头做的叫木简，又叫版牍。简的长度不一样，长的有三尺，短的只有五寸。人们写信的时候，往往用一尺长的简，所以后来把信称"尺牍"。每根简上写的字多少不一，大多是二十来个字，少的只有一两个字，多的也有三四十个字的。我们祖先在简上写了字，就用绳子、丝线或皮带，把一根根简编在一起。这样，就成为一册一册的最原始的书了。"册"是一个象形字，就像一根一根简用绳子串起来的样子。

丝帛 大约在春秋战国之际，人们在使用竹木简的同时，又想了另外一种办法，用丝织品来写字、画图。在殷商时代，我国蚕丝业已经相当发达，在甲骨文中，已经有"丝"、"帛"和"桑"等字；大约在西周时候，人们就开始用帛写字。到了春秋战国时候，用帛写字的人就越来越多了。帛很轻便，便于携带和书写，看起来也很清楚。可是，帛的生产毕竟不是那么容易，价钱也太贵了，一般人用不起。所以在我国古代。帛书不及竹简和木简那样普遍。

（二）纸的发明

竹简木简太笨重，帛又太贵，用这些东西写字，都有缺点，还得想出更好的方法来。于是，随着生产和科学技术的发展，纸终于被发明出来。

丝绵纸 最早的纸是用蚕丝做成的，是在做丝绵的过程中产生的。用丝绵纸写字，既光滑，又轻便，不过它还得用昂贵的蚕丝做原料。丝绵纸的制造方法给了人们很大的启发。既然可以利用蚕丝的纤维来造纸就可以用富于纤维且价廉的植物来造纸。人们从长期的生产实践中，终于逐步摸索到造纸的方法。

灞桥纸 1957 年 5 月，在陕西省西安市郊灞桥砖瓦场工地上，发现了一座古代墓葬。我国考古工作者在对这座墓进行清理的时候有一些米黄色的古纸，最大的差不多有十厘米见方，还有一些较小的纸片。纸片有明显的被麻布压成的布纹，称为灞桥纸。确定它主要是由大麻纤维所制造的，也混有少量的苎麻。灞桥纸是世界上现存的最早的植物纤维纸。它的发现，在科学技术史上具有重大的意义。灞桥纸的发现，说明早在西汉时代，我国劳动人民已经发明用植物纤维造纸。

蔡侯纸 东汉元兴元年(105 年)蔡伦总结了前人造纸的经验，带领工匠们用树皮麻头、破布和破渔网等原料来造纸。他们先把树皮、麻头、破布和破渔网等东西剪碎或切断，放在水里浸渍相当时间，再捣烂成浆状物，还可能经过蒸煮，然后在席子上摊成薄片，放在太阳底下晒干，这样就变成纸了。用这种方法造出来的纸，体轻质薄，很适合写字，受到了人们的欢迎。从此，全国各地都开始用这样的方法造纸。

在蔡伦之前，劳动人民已经用植物纤维来造纸了，但也应该肯定蔡伦对改进造纸技术的巨大贡献。这是人类文化史上一件大事。从此，纸才有可能大量生产，给以后书籍的印刷创造了物质条件。在蔡伦以后，东汉末年造纸能手左伯改进造纸工艺。他造出来的纸厚薄均匀，质地细密，色泽鲜明。当时人们称这种纸为"左伯纸"。

(三)造纸技术的西传及其影响

我国是第一个发明造纸法的国家。我国的纸和造纸方法，最先传到越南和朝鲜，又从朝鲜传到日本。西晋太康六年(285 年)，朝鲜半岛的百济国学者王仁博士，带了《论语》等书到日本去，这些书都是写在纸的手抄本上。

隋炀帝大业六年(610 年)，有一个朝鲜和尚昙征到日本去，他把从中国学到的造纸方法和造墨方法传给了日本人。751 年，我国的造纸方法，又向西传到了阿拉伯。大食国人就在撒马尔罕和其他一些城市里开办造纸厂，大量生产纸，并且把纸出口到欧洲各国去。当时欧洲各国所用的纸，都是阿拉伯人制造供应的。

纸传到欧洲以前，在很长一个时期内，欧洲人把字写在石头、蜡板、纸草、羊皮上。纸草一经折叠就会断裂，不容易保存，且价格昂贵。阿拉伯人把纸输送到欧洲各国，欧洲人也就得到了便宜的书写材料。他们普遍用纸书写，不再使用纸草和羊皮写字了。

公元 1151 年，阿拉伯人在欧洲的西班牙设立了造纸厂。这样，中国的造纸方法就传到了西班牙。此后，纸又从那里陆续传到了欧洲其他各国；到 17 世纪末，才传到了美洲大陆。在 18 世纪以前，世界各国一直沿用我国的造纸技术生产纸张。

我国的纸和造纸方法，最后终于传遍了全世界。各国人民都把纸作为书写材料，而且许多国家也都能自己造纸。造纸术的传播，使文化在民众中得以普及，也促进了各国文化的发展和交流。造纸术对于世界科学文化交流传播起到了巨大的推动作用。

二 印刷术

印刷术被称为"文明之母"，是中国的四大发明之一。

(一)印刷术的发明过程

在雕版印刷术出现以前，人们已经广泛应用印章和拓碑。

印章和拓碑 印章有阳文和阴文两种，阳文刻的字是凸出来的，阴文刻的字是凹进去的。如果使用阳文印章，印到纸上就是白底黑字，非常醒目。但是印章一般比较小，印出来的字数也很有限。

刻碑一般用阴文，拓出来的是黑底白字，不够醒目。而且拓碑的过程比较复杂，用来印制书籍也不方便。但是，拓碑有一个很大的好处，那就是石碑面积比较大，一次可以拓印许多字。我国劳动人民在拓碑和印章这两种方法的启发下，发明了雕版印刷术。

雕版印刷 雕版印刷的方法是把木材锯成一块块木板，把要印的字写在薄纸上，反贴在木板上，再根据每个字的笔画，用刀一笔一笔雕刻成阳文，使每个字的笔画突出在板上。木板雕好以后，就可以印书了。印书的时候，先用一把刷子蘸了墨，在雕好的板上刷一下，接着，用白纸贴在板上，另外拿一把干净的刷子在纸背上轻轻刷一下，把纸拿下来，一页书就印好了。这种印刷方法，是在木板上先雕字再印刷，所以大家称它为"雕版印刷"。到了9世纪的时候，我国用雕版印刷来印书已经相当普遍了。唐朝刻印的书籍，现在保存下来只有一部咸通九年刻印的《金刚经》。这本书是世界上现存的最早的雕版印刷书籍。

套色印刷　经过长期的研究，人们在雕版印刷术的基础上发明了套版印刷。到了14世纪中叶，元朝末年，我国发明用红黑两色来套印书籍。办法是刻两块大小一样的木板，一块刻上要印红色的字或画，一块刻上要印黑色的字或画，分两次印刷，印的时候，只要这两块版版框完全吻合，就能使颜色套准。

1941年，我国发现了一部元朝至元六年（1340年）刻印的《金刚经》。这部《金刚经》就是两色套印的。这是现在所知道的最早的木刻套印本。它比欧洲第一本带色印的《梅周兹圣诗篇》要早一百十七年。

活字印刷术　到了11世纪中叶毕昇发明了活字印刷术，把我国的印刷技术大大提高了一步。毕昇用胶泥做成一个一个四方长柱体，一面刻上单字，再用火烧硬，这就是一个一个的活字。印书的时候，先预备好一块铁板，铁板上面放上松香和蜡之类的东西，铁板四周围着一个铁框，在铁框内密密地排满活字，满一铁框为一版，再用火在铁板底下烤，使松香和蜡等熔化。另外用一块平板在排好的活字上面压一压，把字压平，一块活字版就排好了。它同雕版一样，只要在字上涂墨，就可以印刷了。这就是最早发明的活字印刷术。这种胶泥活字，称为泥活字，毕昇发明的印书方法和今天的比起来，虽然很原始，但是活字印刷术的三个主要步骤——制造活字、排版和印刷，都已经具备。北宋时期的著名科学家沈括在他所著的《梦溪笔谈》里，专门介绍了毕昇发明的活字印刷术。

元朝时候，有人用锡做活字，这是世界上最早的金属活字。但是锡活字不沾墨，印出的字不清楚，所以没有通行。就在元朝时候，著名的学者王祯发明了用木活字印刷书籍的方法。王祯造的木活字一共有三万多个，并且发明了转轮排字架。排版工人坐在中间，左右俱可推转摘字，大大方便了人们拣字排版，提高了工作效率。

(二)印刷术的西传及其影响

大约在唐朝时候，我国的印刷术首先传到了朝鲜，到 10 世纪的时候，朝鲜人民也用雕版印刷的方法来印书了。

毕昇发明活字印刷以后，朝鲜人民又开始用泥活字等方法印书，后来又采用木活字印书。到了 13 世纪，他们首先发明用铜活字印书。我国使用铜活字印书比朝鲜稍晚。朝鲜人民还创造了铅活字、铁活字等。16 世纪末年，日本侵入朝鲜，学会了活字印刷术。我国的印刷术还传到了越南。15 世纪，越南开始用雕版印刷术的方法印书。18 世纪初，他们也开始用木活字印书了。

欧洲印刷术的产生，也受了我国印刷术的深刻影响。元朝时候，到中国来的欧洲人很多。他们看到元朝政府印的纸币可以代替金银使用，觉得非常新奇。在他们写的游记中，对于中国的纸币记载得很详细。

当时到中国来的欧洲人，很多住在杭州等地。杭州的书坊非常多，欧洲人看到刻印工人的技巧非常高超，印刷品十分精美，于是把印刷术带去了欧洲。

14 世纪末年，欧洲就开始有了雕版印刷品。他们最初印刷画像，接着就用雕版印刷书籍。他们的印刷方法和中国相同。说明欧洲的雕版印刷术是在中国的影响下产生的。欧洲最早使用活字印刷是在约公元 1450 年，德国的古登堡吸收了中国的活字印刷术，用铅、锡、锑合金制成欧洲拼音活字，印刷《圣经》等书。

自有了活字印刷后，欧洲人才得到了便宜的书籍，由教会垄断教育和文化的状况结束了。学术、教育从基督教修道院中解放出来，更多有利于生产发展的文学、艺术、科学的读物迅速增加。印刷术的发明和发展，改变了只有僧侣才能受高等教育的状况，使欧洲的学术中心由修道院转移到了各地的大学。印刷术的西传，正值西方文艺复兴时期，为欧洲文艺复兴和资本主义的产生创造了重要的物质条件，有力地推动了欧洲走向近代化的进程。

三 指南针

指南针是一种指示方向的工具，是利用磁铁的特性做成的。

（一）指南针的发明

磁石　二千多年以前，也就是春秋战国时候，我国已经用铁来制造农具了。劳动人民在寻找铁矿的时候，就发现了磁铁，并且知道它能够吸铁。

我国古书《管子》上有这样的记载："上有慈石者，下有铜金。""铜金"就是一种铁矿。《管子》这部书产生在公元前 3 世纪，这说明我国最迟在公元前 3 世纪就知道磁石能够吸铁了。汉武帝时候，栾大献给汉武帝一种斗棋。这种棋子一放到棋盘上，就会互相碰击，自动斗起来。汉武帝看了非常惊奇。原来棋子是用磁石做的，所以有磁性，能互相吸引碰击。

司南　战国时代，我国人民利用磁铁造成了一种指示方向的工具，叫"司南"。"司南"就是指南的意思。它是根据我国古代的勺子的形状制成的，根据专家们的研究，司南大约是把整块的天然磁铁，轻轻地磨成勺子的形状，并且把它的 S 极琢磨成长柄，使重心落在圆而光滑的底部正中。司南做好以后，还得做一个光滑的底盘。使用的时候，先把底盘放平，再把司南放在底盘的中间，用手拨动它的柄，使它转动。等到司南停下来，它的长柄就指向南方，勺子的口则指向北方。司南是世界上最早的"指南针"。司南必须放在光滑的底盘上旋转，底盘还必须放平，否则就会影响它指南的作用，甚至会使它从底盘上滑下来。因此，人们发明司南以后，又继续不断地研究改进指南的工具。

指南鱼　大约在北宋初年，我国又创制了一种指南工具——指南鱼。著名的军事著作——《武经总要》中说，行军的时候，如果遇到阴天黑夜，无法辨明方向，就应当让老马在前面带路，或者用指南车和指南鱼辨别方向。指南鱼用一块薄薄的钢片做成，形状很像一条鱼。它有两寸长、五分宽，鱼的肚皮部分凹下去一些，使它像小船一样，可以浮在水面上。钢片做成的鱼没有磁性，所以没有指南的作用。如果要它指南，还必须再用人工传磁的办法，使它变成磁铁，具有磁性。把钢片做的鱼和天然磁铁放在同一个密封的盒子里，它们接触时间久了，钢片做的鱼就会具有磁性，变成磁铁。

指南针　钢片指南鱼发明不久，人们拿一根钢针，放在磁铁上磨，使钢针变成磁针。这种经过人工传磁的钢针，可以说是正式的指南针了。北宋沈括的《梦溪笔谈》中提到关于指南针的四种制作方法：

第一种是水浮法——把指南针放在有水的碗里，使它浮在水面上，指示方向。第二种是指甲旋定法——把磁针放在手指甲面上，使它轻轻转动。手指甲很光滑，磁针就和司南一样，也能旋转自如。第三种是碗唇旋定法——把磁针放在光滑的碗口的边上。第四种是缕悬法——在磁针中部涂一些蜡，粘上一根细丝线，把细丝线挂在没有风的地方。

沈括在《梦溪笔谈》中记载的这四种方法，可以说是世界上指南针使用方法的最早记录。现在磁变仪、磁力仪的基本结构原理，就是用缕悬法。航空和航海使用的罗盘，就多以水浮磁针作为基本装置。

（二）指南针在航海领域的应用

我国不但是世界上最早发明指南针的国家，而且是最早把指南针用在航海事业上的国家。在指南针发明以前，在大海里航行是非常困难的。根据古书记载，最晚在北宋时候，我国已经在海船上应用指南针了。到了南宋，根据吴自牧《梦粱录》的记载，当时航海的人已经用"针盘"航行。这就说明当时指南针和罗盘已经结合。人们只要把指南针所指的方向，和盘上所刻的正南方位对准，就可以很方便地辨别航行的方向了。

明朝时候，我国是世界上经济比较发达的国家，需要同海外各国加强经济文化交流。明朝初年，政府就曾经派郑和进行了大规模远航。从公元 1405 年到 1433 年，共航海七次。郑和领导的船队，共有二万七千多人，乘坐大船六十多艘，这些大船称为"宝船"。最大的"宝船"，长四十丈，阔十八丈，是当时海上最大的船只。这些船上就有罗盘针和航海图，还有专门测定方位的技术人员。这支船队到过南洋群岛、印度、波斯和阿拉伯的许多地方，最远到过非洲东岸，前后经过三十多个国家。在这样多次大规模的远航中，罗盘针是起了相当大的作用的。

（三）指南针的西传及对世界的贡献

早在北宋时候，我国的海船就往来在南海上和印度洋上，和阿拉伯人有广泛接触，阿拉伯人到我国来的也很多，而且大多是乘中国船来的。他们看到中国船都用指南针，也学会了制造指南针的方法，把这个方法传到了欧洲。到了 12 世纪末、13 世纪初，阿拉伯和欧洲的一些国家，也开始用指南针来航海。

指南针传到欧洲以后，对于欧洲航海事业的发展也起了很大的作用。15 世纪末到 16 世纪初，欧洲各国航海家开辟了新航路，发现了美洲大陆，完成了环绕地球的航行，各国之间的经济文化交流由此逐渐频繁。德国亚可布指出："我们近代的世界观的形成全靠深入异邦文化的精神，只有罗盘针才能够帮助我们达到这种境界。"①从此以后，世界格局被打破，美洲的开发和欧洲各国的资本积累得到了飞跃发展。

四　火药

火药的发明是我国文化史上的伟大发明之一，它的起源是炼丹术。中国古代黑火药是硝石、硫磺、木炭以及辅料砷化合物、油脂等粉末状均匀混合物。之所以称为"火药"，是因为这些成分都是中国炼丹家的常用配料，汉代《神农本草经》里，已经把硝石、硫磺列为重要的药品，火药的产生与祖国医学有密切关系。

（一）火药的发明

我国发明的火药，现在叫做黑色火药，是用硝石、硫磺和木炭这三样东西研成粉末，按照一定的比例混合起来做成的。硝石、硫磺和木炭的比例，一般是75∶10∶15。燃烧以后，它产生的气体突然比它原来的体积扩大上千倍，所以有强烈的爆炸力。

我国古代劳动人民在商代就已经伐木烧炭，在西汉时期就开始开采硫磺矿，并已经掌握提炼硝的技术。到南北朝时期，炼丹术士对于硫磺、硝、木炭的物理和化学性质有了进一步了解，认识到硝石和硫磺是易燃物质，二者与木炭混合后，在适当的温度下会起火爆炸。《太平广记》中就曾经记载炼丹引起燃烧的事件。唐初已有配制火药的确切记载，"药王"孙思邈在《丹经内伏硫磺法》一书中，叙述了把硫磺、硝石和皂角放在一起烧的"伏火法"。这是我国最早的黑火药的配方，也是世界上关于火药最早的记载。火药是中国古代炼丹家在炼丹过程中发

---

①　转引自李述一、李小兵：《文化的冲突与抉择》，北京：人民出版社，1987 年，第 32 页。

明的。

(二)火药在军事领域的应用

火药发明以后,炼丹家就把它提供给军事家,逐渐用到军事方面去。大约在10世纪,我国已经用火药制造武器了。

火炮和火箭　军事家使用火药以后,就又利用抛石机来发射火药。拿火药包装在抛石机上,用火点着,向敌人抛过去的。这种火炮,可以说是最早用火药制造的燃烧性武器了。

早在火药使用以前,我们祖先已经发明了一种火箭,箭头上绑着一个麻布包,包里有油脂等容易燃烧的东西。但是这种火箭燃烧不快,火力不强,也很容易被敌人扑灭,所以作用不大。据《宋史》上说,宋太祖开宝三年(970年),冯继升向宋朝政府献上了做火箭的方法。宋真宗咸平三年(1000年)唐福又向宋朝政府献火箭。冯继升和唐福就利用这种火箭的制造方法,把油脂改为火药,并且加上引线。打仗的时候,只要点着引线,火药就燃烧起来,变成一股猛烈的气流从尾部喷射出去,利用喷射气流的反作用力,火箭就能飞快地前进。火炮和火箭燃烧快,火力大,不容易扑灭,在战场上的作用比弓箭和抛石机大得多。

管形火器　在元朝时候,管形火器开始用金属铸造了。原来用竹管做的火枪,发展成金属做的火铳;原来用粗毛竹做的突火枪,也发展成金属做的大型火铳。当时的金属管形火器,不但装火药,还装上铁弹丸或者石球。元朝的管形火器,起初是用铜铸造的。现在中国历史博物馆里,还藏有元朝的一尊铜炮——铜火铳。它是元宁宗至顺三年铸造的,也是现在已经发现的世界上最早的大炮。

原始飞弹　明朝初年,还有人根据火箭和风筝的原理,发明了原始的飞弹。有一种装有翅膀的"震天雷炮",攻城的时候,只要顺风点着引火线,震天雷炮就会一直飞入城内,等引火线烧完,火药就爆炸起来。还有一种"神火飞鸦",这是用竹篾扎成的"乌鸦",它的内部装满火药,发射以后,能飞一百多丈远才落地。就在这时候,装在"乌鸦"背上跟起火相连的药线也烧着了,引起"乌鸦"内部的火药爆炸,一时烈火熊熊,在陆地上可以烧敌人的军营,在水面上可以烧敌人的船只。震天雷炮和神火飞鸦,可以说都是最早的飞弹。

原始的两级火箭　明朝时候,由于火药技术的进步,人们还发明了原始的两级火箭。当时有一种名叫"火龙出水"的火箭。用一根五尺长的大竹筒，做成一条龙，龙身上前后各扎两支大火箭，火龙出水，这就是原始的两级火箭。第一级火箭，用来推动龙身飞行。在龙腹里，也装几支火箭，这是第二级火箭。使用的时候，先发射第一级火箭，飞到两三里远，引火线又烧着了装在龙腹里的第二级火箭，它们就从龙口中直飞出去，焚烧敌人。当时技术水平最高的火箭，发射出去还能再飞回来。这种火箭叫"飞空砂筒"。

(三)火药的西传及对世界的影响

大约在公元 8 世纪或 9 世纪，我国的炼丹术传到了阿拉伯。可能就在这时候，火药的主要原料——硝石，也传到了阿拉伯和波斯等地。南宋时候，中国和阿拉伯国家交往频繁，火药的制造方法可能就是在这个时候传过去的。

到了 13 世纪，蒙古和中亚的阿拉伯等国交战，曾经使用了很多武器。在作战中间，火器和它的制造方法，也传到了这些国家，又从阿拉伯传到了欧洲各国。在中古时期，有些欧洲人翻译阿拉伯文书籍，从这些书籍里，欧洲人学到了关于火药的知识。

公元 14 世纪，在西班牙、意大利和地中海的各岛上，阿拉伯国家和欧洲国家发生过多次战争。欧洲国家在战争中知道了火药武器的威力，便加紧学习制造火药武器的方法。到了 15 世纪，欧洲国家也造出了用火药发射的大炮。

欧洲人在 13 世纪对阿拉伯人的战争中学会了从中国传去的制造火药和火药武器方法，真正用于战场是在 14 世纪。火药的发明，改变了中世纪的战争模式，中国火药的西传，恩格斯是这样评价的："火器的采用，不仅对作战方法本身，而且对统治和奴役的政治关系起了变革的作用。""火药和火器的采用绝不是一种暴力行为，而是一种工业的，也就是经济的进步。"①也正是由于火药的广泛使用，才使大规模的开采矿产成为可能，才有近代的矿冶业，从而推动了近代工业的长足进展。

我国的四大发明传入欧洲，这不仅为欧洲文艺复兴提供了物质、技术基础，

---

① ［德］恩格斯：《反杜林论》，《马克思恩格斯选集》(第三卷)，北京：人民出版社，1972 年，第 207 页。

也对整个资本主义的发生和发展起到了促进作用。马克思在谈到我国的三大发明对世界的影响时这样说："火药、指南针、印刷术——这是预告资产阶级社会到来的三大发明。火药把骑士阶层炸得粉碎，指南针打开了世界市场并建立了殖民地，而印刷术则变成新教的工具，总的来说变成了科学复兴的手段，变成对精神发展创造必要前提的最强大的杠杆。"①四大发明在世界的传播和影响，只不过是中国古代科技传播中的几个著名实例。李约瑟曾说过，中国的科学技术在公元3到13世纪保持着令西方望尘莫及的水平。事实上先进的中国科学技术之对外传播是十分频繁的。从公元1世纪到18世纪，先后传往欧洲和其他地区的中国科技成果不计其数。这些科技成果渗透于经济文化的各个领域和层面，深刻地影响了世界文明的发展。

中国古代科技文化在取得辉煌成就的同时，也显露出自身的缺陷。植根于功利主义文化土壤的古代科技，在研究内容上显现出应用性强的特色。中国古代流传下来的众多科技著作，大多属于对当时生产经验的直接记载或对自然现象的直接描述，缺少科学理论的深入探讨；在科学的研究方法上，主要采用传统的典籍整理与经验总结，缺少实验精神。由于我国古代的封建经济主要是农业经济，因此与农业关系密切的学科，如天文学、农学、医学等在中国古代都有较大的发展，在科技使用上主要服务于农业经济的发展需要。在中国漫长的封建社会进程中，专制制度本身阻碍着近代科学的发展，并与中国科技文化的内在缺陷一起，造成中国古代科技在16世纪之后的渐趋衰落和近代转型的艰难与缓慢。

◎ **思考题：**

1. 中国古代天文学发展的特点是什么？
2. 如何用天干地支纪年？
3. 二十四节气是什么？
4. 中医学理论体系中有哪些重要的学说？
5. 中医学对于世界医学有哪些贡献？

---

① ［德］马克思：《机器：自然力和科学运用》，北京：人民出版社，1978年，第67页。

6. 中国传统农学的特点是什么？

7. 四大发明西传后对世界的影响主要有哪些？

8. 中国古代科技有哪些内在缺陷？

◎ 关键词：

【天干地支】天干地支，简称"干支"。在中国古代的历法中，甲、乙、丙、丁、戊、己、庚、辛、壬、癸被称为"十天干"，子、丑、寅、卯、辰、巳、午、未、申、酉、戌、亥叫作"十二地支"。十干和十二支依次相配，组成六十个基本单位，两者按固定的顺序互相配合，组成了干支纪法。从殷墟出土的甲骨文来看，天干地支在我国古代主要用于纪日，此外还曾用来纪月、纪年、纪时等。

【五行说】五行是中国古代的一种物质观。多用于哲学、中医学和占卜方面。五行指：金、木、水、火、土。认为大自然由五种要素所构成，随着这五个要素的盛衰，而使得大自然产生变化，不但影响到人的命运，同时也使宇宙万物循环不已。五行学说认为宇宙万物，都由木火土金水五种基本物质的运行（运动）和变化所构成，是由于中国古代人对世界认识不足造成的。它强调整体概念，描绘了事物的结构关系和运动形式。如果说阴阳是一种古代的对立统一学说，则五行可以说是一种原始的普通系统论。

【元气之本】元气之本是一个中国概念化名词。中国传统医学理论认为元气为生命之本。是人体各种机能活动的能量物质基础，存在各种活性生物的体内，是组成生命的基础物质，元气一旦在生物体内消失，就意味着死亡；反之如果生物体内尚存元气，生物就还存有一线生机。生物体内元气物质的多少，决定了生物生命力的强弱。

【经络】经络，中医指人体内气血运行通路的主干和分支。人体运行气血的通道，包括经脉和络脉两部分，其中纵行的干线称为经脉，由经脉分出网络全身各个部位的分支称为络脉。《灵枢·经脉》："经脉十二者，伏行分肉之间，深而不见；其常见者，足太阴过于外踝之上，无所隐故也。诸脉之浮而常见者，皆络脉也。"经络的主要内容有：十二经脉、十二经别、七经八脉、十五络脉、十二经筋、十二皮部等。其中属于经脉方面的，以十二经脉为主，属于络脉方面的，以十五络脉为主。它们纵横交贯，遍布全身，将人体内外、脏腑、肢节联成为一个有机的整体。

【农本论】中国古代思想家用"本"的概念来表述农业在国民经济中的地位和作用的思想，即农本工商末的思想。战国时期的思想家为巩固和发展封建经济，提出以农为本的理由：认为农业是衣食之源。"农事害"是"饥之本"，"女工伤"是"寒之源"。认为农业是国家富裕和财政收入的源泉。"田野县鄙者，财之本也。"农业能为进行统一战争提供充足的兵源。令民"归心于农"，"为主守战"。

【三才论】"三才"一词最早见于《易经·系辞下》："易之为书也，广大悉备，有天道焉，有人道焉，有地道焉"，是讲天、地、人的变化与关系的。《吕氏春秋·审时》："夫稼，为之者人也，生之者地也，养之者天也。"这段话阐明了农业生产的三大要素是天、地、人，而且把人的因素列为首要地位。到汉代，天、地、人演变为"力"、"地"、"时"。中国历代农学家都继承了在农业生产中强调人力作用这一思想。农业生产中的"时宜"、"地宜"、"物宜"的"三宜"原则是"三才"理论的另一衍化。其主要内涵就是农业生产必须根据天时、地利的变化和农业生物生长发育的规律，采取相应的措施。"三才"理论运用在中国农业生产中，为精耕细作的优良传统奠定了理论基础，对农业生产的发展产生了巨大的影响和作用。

第七章　器物文化

　　器物，是人类改造自然物质来为自身生活服务的成果，存在于人们的衣、食、住、行等各个生活领域中。器物作为劳动成果内蕴人的智慧才能及主体意识，因而成为人类文化的重要组成部分。就分类而言，"器物"属于物质文化，与前述"哲学"、"审美"等精神文化相对。由于器物是人类物质劳动的成果，物质生产的进步必然反映到器物上来。随着人类科技的进步、改造自然能力的提高，人类所用器物有着从简陋到精美的发展趋势。往深处说，物质性的器物总是积淀着器物制造者的价值取向和审美情趣，并反映出特定民族的精神信仰和风俗习惯。因此，器物的发展变化史既是物质文化的发展演变史，也是风俗演变史和文化—心理发展史。

第一节　衣冠服饰

　　服饰，不仅指我们平常所说的服装，还包括人的头、手、颈、脚、胸等部位所佩戴的各种饰物。服饰的功能包括护体、御寒、遮羞、标识和装饰等，在人类生活中占有重要的地位。衣、食、住、行，衣居其首。服饰是人类文明的标志之一，当人类用兽皮、树叶遮盖身体之时，就表明了人类由蒙昧进入了文明时代。服饰首先是有形的物质，它的变化受到生产技术和生产物质的影响，从早期人类的衣不蔽体到后来贵族服装的奢侈绚丽，每一个发展都是人类物质文化进步的体现。同时，人们的穿衣戴帽还反映出特定民族特有的审美观念和风俗习惯。在某种意义上说，一个民族的服饰是这个民族文化的写照，是认识、了解这个民族文化内涵的重要途径。

一　中国服饰发展历史

人类服饰的起源大概在人类脱离动物境界的猿人时期。在旧石器时代，缝纫技术已经日常化了，北京周口店山顶洞人遗址中所发现的骨针，标志着原始人开始有意识地缝纫衣服。早期衣服的材料为树叶、草葛、禽羽、兽皮。《韩非子·五蠹》说远古时期"妇人不织，禽兽之皮足衣也"。① 到新石器时代晚期，中国人学会了纺织，服饰于是开始变得多姿多彩。

（一）上古时代

中国服饰的特有样式相传从黄帝时期就产生了。《易·系辞下》说"黄帝、尧、舜垂衣裳而天下治"②。这里的"衣裳"应是服饰的总称。中国服饰的两种基本形式是在先秦正式形成的：一种是上穿衣，下着裳，一种是衣和裳连在一起。

殷商以前多为上衣下裳制。《释名·释衣服》："凡服，上曰衣。衣，依也，人所依以芘寒暑也。下曰裳。裳，障也，所以自障蔽也。"③在甘肃出土的彩陶表面，就绘有上衣下裳的形制。古人认为，上衣下裳的出现，是模仿天地的结果，上衣像天，下裳像地。周以后，上衣下裳多为女装，上衣穿襦、下裳着裙。如汉诗《孔雀东南飞》中的女主人公刘兰芝："妾有绣腰襦，葳蕤自生光。"襦，即为上衣。周朝初期制礼作乐，对贵族和平民阶层的冠服作了详细的规定，这些规定在当时未必都严格执行，但对后世却有很大的影响，如周代的冕服即被后代沿用，作为祭祀之礼服。

把衣和裳连在一起，叫做"深衣"，深衣出现在春秋战国之交。当时的深衣，一般在晚上穿，用白色麻布制成，其用途极广。由于深衣看起来文质彬彬，在外交频繁的战国普遍流行起来。深衣这一形制，对后代服饰也有很大影响，汉代妇女的礼服就是深衣形式，古代的衫、袍等都采用这种衣裳连属的形式，甚至现在的连衣裙都是古代深衣制的沿革，可见深衣的影响之深远。

---

① 《诸子集成》，北京：中华书局，1954 年，第 339 页。
② 《十三经注疏》，北京：中华书局，1980 年，第 87 页。
③ （清）王先谦：《释名疏证补》，上海：上海古籍出版社，1984 年，第 245 页。

深衣适于外交，却不便于骑马作战。因此在七国烽烟四起的时候，赵武灵王要求百姓改穿胡服。胡服不像华夏服装那样宽衣博带，而是紧身窄袖，长裤皮靴，便于骑射。春秋战国时期，诸侯割据称雄，礼崩乐坏，各国、各民族间在服饰及风俗习惯上都有明显的不同。其实，周代的服饰定制也只是规定了正式场合的服装，民间除了明令禁止的服装外，从未真正统一过。春秋战国的各国服制不过是吸收了民间服制的某些因素罢了。

上古时期的贵族需要戴帽子，称为冠。贵族男子长到二十岁要行冠礼，行过冠礼之后，社会和家庭就按成人的标准要求他了。二十到二十九岁是"弱冠"之年。古人不戴冠的只有四种人：小孩、罪犯、异族人和平民。男子在二十岁束发戴冠，二十岁之前则将头发散着，称为髫，陶渊明的《桃花源记》里"黄发垂髫，并怡然自乐"，"垂髫"指的就是儿童。一般的平民百姓不戴冠，他们用头巾将头发盖起来，这种头巾称陌头，也叫帩头。《陌上桑》有"少年见罗敷，脱帽著帩头"，说明帩头上还可以戴帽子。

（二）魏晋至宋明

魏晋南北朝是中国古代服饰上的一个大转变时期。沈括《梦溪笔谈》："中国衣冠，自北齐以来，乃全用胡服。"[1]话说得有些武断，但确实反映了一种鲜明的发展趋势。南北朝时期，由于大量北方游牧或半游牧民族进入中原与汉族杂居，胡服成为社会上普遍流行的服饰样式。另一方面，胡服的窄袖紧身、圆领、开衩也被中原民族吸收到固有的服饰中来。此外，少数民族的统治者受中原文化的影响，十分羡慕古代帝王那一套峨冠博带的威仪，于是周代的冕服在法服中保留下来。而南朝控制的地区仍然沿袭魏晋的服饰传统，宽袖大衫，潇洒自然是士大夫阶层的普遍习尚。

唐朝服饰融合了南北风格，兼收并蓄，不拘一格，表现出唐代文化宏博丰富的特征。唐朝官员服饰，等级森严，配备齐全，但日常服饰则区别不是很大，皆是圆领袍衫，融合了胡服的某些特点。最著特色的应是唐朝女子的服饰，由于唐朝文化的宽容和开放，唐朝妇女地位比以往任何朝代都高，反映在服装上则是唐

---

① 《梦溪笔谈选注》，广西：广西人民出版社，1977年，第12页。

朝妇女服饰的开放丰富。唐之前，女子出门必须把自己遮得严严实实的，而唐朝妇女多穿长裙装，领口开得很低，使胸半露于外，表现出唐代妇女的丰腴之美。

宋朝服饰大体承袭唐制，但由于整个宋朝经济、政治和思想文化上与唐朝大不相同，造成宋朝服饰的拘谨和保守的特色。复古主义和崇尚简朴是当时社会的主要风气，服饰色彩没有以前那么鲜艳，却给人以质朴、洁净、自然之感。妇女服饰一改唐朝的清新、华丽、开放，变得简朴和淡雅，裙摆紧收掩足，领口开得很小，妇女外出时也多戴盖头。五代时出现缠足陋习，到了宋代趋于流行，并出现了适应缠足的弓鞋。这一点，尤其表现出宋代服饰的保守。

蒙古人统治中原后，其服装形式由游牧民族的简朴逐渐变得复杂。在服饰史上，元代值得一提的是服装质料上的变化。在元代以前，中国衣冠服饰的材料一直以丝、麻、皮、毛为主，很少用棉布。元代棉花种植得到全面推广，棉纺技术也普遍提高，从此棉布成为中国古代衣料中的主要品种。明朝建立，统治者下令禁穿胡服，服饰基本沿袭唐制。明朝统治者对冠服制度进行调整，使服饰等级更加明确。明代妇女的发式跟前代比较有自己的特色，其发式名目很多，较有名的有"桃花鬓"、"坠马鬓"、"鹅胆心鬓"等。

(三) 清朝至近代

在服饰史上，清朝服饰的演变需要重重地写上一笔。历史上的服饰文化交流与融合是自然现象，一般以和平友好的交流方式进行。汉装胡化和胡服汉化，是中国服饰演变的主线。这种服饰发展在魏晋时期和唐朝是自发的。魏晋时期和唐朝都是民族大融合的时代，民族交往促使了服饰的融合。历史上也有统治者用行政方式来推动服饰改革。就影响而言，战国时期赵武灵王的"胡服骑射"和北魏孝文帝的服饰改革最有成效，赵武灵王引进胡服，而孝文帝的改革则以"汉化"为取向。

一般来说，各时代的统治者除了对官员礼服有明确规定外，对普通的服饰样式并没有严格的要求。明朝虽有"禁胡令"，但由于其基本服饰是汉族传统服饰，禁令并没有引发矛盾冲突。清朝服饰变革却是在一片腥风血雨中进行的。清代男子剃发梳辫，穿长衫、马褂。马褂初为清朝贵族的马上装束，康熙以后日趋普遍，一般民众也多有穿用。女子的服饰，有上下连裳的旗袍。清朝在攻克南京以后，多次强迫汉族人改冠易服，官民俱衣满族服饰，不许用汉制衣冠，"遵依者为我国之民，迟疑者同逆命之寇"①，引发了汉族老百姓的反抗，致使很多人被杀，有所谓"留发不留头，留袖不留手，留裙不留足"的说法。经过一段时间的斗争和统治政策的调整，满族的服装样式虽得推行，但汉族的服装形式仍有相当部分留存下来。

清朝覆亡，封建帝制结束后，南京临时政府为消除人身不平等现象，颁布法令废除贱民身份，服饰的等级制度也相应废除。服饰观念较以前更为自由，也更开放，特别是西方服饰观念和样式的传入，开阔了中国人服饰的视野，改变了国人的服饰观念，丰富了国人的日常生活。就日常服饰来说，多样化是显著的特色，男子服饰有长袍马褂的传统式，也有西装、中山装及其他样式。女式服饰较多是上衣下裙、旗袍和上衣下裤。由于摆脱了封建的礼教，民国服饰较以前更注重表现人体的自然状态。

二　服饰与政治礼仪

服饰是一种文化现象，它必然通过各种形式来表达文化的含义。服饰划分了男女性别，年龄差异，同时也显示了人们的社会地位、文化素质。此外，服饰还能表达人在特定场合下的特定情感、信仰以及对社会的倾向性看法。总的来说，服饰在实用之外成为一种情感和文化的符号和象征。

(一)服饰与政治

政治是影响着人们生产和生活的重要因素。在中国，由于儒家思想的影响，伦理观念和政治紧密结合。而无论是政治思想还是伦理观念，都深入到人们的日常生活中，所以，作为人的生活必需品之一的服饰，必然染上政治和伦理色彩，成为政治的一种表达方式。

1. 服饰表达政治的方式

服饰主要通过图案、饰物和颜色来表达政治观念。

图案是表达政治含义最直接、最显著的标志。在原始社会里，人们崇拜图

---

① 萧一山：《清代通史》，北京：中华书局，1986年，第315页。

腾，把自己部落的图腾形象直接画在或文在身体上。进入阶级社会以后，人们不再用图腾形象来区分各自的氏族或部落，而是在服饰上印出或刺绣出不同的图案，以此来区分身份和等级。

饰物也能够直观地表达人的政治身份和等级。有个成语叫"冠冕堂皇"，其中的"冕"是古代皇帝和大臣在重要场合戴的一种帽子。冕的基本样式是在冠上加一块木板，这块木板叫"冕板"。在冕板前后有垂旒，旒用玉珠穿成。随等级差别及种类用途的不同，垂旒的数目有差异，十二旒为最尊贵，乃皇帝专用。以下为九旒、七旒、五旒、三旒，分别为不同品级的身份使用。还有官员所戴革带，上饰有不同的饰片，根据品阶的不同，分别用玉、金、犀、银、铁等质料制成。

色彩在某些场合和时代也被用于表达政治内容，这在古代社会特别是封建社会是最为显著的。例如黄色，由于其色彩绚丽耀目，显示出尊贵，成为古代中国皇帝的专用色彩。在唐代，甚至规定紫、朱、青、绿等色不能为平民百姓使用，只有官员才能使用。即使是官员，颜色的使用也有严格的规定，不得随意越级滥用。

2. 古代服饰制度

在古代社会，最能体现身份等级的是服饰制度，也就是用服饰的色彩、图案、款式、装饰等来区分人的身份和等级，这在深受儒学思想影响的中国尤为显著。儒家强调社会的等级结构和礼仪规范，以确立自上而下的有序的政治秩序，故极为强调服饰的政治功能。历代帝王，不论他是出自草莽，还是世袭贵族，也无论是阴谋夺位还是暴力夺权，一旦即位为帝，首要任务即是确立服饰制度。汉高祖刘邦出身乡野，做皇帝前是不大喜欢遵守儒家规范的，他甚至把儒生头上戴的帽子当尿壶使用。但即位以后，他马上采用叔孙通的建议，参照秦代的体制而确定服饰制度，从而使社会"贵贱有级，服位有等"。[1]

中国古代服饰制度最有代表性的是对官服上等级标志的规定。这种标志一般是图案，其中最古老的标志是"12 章"。12 章是 12 种图案，主要是明月星辰，动物植物之类的图案，是中国古代官员官服的图案，据说自舜就已经开始，但历代

① 《贾谊集》，上海：上海人民出版社，1976 年，第 28 页。

有所不同。到明代，开始用补服区分官阶。所谓补服，是在胸背缀上象征不同官阶纹饰的补子，侯爵和驸马用麒麟，文官用禽鸟，武官用兽。官服的底纹用蟒（似龙，比龙少一爪）。清代虽在平民服饰上有大的改换，但官服大体沿袭明朝补服式样，只是图案有所区别。

此外，冠帽、佩饰等因等级的不同也会有所区别。例如清朝的官帽顶端有顶珠，顶珠的色彩、质料因官阶高低而不同。官帽上有"花翎"，是向后下垂拖着的一根孔雀的翎羽，一般只限于有爵位者和皇帝侍卫、王府护卫、禁卫京城内外的武职官员才可佩戴，其他则领有军功和出于特赐才可戴用，所以清初花翎极贵重。清末赏赐渐多，后来甚至可以靠捐或自置戴用。

至于皇帝的服装，是服饰制度最显眼的部分。"龙袍"是中国古代皇帝的专用服装。在周代，只有周天子和三公才能穿。周天子的龙袍绣的是"升龙"，即表示"飞龙在天"的独尊意义，至于三公，虽位极人臣，但只能绣尾朝上头朝下的"降龙"。周代以后，历代帝王都以龙袍为专用服饰，虽然在形制和龙的图案方面不尽相同，但表达的始终是"普天之下，莫非王土，率土之滨，莫非王臣"的帝王意识或天子威权。

服饰的等级和政治意义，不仅限于官员层次，官与民，民与民，都有较明显的区分标志。一般来说，对皂、仆、役之类的社会底层，其限制是较为严格的，例如清朝规定，奴仆、戏子、皂隶不许戴貂帽，不许穿各色缎绫。在晚清，有所谓长袍与短褂之分，长袍是做官、经商、读书这些有身份的人的服饰，至于耕田、做工等出苦力的人，则多穿短褂。因此，鲁迅笔下的孔乙己，虽然穷困潦倒，但代表身份的长袍是万万脱不得的。

(二) 礼服：政治伦理的表达

礼服，是礼仪型服饰。中国是一个讲究礼仪的社会，"礼"在中国古代是规范君臣、尊卑、上下的法则和仪式。礼服是"礼"的外在体现，孔子云："见人不可以不饰，不饰无貌，无貌不敬，不敬无礼，无礼不立。"[1]人们在社交活动时必

---

[1]　（清）王聘珍：《大戴礼记解诂》，北京：中华书局，1983 年，第 134 页。

须穿戴整齐规范，才是对人尊敬有礼。中国人讲"礼"的场合无处不在，大到国家政治，小到民间婚丧嫁娶，因此，礼服在这中间就不只是遮羞避寒的实用工具，也是表达政治伦理意味的符号。

中国古代礼服大致有两类：一类是官员礼服，一类是民间礼服。

1. 官员礼服

官员的礼服有着严格的规范，分为朝服、公服、祭服三种。

朝服是君臣朝会时所穿的礼服。朝会时，无论是官吏还是皇帝，都必须穿朝服，否则会被治以"大不敬"罪，受到处罚。历代朝服各有不同，但官员品级必须区分，宋代的朝服上身穿朱衣，下身系朱裳，挂以玉剑、玉佩、锦绶等。以官阶的高低而有所区分，如六品以下的官员朝服就没有佩剑及锦绶等。

公服是官员们处理日常公务或在衙门坐堂时所穿的礼服，比朝服简单一些。一般来说，公服是官员执行公务时的"制服"，无论何种情况均须穿用。公服的形制及佩饰，各朝都有不同，但都区分了官员的品级，如宋初规定公服三品以上穿紫色，五品以上穿朱色，七品以上穿绿色，九品以上穿青色。

祭服是祭祀的场合所穿的礼服。在古代社会，天地、山川、社稷、神鬼及祖先都是人们祭祀的对象，在祭祀时，都必须穿祭服。同时，祭服是祭祀专用礼服，其他场合是不能穿的。祭服也称冕服，在不同的场合穿不同的冕服。如祭祀天地、宗庙等大典礼时穿衮冕。明代洪武帝朱元璋认为礼服太繁，加以简化，定出另外的祭服制度。

2. 民间礼服

民间礼服有吉服和凶服两种。吉服，是吉庆的场合和时令所穿的服饰。比如，婚娶是中国人十分重视的人生大事，在这一场合是必定要穿吉服的。吉服一般颜色鲜艳，显示出吉祥喜庆的气氛，表达着人们喜悦的情感。明代朝廷正式规定，庶民结婚可以用九品命服为吉服，故此后凤冠霞帔成为新娘的通用服饰，新郎也能在新婚礼上尝尝九品官的滋味。此外，成人礼、过生日、过年等民间吉庆的日子，相关的人也要穿上吉服以表庆贺。

所谓"凶服"是指丧亡、饥荒、病疫、灾害等"凶事"时所穿用的服饰。一般都比较单调，色彩沉重，表达出人们哀伤的情感。在中国古代，每逢凶事，必须穿凶服来表示，即使是皇帝也不例外，所谓"年不顺成，则天子素服"①，就是指天灾人祸时，皇帝也要穿素衣表示忧患和对天帝的敬畏心情。

丧事乃凶事之首，故古代关于丧服的规定十分详尽，丧服有斩衰、齐衰、大功、小功、缌麻五种，俗称五服，分别由不同的亲属关系以及与死者不同的身份穿用，其中斩衰是最重的丧服，是用最粗疏的麻布裁制成的丧服，即所谓的"披麻戴孝"，须穿三年，一般是儿子和没出嫁的女儿为死亡的父亲或母亲而穿。妻子死了丈夫，也要服斩衰。儒家礼制规定，父母丧须披麻戴孝守丧三年，即使是官员也得辞职回家守丧。

三　儒道文化与服饰观念

一个民族对服饰的审美倾向，是由这个民族特有的文化所决定的。传统文化决定了民族的整体性格和人格美标准，而服饰要求与民族性格、人格美相协调，因此，服饰的美实际上是传统文化熏陶下的人格美的表现。从汉民族的服饰审美来看，主要是儒、道两家文化塑造了汉民族的文化心理结构，影响了整体民族性格和民族审美倾向，也直接影响了汉民族的服饰审美文化。

（一）儒家服饰观

1. 追求"文雅"之正

儒家文化是中国传统文化的正宗，儒家人格深刻地影响了中国古人的服饰观念。儒家追求"中和"人格，认为人要适度，要做到文与质，内在与外在的统一，因此儒者的服装追求"文雅"、"儒雅"之美，表现谦谦君子的风度。人要有"文雅"美，服装就不能奇形怪状。儒家认为，奇装异服反映了穿用之人的俗气，也反映了这个人的志向低下，因此，以文雅为美成为人们的着装法则。

古代儒服是"文雅"美的典范，秦汉儒生以穿儒服为尚。儒服主要是方领，穿上这种服装，举止行为都有一定的规矩。儒者对衣冠是非常重视的，在他们看来，衣冠代表着一种社会身份和人格尊严，衣冠不整非君子。在整个封建社会，儒家的服饰观强调仪容装饰，强调衣装规矩整齐，这与儒家所提倡的德行是一

---

① 《礼记·玉藻》，《十三经注疏》，北京：中华书局，1980年，第1474页。

致的。

2. 温和内敛

儒家服饰在整体上呈现出温和内敛的"女性化"审美倾向。儒家的纲纪文化和中庸之道，在某种程度上养成了国人柔弱顺从的性格和气质。老成温厚、遇事忍耐成为民族性格的一个重要方面。林语堂说："中国人的心灵在许多方面都类似女性心态。"①在服饰审美方面，也是如此。自周代起，一整套等级森严的章服制度建立起来，虽然历代都有变化，但其端庄、秀丽的格调，情感温顺的内在精神却一如既往，如春秋战国时期的曲裾深衣，唐代的圆领窄袖袍、宋代的圆领大袖袍衫……

传统服装的文雅规整、温和内敛在我们今天的穿着意识中依然存有痕迹。重端庄大方、仪表整齐，不喜好奇装异服；在穿一件衣服之前，总要考虑别人会有什么看法，会说些什么。这些着装心理，都显露出儒家服饰观念的影响。

（二）道家服饰观

儒道互补是中国文化的一个重要特点。儒家重端庄、规矩和中和，而道家则意欲打破儒家的仪礼规范，形成另一种服饰审美意识。

1. 率性自然

儒家的服饰观强调文质彬彬，要求规矩整齐；道家则提倡率性自然，无所拘束，强调人的内在精神而忽视外表。庄子曾提到过不少"德有所长而形有所忘"②的人，他们虽然形貌丑陋，但精神完美。因此，受道家文化影响的人注重内在精神，不注重外表修饰。《世说新语》有王羲之"袒腹东床"的故事，说东晋权贵去王家选婿，王家子弟穿戴齐整去接受挑选，独王羲之袒卧东床，最后却因这点被选上了。

道家这种率性自然的着装思想，成为人们反对儒家礼仪的武器。魏晋时代"竹林七贤"的穿着表现了任性而为、不以衣冠束缚精神的着装意识，同时也是

---

① 林语堂：《中国人》，杭州：浙江人民出版社，1988 年，第 62 页。
② 陈鼓应：《庄子今注今译》，北京：中华书局，1983 年，第 162 页。

对儒家礼仪的蔑视。"竹林七贤"之一的刘伶甚至把这推向了极端，别人看见他在屋子里赤身裸体，而他却奇怪这人跑到他衣服里干什么，因为他以天地为房屋，以房屋为衣服。当然，道家的率性而为不可能成为中国服饰文化的主流，追求文雅规整才是中国人的心理定势，才是中国服饰文化的主流。

2. 飘逸出尘

道家的精神自由和古代人们对成仙的向往相混合，引发了人们对不同于儒家服饰审美的飘逸若仙风格的追求。

秦汉时代的丝织、棉织、刺绣服饰上，可以看到众多的"乘云绣"、"长寿绣"、"云气绣"、"几何形纹"等图案，表达的是云气缭绕的仙境，是秦汉崇尚天上仙界的服饰风格。曹植笔下的洛神，穿着仙衣仙裙，秀丽绝伦，非世间女子所能比。而魏晋时期由于战乱频繁，朝代更替莫测，政治斗争残酷，人们特别是文人学士求解脱和追求物质享受的风气日渐浓厚（实际上也是一种避世的方式）；另一方面，魏晋时代佛、道两教盛行，玄学兴起，士人清谈之风日盛。这两方面的时代特征对魏晋时期的服饰产生极大影响，人们不仅仅是追慕仙人的服饰之美，更要在自己身上表现超凡脱俗的仙人风度。那个时代的文人士大夫，宽袖大袍，手执拂尘，口吐玄言，极力表现从心所欲、潇洒出尘的风姿。

魏晋之后，受道家思想影响的文人隐士，大多不愿受儒家服饰观的束缚。李白到京城后，被当时另一位著名的诗人贺知章惊叹为"仙人"。李白的"仙人"风貌，是由诗人飘逸出尘的内在精神和外在服饰共同构成的。总之，道家清雅脱俗、仙风道骨的服饰之美，是中国服饰文化在儒家文雅规整之外的另一种美学追求。

第二节　饮食烹饪

民以食为天，人类必须以饮食维持生命，然后才能从事其他各项活动。随着历史的发展和社会的进步，饮食也从仅仅满足人的生理需要，逐步形成一种饮食文化，成为民族文化的组成部分。在中国，历经无数年的发展演变，形成了别具一格的中国饮食文化。

一　中国人的饮食原料及饮食特征

人类的饮食文化在不同地域、不同民族显示着鲜明差异，这种差异表现于饮食食材、饮食方式之上，形成各民族自己的鲜明特征。

(一)中国人的饮食原料

中华民族历史悠久，在不同的历史时期，由于科学技术和生产水平不同，人们对自然的动、植物认识和利用也不同。再加上历史中地域与民族的交流，从饮食原料的品种讲，总的趋势是随着历史的发展日渐增加。

1. 先秦饮食原料

先秦时期的人们已经以粮食为主要饮食原料，而且我们今天食用的谷物，在春秋战国时期已基本齐备。在《诗经》、《礼记》等书中记载了大量当时人们的饮食状况。据粗略的统计，共有一百四十多种饮食原料。这些记述，基本上可以囊括殷商至战国时期我国中部地区人民的主要饮食资源。在这些书中，经常出现"五谷"、"六谷"、"九谷"等词，这种词语现在还在出现，农村在春节时祝愿好的收成时常常有"五谷丰登"的话。五谷指稻、黍、稷、麦、菽，六谷有稻、粱、菽、麦、黍、稷，九谷包括黍、稷、秫、稻、麻、大麦、小麦、大豆、小豆。先秦时小麦没有现在这么多，而黍、稷、菽等较多。现在早已被淘汰的菰米和不再用做饭的麻籽，在当时是蒸饭、煮粥的常用谷物。

畜牧业从新石器时代开始，到了商、周已初具规模。现在常见的马、牛、羊、鸡、犬、猪，在当时已非常普遍，对上述家畜、家禽的食用方法也已颇有研究。只是当时家畜、家禽的饲养不充足，广大庶民百姓是很少食用的，只有王室贵族才能时常享用，因此先秦时期将士大夫以上称"肉食者"。

春秋战国时期，狩猎仍是人们获取食料的重要门路。野味在饮食原料中仍占一定的比例，鱼类是原始社会以来的食物原料之一，春秋战国时期除捕捞鱼类的工具和技术不断改进外，还出现了人工养鱼。

我国人工种植瓜菜，从新石器时代起，到商周不断发展。当时不仅有长年固定的菜圃，还有季节性的菜田。但从《诗经》、《周礼》等书中可以看出，野菜、野果在人们饮食原料中还是占有很大的比例。这些野菜，野果在当时并不只是老百姓的食物，其中大部分也是士大夫乃至天子、诸侯日常生活及宴宾、祭祀时所用的菜肴原料。在春秋战国以前，还没有植物油，也没有炒菜，当时吃菜的方法，一般是煮成汤或制成腌菜。

2. 汉以来的饮食原料

汉武帝时，张骞通西域，凿通了一条"丝绸之路"，不仅使中国的丝绸等产品远销西方，也从西域各国引进了许多中国原来没有的物品，其中有很多属于饮食原料。据统计，汉代从西域传入我国的食物原料有葡萄、石榴、芝麻、核桃、西瓜、甜瓜、黄瓜、菠菜、胡萝卜、芹菜、豌豆、蚕豆、莴苣、大蒜、大葱等。这些蔬菜瓜果、香料的引进，大大丰富了我国内地菜肴的品种。由于香料和佐料的品种增多，也改变了过去一些菜的做法。

大约在西汉，发明了豆腐，为中国饮食原料增添了一味独具特色的食品。也在这一时期，我国饮食中的植物油问世。油是重要的饮食原料，油既有营养，也是烹饪中导热的媒体。我国饮食用油，有一个从脂膏到植物油的发展过程。在汉以前主要用的是动物油。魏晋以后，植物油的品种日渐增加，生产量也在增长，烹调菜肴和炸制食品都已较多地使用植物油了。隋唐五代时，植物油在市场上可以随便买到，加上铁制炊具的不断改进，烹饪技艺的发展，植物油在烹调用油中已居主要地位，大大促进了饮食品种的多样化、精美化。

3. 宋以来的饮食原料

两宋至清，我国的饮食原料结构，较之隋唐以前有很大的变化。总的来说，不论是粮食、瓜菜、果品，还是畜禽，都是日渐增加的。不同的品种在人们生活中所占的比重时有增减，变化较大。

主食原料的变化。自商周至五代，一直作为主食的菰米，到南宋以来，日渐减少，到明、清已被彻底淘汰。古时做饭煮粥的麻籽，逐渐退出主食行列，改作油料。大豆、绿豆、扁豆等，随着豆制品、粉制品的发展，有很大一部分参与了菜肴的烹制，成为主副兼用的粮食。在北方，小麦、小米、高粱等比例增加，其他品种相对下降，特别是古时处于极次要的小麦，在黄河流域的广大地区大幅度增加种植，很大程度地改变了北方的饮食习惯。明代引进的马铃薯和甘薯，由于对土壤和气候的适应性强，故产量较高，加之营养丰富，甘美可口，便很快普及到南北各地，成为百姓主食中的骨干品种。

瓜菜、果品原料的变化。人工培育的瓜菜果品日益增多，品质提高，成为人们的主要菜肴原料。野菜之类多被视为贫苦百姓度荒之物，中等以上的人家已不食用，特别是高级筵席已经少有野菜的位置，这与古时天子、诸侯筵席上以野菜为主制作汤、腌菜的风习形成了鲜明的对照。辣椒在明代传入，给我国"五味"增添了新的角色。中国厨师用辣椒做主、辅料，烹制出很多个性特色突出的食品，后来形成的湘菜系列更是以辣味为主。

肉类原料变化。肉类逐渐变为以猪、牛、羊、鸡、鸭、鹅等家畜、家禽为主，野禽、野兽肉类的比例越来越小。古时祭祀、宴宾必陈鹿、狼、兔、雁等山珍野味的制度已废除。这些风俗的改变，与自然生态的变化与畜牧业的发展，狩猎业退居次要地位存在密切关系。

（二）中国人的饮食特征

中华民族在几千年的饮食文化中形成了独具民族特色的饮食特征。

1. 以植物性食料为主

中国人的主食是五谷，辅食是蔬菜，外加少量的肉食。形成这一习俗的主要原因是中原地区以农业为主的经济生产方式。对于以畜牧业为主的少数民族来说，则是以肉食为主，以植物性食料为辅。为了保证必要的活动热量，肉食量必须较多。

2. 以热食、熟食为主

早期人类，茹毛饮血，火的运用，开始改变人的生活，也改变人的饮食方式。随着陶器的发明及大规模使用，将食物加热煮熟的烹调技术成为中华民族加工食品的主要方式。黄帝时期，人们已开始把稻粟之类脱壳，煮粥做饭，也开始煮海水为盐，用盐调味，从此，中国的饮食习惯以熟食、热食为主。我们现在烹调食物的主要方法在春秋到秦汉阶段已经基本具备。从此，以煎、煮、蒸、熏烤等方式制作的食物，无论是在贵族的筵席上，还是在平民百姓的碗盘中，均散发着热气腾腾的香味。

3. 从分食到聚食

人所共知，中西饮食方式的最大区别是分食与聚食。其实，先秦时期的中国先民也是分食的。中国人聚食方式的传统并不古老，也就一千多年。商周时期，人们的饮食方式都是实行分食制。分食的产生一是由于殷周时代还没有适合人坐的桌椅板凳,当时人们的习惯是在地上铺上席子,一切活动皆在席子上进行。二是住房低矮,室内空间狭小,人们在室内只能席地坐卧与饮食。

西晋以后,随着建筑技术的发展,房屋增高、扩大,比较高的床、桌、椅、凳相继问世,中国传统的席地而食的进食方式受到冲击。汉唐时期,分食制开始转变为聚食制。这一时期烹饪技艺有了长足的进步,原来的小木案已不能承担一桌酒席摆放菜肴的需要,桌子应运而生。分食的方式不适合人们享受多种菜肴风味的需要;另外,围桌而坐,宴会宾主气氛热烈融洽,远比分食时热闹,富于人情味,因此聚食成为一种不可阻挡的潮流。

(三) 饮宴与礼仪

礼仪风俗是人类文化的重要组成部分,它渗透在人们生活的多个领域。各民族的饮食除在饮食原料、饮食方式、饮食口味等方面的差异之外,饮食活动也被打上了自己民族礼仪风俗的烙印。

中国人讲礼仪,而宴席是中国人讲礼的重要场合。款待宾客的饮宴与日常进餐的不同之处在于它具有一定的仪式,古代天子、诸侯、大夫招待宾客,仪式非常复杂。即便是民间的婚宴、寿宴等,也要有简单的仪式,如东道主致辞、司仪主持等。

饮宴的礼仪形式直接来源于儒家的"礼"。儒家的"礼"是适应社会稳定结构的需要而产生的。通过在饮宴上讲"礼",增进了情感,创造了和谐气氛。中国历史上有名的饮宴有鹿鸣宴、曲江宴、满汉全席等。

1. 乡饮酒和鹿鸣宴

乡饮酒和鹿鸣宴是我国历史上流行范围最广、延续时间最长的一种礼仪性饮宴活动,这种筵席由地方官员举办,具有宣扬礼教和团结地方绅士的意义。这种饮宴活动,从周代起一直延续到清代。

乡饮酒的目的很多。有的侧重于尊贤敬老,宣扬礼教;有的侧重于社交,笼络地方绅士。最早的乡饮酒在周代产生,有两种形式:一是欢送为国君效力的士人;一是乡里的行政长官在每年的腊月举行祭祀时的饮宴活动。这些饮宴古时都有固定的仪式,不仅各人的进出次序、座位方向有严格的规定,就连谁在什么时候说什么话都有规定，无非是体现尊卑长幼、身份等级的不同。

"鹿鸣宴"是某些乡饮宴会的别称，主要是指地方官员设宴招待乡里的贡、举人。这类宴会上必须奏《鹿鸣》之曲，诵《鹿鸣》之歌。鹿发现美食，不忘同类，发出鸣叫招呼同类共食，古人认为这是一种美德。因此，举行"鹿鸣宴"，有着希望这些成功人士日后为家乡父老谋福利的意思。

2. 唐代曲江宴

唐代进士及第之后，同榜进士齐集曲江。朝廷特别恩赐这些进士游宴曲江，表示对他们的祝贺，也是让他们感恩戴德，忠于朝廷。曲江游宴，实际上是长安倾城出动的大型游乐活动。这一天来到曲江的，不只是几十名新进士，还有主考官和其他达官贵人，有时皇帝也携贵妃们来观赏游宴盛况。曲江宴上的食品，必有樱桃，樱桃是当时时髦的食品。有时皇帝还特命御厨制作一些精美食品赐给新进士品尝。

曲江游宴是新进士生平第一次的荣耀之事，他们这一天的游宴活动，除了品尝佳肴，还要拜谢恩师，攀识权贵，结交朋友。如此盛大、隆重、热闹的游宴活动，自然在进士们心中留下了终生难忘的印象，使他们在以后的生活中，难免会时时记起这次游宴，唐朝很多著名诗人，都写过与曲江游宴相关的诗歌。唐代的曲江宴，从一个侧面反映了当时的政治、经济、文化和社会生活状况。

3. 满汉全席

满汉全席是清王朝统治时期最高规格的宴席，其形成有着特定的历史原因。满族入关以前，饮食风俗和汉族差别很大。入关之后，出现了满汉杂处的局面。清朝大员在与汉族官员相互宴请的过程中，尝到了汉族厨师烹制的各种美味佳肴，看到了餐桌上的豪华雅致以及隆重的礼仪形式。久而久之，汉族厨师和菜肴也进入清朝宫廷和满族大员家中，随同进入的，还有菜的规章程序、筵席的礼仪等，形成了独具特色的满汉融合的饮食礼俗。

满汉全席以皇宫最为豪华，饮食仪式最规范庄严。清朝宫廷满汉全席所用的餐桌样式、桌面摆设、菜品数量、餐具形状等，按地位、身份不同而有明确区别。在入座、出座、进汤膳、进酒膳时都要奏乐。在宴前和宴中都有完整的礼仪程序。单就谢恩来说，就极为繁琐，除正式向皇帝三跪九叩外，在宴会时还要时时下桌叩头谢恩。满汉全席是清代各民族、各地区饮食文化交流与融合的一个缩影，社会上各个层次的民众都受其影响。

二 饮食的艺术

《礼记·礼运》："饮食男女，人之大欲存焉。"①饮食之事和生儿育女之事，不是一般的欲望，而是"大欲"，应慎重对待。因此，中国特别讲究吃。中国人的吃，不仅仅是填饱肚子，也是一种文化，一种艺术。

（一）味的艺术

重视食物滋味，是中国饮食艺术的重要内容。为达到滋味无穷，中国人讲究烹饪艺术，并在滋味的基础上形成了各种菜系。

1. 讲究烹调

"五味调和"是中国烹饪的基本原则，也是中国菜肴的突出特点。食物要五味调和，烹饪技术则非常重要。

烹调时要讲究技法，中国各地菜系的烹调技法如煮、蒸、烤、炒、烧、爆、煎、炸、溜、焖、熬、炖、熏、卤、腌、拌、涮等不下数十种。这些方法的相当一部分在先秦文献和文学作品中已可以见到，如《礼记》、《楚辞·招魂》等就有记载。有一些重要的烹调技术如炒、涮等虽在先秦文献中尚未发现，但在唐宋之际也已出现。

讲究选料。先秦时期，人们对家畜、家禽的食用已颇有研究。这一时期的人们已经懂得不同的禽畜，其肉质的老、嫩，滋味各不相同，在高级筵宴或重要的祭祀时专门选用羔、犊、小猪等肉质细嫩的家畜，制作不同食品按照需要，有的专选雄性，有的专选雌性，而且懂得把牛、羊等分解开来选料。这些传统一直延续到现在。

讲究刀工。刀工在中国烹饪技艺术中占有非常重要的地位，仅刀工刀法的名称就不下 200 多种。刀工要求技艺运用娴熟，能将食物原料快速加工成需要的形状。刀工要讲究运刀的力度，明代冯梦龙的《古今谈概》里记载了一名操刀能手的绝艺：这名操刀能手用一个人的背当砧板切肉丝，肉切好而背没有一丝伤痕。

---

① 杨天宇：《礼记译注》，上海：上海古籍出版社，1997 年，第 376 页。

讲究调味。中国重视调味，最早可追溯到黄帝时期，这一时期的人们开始煮海水制盐，从此，中国人的食物滋味开始鲜美起来。在周代，天然调味品和人工制作的调味品显著增加，到春秋战国时期，茱萸、桂皮、姜、葱等植物性调味品是菜肴烹制中常用的原料，人工制作的调味品出现了醋、酱。当时的烹饪大师们对这些调味品的不同性质都很熟悉。

重火候。这对菜肴烹制的好坏是很重要的一环。"火候"一词是借用道教炼丹的术语，用来描述加热制熟食物过程中的火力大小、时间长短。这个词用于烹饪最早在唐朝，唐朝以后烹饪陆续出现了"文火"、"武火"、"大火"、"小火"、"暗火"、"余火"等反映各种火候的词语。

2. 传统菜系

我国菜肴举世驰名，品种之繁多，口味之精美，可谓世界之最。在千百年的历史中，各地形成了各地的特殊口味，有各具特色的烹制程序，逐渐从民间风味发展形成特定类型，形成了许多独具风味的地方菜系。其中较为著名的有鲁(山东)菜、川(四川)菜、苏(江苏)菜、浙(浙江)菜、粤(广东)菜、闽(福建)菜、湘(湖南)菜、皖(安徽)菜八大菜系。

山东菜系主要是由济南和胶东两地的地方菜发展而成的，它在北方享有很高声誉。济南菜专长于清汤、奶汤，素以清鲜、脆嫩著称。胶东菜擅长于海味，烹调以炸、蒸、爆、炒为主。著名的海味有"红烧海螺"、"酥海带"等。

四川菜以成都、重庆两地的菜肴为代表，以麻辣、味厚著称。川菜名肴很多。如"宫保鸡丁"、"麻婆豆腐"等，都是国内外驰名的。

广东菜由广州、潮州、东江等地方菜发展而成。由于广东地处四季气温偏高的地带，人们喜欢清淡口味，因此广东菜以清淡、生脆、偏甜为主。著名菜肴很多，仅蛇菜就有几十样之多。

江苏菜由扬州、苏州、南京三市地方菜发展而成。选料严格，制作精细，注意配色，讲究选型。南京的板鸭，是著名的风味菜。

浙江菜主要由杭州、宁波、绍兴等地方菜发展而成，其中杭州菜尤为著名。浙江菜的特点是注意刀功，讲究鲜、脆、软、滑，保持原味。著名菜肴有"西湖醋鱼"、"龙井虾仁"等。

福建菜色调美观，滋味清鲜，长于炒溜煎煨，注重甜酸咸香。福建菜的"佛

跳墙"誉满全国，此菜味道奇香，传说把隔壁寺院的和尚都吸引过来了，因此叫
"佛跳墙"。

湖南菜以长沙菜为代表。用料广泛，特别是熏腊原料采用尤多，油重色浓。
名菜肴"腊味合蒸"、"麻辣子鸡"等。

安徽菜系是由沿江、沿淮、徽州地区的地方菜构成。特点是讲究火功，烹调
以烧、煮、蒸、焖为主，与其他菜系风味不同的地方是"三重"，即"重油"、"重
色"、"重火功"。著名菜肴有：红烧果子狸、火腿炖鞭笋等。

我国的各种菜系，大多有很悠久的历史。例如广东菜中的"蛇餐"，有两千
年以上的历史了。汉代成书的《淮南子》中有南越之人抓到蛇以后，做成上等菜
肴的记载，可见在汉代蛇餐就是一味珍馐。千百年来，经过不断的吸取、融合改
进，终于形成现在千姿百态的饮食文化。

(二) 味外的艺术

在进餐时，除了食物本身的色香味刺激人的味觉外，食物的形状和名称，餐
具的品质和风格以及就餐的环境等，都会影响食者的心理，使之获得食物滋味之
外的味道。

1. 食名优美

给佳肴加上优美的名称，使其具有艺术雅趣。中国食物名称，有的质朴，有
的富含深意，有的与历史相关。

质朴的食名，表明菜肴的色香味料等。如以料命名的"荷叶包鸡"，以香命
名的"五香肉"，以烹饪方法命名的"熏肉"，以数字命名的"八宝饭"、"千层
糕"等。

有些菜名，常含有祝福的意味。如"鸳鸯鱼片"、"鸳鸯豆腐"、"鸳鸯火锅"
等，常用于喜庆婚宴，以增添喜庆气氛。"松鹤延年"祝愿人们健康长寿，"如意
冬笋"祝愿万事如意，"梅花云腿"寄寓不畏霜欺雪压，"三元鱼脆"借古代科举连
中解元、会元、状元三元之意，祝愿人不断进步，节节高升。"四喜汤圆"、"五
福鱼圆"等更是开门见山地表达了祝愿幸福圆满之意。

一些以人命名的菜如"东坡肉"、"太白鸡"、"陈麻婆豆腐"、"肖美人点心"
等，或菜名因人名而流传，或人名因菜名而流传。油条称为"油炸桧"，酥饼叫

"大救驾"，这些菜名蕴藏着历史故事，给人一种历史文化的积淀之感。

2. 食器精美

中国饮食历来重视食物与器具的配合。食器的恰当选用，可以创造出良好的视觉效果，有较强的艺术审美性。我国的饮食器具以陶瓷最为常见。瓷器不吸收水分，不与食物起化学作用，表面光滑，容易洗涤。中国瓷器历史悠久，工艺水平很高，驰誉海外。以陶瓷制作的食器，有的像银、雪一样洁白，有的像冰、玉一样的晶莹。

封建时代，贵族使用的食器精美到奢侈的程度。王翰名句"葡萄美酒夜光杯。欲饮琵琶马上催"中的夜光杯是一种极其名贵的玉杯，在晚上可以放光。李白诗"玉盘珍馐值万钱"，足见玉盘价值之昂贵。更多的食器是用金银做成，做工精巧，令人叹绝。1970 年在西安市南部何家村出土唐朝文物中，有三只金杯，带有舞伎或乐工等人物形象的纹饰，栩栩如生，巧夺天工。《红楼梦》第四十一回写宝玉和宝钗、黛玉到道姑妙玉那里喝茶，妙玉用十分珍稀的茶杯招待他们，其中有一只九曲十环一百二十三节蟠虬整雕竹根的大杯，那意趣早已超出饮茶本身了。

3. 环境雅致

中国古代文人最喜欢在大自然中饮宴。东晋王羲之《兰亭集序》记叙了在会稽山阴"兰亭"的宴饮。"天朗气清，惠风和畅"，"崇山峻岭，茂林修竹"。他们一面观赏自然美景，一面饮酒赋诗，人生之乐，尽在于此。

历代中国文人留下许多在大自然中饮宴的诗文。李白诗："花间一壶酒，独酌无相亲。"孟浩然："开轩面场圃，把酒话桑麻。"苏轼一边游览赤壁。一边和朋友在江船上饮宴，写下了流传千古的前后《赤壁赋》、《念奴娇·赤壁怀古》。欧阳修的《醉翁亭记》记的就是他和一群朋友在琅琊山饮宴的情景。

为营造雅致的氛围，唐代酒楼小店都将店里的墙壁粉白，供文人墨客在上面题诗作画，这种风俗一直保持到宋朝。《水浒传》中宋江醉后在店里的墙壁上题了一首反诗，酒醒后吓得一身冷汗。宋代的酒楼茶坊，开始张挂名人字画吸引顾客，这种装饰营造了一种艺术氛围，使饮食文化更加具有艺术品位，将物质享受与精神享受统一起来。

第三节　宫室园林

建筑是人类劳动的主要成果之一，也是人类文化的一个重要组成部分。我国古代建筑在悠久的历史发展过程中，取得了卓越成就，在世界建筑文化中占有极重要的地位。中国古代建筑有着自己独特的建筑体系，无论在技术上还是在艺术上都具有自己的民族风格和特点，而中国特有的儒、道、释文化成为中国古代建筑的文化之魂。

一　宫室建筑

建筑是人类征服大自然的成果，主要目的是给人们提供一个遮风避雨的场所。最初的房屋多是利用天然的洞穴，后来开始用树木搭建屋子。随着生产力和科学技术的提高，房屋建筑愈来愈宏伟，样式也愈来愈复杂。在这个发展过程中。中国形成了自己本民族特有的建筑类型和建筑特征。

(一) 中国古代建筑主要类型

中国古代建筑源远流长，发展很充分，主要类型有四大类：一是居住类建筑，有宫殿和民居；二是祭祀类建筑，有坛庙和陵寝等；三是宗教类建筑，主要有佛寺、道观等；四是一些其他实用建筑，主要是亭子、桥梁等。

1. 宫殿民居

宫殿是帝王起居之处，建在都城里，是帝王的家，更是全国的政治中心。宫殿以其磅礴气势、巨大空间和精美造型，在中国建筑文化之中处于重要地位。

宫殿历史非常悠久，河南偃师二里头商代早期的宫殿遗址，是建筑考古所发现的最早的中国宫殿遗址之一，距今大约 3500 年。中国历代宫殿的布局和结构深受《周礼·考工记》的影响。《考工记》成书于战国时代，是儒家的重要典籍。它认为宫殿应区分为"三朝"：举行重大仪式和政治活动的外朝；处理日常政务的治朝；起居生活的燕朝。整个宫殿应该是前朝后寝，左祖(宗庙)右社(社稷)。

历代帝王对宫殿建筑的投入是巨大的。一个宫殿建筑群动辄覆盖五六十平方公里，大小房屋几千间，花费之巨一般老百姓是难以想象的。宫殿建筑是中国建筑的重要类型，代表了中国古代建筑技术和艺术的最高水平。

民居即所谓住宅，是中国建筑最古老、最常见的建筑样式。民居是实用性建筑，适于居住。让人从生理和心理上得到休息，是对它的第一要求，所以宁和、朴素是民居的主要特征。

民居大致可分为规整型和非规整型两种。规整型民居北方多见，非规整型民居南方多见。规整型民居一般在平面布局上呈中轴对称，以明清四合院为代表，讲究严整、规范。南方民居由于地形多变，建筑不得不因地制宜。南方民居大量使用木料，空间偏于通透，利于通风。

2. 坛庙陵寝

坛庙类建筑，可以说是中国的独创，有祭祀坛和宗庙建筑两种。

坛是中国古代用于祭天地的建筑，最重要的、最著名的祭坛自然是北京天坛。天坛始建于明朝1420年，占地面积约为272万平方米，有圜丘和祈年殿两处建筑，建筑为圆形，以象征"天圆"这一意义。天坛的文化意义是祭天以祈丰年。与天坛相对应的是北京的社稷坛，意在祭奉大地。社稷坛的设计为方形，是根据"天圆地方"而来，总面积约5.6万平方米，建筑物很少，但种植了大片的青松翠柏，象征着大地的辽阔。

宗庙是坛庙的另一种建筑形式，是为祭奉先祖而建。现存最著名的宗庙，是陕西黄陵县桥山的黄帝庙。修建黄帝庙的目的，为的是祭祖，是华夏民族在文化观念而非家族意义上对"黄帝"这位祖先的祭奉。

在中国古代，长辈死后筑陵寝以厚葬，是子孙尽孝的表现。只是这种"陵寝"级别的"孝"只有王公贵族才承担得起，普通百姓是无能为力的。中国陵寝建筑，多选择风水宝地，与四周的自然环境和谐一体。陵寝建筑的主要代表是历代帝王陵寝，其建筑主要体现帝王的权威，重在创造神圣崇高、庄严肃穆的氛围。

3. 佛寺道观

佛寺是中国宗教建筑的主要类型。从结构布局与建筑风格上看，佛寺包括一般佛寺和喇嘛教寺两大类。一般佛寺比较多地接受了中国传统建筑的影响。在建筑功能上，整庙寺院大致分为礼拜、传教区和生活区。佛殿是其主题建筑，山门、天王殿、大雄宝殿、法堂与藏经阁，一般构成佛寺的主要部分；僧房、香积厨、茶堂等构成了僧众的生活区。著名的佛寺有河南洛阳的白马寺、山西五台的佛光寺。喇嘛教寺院主要分布在西藏地区，有藏式、蒙古式和内地式三种风格。风格虽不同，但作为一个佛教流派的寺庙，大经堂、法坛和复钵式的佛塔，一般是不可或缺的组成部分。

佛教建筑的另一类型是佛塔。佛塔在印度本是埋葬佛"舍利"的半圆形坟墓，后来兼用以藏纳圣佛遗物。传到中国后，发展成中国式的佛塔。从佛塔构造看，一般由基座、塔身和塔刹三部分构成，不少佛塔在基座下面设有地宫。作为一种古老的佛教建筑类型，佛塔往往成为古迹名胜，为后人瞻仰欣赏，给人以宗教的神秘感与建筑美的享受。著名的佛塔有陕西大雁塔、小雁塔，普陀山普济师多宝塔等。

道观，又称道教宫观，是中国道教供祀神像和进行宗教活动的场所，也是中国本土宗教建筑的主要类型。道观以三清殿为主殿，多修于环境清幽的名山大川。道观一般为土木结构，多个建筑组合在一起，在平面布局上讲究中轴对称。现存著名道观有北京白云观、武当宫观、山西芮城的永乐宫等。

4. 亭子桥梁

亭子又名凉亭，是一种只有立柱支撑顶盖，四周无墙体的空间通透的建筑物。亭子是中国建筑的一种特殊类型，其实用功能是供人休息，多设于园林、名胜之处，有时也建造在山顶、水边等地。

园林之亭的造型，以平面为圆形、方形、六角形和八角形等为多见。亭子是园林中构景的重要手段，那种小巧玲珑的造型，往往给人以优雅秀美的感觉。亭子在中国古代往往是送别的场所，长亭送别，两情相依，折柳以赠，不胜感伤，因此亭子也就频繁地出现在各种诗词当中。

桥梁是渡水的交通工具，除实用功能之外，也可以成为建筑审美的对象，扬州瘦西湖上有一座五亭桥，是在拱桥之上建造了五座亭子，造型端雅、秀美。大名鼎鼎的卢沟桥，桥上装饰有石狮502个，狮像造型不一，各具情态，此桥历史悠久，自唐代起就已被记载于史籍之中。

中国桥梁技术发展较早，早在先秦，中国已经发明浮桥、吊桥等。东汉之时，发明了拱桥。拱桥技术尤其令人称道，如公元605年建成的赵州桥，是现存世界上最古老、跨度最大的圆弧拱桥，其跨径记录，在世界上保持了730多年。

（二）中国古代建筑的主要特征

中国古代建筑作为中国文化的重要构成，被打上了鲜明的文化烙印，形成了自己独特的、富于魅力的民族特征。古代建筑的特征主要体现为：建筑以土木结构为主，追求宏阔的建筑尺度，布局上讲究中轴对称。

1. 以土木结构为主

西方建筑以石头为主要建筑材料，而中国建筑以土木结构为主，古代常以"兴土木"作为建筑的代名词，这一传统构筑方式是自然条件的影响所造成的。我国古代文化最早兴起的黄河流域和长江流域地区，气候温暖湿润，具有肥沃的土层，生长着茂密的森林。古代劳动人民因地制宜，以木材和泥土作为主要建筑材料，因而形成了这种以土木混合结构为主的建筑传统。中国古建筑从历史上赫赫有名的秦之阿房宫、明清北京故宫到名不见经传的寻常百姓之家，从杜甫的草堂到欧阳修的醉翁亭，一律都是土木的世界。

2. 追求宏阔的空间尺度

中国古代建筑所追求的巨大尺度，一般不是从高度而是从横阔度上表现出来。中国建筑，除佛塔显得较为高峻外，大量建筑所体现出的是横向铺排、群体组合的民族特点。中国历代古城中，最大的是唐代都城长安，面积达 84.1 平方公里，国外最大的古城是巴格达，面积仅为 30.44 平方公里，前者是后者的 2.8 倍。这种推崇阔大的建筑风格从远古一直延续到明清，几千年没有根本的改变。

推崇宏阔的横铺式建筑风格的形成，一方面是由于封建帝王好大喜功，欲体现天子威严的政治原因；另一方面也在于中国古建筑以土木为基本建材，受到土木材料特性的限制，无法将房子建得高大，于是沿着地面向四野铺展。不过，形成这种现象的深层原因，还是与中国传统文化的伦理特征有关。中国古代建筑，从个体上看，是土与木的结合；从群体上看，又是诸式建筑个体的组合，它适应了一个血缘家族聚居在一起的需要。中国人的"家"，是由血缘关系组成的家族，三代、四代甚至是五代同堂，如《红楼梦》中所描绘的荣国府和宁国府，就是这样的群体组合。

3. 布局的中轴对称

从中国建筑的平面布局来看，其最大特征是中轴对称。

北方的庭院式民居，其基本形式是以主体建筑为中心，采用均衡对称的方式布置若干次要建筑为衬托，再以廊庑和围墙将它们连为一个整体。这种布局方式封闭性较强，便于安排家庭成员的住所，使尊卑、长幼、男女、主仆之间各得其所而又有明显的区别，适合中国古代社会的宗法和礼教制度。

中国古代的宗庙、宫殿建筑在平面布局上自然也是具有中轴线的，即重要的主题建筑居中，其中心之所在，就是中轴线之所在，两侧对称安排建筑群的其他副建筑。如明清北京故宫，其平面布局，自南至北以正阳门、大明门、天安门、端门、午门、太和门、太和殿、中和殿、保和殿、乾清门直达鼓楼，形成一个突出的中轴序列，这个中轴序列位于全城的中轴线上，左为祖庙，右为社稷，对称布排其他建筑，并且，太和殿中的皇帝宝座也精密地设在全城之中轴线上。

这种对中轴线的迷恋，与中国传统文化所特有的"礼"相关，"礼"强调尊卑有序，而"中"突出了权威居中；也与中华民族在历史中形成的独特的民族心理相关，中国人追求审美心理上的平稳、沉静、自持、静穆，因此在建筑中也就强调沿中轴对称的均衡。

二　古典园林

中国古代园林，一般由园林建筑物、山水草树、道路以及其他诸如题字、雕刻等构成。园林建筑是对自然的回归，表现人类对大自然的热爱与向往，是自然美、建筑美以及其他人文之美的和谐统一。

（一）皇家园林与私家园林

中国最早的园林出现在商周时期，当时的奴隶主借助天然景色，略加圈划，范围很大，供以狩猎玩乐，其园林文化带有原始古朴的特点。在园林文化的发展过程中，除了皇家修建园林之外，官宦贵戚乃至一般的富殷人家也修造园林，故有皇家园林和私家园林之分。

1. 皇家园林

皇家园林一般规模较大，在平面布局上表现出儒家礼制的影响，建造风格一般色彩雅丽，追求一种富贵之美。

秦始皇统一六国，在都城咸阳大规模修建宫室，用以炫耀其文治武功，并尽享人间荣华富贵。在渭水南部，兴修上林苑，苑中广植花树。秦始皇晚年希望长生不死，故喜好神仙方术，向往海外仙山，但是屡次寻找而不可得，于是在上林苑堆了一座山，名为"蓬莱"，聊以自慰。秦亡后，汉武帝重修上林苑，在苑中重新植花种树，并且续建了一些宫殿楼宇，当时君臣共游上林，文人墨客赋文赞美，司马相如的《上林赋》便是其中的名篇。

经过六朝的战乱之后，隋唐时期皇家园林的修建重新兴旺。隋炀帝好大喜功，认为在他的统治下国泰民安、国力强盛，除了乘龙舟下扬州，还在都城修西苑。西苑以水景为主，园中湖面周长十多里，碧波荡漾，象征蓬莱诸神山的土台山景似浮于烟波之中。唐朝时的皇家园林在长安城东南的曲江，最有世俗意味，每到传统节日，或进士及第，园内游客摩肩接踵，热闹非凡。

宋时临安建有皇家园林玉津园、聚景园与集芳园，在南京定都后建有御园、养种园与八仙园等，当时造园多取太湖石，因此朝廷耗费人力、物力将太湖石运到京城。清代皇家园林修建达到顶峰，以后来毁于英法侵略战火的圆明园与承德避暑山庄及颐和园为代表。被誉为"万园之园"的圆明园，是中国园林艺术的稀世珍宝，占地20华里，园内亭台楼阁的建筑面积约16万平方米，建筑工期逾时一个半世纪，其建筑融汇中外、南北等不同风格，令人叹绝。承德避暑山庄和颐和园现在依然存在，各具特色，其规模是私家园林无法比拟的。

2. 私家园林

私人修筑园林，从汉代正式开始。当时汉武帝修上林苑，王室率先，群臣仿效。大将军霍光很喜欢园林；大文人董仲舒发愤读书乃至三年不窥园，可见他修有自己的私人园林。汉代私家建园，同帝王治园一样，其目的也还在于显富与享乐。

魏晋南北朝时期，战乱迭起，当时士大夫们常感叹人生短暂，世事无常，于是人们的兴趣便趋向于避开纷扰的社会，向往清静美好的自然，醉心山林，隐逸田园。这一时期，开池筑园、养花种树成为时尚。北魏杨衒之的《洛阳伽蓝记》，附记了都城洛阳多处贵族名园。唐朝私园著称于世的是长安城东南的辋川别业，本是宋之问的蓝田别墅，后经唐代诗人王维的苦心经营，成为远近闻名的文人园林。明代是私家园林的兴盛时期，一些达官显贵、文人学士造园热情高涨，当时南方私家园林格外出色，现存于苏州的拙政园、留园就是当时修建的名园。

私家园林常与住宅相连，占地不多，小者一二亩，大者数十亩。园内景色处理顺应自然，布局灵活，变化有致。私家园林的室内陈设各种字画、工艺品和精致的家具，这种陈设大大提高了园林建筑的观赏性。在江南私家园林中，楹联、诗词、题咏与园林相结合，利用文学手段深化了人们对园林景色的理解，启发了人们的想象力，使园林富有诗情画意。

(二)古典园林艺术特点

修建园林的目的是让人回归自然，但是园林虽源于自然却高于自然，因为园林在模山范水的过程中，已倾注了人们的审美理想和艺术创造力，因此，园林在湖光山色之中，时时透露着人的艺术追求和审美情趣。

1. 曲径通幽，天然成趣

中国古典园林很少让景色一览无余，常将幽深的意境半露半含，或把美好的景色隐藏在一组景色之后，让人们自己去寻找，园内用建筑、花木、围墙、假山来阻隔视线；同时又有曲廊、曲径、溪流，弯弯曲曲，迂回曲折，使人几经转折还未窥见全貌，而景色却常走常新，有"山重水复疑无路，柳暗花明又一村"之感。如苏州拙政园悟行幽居处，一湾流水，曲折逶迤，绕过山石，穿入花间，悄然远去，使人感到流水无尽。

在这种"不可使景一览无余"的思想指导下，园林设计家还艺术地运用墙、窗、水等造成虚实对比。一墙之隔是实，一水之隔是虚，墙上漏窗则是实中有虚。一块湖石，几枝翠竹，倚墙而立，自成一景。而墙上设窗，窗外景色和眼前之景互相呼应衬托，明暗相生，相映成趣。

一园之中，景色特点不会完全相同，如承德避暑山庄景色分三区：山岭景区、平原景区和湖泊景区。山岭景区峰峦起伏，高可登顶远眺，低则寻幽探趣。平原景区又分两块：一块古树参天、麋鹿成群，一派北国风光；一块则是蒙古风格，是野宴、角力、观烟火的好地方。湖泊区则是江南情调，湖面辽阔，桥堤隐现，意境深远。这样，一园当中，景物各具特色，不致久看生厌。

中国古典园林的设计，非常注意讲求天然意趣。园林在平面上很少采用规则的布局，不像宫殿那样以中轴线为主对称排列建筑物，而是顺其自然，灵活布局。例如苏州的拙政园，原来是积水弥漫的洼地，造园者采用因地制宜的手法，不同形式的建筑物都依水而筑，水面上或布置小岛，或架设小桥，打破了单调的气氛。水廊沿池水走向，顺势而建，自成天然之趣。北京颐和园也是一个利用天然山水加以人工改造而成的大型园林，园中主体建筑佛香阁北面依山，取山林意境，南面临湖，又得看水意境。颐和园的东北角地势低下，因而以势就势，构成了以水面为中心的谐趣园。

2. 诗情画意，情景交融

园林景色是给人观赏的，这就使它与实用性建筑存在着显明的不同。南北朝以来的山水田园诗深刻地影响了中国人的审美情趣，也就使园林艺术与文学及绘画紧密结合起来，用匾额、对联、题咏、碑刻来立意点景，为园景增色。唐宋以来兴起的文人画也深刻地影响了园林的建造，古典园林的设计修建往往由文人或画家主持，诗情画意因此成为园林设计的指导思想。

单纯从景物看，碑刻题匾并不会使景物增色多少，但是，它能加深观赏者的感受，使观赏者领悟景色之外的含义。一般园林中的门、楼阁、亭子都有名称，这些名称多为即景点题的词语，如颐和园中"绮望轩"，观看景色最美的时候在傍晚，太阳西落，晚霞满天，被广阔的湖面倒映，正是谢朓诗"余霞散成绮，澄江静如练"的意境。上海豫园在正门之后又有一门，上题"渐佳"二字。"渐佳"是"渐入佳境"之意，有几层含意，景物渐入佳境，心情渐入佳境，人生渐入佳境，这样，观赏者观景之时，已不仅仅停留在景的表面层次，而是由景物而情志，获得人生感悟。《红楼梦》写贾政带人游新修的大观园时说："偌大景致，若干亭榭，无字标题，也觉寥落无趣，任是花柳山水，也断不能生色。"[①]

三 中国建筑思想：天人合一

中国传统哲学的"天人合一"思想深刻地影响了中国古代建筑，成为古代建筑的重要指导思想。"天人合一"思考宇宙与人之关系，认为人要与天地自然和谐共存。儒家和道家都推崇天人合一，但两家对"天"的理解是有差异的。儒家所理解的"天"是天理、天命，是无形之中主宰人类命运的"上帝"。孟子认为仁、义、礼、智皆是天赐与人的，因此"天人合一"就是人要遵从仁义礼制。这样，

---

① （清）曹雪芹、高鹗：《红楼梦》，长沙：岳麓书社，2001 年，第 104 页。

儒家的"天人合一"实际上更侧重于"人"。道家的"天人合一"则侧重于自然之"天"。道家认为，人来源于大自然，人和天地自然相比无论是体积还是年寿都是微不足道的。因此，人应顺其自然，要以自然为法则，无为而无不为。因为"天人合一"所内蕴的这种或儒或道的差异，故其对古代建筑的影响也是有区别的。宫殿、坛庙、官邸、陵寝建筑等，偏重于受到儒家规范的影响；而园林建筑，尤其是文人士大夫的园林建筑，偏重于受到道家情趣的濡染。

(一) 自然谐和

建筑具备一定的实用性，大部分的建筑是为人居住而设计的。民居自不必说；寺院是求神拜佛之地，同时也是僧侣居住的"家"；宫殿是显示并行使王权之地，同时也是帝王的"家"。既然都是"家"，就有一个起居舒适、身心愉悦的问题。因此，建筑与环境的和谐共存便显得十分重要。

佛寺道观多建于风景名胜之地，力求达到人与自然的谐和。我国四大佛教圣地：山西五台、四川峨眉、安徽九华、浙江普陀，都是山势俊逸、风景秀美之处。泰山日出独步天下，云雾缭绕，便有道教建筑建于其上。四川"青城天下幽"闻名遐迩，青山幽水，其美难以述说，有道观建筑上清宫屹立于此，号称"神仙都会"，自然之"幽静"与道教之"清虚"相得益彰。而建于河南嵩山的中岳庙，房宇众多，气势恢宏，恰与雄伟壮观的嵩山自然风貌浑然一体。

一般民居建筑和自然环境也是相依相存。南方民居往往依地势而建，呈开放式格局，屋前屋后栽有大片树木、竹子，有的房屋干脆就建于树林竹海之中。北方庭院式建筑是封闭式的，但庭院开阔，庭内植树种花，使自然之景进入院内，显示着人对自然环境的亲昵。叶绍翁诗："满园春色关不住，一枝红杏出墙来。"描绘出人与环境的和谐共存。

中国古代建筑的门窗有着不同于西方建筑的功能。古希腊对门窗的观念，一般重其通风、采光或围闭，而中国古代建筑是土木结构，承重在木而非土(墙)，故门窗的开辟灵活而多样，往往是实用与审美兼而有之，更重视屋内与屋外空间的交流和景物的借换。杜甫诗："窗含西岭千秋雪，门泊东吴万里船。"王安石诗："一水护田将绿绕，两山排闼送青来。"苏轼词："转朱阁，低绮户，照无眠。"门和窗的位置已不只是考虑如何实用，还考虑到如何与环境交流。比如园林建筑中的漏花窗，便是为了显示环境之美而设计的。

园林建筑模山范水，使建筑物的造型融入自然之中，并不显露出人为的痕迹。值得注意的是园林建筑中亭台楼阁的功能，比如亭子，四周无遮无拦，空无一物，故亭子的位置就显得十分重要，它是景物的焦点之所在。苏轼《涵虚亭》诗云："惟有此亭无一物，坐观万景得天全。"亭中虽无物，但却拥有万物，这正体现了道家天人合一的思想。

(二) 土木政治

儒家追求"天人合一"，"礼"是中间环节，遵从"礼"才能达到天人和谐。在漫长的封建社会里，礼无时不在、无处不在。礼渗透于社会生活方方面面，当然也影响到中国古代建筑的文化面貌与历史发展。

先说宗庙。宗庙是专供祭祀祖宗的建筑。《礼记》规定，修建宗庙，天子数目为七，诸侯为五，大夫三庙，一般的士人一庙，而平民百姓只能在家里祭祖，反映了社会的等级差异。皇帝营建都城，《考工记》规定宗庙应建在左边，古人以左为上，可见宗庙在古人心目中的分量。古代中国的平民百姓，生活可以过得差一点，但祖宗是不可怠慢的。民间的宗祠，广泛地修建于村落、市镇之中。地方豪门望族，为显示崇祖的热忱，竞相以最好的材料，选最好的土地修造宗祠。崇拜宗庙，也就是崇拜祖先，古人不仅祭祀时到宗庙，册命典礼，出师援兵，祝捷献俘等都要到宗庙，宗庙在中国建筑文化中显示出独特的意义。

再说都城宫殿。天子是领受天命的人，臣民欲求天人合一则须忠君。而天子建都城王宫时，也会从礼制出发来显示王权的威严。如前所述，都城的修建一般强调中轴线，宫城处于中轴线上，宗庙、社稷坛在左右两翼，突出王权。宫殿建筑作为帝王理政和起居的场所，选材最精，造价最费，规格最高。如明清故宫，其宫城东西长 760 米，南北长 960 米，内部建筑依"礼"而定，分外朝、内廷两部分，外朝是皇帝处理朝政的地方，内廷是生活场所，外朝地位高于内廷。外朝三殿：太和殿、中和殿、宝和殿，三者之中以太和殿为最尊，是皇帝即位、大朝、颁发诏令之地。太和殿建筑精美，气氛庄严，左右前后布置着高低错落、秩序井然的建筑群，呈对称态势，有簇拥之意，充分显示了王权居中的威严。

最后说陵寝。《左传·哀公十五年》："事死如事生，礼也。"①陵寝主人生前是何身份地位，死后也应得到相应的待遇，生之礼与死之礼是统一的，如果"厚其生而薄其死"，是"奸人之道而倍（背）叛之心也"②。按照这种礼仪规范，不同等级的人，死后陵墓的修建是不一样的。陵墓一般以高为贵，如秦始皇的陵墓"坟高五十余丈"，合120多米高；汉武帝茂陵"高十四丈"，有46.5米。而臣仆之陵墓，不论墓主功劳多高，是无论如何不能超过帝陵的，霍去病、卫青墓仅高二丈。唐代规定，一般情况下，一品坟高1丈8尺，二品以下，每减一品就降2尺，六品以下为8尺。

从上面的描绘中，我们不难看到：中国古代建筑用"土木"书写着儒家礼制规范，"土木"与社会政治、宗法礼教息息相关。在几千年的风风雨雨中，古代建筑在中国大地上投下的历史侧影，既有道家文化的自然旨趣，更有儒家文化的礼乐诉求。

第四节　舟车什物

生活器具是人们为适应环境而创造出来的，它给人们的生活带来了许多便利。车代步，船渡河，灯照明，伞避雨，几千年来始终不变，变的只是它们越来越精致，越来越普及。当然，在等级社会中，这些器物由于使用者社会等级的差异，也被打上了高低贵贱的烙印。

一　舟船车舆

我国古代陆行的主要工具是车马，水行的主要工具是木质的舟船。车船出现在何时已经无从考证，但根据文献的记载和地下的发掘，可以断定，远在商代之前，车船就已经经过了一个很长的发展演变阶段。此后，舟车的发展随着科技的进步有了长足的进展。但是，中国古代车船的发展并没有像现代西方那样成为社会进步的推动力量，而更多的是成为标识等级差异和炫耀权力和富贵的工具。

---

① 《春秋左传集解》，上海：上海人民出版社，1977年，第1809页。
② 《荀子简译》，北京：中华书局，1983年，第262页。

（一）舟船

整个华夏文明发源于黄河长江一带。先民们需要水中的鱼更需要水，因此他们必须征服水，舟船的产生便成为一种必然。

1. 早期的舟船

最原始的渡水工具应是那些天然具有浮力的东西，如葫芦、树木等。《庄子·逍遥游》："今子有五石之瓠，何不虑以为大樽而浮乎江湖。"①瓠即葫芦，几个连在一起就可以渡河过水了。现在还可以见到的筏应是远古常用的渡水工具。筏的做法很简单，将几根树木或竹子用绳子绑好即成，《论语》记孔子语："道不行，乘桴浮于海。"②桴即筏。

独木舟问世以后，才算是真正出现了船。《易经·系辞》说皇帝、尧舜"刳木为舟，剡木为楫"，③ 也就是将木头挖空做成舟，切削木头做成桨。实际上舟的历史还要远古一些，它大概是新石器时代早期的产物，7000 年以前的河姆渡文化遗址就出土了 6 把木桨，有舟未必有桨，但有桨必定有舟，桨的出土肯定了舟的存在。

商周时期，木板船开始出现，甲骨文的"舟"写作"月"，从形状看是由若干块木材联结而成的木板船。那时的木船受技术的限制，还不能造得很大。受筏的制作原理的影响，人们将舟连接起来，这样可以增加负载的重量和平衡度。《说文解字》在解释"舫"字时说："船也，并两舟。"④可见那时的船是组合起来的。舟船的类型丰富以后，注重礼制的周朝还制定了按官阶和身份等级乘船的制度。《尔雅》中记："天子造舟（用船搭浮桥），诸侯维舟（四船并成），大夫方舟（两船并成），士特舟（单船），庶人乘桴（筏）。"⑤

2. 汉代楼船

我国古代造船技术在秦汉时代获得大的发展，汉代楼船是其代表。

---

① 《庄子集释》，《诸子集成》北京：中华书局，1954 年，第 20 页。
② 《论语正义》，《诸子集成》，北京：中华书局，1954 年，第 90 页。
③ 《十三经注疏》，北京：中华书局，1980 年，第 87 页。
④ 《说文解字注》，上海：上海古籍出版社，1981 年，第 403 页。
⑤ 李学勤主编：《尔雅注疏》（标点本），北京：北京大学出版社，1999 年，第 224 页。

汉武帝时期，经过 60 多年的修整，社会经济繁荣，财富积累雄厚。汉武帝为开辟海上航路，先攻百越，再征朝鲜，两次战争的主角都是以楼船为主的船队。《史记》卷三十记有："治楼船，高十余丈，旗帜加其上，甚壮。"汉代兴起的楼船其结构为：甲板之下为舱，供士兵划桨，划桨的士兵在舱内有良好的保护，可以免受敌人弓箭石块的攻击；甲板上的士兵持刀剑，以便在短兵相接时作战，船舷边设半身高的防护墙，称为女墙，起防护作用；甲板上的第二层建筑称为庐，庐的周边再设女墙，庐上的士兵手持长矛，以便居高临下攻击；再上有第三层为飞庐，弓弩手藏于其中，是远距离的攻击力量；最上一层叫爵室，是警卫远眺之处。汉代楼船军的规模可达战船千艘，公元 42 年，东汉伏波将军马援在南征交趾时，就率有大小楼船二千余艘，战士二万余人，可以见其规模之巨。

3. 唐宋车轮战舰

唐之前的隋朝历史虽短，造船能力却很强。隋炀帝凿运河，乘龙舟以游江南，挥霍民财。所乘龙舟有四层，高四丈五尺，长达二十丈。最上一层是隋炀帝接受群臣朝拜和办公的地方，下面两层是寝房，一共有 120 间房，用黄金美玉装饰。最下面一层是内侍居住。隋炀帝第一次出游所率龙舟船队有船只 5191 艘，队伍长达 200 余里，船的前进动力靠人用纤绳拉动，拉纤之人达八万余人。

旧有的造船技术在隋代已经达到一个高峰，唐代在船的动力上有了新的发明：轮桨出现。所谓轮桨，即将桨的叶片装在轮子的周边，这样，就由以往的木桨变为较为省力的轮桨，并且可以安装多个踏板，发挥多人的作用，提高了船速。装备轮桨的船被称为车船，车轮向前转船就前进，车轮向后转船就后退，机动灵活，提高了机动性，这对战船是很重要的，在当时世界是极为先进的技术。

到宋朝，我国古代车船进入大发展时期。公元 1130 年，造船匠人高宣为宋朝水军造桨轮战舰，在船的两边安装桨轮，大型船只多达二十三桨，两边各十一，尾部有一，能装载战士二三百人，船速极快。在抗金的长江水战"采石之战"中，宋军的车船也发挥了空前强大的威力。公元 1161 年 11 月初，40 万金兵在完颜亮的统率下进驻瓜洲渡，而对岸的宋军才一万八千人。完颜亮指挥几百艘战船强渡长江，为首的 70 艘战船逼近南岸时，被宋军的车船撞沉过半，大败而回。战斗中"战士踏车船中流上下，三周金山，回转如飞敌持满以待，相顾骇愕"。① 车船在此战中功不可没。

4. 明代郑和宝船

明朝初年的造船业发展达到了新的高峰。明代造船工场分布之广、规模之大、配套之全，达到了我国古代造船史上的最高水平。明时的清江船厂平均每年造船 600 艘，最高时可达 700 艘。1957 年，南京宝船厂遗址出土一个全长 11 米多的巨型舵杆，令人叹为观止。正是如此雄厚的造船工业基础，成就了郑和七下西洋的远航壮举。

郑和下西洋时率宝船六十余艘，下西洋的官兵人数有二万七千多人，宝船中大者长约 44 丈，宽 18 丈。郑和船只的规模和船队的规模让欧洲所谓"大航海时代"的船队黯然失色。1492 年出航的哥伦布船队，仅有船只三艘，乘员 88 名，旗舰圣·玛利亚号只不过 250 吨。② 郑和第七次下西洋之后，明朝开始实行海禁，从此中国开始了长达 300 多年的闭关自守，中国的航海业和造船业遭到沉重打击。1840 年鸦片战争，英军派出军舰 32 艘，运输舰 25 艘。英舰大者长 32 丈余，宽 6 丈余，火炮多达 70 位，而清水师兵船最大者仅宽 2 丈余，长 11 丈 2 尺，安炮不过 10 门，焉能不败。由此可见，郑和下西洋的壮举在中国古代不仅只是空前，也是绝后的。

(二) 车舆

大约在五千年前，我国就用木滚子来搬运重物，后来，这种木滚子变成车轮。最原始的车轮可能是用粗大原木锯成，非常笨重，为了使车轮更坚固，也更轻便，后来发展成为辐条式车轮。相传是黄帝制造了车子，而《左传》、《墨子》、《荀子》和《吕氏春秋》等则记述了奚仲造车的事。《左传》说薛部落的奚仲担任夏朝的"车正"官职，"车正"主管战车、运输车的制造、保管和使用，是我国早期主管交通的专职行政人员。这些说法虽然很不一致，但它却表明车的发明和使用在中国有着相当悠久的历史。

---

① 《宋史·虞允文传》，北京：中华书局，1977 年，第 11794 页。
② 席龙飞：《中国造船史》，武汉：湖北教育出版社，2000 年，第 271 页。

1. 古代车辆的构造

中国古代的车辆多用木制作，由车厢、车轮、车辕等部分组成。车厢又称"舆"，在"舆"的左右两边立有栏杆和木板，叫辅，可以凭倚远望。前面有一横木，当扶手用，叫轼。在车上对他人致以敬意时，手扶轼，低头。舆后面有一横板或栏杆，中间留有缺口，用于乘车人上下。古人一般是从车的后边上下车，车身还拴有一根绳子，供上下车时使用。

车的运转部分主要包括轮和轴，轮的中心是一个有孔的圆木，孔用来安轴，所以车的减震性能很差，为坐着舒服，古人要么在车轮上绑上柔软的草或布之类，要么在车厢上的坐板上铺上厚厚的垫子。春秋时期的车轮制作已十分考究。春秋末年齐国人的著作《考工记》对车轮制作提出了十分具体的要求：车轮要用规尺认真校准，使其外形为正圆形；要将轮子放在水中，看其浮沉是否一致，以确定轮子各部分是否均衡；要求轮子的直径要适中，太大则人上下车不方便，太小则马拉起来很吃力。诸如此类的要求和方法在《考工记》中还有很多，体现出我国古代造车技术的精妙。

车辕是一根直木或稍弯曲的木杠，后端连着车轴，前端拴着一根直木或稍弯曲的横木，叫衡或横。甲骨文中的"车"有多种写法，有的写法几乎是画出了车的结构。

古代车舆上可以有车盖，用一根木棍支撑，形似大伞。后来车盖被取消，在舆的四周围上布，上面加顶篷。此外，古代车马还常常有许多装饰性的附件，如装在衡上的响铃，叫做"銮"，"銮"的实用功能相当于今天的汽车喇叭。

2. 古代车辆的种类

古代车辆种类较多，这里择要述之。马车是中国传统的交通运输工具。商周时期代步、狩猎和作战所用的车一般都用马牵引。后世王室富贾也多使用马车，所拥有的马车，车辆制作考究，装饰华美，是财富和地位的象征。

牛车也是自古就有。牛能负重且耐劳，但速度慢，所以牛车多用于载物。在马车受重视的时代，牛车被认为是低贱的。但是魏晋以后坐牛车却变得时髦起来，可能是因为当时的士族崇尚黄老之学，追求恬淡清闲的人生境界，而牛车的安稳闲适正合他们胃口。这种风尚甚至波及最高层的王室，连皇宫里都养起牛来。魏晋南北朝以后，牛车载人并没有消失，它因为平衡和慢速的特点而受到妇女的喜爱，陆游《老学庵笔记》载南宋时"成都诸名族妇女，出入皆乘犊车。"①

在多山的地区，由于山路崎岖狭窄，小巧灵便的独轮车便成为主要的运载工具。独轮车是中国交通史上的一项重要发明。西汉末、东汉初已有独轮车，在四川成都杨子山出土的汉墓画像石上及四川渠县燕家村、蒲家湾的汉代石阙上，均有独轮车的形象，三国时诸葛亮发明的木牛流马，有可能是对独轮车的一种技术改进，使之更适合西蜀的山路。

3. 舆马制度

在等级森严的古代社会，统治阶级为了别尊卑定贵贱，不仅在服饰、饮食、住所而且在出行时乘坐的交通工具上作出严格的规定。一般来说，士大夫属于乘车骑马的阶级，而庶民则通常是步行，或只能乘用所允许的交通工具。乘车骑马的阶层若不乘车骑马，便是有失身份。并且，车马也不能随便外借，因为车子是身份的象征，所以，当孔子最喜爱的弟子颜回死后，颜回的父亲请求借用孔子的车子，被孔子一口回绝，他说："吾从大夫之后，不可徒行。"②

在统治阶级内部，乘车骑马也是分等级的。皇帝至高无上，所用的车马排场也就最大。据记载，周朝承袭商代车辂制度，王有五部车子：祭祀用玉辂，册封同姓用金辂，朝封异姓用象辂，誓师兴兵用革辂，打猎游玩用木辂。汉朝和以后各朝代基本沿用周朝制度，只不过更加奢华。其余公侯百官依品级乘坐舆马。乘坐的舆马因品级不同在装饰上也会有不同。

自唐代开始，轿子成为贵族乘坐的工具。明代乘轿日多，按开始的规定，文官自三品以上才能乘轿，后来，举人、监生及新进学的秀才等也可乘轿。坐轿和乘车一样有等级，因官员品级不同，轿子的装饰、抬轿的人数各朝代都有规定。例如清朝官员，三品以上，在京乘四人轿，出京八人；四品以下轿夫两人，出京四人。古代社会里，工商贱民是不许乘车骑马的。汉高祖时就曾下诏禁止商贾乘车骑马。唐代，不仅工商不许，庶民僧道也在禁止之列。唐高宗时曾严令禁止，但事实上并未能执行，商人不但乘马，还雕鞍饰镫，所以到唐文宗时又下令禁止。

① （宋）陆游：《老学庵笔记》，北京：中华书局，1979 年，第 24 页。
② 《论语正义》，《诸子集成》，北京：中华书局，1954 年，第 241 页。

封建时代的舆马制度是为统治阶级服务的。这种制度在中国存在了两千多年。1911年资产阶级发动的辛亥革命推翻了清王朝，舆马制度才最后被消灭。

二　其他生活用具

衣食住行之外，还有一些其他物品也是人们生活中不可缺少的。

(一)家具

远古时代，人类使用的工具都是些粗糙的石器。在长期的劳动实践中，人类逐渐掌握了纺织技术，将树叶等原料纺织成席子铺在地上，席子大概是人类最古老、最原始的家具了。发展到后来，就出现了床，在中国古代的家具之中，床和桌椅是最主要的物件。

1. 床

早期的床是矮床。1957年在河南信阳长台关一处战国楚墓里，出土了一张保存完好的漆床，长2.18米，宽1.39米，床足高仅18厘米。矮床是室内陈设的主要家具，一些别的家具都是围绕着床而陈设的，人们写字、读书、饮食，几乎都是在床上进行。床上放置几案，用时陈设，用完撤下。

魏晋南北朝以后，随着生产技术的进步，房屋不断增高，人们生活的室内空间日益扩大，床的高度也相应增加。晋代大画家顾恺之的《女史箴图》中所画的床，高度和今天的床已相差不多。尽管当时人们席地而坐的习俗尚未改变，但床的增高，使人们不仅可跪坐于床上，还可垂足坐于床沿。

2. 桌椅

桌椅在汉代就已出现，但当时尚未广泛使用。隋唐时代，桌椅开始广泛使用。桌椅的形象开始大量出现在唐代墓葬以及石窟壁画之中，敦煌莫高窟唐代壁画，出现了大型宴会时供多人列座的长桌和长凳，并有扶手椅、靠背椅出现。

桌椅的广泛使用，改变了中国人自古以来席地而坐的习惯。无论是读书、写字，或是待客饮宴，人们都是坐椅据桌，不再在床上活动。床不再是最重要的家具，而成为专供睡卧的器具。从南唐画家顾闳中所画的《韩熙载夜宴图》中，我们看到所绘椅子、桌子、鼓凳、矮几等，其功能、尺度已非常适合于垂足而坐的生活习惯了。

3. 明清家具

高型家具在宋代广泛普及，到明清时期，形成了独具特色的中国风格。明代的家具，造型大方、结构科学，达到了当时世界上的最高水平。清代早期家具基本上继承明代风格，到乾隆年间，才逐渐形成了清式家具的风格。明清时代室内家具布置多以对称手法为主，大、中型家具都成对配放摆置。用于分隔室内空间的不仅有屏风，还有摆放古玩物件的博古架，使室内布置变化灵活。室内除家具外，还陈设有古玩、字画等，它们与家具配合陈列，造成了室内古雅的气氛和格调。

(二) 雨具

中国古代的雨具主要有蓑笠、雨伞和雨鞋。

1. 蓑衣笠帽

上古时期，人们为抵挡风雨的侵扰，起初用野草裹住身体，后来形成了蓑衣。最初的蓑衣是用草编织而成的，而笠帽的制作原料是竹子，笠帽可晴雨两用，既可避风雨，也可防烈日。《诗经·小雅·无羊》"尔牧来思，何蓑何笠"，记录了人们穿蓑戴笠的情景。那个时代的老百姓，下雨天通常是身着这种草衣来从事劳作的。

大约在唐朝，蓑笠的制作材料起了变化，出现了用棕制的蓑衣。唐代的蓑衣已经制作得相当精美。宋元时代，蓑衣也成为了军队士兵的防雨服。实用之余，穿蓑戴笠也开始渗透人们的审美情趣。唐柳宗元诗"孤舟蓑笠翁，独钓寒江雪"是对寄情山水之隐士的传神写照。苏轼"一蓑烟雨任平生"成为旷达之士的人格形象。贵族们的蓑笠制作得精巧华美，如《红楼梦》中，贾宝玉在雨天披着用白玉草编的"玉针蓑"，戴着"金藤笠"（用藤皮细条编成，刷以桐油，呈金黄色），引来大观园姑娘们的赞叹。

2. 雨伞

我国远在夏商周时期就已出现雨伞，是用布帛做成。布帛在当时非常昂贵，不是平民百姓能用，所以，此时的伞为皇帝贵族专用。发展到后来，伞成为古代宫廷仪仗的重要器具。在后魏时代，视官阶的不同，"罗伞"的色彩、大小、规格都有严格的区分。

　　与罗伞不同，平民百姓看中的是伞的实用功能。穿蓑戴笠，解放了双手，便于农民劳作，而雨伞由于携带方便，成为城市居民的最爱。约在南北朝时期，民间出现了油纸伞，直到近代，油纸伞、油布伞还是城市居民的主要避雨器具。

　　3. 雨鞋

　　雨天路面潮湿泥泞，出行如果没有防护措施，会有诸多不便，于是出现了雨鞋。先秦时有一种双层底的鞋称"舄"，鞋底上了一层蜡。当时建筑多是泥地，贵族在行礼时要长久站立，他们害怕湿气浸入鞋内，因此在鞋底涂上蜡防潮。当时的劳动人民所用雨鞋是用草编织而成，有时干脆就是赤脚。先秦时还有一种形似日本人所穿的木屐，鞋底有双齿，称屐。"应怜屐齿印苍苔"，诗人访友时所穿就是屐。屐的穿着很方便，只需在先前所穿之鞋上一套，就可出行。明清时出现过一种钉鞋，跟木屐类似。古代也出现过靴子，只不过这种皮靴防雨水的功能并不怎么好，更多是雪天时穿。《红楼梦》中大观园的姑娘们雪天出游，有的穿羊皮小靴，有的穿鹿皮小靴，昂贵得很，显然不是常人穿得起的。

(三) 灯具

　　原始人类很早就学会了用火。火不仅为人们提供了热量，供人们取暖，同时也给人类带来了光明。在先民的晚间生活中，一堆火就是活动的中心，随着时间的推移，灯具成为照明的主要工具。

　　1. 油灯

　　室内的照明，最早是用火把。但是火把不能持久燃烧，人们于是将油脂丰富的多根细木条绑在一起，用布缠紧，涂上油脂，当时周代王宫即以此照明。约在战国时出现了油灯，即在一种叫"豆"的器具中注上动物油脂，用细绳或絮捻成灯芯，用以照明。当时只有贵族才用得起这种灯，《楚辞》中的"兰膏明烛"就是一种加了香料的油灯。

　　油灯燃烧时会产生黑烟，污染环境。为了除掉这一缺点，在汉代，智慧的工匠们设计了精巧的灯具。他们把承托灯盏的灯座制成空心的人或动物形象，再在灯盏上加上圆盖状的灯罩。在灯罩的中央开一个洞，上接向下弧曲直通中空灯座的导管，于是灯点燃时产生的烟尘顺着灯罩，经导管吸入底座之中。灯座之中蓄水，可以去掉烟尘和异味。有的灯具在罩与座之间有活动的瓦状活门，通过开闭活门，可以调节照明的亮度和范围。

油灯的使用历史漫长，是中国古代主要的照明器具。由于油灯所使用的油以食油为主，所以一般人非常珍惜。《儒林外史》中严监生临死时始终不肯咽气，只是伸出两个指头，小妾剔掉油灯中两根灯芯中的一根后，严监生才放心而死。虽是嘲讽，却也体现了古时人们的节俭习惯。

2. 蜡烛

蜡烛也是古代常用的一种照明物。早在两汉时期南粤地区已开始用蜂蜡制蜡烛，并向中原朝廷进贡。晋朝时期，北方人也学会了制蜡烛，不过那时的蜡烛非常昂贵。当时的贵族石崇和人斗富，用蜡烛烧饭，以此来炫耀自己的奢华。蜡烛由于清洁、明亮，一直是富贵之家的常用之物。官府还发放官员一定数量的蜡烛，用以办公，称为"官烛"。古代在寒食节这天是禁火的，但王侯有一定的特权，"日暮汉宫传蜡烛，轻烟散入五侯家"。蜡烛能成为皇帝御赐之物，自然是照明物里面的贵族了。

3. 灯笼

我国古代另一独具特色的灯具是灯笼。它以纱或纸为笼，点燃其中的灯烛，所以称为灯笼。使用灯笼主要是为了防风。比较正规的灯笼，汉朝已经出现，以后使用逐渐多起来。

中国古代的能工巧匠制作出令人称奇的灯笼。三国时期孔明利用热气球的原理制作了孔明灯，将它放上高空作信号。有一种走马灯，在灯的上部装上叶片，利用灯烛燃烧产生的热气吹动叶片，带动外部的笼罩旋转。古人一般在灯罩上画上戏文场画，使之成为古时庙会万人瞩目的物品。而最具中国特色的是宫灯，其典雅的造型，大红的色彩，是吉庆场面的重要饰物。

第五节 文物考古

文物考古是研究古代人类在社会活动中遗留下来的实物资料，以此去追寻古代社会的历史。文物考古所研究的实物，是古人类有意识地经过加工制造的实物，主要包括两大类：一是遗迹，二是遗物。所谓遗迹，主要指古代人类所遗留下来的聚居村落及其相关的建筑遗迹和埋葬死者的坟墓等。所谓遗物，主要包括古代人类遗留下来的劳动工具、武器及生活用品等。以劳动生产工具的发展为尺度，我们可以把人类历史划分为三个时期：石器时代、青铜时代和铁器时代。

一　石器时代

人类在远古时代所使用的劳动工具，主要是以石材为原料加工制作的，称为石器，这一历史时期称为石器时代。人类使用石器的历史时间很长，大致从三百万年前到四五千年前。在这漫长的时期里，人类加工石器的技术工艺不断改进，由最初的简单打制到后来加以磨光，使之更锋利、更合用。我们把打制石器阶段称为旧石器时代，磨制石器阶段称为新石器时代。

（一）旧石器时代

旧石器时代是人类开始诞生并向现代人演进的历史时代，约从三百万年前到距今一万年前为止。这一时期是人类的童年，思维还不发达，劳动生产工具以打制石器为主，生产力极其低下。

1. 主要文化遗存

旧石器时代文化遗存以华北地区发现的较多，其中最典型的有北京人文化、许家窑文化和山顶洞人文化。北京人发现于北京市周口店龙骨山的一个洞穴中，是我国最早发现的猿人化石。在中国古代猿人中，北京人的文化遗物较为丰富，是了解我国原始社会人类生存情况的重要依据。在北京人化石产地，发现了大量石器，还有用火的遗迹。石器也有数种，多数是小型石片石器。这些石器缺乏固定的形状，用途上似未有严格界限，具有一器多用的原始性。用火遗迹有许多被火烧过的石头、骨头，还有木炭和成堆的灰烬，灰烬应是保存火种的遗迹。

随着时间的推移，距今约10万年之时，人类的智力得到极大发展，手脚也灵巧了许多。在山西阳高县许家窑村发现的许家窑人，用灵巧的双手制作出了许多精致的石器。同北京人相比，许家窑人的石器用途有了明显的分工，刮、刻、砸都有了专门的器具。此外，他们还用动物的骨头、角制作出挖掘工具，显示出征服自然界能力也有了长足进展。

到距今约两万年时，中国大地上已到处生活着体形跟现代人差不多的晚期智人，其中山顶洞人显示出令人惊讶的文化意识。山顶洞人发现于北京人生活的周口店龙骨山的顶部一个山洞，在这个文化遗存里发现了精美的骨器和装饰品。骨器中最为精致的是一枚骨针，刮磨非常光滑，证明那时的山顶洞人已能用兽皮来缝制衣服。在发现的装饰品中有穿孔的兽牙，磨制精巧、表面染成红色的小石球，漂亮的黄绿色石坠等。这些装饰品大多无实用功能，它们的出现反映了此时期人类审美意识的萌芽。

从北京人到许家窑人，再到山顶洞人，人类的发展经历了一百多万年的时间。在如此漫长的过程中，人类自身的进化也是相当艰难的。人类为填饱肚子而制造了简陋的工具，并使其不断得到完善，而人类自身的原始性也逐渐减弱。

2. 旧石器时代的石器

旧石器时代人类使用的劳动生产工具主要是打制石器。材料的选择最初通常是在居住地附近的河床、山谷中，就地拣取自然砾石加工，后来逐步发展到从山上开采石料加工成石器。石头的处理有两种：加工成石核或石片。古人将砾石置于地上，然后用石锤猛砸，形成石核或石片。在打制石器的方法上，早期是用一块石头直接在另一块石头上敲击砸打，形成锋刃，晚期则采用间接打击法，在被加工的石料上放置木棒，然后用石头猛击木棒。这种方法更先进，加工出来的石器更精巧。

旧石器时代的石器，常见的有砍斫器、尖状器、刮削器、石球、手斧等器形，它们往往镶嵌成刀、锯、斧等，并且是晚期弓箭、标枪等新型投射武器的主要构件，原始人利用这些原始的器具度过了漫长而艰难的岁月。

（二）新石器时代

新石器时代是以磨制石器为标志。所谓"磨制"，是在打制石器的基础上，进一步磨光加工。石器表面光滑，形状规整，用途明确。新石器时代距今5000—10000年。

1. 主要文化遗存

我国的新石器文化遗存十分丰富，在此主要介绍黄河流域的仰韶文化和长江流域的河姆渡文化。

仰韶文化1921年首先发现于河南省渑池县仰韶村。仰韶文化遗址分布密集，比较重要的有西安半坡。半坡位于陕西省西安市，在距今6700年前，仰韶人的一支便在此生活下来。半坡人的房子多为圆形，类似我们今天见到的蒙古大包。这种圆形房子的墙壁是密集插排小木柱编成围篱，再涂泥做成的。半坡人以农业种植为主要经济手段。为适应开荒的需要，他们制造了大量的石斧、石铲、石耜。半坡人的石斧数量多，制作也极为讲究，除少数为直接手握使用外，多数安有木柄。这样的石斧在开荒伐木中起了极大的作用。农作物成熟了，他们用石刀、陶刀收割，用石碾、石磨盘加工谷物。

河姆渡文化在 20 世纪 70 年代初发现于浙江余姚河姆渡。在距今 7000 多年前，河姆渡人来到这里，安家落户。河姆渡人的房屋是为防潮而设计的，其特点是房屋的地板高出地面，采用木结构，有如鸟巢般悬着。河姆渡种植稻米，并以适当的渔猎和采集补充食物源。在河姆渡遗址中，发现了大量的骨耜，它们采用水牛等大型的哺乳动物的肩胛骨制成，是河姆渡人用来翻耕及平整土地的工具。其他生产工具还有骨镰、石刀等，由此可以看出河姆渡已经具有了一整套从翻土到收割的农业工具。河姆渡人用与支脚配合使用的陶釜来煮各种食物，以木质的漆碗和其他的陶制器皿进餐。此外，他们还将质地坚硬细腻的骨料加工成各种装饰品，其精湛的雕刻技术让人赞叹不已。河姆渡人创造了独具特色的文化，也使长江与黄河一样，成为华夏文明的又一个发祥地。

2. 新石器时代的石器和陶器

新石器时代的磨制石器是将石料打制成具有某种用途的器形，然后再在砺石上磨制加工成器。经过磨制的石器，器形规整光滑，刃部更加锋利，从而提高了劳动生产效力。石器的种类有农业工具、手工业工具和狩猎工具等。其中，农业工具有生产用的斧、锄、铲、刀、镰和加工谷物用的磨盘、磨棒等。手工业工具有凿、石锛等，狩猎工具有矛、箭头等。在磨制的石器上，一般钻有孔眼，利于镶嵌、捆绑。随着巫术与宗教的形成，玉器在新石器时代的晚期开始大量出现，其中在浙江省杭州市良渚镇出土的玉器为典型代表，这些玉器做工精美，是那个时代巫师施法的重要工具。

在新石器时代，另一个重要器物是陶器。由于陶器能满足人们日常生活的需要，因此，发展速度较快。我国制陶手工业的出现，至少有八千年的历史。早期的陶器制作粗糙，水平不高，生产规模不大，主要是炊煮饮食器皿如鼎、罐、钵、碗、壶之类。到距今六千年前后的新石器中期，制陶手工业有了进一步发展，制陶技术已有很大提高，产品的种类多样，质量精美，用途较广。除炊煮饮食器外，还有较多的储容器皿。

陶器上的纹饰充分显示了新石器时代的精神文化，多姿多彩的彩陶不仅仅是与人们日常生活息息相关的日用器具，也寄托了远古人类的文化心理和审美情怀。纹饰的出现几乎与陶器的出现同步。早期纹饰多是篦纹、压印纹，开始可能是无意中形成，到后期古人已开始有意识地刻绘图案，如半坡陶器上出现鱼纹和人面纹，这些神秘图案似与巫术和图腾崇拜有关。又如在马家窑陶器的众多纹样中，鸟纹和蛙纹历经三千多年的风风雨雨，从写实到日渐抽象，始终在彩陶的纹样中占据着一席之地。这一现象与民族信仰相关。在我国古代文献中，鸟的形象变成负载太阳的金乌，蛙的形象演变为代表月亮的蟾蜍。再如马家窑类型的五人连臂舞蹈彩陶盆，描绘出五人一组携手起舞的舞蹈场面，这种舞蹈既是巫术的也是艺术的。

二 青铜时代

青铜时代以人类最初使用青铜金属工具和生活用具为标志。由于青铜冶铸技术的发明和应用，并广泛应用青铜金属原料制作劳动生产工具和生活用具，使生产发生了质的变革，社会生活也出现了大的变化。我国青铜时代的开始大约在4000年前，经历了1500多年，这一历史年代，相当于文献记载的夏商周三代，其中，青铜文化的兴盛繁荣在商、周时期，到春秋开始衰退。

(一)青铜文化遗存

青铜时代开始建立了国家政权，统治者把都邑作为他们统治的基地。因此都城就成为青铜时代政治、经济和文化的中心。

1. 都城遗址

早期青铜文化以二里头为代表，二里头文化属于夏代时期，遗址位于洛阳盆地东部偃师县二里村。这里发掘出宫殿基址，从形制到结构都保留了早期宫殿的某些特点，有很多地方为后代宫殿所沿用，从某种意义上说，它开创了中国宫殿建筑的先河。二里头文化还发掘出铸铜、烧陶、制骨等工业作坊遗址，发现有相当数量的房基、墓葬等。

发现于郑州的都城遗址是一座商朝中期的王城，由外郭城和内城两部分组成，城墙全部由夯土筑成。内城周长七公里左右，城外分布有制骨、铸铜、制陶等手工业作坊和青铜器窖藏以及成片的墓葬区。宫殿基址在城内的许多地方都有发现，宏伟的宫殿坐落在大型夯土基址上。城内建有完整的城市供水系统，在宫殿区中心附近发现一个平面呈长方形的蓄水池，向南有石板和草拌泥垒砌而成的水管道与之相通，并与宫城城墙并行。此外，在宫城内还分布有水井，这些水井应该与宫殿的给水有密切的关系。这样，蓄水池、水管道、水井等构成了一整套的城市给水系统。

安阳小屯的殷墟是青铜时代发展兴盛时期的遗存，是商代后期的王都，自盘庚迁殷直到纣王的灭亡，共经历了 273 年之久。历代商王在此营造出庞大而宏伟的宫廷建筑，整个殷墟总面积达 27 万平方米，上面的宅基、墓葬星罗棋布，规模宏大。根据史料记载，武庚叛乱之后，殷墟毁于战火，在此之后商的遗民又被强行迁出。一度繁华的帝都从此人烟荒芜。

西周都城主要有两处：周原遗址和丰镐遗址。周原位于陕西省关中平原西部，北倚岐山，南临渭水，土地肥沃，是周取代商之前的都邑，文王迁都于丰之后，此地仍是周人重要的政治中心。在周原发现有宫殿基地、大量居住遗址和西周墓地。周取代商以后，周文王迁都丰镐，周文王建丰邑，周武王建镐京，二地分别位于沣河两岸，在镐京遗址，发现了总面积约达 6 平方公里的大型宫殿建筑群，周围是 100 多座周墓葬。此外，在丰镐遗址内发现了数座青铜器窖藏，应是西周末年贵族逃亡时埋葬的礼器。

2. 墓葬

进入青铜时代以后，由于奴隶制的确立，一方面进一步推动社会生产力的发展，促进了经济文化的繁荣，另一方面也加剧了阶级的分化。这一时期墓葬上的差别，正反映了这一社会现实。

早期的二里头文化，新兴的奴隶主开始随葬青铜器，平民只能随葬陶器，奴隶则一无所有。到商代，墓地规模、结构及随葬品表现出越来越明显的等级差别，在贵族墓中，随葬的礼器开始成套出现，常见的是青铜礼器。商代的平民地位跟二里头相比有所降低，在随葬品的数量上，商代一般只有二三件陶器，而二里头有时多达二十来件。

西周基本上沿袭商朝的墓葬制度。到春秋时期，列国争锋，礼崩乐坏，各国在沿袭周朝的埋葬制度外，也出现了越级现象，如楚庄王的儿子令尹子庚死后应以卿大夫的礼仪埋葬，但他的墓葬大大超过了应有的规定，接近于诸侯国君的规格。

(二) 青铜时代的青铜器

青铜是人类第一次大规模冶铸和使用的金属，青铜器在青铜时代占有非常重要的地位。

1. 青铜器的应用

青铜器在青铜时代的应用非常广泛，涉及生产劳动、起居饮食、武器等各个领域。

青铜时代开始使用青铜代替石头来制造生产工具。农具有铲、锄、镰等。工具有斧、凿、锯、锥等。由于青铜生产工具的应用，生产效率得到很大提高，促进了经济生产的发展。在日常生活中，青铜器有食器、酒器、水器。食器有鼎、鬲、敦等炊煮、盛食物；酒器有爵、尊等，用于饮酒；水器有盘、簋等来盛水、注水。青铜还用来制作乐器，如在湖北随州曾侯乙墓出土了精美的大型编钟。而应用青铜制作的武器比石器更坚韧、锋利，易于成形，比石器更利于战斗。

2. 青铜礼器

在中国的青铜时代，特别是在周朝，国家实施礼乐制度。所谓礼乐制度，即国家通过立法，明文规定了统治阶层的尊卑贵贱的社会地位、道德规范及艺术需求。青铜器是礼乐制的重要内容，被统治阶层用来祭天祀祖、宴享亲朋、赏赐功臣、记功颂德，死后用来随葬。

青铜礼器是由日常生活用器转化而来。某些生活器具如鼎、鬲、爵、尊等为统治阶层所独享，成为显示尊贵的象征，奴隶和平民是不能使用的，因此古人常用"钟鸣鼎食之家"来形容家族的尊贵显赫。在青铜礼器中，鼎是最重要的礼器，多用来煮牲祭天敬祖，成为一种祭器，也成为国家政权的象征。在西周，用鼎是礼乐制度的重要内容，规定"礼祭，天子九鼎，诸侯七，卿大夫五，元士三也"。① 这

---

① 《公羊传桓公二年》，《十三经注疏》，北京：中华书局，1980 年，第 2214 页。

些鼎的形制、花纹相同,但尺寸、鼎数依地位依次递减,形成由大而小的序列。由此,鼎成为权力的标志。公元前606年,楚国在诸侯列强中最为强盛,楚庄王问周九鼎的"大小轻重",显示的即是取周而代之的野心。

音乐在先秦也占有很重要的地位。在什么场合奏什么乐,哪些人能听哪些乐曲,都有严格的界限,不能随便逾越。编钟是当时的乐器之王,在湖北随州曾侯乙墓出土的大型编钟,铸造精致,造型美观,音色优美,音质纯正。全套编钟音域宽达五个半八度,只比钢琴两端各少一个八度。小钟音色清亮高亢,大钟音色浑厚深沉,为我们重现了当时金石之声的雅正和厚重。

3. 青铜器纹饰

在器具上装饰纹样是古已有之,远古人类在陶器、玉器上都雕绘有各式各样的纹样,这种传统一直延续到现在。同其他时代相比,青铜时代青铜器纹饰的主要特征是"狞厉",这些纹饰努力创造出一种恐怖肃杀的气氛,再没有原始时期仰韶陶器上人与人手牵手舞蹈的欢乐场面。青铜器纹饰的代表是饕餮纹,面目狰狞,神秘可怖。此外,常见的纹饰还有夔、蟠螭、龙、象、凤等。这些盘踞在青铜器上的形象威严的兽面纹,可能源于巫史文化,是某种权威神力的象征。"它一方面是恐怖的化身,另方面又是保护的神祇,它对异氏族、部落是威惧恐吓的符号;对本氏族、部落则又具有保护的神力。"[1]青铜器纹饰对我们了解青铜时代文化起了重要作用。

三　铁器时代

继青铜时代之后,历史进入铁器时代。冶铁业的出现大概在春秋中晚期,而大规模的推广使用以至于在生产中占主导地位,则在战国时期。铁器时代的考古文物,更加显现出中国古人的聪明才智和华夏文明的灿烂辉煌。

(一)重要遗存

1. 都城遗址

铁器时代的都城遗址有多处,有些已经消失,只剩下一些残存的痕迹;有些

---

① 李泽厚:《美学三书》,合肥:安徽文艺出版社,1999年,第45页。

则一直保存到现在。公元前 202 年，刘邦称帝，建都长安。长安城的平面近似正方形。城内总面积达 36 平方公里。城墙宽 16 米，高 10 米以上，至今许多地方的城墙仍保存完好。城墙外侧有巨大的壕沟环绕。每面城墙开门，每个城门有三个门道，每个门道可并行四辆车，可以想见城门规模之大。长安城内道路相当规整，每条道路笔直且宽大，一般宽度四十五米左右，其间有两条排水沟将大街分为平等的三股道，中间道路宽约二十米，专供皇帝使用，两侧各宽 12 米，为官吏和平民行走。长安城内被道路隔为宫殿、市场、作坊和居住区等，宫殿有未央宫、长乐宫等，其中未央宫为皇帝使用。整个长安城主要是帝王和贵族官僚的专用城市。皇室、大官僚、富人、贫民和官工隶徒的居处被严格区分开。后来的前赵、前秦、后秦和西魏、北周建都长安时，都将皇宫设在这里。

另一个著名的都城即现在的北京。北京是一个历史悠久的城市，早在一千多年前的辽代便在此建都了，今宣武门外的法源寺就是辽都的著名大寺之一。到元朝，忽必烈采纳群臣的建议，将北京定为都城，称为大都，大都城的布局，是依据儒家原则规划，儒家经典《周礼·考工记》规定"匠人营国，方九里，旁三门，国中九经九纬，经涂九轨。左祖右社。"[1]大都城平面为南北略长的长方形，全城街道由九条南北走向和九条东西走向的干道组成。所谓"九经九纬"。宫城左面建太庙，右面建社稷坛，恪守"左祖右社"的要求。整个城市整齐划一，是中国封建社会后期都城的典范。后来明清继续以北京为都城，在元大都的基础上重点重建了宫城和皇城，突出了皇权至上的思想。

2. 墓葬

最有名的墓葬首推秦始皇陵。秦始皇即位为秦王时，便开始给自己在骊山（今西安市东 20 公里）建筑规模庞大的陵墓，其占地约 56 平方公里。工程直到秦二世二年（公元前 208 年）才草草收工。秦始皇陵区内最为惊人的发现是陵园东侧的兵马俑坑，一共有 4 个，组成了一个显示秦帝国军事实力的整体，俑坑后来曾经过火焚或人为破坏，焦痕累累，人仰马翻。

一号俑坑总面积达 1.4 万多平方米，坑内是一个由步兵和车兵组成的长方形矩阵，估计有手执各类兵器的武士俑六千件左右，拉车的陶马约一百六十匹，战

---

① 《周礼·考工记》，《十三经注疏》，北京：中华书局，1980 年，第 927 页。

车约四十乘，车上配备有钟、鼓和弓弩、矛等，二号坑面积约 6000 平方米，估计包括有木质战车 89 乘，陶质车马 356 匹，鞍马 116 匹，陶俑 939 尊，三号坑是秦俑阵营指挥机关的所在地，出土华盖战车一辆，两侧有手执兵器的仪仗队，是战阵的指挥车。

坑内的兵马俑造型生动，制作精良，每件俑的雕塑严格写实，达到了细致入微的程度，如跪射俑鞋底上的针脚，两头密而中间稀，严格表现出生活中的真实情况。以大量兵马俑作为陪葬，在秦代以前尚无先例，而如此高大，如此规模的俑群在后世帝王陵墓也是绝未见到，所以秦始皇兵马俑在历史上可谓空前绝后。

在长沙发掘的马王堆汉墓显示了汉代王侯之家的奢华生活。此墓埋葬着汉初车大侯利苍一家三口，以他妻子辛追的墓最为豪华。辛追的棺材由四重棺木重重相套。主棺第一层是黑漆素棺；第二层是黑地彩绘棺，棺上彩绘着漫卷多变的流云和一百多个形象怪异的种兽，似乎在描述一个远离人世的浪漫故事；第三层是朱地彩绘棺，其上龙腾虎跃，仙人纷至，鸟雀乱飞；第四层是墓主的寝棺，在其四壁板和盖板上，都铺以华丽非常的丝绢。辛追墓内随葬了丝织物和服饰一百多件。利苍一家随葬的漆器有 500 多件。除此，还带有成百的彩绘木俑作为奴婢、臣属的替身，同时还准备了大量的食物进入冥间世界。根据墓内竹简记载，这里有中草药，各种粮食和农作物，各种水果和家禽野兽，并且还有经过家厨精心烹调后入葬的几十种美味佳肴和各种酒菜。通过这些随葬，他们希望在冥间也过上锦衣玉食的生活。

(二) 璀璨文物

铁器时代二千多年的历史，生产力得到比以往更快的发展，所遗留的文物数量极多。在这些文物中，有些精品充分显示了中国古人的创造智慧和工艺的精妙。

1. 墓葬文物

在墓中随葬物品，是中国自远古以来的习俗，铁器时代的墓主人希望能因此提供在冥间生活的高档物品及优厚待遇，也有的希望借此上升仙界。

玉从远古时期起即被人类视为珍贵之物、通灵之器，从有随葬物品起，玉器就是其中经久不变的种类。在西汉，皇帝和高级贵族们死后穿上了用玉做的衣服，河北满城刘胜墓中发现了保存完整的玉衣。玉衣的外观可以分为头部、上衣、裤筒、手套和鞋五大部分。玉衣的各部分由玉片组成，玉片间用金丝编服，称为"金缕玉衣"。刘胜所穿玉衣由 2498 片玉片组成，用掉金丝约 1100 克。这种玉衣发展到后来，开始形成等级制度，根据《后汉书·礼仪志下》记载，皇帝葬以"金缕玉衣"，诸侯王、列侯、始封贵人、公主葬以"银缕玉衣"，大贵人、长公主为"铜缕"。① 刘胜是汉武帝刘彻的庶兄，立为中山王，按规矩只能葬"银缕玉衣"，但那时可能还没有实行这一制度。

长沙马王堆辛追墓中的彩绘帛画展示当时贵族的求仙梦想，彩绘帛画覆盖于内棺盖上，上宽下窄，显"T"形，称为"非衣"，"非衣"画面分成天国、人间、冥间三部分，天国绘有日月星辰、天神、门卫等，宁静和谐，墓主人立在帛画最显著的地方，面前有两个手捧食案跪着迎接的人，后面三个侍女紧紧相随。其下方是一个庄重的祭祀场面，最上部是冥间，一个巨人站在两条鳌鱼背上，托举着沉重的大地。汉代盛行黄老之说，对贵族们来说，绫罗锦缎，山珍海味，并不是理想的极致，他们普遍向往得道成仙，死后能升入天国，在仙界继续逍遥享乐。

在甘肃武威雷台汉墓中铜奔马出土后，举世震惊，被誉为"绝世珍宝"，奔马昂首扬尾，三足腾空，右后蹄踏在一飞禽上，飞禽应为隼。古代有"疾若鹰隼"的说法，这匹奔马用隼作衬托，表现了奔跑的神速。塑造者不但巧妙地利用飞隼衬托奔马，而且也巧妙地利用飞隼双翅展开的稳定造型，作为马的支点，使之支撑起马的庞大身躯。此件艺术品展现了天马行空的气势，有极强烈的动感，确是引人入胜的古代艺术精品。

以上只是简单介绍了墓葬文物的代表例子，而实际上，铁器时代的墓葬物品种类极多，有货币、瓷器、玉器、金银器、绘画、文书等，很多都精美异常，展示着中华文明的灿烂与繁荣。

2. 石窟寺和陵前雕刻

大约在西汉末年，随着中西交通的日益发展，佛教开始传入中国，作为佛教艺术主要组成部分的石窟寺艺术也在中国蓬勃发展起来。石窟寺主要通过雕刻和绘画，向人们传播佛教思想。雕刻和绘画的主要内容是佛像、菩萨像、佛教故

---

① （晋）司马彪：《后汉书·礼仪志下》，北京：中华书局，1965 年，第 3152 页。

事，还有供养人像，即出资建石窟的人。

我国的石窟寺星罗棋布，主要的有三大石窟：甘肃敦煌莫高窟、山西大同云冈石窟、河南洛阳龙门石窟。早期的石窟造像及绘画体现出宗教的神秘色彩，形象与故事大多直接来源于印度佛教，佛像造型一般还保留有深目高鼻的西域人特征。隋唐以后，石窟寺艺术开始中国化、世俗化，如敦煌石窟中唐代的菩萨，头束高髻，身披锦绣衣帛，体态丰满，含笑静立，几乎就是封建贵族妇女的化身。龙门石窟的大卢舍那佛龛，主像大卢舍那佛一反佛教的常规惯例，以女性的姿态出现，雍容华贵，弟子迦叶严谨持重，饱经风霜，阿难文静温顺，衣着朴实，实乃一老一少两个文职官员。文殊、普贤皆盛装艳服，宛如高贵的后妃，天王金刚显然都是勇敢的将士，供养人头梳双髻，身着长裙，如妙龄侍女，这表面上描摹的是佛国世界，而实际上是人间世界的再现。石窟中的壁画以佛像及佛教故事为主，其中最有特色的是敦煌石窟中的飞天，她们不生翅膀，不恃云彩，腾空而舞，扬手散花，衣带飘飞，给人以满壁风动的感觉。

古代帝王陵前列置石刻的做法由来已久，它们除作为陵墓的标志外，还起着仪仗侍卫的作用。六朝以前的陵前石刻多遭破坏。陵前石刻主要有动物、人物两大类，动物以昭陵六骏最为著名，唐太宗昭陵六骏是唐太宗所乘战死疆场的戎马的雕像，用 6 块高 1.7 米，宽 2 米以上的石灰岩雕刻而成，表现的是诸战马破阵时中箭受伤一刹那时的情景。它们或飞奔驰骋，或缓步徐行，或昂然而立，都带有骏马所特有的神俊气魄。陵前的石人都是武臣文吏，他们以帝王侍从的身份出现，姿态端庄，恭敬肃立是他们的共同特征。唐高宗陵前的人物雕刻尚体态呆滞，缺乏生气与个性，而到宋陵石刻，人物已开始注意个性表现，如文臣的温顺忠诚，武臣的英武壮硕，宫人的小心翼翼，都得到了较完美的体现。

◎ **思考题：**

1. 中国儒道文化对中国服饰有什么影响？
2. 说明古今服饰观念的异同。
3. 为什么说中国的饮食是一种艺术？
4. 说明中国古代建筑中所包含的政治与伦理文化内涵。

5. 你如何看"天人合一"建筑思想的历史与现代价值？

6. 为什么中国古代车船的技术发展没有像现代西方那样成为社会进步的推动力量？

7. 文物对我们了解历史文化有哪些价值？

◎ **关键词：**

【**衣裳**】中国先秦时期以来形成的服饰样式，《释名·释衣服》："凡服，上曰衣。衣，依也，人所依以芘寒暑也。下曰裳。裳，障也，所以自障蔽也。"衣裳有两种基本形式：一种是上穿衣，下着裳，一种是衣和裳连在一起。古人认为，上衣下裳是模仿天地的结果，上衣像天，下裳像地。衣裳的出现，是人类脱离动物进入文明时代的一个标志，所以《易·系辞下》说"黄帝、尧、舜垂衣裳而天下治"。

【**礼服**】是指礼仪型服饰。礼服是"礼"的外在体现，孔子说："见人不可以不饰，不饰无貌，无貌不敬，不敬无礼，无礼不立。"在国家政治、婚丧嫁娶等正式场合，人们需要穿戴相应的整齐规范的礼服。中国古代礼服大致有两类：一类是官员礼服，一类是民间礼服。中国古代礼服和服饰制度结合，使服饰不只是遮羞避寒的实用工具，也成为表达政治伦理意味的符号。

【**饮宴**】是指在重要场合出现的具有一定礼仪仪式的饮食活动。宴席是中国人讲礼的重要场合，款待宾客的饮宴都具有一定的礼仪仪式，饮宴的礼仪形式直接来源于儒家的"礼"。通过在饮宴上讲"礼"，增进了情感，创造了和谐气氛。中国历史上有名的饮宴有鹿鸣宴、曲江宴、满汉全席等。

【**中轴对称**】中国建筑在平面布局上注意中轴对称。中国古代的宗庙、宫殿建筑和北方的庭院式民居，在平面布局上采取中轴线对称布局，总体上显得均衡、方正、有序。建筑的中轴对称布局，既与中国传统文化所特有的"礼"相关，"礼"强调尊卑有序，而"中"突出了权威居中；也与中华民族在历史中形成的独特的民族心理相关，中国人追求审美心理上的平稳、沉静、自持、静穆，因此在建筑中也就强调沿中轴对称的均衡。

【舆马制度】在中国古代社会，统治阶级为区别等级而制定的交通工具使用规定。一般来说，士大夫属于乘车骑马坐轿的阶层，而庶民则通常是步行，或只能乘用所允许的交通工具。交通工具的使用区分了社会等级，是身份的象征。舆马制度在中国存在了两千多年，1911 年辛亥革命推翻了清王朝，舆马制度才最终消亡。

【礼器】中国古代贵族用来祭天祀祖、宴享亲朋、赏赐功臣、记功颂德，死后随葬的器具。礼器是由日常生活用器转化而来，在原始社会晚期随着氏族贵族的出现而产生，进入商周社会后，礼器成为"礼治"的象征，某些生活器具如鼎、鬲、爵、尊等为贵族阶层所独享，成为显示使用者的身份、等级与权力的标志。

结语 中国文化的现代化

现代化，是指人类社会从传统农业社会向现代工业社会转变的历史过程，这一过程涉及全球的经济、政治、社会、思想、文化、心理等各方面的巨大变迁，其中，文化的现代化又是整个现代化过程的重要方面。任何一种文化，其现代化过程都不可避免地遭遇两大冲突：本土文化与外来文化的冲突，现代文化与传统文化的冲突。而在中国文化的现代化进程中，这两大冲突是交织在一起的。从19世纪中叶至20世纪中叶，伴随着西学东渐的过程，中国文化经历了物质、制度、社会心理及思想观念等三大层面的转型；之后，从20世纪末到21世纪初，中国文化又在全球化浪潮中重新面临西方文化的挑战和本土文化的重建。正如习近平总书记所说："中国式现代化是赓续古老文明的现代化，而不是消灭古老文明的现代化；是从中华大地长出来的现代化，不是照搬照抄其他国家的现代化；是文明更新的结果，不是文明断裂的产物。"在这一新征程中，"中国式现代化赋予中华文明以现代力量，中华文明赋予中国式现代化以深厚底蕴"。

一 西学东渐的历史进程

中国文化史上，外来文化的进入，规模最大、历时最长、影响最巨的有两次：一次是公元1世纪（东汉）之后的佛学西来，一次是19世纪中叶（鸦片战争）之后的西学东渐。关于佛教的传入及其对中国本土文化的影响，前面的章节已有介绍，此不赘述；在这里，我们着重回顾近代中国西学东渐的历史，并在此基础上探索中国传统文化的现代化之路。

早在明清之际，中国传统文化与西方近代文化就开始了接触与交流。利马窦等耶稣会传教士，在传教的同时把西方的文化、科学知识也一起传入中国。如利马窦同中国士人徐光启一道，将欧几里得的《几何原本》等科技著作译成中文。

明清之际 200 年间，耶稣会传教士在中国共译西书 400 多种。这一时期的中西文化交流是在平等的基础上进行的，其中既有西学东渐，亦有东学西渐，耶稣会传教士在译介传播西方文化的同时，又不断地将中国古老的文明介绍给欧洲大陆。

如果说，明清之际的中西文化交流尚有着温和、平等和互惠等特征；那么，鸦片战争之后的中西文化碰撞则是剧烈、冲突和痛苦的。随着 1840 年鸦片战争的失败，中国传统文化遭遇到了数千年未有之变局和数千年未有之强敌。西方的坚船利炮轰开了古老中国的大门，随着西方文化的大量涌入，中国传统文化的危机已不可避免地发生。本书《导论》已经指出，中国文化在其滥觞之时便形成"中国中心"观：中国是世界的中心，四方(外来民族或少数民族)皆为中国的属臣。包括佛教在内的外来文化，不仅未能征服中国，反而被以儒家为主流的华夏文化所同化。但是，鸦片战争之后，最早"开眼看世界"的中国知识分子已经痛苦地意识到：中国传统文化并不优于西方近代文化，甚至在某些方面还落后于"外夷"。于是，以魏源的"师夷长技以制夷"为口号，终于提出了学习西方的问题，从而在物质及科学技术层面率先开启了中国文化的近代化历程。

为应对西方文化的挑战及冲击，清末洋务运动提出了著名的"中学为体，西学为用"的口号。张之洞等人借用中国传统哲学的"体用"范畴，从文化的结构与功能等相关角度来论述中西文化的关系。张之洞在 1898 年的一份奏折中即提出："以中学为体，以西学为用，既免迂陋无用之讥，亦杜叛道离经之弊。"在同年发表的《劝学篇》中，他又进一步阐释了"中体"与"西用"的关系：

> 中学为内学，西学为外学；中学治身心，西学应世事。不必尽索之于经文，而必无悖于经义。如其心圣人之心，行圣人之行，以孝弟忠信为德，以尊主庇民为政，虽朝运汽机，夕驰铁路，无害为圣人之徒也。①

"中体西用"论力图建立一种"体"、"用"二分的文化类型。这种类型既保留中国传统文化的基本精神及理论要义，同时又引进西方的物质文化，把西方文明

---

① 张之洞撰，冯天瑜、肖川评点：《劝学篇》，武汉：湖北人民出版社，2002 年，第 202~203 页。

的技术知识拿来充当制作器物的技艺原理。以西方的科学技术作为应事之术，来加强和巩固儒家道统的主体和本体，从而建立一种以中国文化为本位同时又能体现中西合璧的"新文化"。

"中体西用"作为一种处理中西文化关系的方针，在中国传统文化的现代化历程中起到过积极的作用。洋务运动时期，站在主张变革的洋务派对立面的，是强大的封建顽固势力，顽固派根本拒绝西学。在当时的历史条件下，离开"中学为体"来讲引进西学是完全不可能的。因此，"中体西用"是中国近代向西方学习的第一种可能的文化模式，也是中西文化融合的第一个阶段。

当然，"中体西用"的积极性和进步性是有限的，中国文化的现代化进程一旦进入制度转型和社会心理及思想观念转型的层面，"中体"就愈会成为发展"西用"的障碍，"中体西用"论也就逐渐显露出它保守的一面。从19世纪末到20世纪初，中国文化的近代转型进入到制度层面，"中体西用"论所要维护的传统文化之"体"便成了改变的对象。孙中山等资产阶级革命派所领导的1911年辛亥革命，推翻了清王朝的腐朽统治，创建了中华民国，标志近代中国的制度变革取得了突破性进展。但辛亥革命的不彻底性，又充分说明思想观念和社会心理层面转型应是制度转型的先导。没有国民性的根本改变和国民素质的真正提高，中国向现代化社会的转型是不可能顺利实现的。正是基于这种认识，陈独秀、李大钊等以1915年创刊的《新青年》为阵地，高举科学与民主两面旗帜，发起了以思想启蒙和改造国民性为目的的新文化运动。

"五四"新文化运动的矛头，直指封建纲常名教，对思想文化领域的封建复古思想进行了深入批判，主张以最彻底的态度向西方寻求真理，大力宣传西方的民主和科学观念，提高国民的觉悟和素质。陈独秀、李大钊等把唤醒"国民之自觉"作为新文化运动的根本任务。所谓"国民之自觉"，即是要使大多数国民"完其自主自由之人格之谓也"①。陈独秀还具体提出了"自主的而非奴隶的"、"科学的而非想象的"等六项青年应努力的人生准则，要求青年树立科学的人生观和人生态度。我们在本书《导论》中已经提出，中国传统文化基本上是一种伦理型文化；而"五四"新文化运动的目的，则是要从伦理上最终改造旧文化，从而将

① 陈独秀：《敬告青年》，见《新青年》第1卷第1号，1915年9月15日。

中国文化的转型从制度层面推进到伦理和心理的更深层次。

五四运动之后，围绕着中西文化之关系，以及如何看待中国传统文化与西方近现代文化之地位和价值等问题，形成了针锋相对的两大阵营："中国文化本位"论与"全盘西化"论。1935 年 1 月，王新命、何炳松、陶希圣等 10 位教授在上海《文化建设》月刊上联名发表《中国本位的文化建设宣言》，正式提出"中国文化本位"论。他们的主要观点是："此时此地的需要，就是中国本位的基础。"在中西文化的具体抉择上，他们主张："把过去的一切，加以检讨，存其所当存，去其所当去"；"吸收欧、美的文化是必要而且应该的，但当吸收其所当吸收……吸收的标准，当决定于现代中国的需要！"①"中国文化本位"论以中国现实需要为标准来取舍中西文化，超越了"中"、"西"、"体"、"用"之争，这一原则本身是没有问题的。但问题的关键是：什么是中国"此时此地的需要"？或者说中国究竟要建设一种什么样的文化？在"中国文化本位"派看来，现有的三种西方文化，即英美的资本主义、新的国家主义和苏俄的共产主义，均不符合中国的国情。中国真正需要的是"第四套文化"。何为"第四套文化"？据陈立夫的解释，"'将我国固有之道性智能从根救起，对西方发明之物质科学迎头赶上'二语，实足为中国文化本位建设之方针也"。② 显然，这是洋务派"中体西用"论的现代翻版。

针对"中国文化本位"派的文化保守主义，胡适、陈序经、张东荪等人提出"全盘西化"的文化主张，用张东荪的话说，就是"中国应当彻底采用西洋文明"，"纯粹走西洋这条路"。③ 胡适在《我们对于西洋近代文明的态度》一文中亦指出："西洋近代文明能够满足人类心灵上的要求的程度，远非东洋旧文明所能梦见。"胡适后来还将"全盘西化"修正为"充分世界化"。④ 胡适等人的"全盘西化"论，针对五四运动前后的复古思潮和文化保守主义，自有其特定的历史背景和积极意义；在主张物质文明和精神文明的不可分割性和内在统一性上，也具有一定的合

---

① 《中国本位的文化建设宣言》，见《文化建设》第 1 卷第 4 期，1935 年 1 月。
② 陈立夫：《文化与中国文化的建设》，见《文化与社会生活》第 1 卷第 8 期，1935 年 5 月。
③ 张东荪：《西方文明与中国》，载《东方杂志》第 23 卷第 24 号。
④ 胡适：《充分世界化与全盘西化》，见《大公报》1935 年 6 月 23 日。

理性。但是，"全盘西化"论者在坚持文化的统一性时，却完全忽略了文化交流中的可选择性。西方文化本身也是精华与糟粕共存，更有着时代和国别的区分，不可能更不应该照单全收。现代中国人当然要学习西方文化，但这并不意味着中国应当彻底抛弃自己的文化传统。事实上，中国文化的传统如此强大，中国文化的生命力如此恒久，以至于像胡适这样鼓吹全盘西化的人，一生也主要是在"整理国故"中度过，并充满了古典与现代、东方与西方的矛盾。

20 世纪 30 年代，在"全盘西化"与"中国文化本位"的论争中，一种超越二者之上的新的文化主张逐渐形成，这就是后来（1940 年）由毛泽东《新民主主义论》所概括的文化观："民族的科学的大众的文化。"新民主主义文化强调文化的民族性、科学性和大众性。所谓民族性，一是强调文化建设要为挽救民族危机和维护民族独立服务，二是强调文化的民族特性和民族主体意识。这就与"全盘西化"的完全照搬划清了界限。所谓科学性，包括内容的科学和方法的科学，前者是反对封建思想，主张客观真理；后者是反对割断历史，主张批判继承。这就同时与历史虚无主义和文化保守主义划清了界限。所谓大众性，就是新文化要为广大工农大众服务，使人民群众享有文化权，并增强民主意识，不让文化成为少数精英分子的垄断品。

从洋务派的"中体西用"，到毛泽东的"新民主主义文化"，西学东渐经历了整整一个世纪的进程。中西文化的碰撞、冲突与交流、融合，各种文化观点的针锋相对与相激相济，共同推动着中国文化的现代化进程。大体而论，鸦片战争之后的中国新文化，在中、西、古、今的激荡与整合之中，沿着"民族的科学的大众的文化"的正确方向前进。当然，由于时代的原因特别是 20 世纪上半叶残酷的战争环境，无论是毛泽东的新民主主义文化，还是胡适等人的资产阶级文化，都未能得到充分的发展，更未能实现预期的目标。等到 20 世纪后期，当全球化浪潮滚滚东来时，中西文化冲突和中国文化转型等重大问题，又重新回到包括文化研究者在内的国人面前。

二　全球化时代的文化重建

德国哲学家雅斯贝尔斯在描绘人类文化史时指出："以公元前 500 年为中心，约在 800 年至 200 年之间，人类精神的基础同时独立地奠定于中国、印度、波斯、巴勒斯坦和希腊。今天，人类仍然依托于这些基础。"①他将人类文化的这一历史时期称为"轴心时代"，意谓人类的精神历程在那个时代形成了一个轴心，在此之后的人类文明的动力，总是来自其轴心时代的创造性成果。雅斯贝尔斯所说的"轴心时代"也正是中国的春秋战国时代，在中国出现了老子、孔子、孟子和庄子，在印度出现了释迦牟尼，在希腊出现了苏格拉底、柏拉图、亚里士多德，还有荷马、巴门尼德、赫拉克利特……人类文化史上诸多卓越的人物、经典的理论、非凡的事件，独立而集中地也是不约而同地发生在这个时期。轴心时代辉煌的文化成就，对世界文明的发展产生了如此巨大的影响，以至于我们今天在讨论任何一种当代文化时，都必须回溯至轴心时代。讨论西方文化，我们必得回到古希腊；讨论印度文化，我们必得回到原始佛教；讨论中国文化，我们必得回到老子、孔子、墨子、孟子、庄子……

当我们喟叹轴心期文化的巨大魅力时，我们不得不注意到一个颇有意味的历史事实：那个时代不同地域不同类型的文化，是在完全没有任何交流的情况下，各自独立发生并发展着的。孔子率领自己的弟子四处传道时，他不可能知道喜马拉雅山的另一端有一位四处传教的释迦牟尼；而孔门弟子编纂记录老师言行的《论语》时，他们当然也不可能知道远在爱琴海岸，也有一位为老师编纂《对话录》的柏拉图。那是一个没有任何通信工具或传播媒介的时代，各位卓绝超凡的文化大师，在各自的国土上，创造着各自的文化奇迹。而这些几乎是同时出现的文化奇迹，又各自秉有绝不雷同绝不重复的思想品质和精神特征。

两千多年过去了，人类世界进入了全球化时代，凭借着现代高科技日新月异的成果和手段，不同地域不同种族不同语言之间的文化交流变得日趋便利、迅捷和频繁。在公元 7 世纪，中国的高僧玄奘，还要历经千难万险，费时 17 年到天竺取经；而在 21 世纪的今天，任何一位识文断字并略通电脑的中国人，都可以借助互联网轻而易举地取西天之经。但是，在这个被称为"后轴心时代"的世界，却没有了轴心时代的文化辉煌。全球化时代，再难见到像孔子、老子、释迦牟

---

① [德]雅斯贝尔斯著，柯锦华、范进译：《智慧之路》，北京：中国国际广播出版社，1988 年，第 69 页。

尼、苏格拉底这样的文化巨人，也再难见到像先秦儒道、原始佛教和古希腊哲学这些有着独特地域和民族特色的文化类型。高科技社会在带来文化交流之便利的同时，也正在消解不同文化类型的个性及魅力。这是一个值得我们认真思考和对待的问题。

如果说，轴心时代的中国文化在当时的世界范围内无可争议地占据着领先地位；那么，到了全球化时代，由于西方高科技霸主地位的建立和文化霸权主义的潜行，也由于 20 世纪以来关于中西文化关系的种种认识误区（如全盘西化、文化本位等）并未真正消除，中国文化在今天正遭遇西方化和边缘化的双重危机。我们今天学习中国传统文化，探求中国文化的现代化之路，一个最为迫切的问题，就是要重新审视并深入研究中西文化之关系。

就中西文化关系而言，一个新的认识误区是将中国文化的现代化等同于西化，等同于与西化相关的现代科学技术和现代时尚。在现代科技的强烈冲击之下，无论东方或西方，每一个民族的文化都曾经有一个"传统"与"现代"相互激荡的历史阶段。而且，由于各个民族的文化背景不同，这种激荡的过程与结局也彼此相异。每一个民族的传统都有其特殊的"现代化问题"（如我们在前面所谈到的"西学东渐的历史进程"），每一个民族的现代化也要应对各自不同的传统。因而，现代化并不是在价值取向方面必须完全以西方文化为依归，也就是不能将现代化完全等同于西化。从根本上说，不是阶级意识也不是政治理想而是民族文化才是最经得起时间考验的精神力量。全球化时代中国文化重建的问题，事实上可以归结为中国传统的基本价值与中心观念在现代化的要求之下如何调整与转换，而不是对西化的移植。事实已经证明，任何意义上的"全盘西化"都会因为"水土不服"或"机体排斥"而走向挫折甚至失败。

全球范围内的现代化是从工业化开始的，后来逐步发展为科技化和信息化。但是，从工业化到科技化到信息化，只是现代化在物质文化层面上的历史进程，并不是人类现代化的全部，更不是现代化的实质。美国学者阿历克萨·英格尔斯在《人的现代化》一书中指出："一个国家，只有当它的人民是现代人，它的国民从心理和行为上都转变为现代的人格，它的政治、经济和文化管理机构中的工作人员都获得了某种与现代化发展相适应的现代性，这样的国家才可真正称之为现代化的国家。"①英格尔斯曾对人的现代化问题作了长达二十多年的研究，他反对将现代化等同于物质化，而将人的现代化视为社会现代化的关键。物质的工具的东西本身并不具有现代性，它们既可以为进步、发展、文明服务，也可以为落后、愚昧、腐朽服务。电脑可以用来从事文学艺术和学术文化的创造，也可能用来算命、赌博；因特网可以传播科学、民主和真理，也可以传播谬误、专制和色情。高科技只是一种工具，可以服务于先进文化，也可以服务于落后甚至腐朽文化。

当然，现代人需要现代技术，比如我们大学生，如果不懂得电脑不懂得外语，在求职的时候就会遇到很大的困难。被求职、就业所困扰的大学生们，常常将大部分精力和时间花费在对各种"技"（如外语、计算机、普通话等）的掌握上，而忽略了对"道"（文化、思想、美育、人格）的领悟和修炼。没有远大理想，没有牺牲精神，没有同情心，没有责任感等，已经是对传统文化之人格精华的丢失；而缺乏竞争意识，缺乏对挫折的心理承受能力，缺乏交际和应变能力，过分依赖家长和社会等，又是现代文化之人格贫乏。在这一点上，中国传统文化中的"道本技末"、"重道轻技"是值得我们继承的。

英语"现代化"（Modernization）的词根是 Modern，但中国文化的现代化不等同于以西方文化为价值取向的现代时尚（Modern）。现代社会中人追求现代时尚，从流行音乐到大众传媒，从娱乐方式到饮食嗜好，从起居到交往，从服饰到发型，五花八门、潮起潮落的时尚构成丰富多彩的现代生活。现代时尚从特定角度反映出一个社会的文明程度与现代化水准。"文革"式的全国服饰一片蓝（或黄）、八亿人民八个戏，是反现代反文明的。然而，现代时尚并不等于现代化，它充其量只是现代化的表层，而且是一个浅浅的、易变的表层。在现代时尚令人眼花缭乱的外表下，有时潜藏着一些"非现代"甚至"反现代"的东西，比如媚俗、浮躁、浅薄、单向度等，都是与文化的现代化相悖离的。在这个意义上说，中国传统文化的使命感、责任感、道义感、独立个性、自由精神等，是可以作现代转换的，因而也是中国文化重建所必需的。

---

① ［美］阿历克萨·英格尔斯著，殷陆君编译：《人的现代化——心理·思想·态度·行为》，成都：四川人民出版社，1985 年，第 8 页。

三　周虽旧邦，其命维新

中国文化的现代化是在两个层面进行的：一是在西学东渐历程中正确处理中西文化的关系，二是在由传统向现代的转型中正确处理传统与现代的关系。就后一个问题而论，全球化时代，任何一个国家或民族的文化都不可避免地要遭遇现代与传统的冲突，而这一点在中国文化的现代化进程中表现得尤为突出。

《诗经·大雅·文王》中有两句诗："周虽旧邦，其命维新。""旧邦"代表文化传统，"新命"则指新的文化使命或传统文化的新发展。轴心时代最有代表性的几种文化类型，如古希腊、古罗马、巴比伦、埃及，印度等，有旧邦而无新命，有古而无今；而后轴心时代的文化强国，如美国，如日本，如欧洲的一些国家，有新命而无旧邦，至少是没有像西周那样古老的旧邦。如此看来，也只有中国是亦新亦老，亘古亘今。

悠久而厚重的文化传统，本来是一件好事；但如果不能正确处理传统与现代的关系，则好事有可能变成坏事。20世纪60—70年代的"文化大革命"和80年代的"新全盘西化"论及"彻底重建"论，就是值得认真反省的"坏事"。从1966年5月到1976年10月，中国经历了长达十年的"文化大革命"。这实质上是一场摧残、毁灭文化的非理性运动，是要革"文化"的命。在有着明显政治目的的"批林批孔"、"评法批儒"运动中，以儒家思想为代表的中国文化传统遭到全盘否定。在"造反有理"、"破四旧"（指旧思想、旧文化、旧风俗、旧习惯）、"横扫一切牛鬼蛇神"的口号蛊惑下，学生"停课闹革命"，进行"革命大串联"，到处揪斗教师和所谓"反动学术权威"，查抄毁坏书籍文物，把许多珍贵的文化典籍当作"封、资、修黑货"加以焚烧。"文化大革命"是文化浩劫，是民族灾难，是对文化建设的破坏，而其中一个最大的错误就是对传统文化的全盘否定和野蛮毁灭。

改革开放以来，作为对"文化大革命"的拨乱反正，中国在20世纪80年代迎来了一个持续十余年的"文化热"。[①] 80年代的"文化热"以多维视野反省中国文化，审视世界文化，力图在中西文化融合的前提下，创造社会主义的新文化。

---

① 关于80年代的"文化热"，请参见张岱年、方克立主编：《中国文化概论》，北京：北京师范大学出版社，2004年，第350~354页。

"文化热"支持、赞助了改革开放，促进了文化观念的更新，推动了社会进步，其成效是有目共睹的。然而，"文化热"的各种理论之中，也有偏颇失误之处，最为突出的是"新全盘西化"论和"彻底重建"论：前者宣称"全方位开放"，不加选择地引进西方文化，甚至鼓吹中国要当"三百年殖民地"才有可能走上现代化进程；后者认为中国文化传统在总体上已一无是处，必须以不调和的态度，"根本改变和彻底重建中国文化"，并通过"全力动摇、瓦解、震荡和清除旧传统"，使中国文化得到彻底置换。如果"新全盘西化"论是一种毫无掩饰的民族虚无主义和崇洋媚外意识，那么"彻底重建"论则是一种对中国传统文化不作具体分析的主观主义形而上学观。二者的共同点，就在于未能正确处理好"旧邦"（传统）与"新命"（现代）的关系。

毫无疑问，属于古典形态的中国传统文化需要现代转换，这是文化研究者的学术使命，也是我们今天学习研究中国文化的现实目的。如何实现中国传统文化的现代转换，如何实现全球化时代的文化重建？我们认为有两个要点：一是还原与清理，二是内省与外视。本书从各个方面系统介绍并重新阐释中国传统文化，做的就是"还原与清理"的工作；而本书对中国文化的研究，本着实事求是的态度并选取中西比较的方法，则为"内省与外视"。将这两点综合起来，就是冯友兰所说的"阐旧邦以辅新命"。

早在 20 世纪初，鲁迅就在他的《摩罗诗力说》中提出了"怀古"与"创新"的思路：

> 夫国民发展，功虽有在于怀古，然其怀也，思理朗然，如鉴明镜，时时上征，时时反顾，时时进光明之长途，时时念辉煌之旧有，故其新者日新，而其古亦不死。若不知所以然，漫夸耀以自悦，则长夜之始，即在斯时。

鲁迅的这一思路，对于我们今天处理传统与现代的关系，仍有重要的启迪意义。一个民族所特有的社会心理、行为方式、思维方式、审美情趣等，都是经过长期的历史积淀而形成的，与生俱来地规定并影响着一个人的成长。特别是中国这样的具有几千年文明史的古国，文化传统的制约性更为强大。不管人们是否承认，传统文化始终在制约、影响着现代文化的发展。一个民族的现代文化，只能从本民族的传统文化中"生长"出来，而不可能凭空产生。因此，文化的现代化，不是对传统的全盘否定，而在更大的程度上，是对传统的创造性转化，是传统在现代的再生。基于此认识，我们试从生活方式、行为方式、思维方式和情感方式四个方面，探讨中国传统文化的现代转换问题。

　　传统的生活方式其特征有四：一是消极地依赖自然，听天由命、望天收；二是最低层次的对生存需求的满足，生活就是活着；三是孤立与单一，同样坐北朝南的茅屋，相似的衣着谈吐表情举止，相差无几的一日三餐；四是血缘的家族制的生活关系①。传统生活方式对现代人的影响是复杂的，其中既有可作现代转换的文化资源，如亲近自然、远离物质主义的生活态度有助于现代人的"诗意的栖居"；而更多则是负面影响。传统生活方式在使人获得低层次的安定感的同时，滋长了人的惰性，使人不思进取。它抵制商品经济，使得人们消费水平低，社会交往少，易于造成人际交往中的自卑心理，并孤陋寡闻，反应迟钝。它压抑人性，最终造成保守与专制的政治。文化现代化的一个最为基本的要素就是生活方式的现代化。在一个开放的社会，个人如果只凭天赋的"自然"本领，依赖于家庭或家族，固守着"大锅饭"所规定的单一角色，那么他绝不可能形成现代生活方式，也绝不可能形成现代人的素质与能力。社会化、多样化、独立性与自由度，是现代生活方式的主要内容；市场经济所需要的独立自主的能力，只能产生于对传统生活方式的摆脱之后；反过来，现代的生活方式，有利于个体获得开放、多向、自主、独立的能力。

　　从某种意义上说，中国传统文化是关于"人"的文化，无论是本土的儒学与道学，还是外来的佛学，都是"人学"。儒道释文化之中有丰富深刻的关于人的道德修养和行为方式的思想资源，如佛学的诚信与正直、事功与敬业，道家的率真与超迈、自然与虚静，佛教的淡泊与旷达、渐修与妙悟等，这些对于当今社会的人格重铸都是有借鉴意义的。当然，传统行为方式也有其负面因素。从历史发展来看，传统行为方式大体上经历了原始社会的神秘化阶段、奴隶社会的强制规范化阶段和封建社会的人伦保守化阶段。概括起来说，传统行为方式的负面特征

---

　　①　李秀林、李淮春等主编：《中国现代化之哲学探讨》，北京：人民出版社，1990 年，第 111~113 页。

有四：一是保守，乐天安命，富者守富，贫者安贫，非礼勿视，非礼勿听，非礼勿言，非礼勿动；二是被动，不敢为天下先也不愿为天下先，忍让退避，明哲保身，自己怕出头也反对别人出头，最终形成一种"东方式嫉妒"；三是中庸之道，反对任何意义上的创新和变革，天不变道亦不变；四是慢节奏，"草堂春睡足，窗外日迟迟"，以慢条斯理为"高雅"，以繁文缛节为"严谨"，以"老成持重"为"成熟"；五是单一，天人合一，政伦归一，"普天之下，莫非王土；率土之滨，莫非王臣"，普天下的臣民百姓都奉行单一的行为方式，价值目标单一，手段模式单一，程序结果单一。"文革"期间，全国人民读同一本书（毛著），做同一件事（革命或被革命），其实质是一种典型的传统行为方式。与传统行为方式的负面特征相对，现代意义上的行为方式，其发展历程分为近代转型期的个体离散化阶段和现代商品社会的自由协调化阶段。现代行为方式的特征是：开拓创新、主动、高效率、多样化、个性化、网络型（即富有弹性的开放系统）等。

中国传统文化在思维方式层面，与西方文化有巨大的差异，其特征表现为思维的直觉性和思维的伦理化倾向。直觉思维与理性思维相对，表现为艺术性、审美性、整体性和诗意化；而伦理化倾向则将思维与道德修养密切相连，将致知与修身相统一。这两种特征均有助于人格主体对人生的领悟，有助于人格境界的提高，也有助于现代人的"诗意的栖居"。但传统思维的缺陷也是显而易见的，它的侧重点在人生伦常、政治教化而非科学思辨、逻辑分析，它仅仅用伦理的、政治的标准决定对信息的过滤、组织和加工，从而压制、排斥甚至取代了科学认识。传统思维方式所使用的思维材料是老化或僵化的，思维空间没有全球感和灵活度，思维过程是单维型（即一个逻辑原则，一个评价标准，一个思维线索），最终造成思维的束缚性、封闭性和迟钝性。现代思维方式是诗性与理性的统一，它既要创造性地承续传统思维的诗性特征，同时更要具有科学性和思辨性。现代社会是一个开放的社会，因而现代思维方式的根本性特征应是开放的多元的，诸如系统—网络思维、结构—功能思维、层次—动态思维、模型化思维、信息化思维等，在现代思维方式的开放性结构中，都应有自己的一席之地。

汤显祖说"世间只有情难诉"①，世间也只有情最具恒久之魅力。在中国文化

① （明）汤显祖：《牡丹亭·题辞》。

之现代转型的四种方式之中，唯有"情感方式"是最难言说的。作为中国传统文化之正宗与补充的儒、道两家，其情感理论也是大相径庭的。比如，一方面，孔孟是道德情感观，它主张把同情心、人伦之情等作为伦理的根基，而另一方面又用伦理规范来压抑、导引人的自然情感。老庄则是自然情感观，主张自然情感任其发展，反对伦理规范对人性的压抑。儒道两家的情感论都有着可资借鉴的思想文化资源，比如传统文化中"君子之交淡如水"的朴实无伪的情感表现，完全可以转换成以明快、简洁、真诚为特征的现代人的情感表现。又如，一方面，传统文化的诗性特征，注重在美学、文学、艺术等精神领域寄托并展示丰富的情感，而不是只靠低层次的、单纯的物质手段甚至粗俗的言行来宣泄情感，这一点甚至是传统文化人格优于现代病态人格的地方，可以借彼（古）疗此（今）。另一方面，中国传统文化在人的情感需求上追求平静、稳定、和谐，因而很难适应现代社会中的不确定性、偶然性、风险性和波动性；还有，传统文化在情感体验上的内向式、凝结式和自我束缚式，在情感满足上的压抑、扭曲甚至变态，也是与现代情感方式格格不入的。概言之，现代情感方式的特征主要有：价值性（对精神家园的追求）、健全性（健康人格或自我实现者的人格）、丰富性（情感覆盖的三维空间和情感体验的高峰状态）、多样性（不仅仅是爱情和人伦之情）和平衡性（自我协调能力）。

传统与现代的关系是一个非常复杂的问题，远不是上述四点能够说清楚，甚至远不是一两本书能够说清楚的；传统文化的现代转换更是一个长期的过程，需要几代人的艰苦努力。我们期望这本书的出版发行，以及这门课程的讲授学习，能够对弘扬中国传统文化，对推动中国传统文化的现代化进程，做出一份贡献。

四　关键词研究与中国文化的现代化

旨在增强中华文明传播力影响力，党的二十大报告提出："坚守中华文化立场，提炼展示中华文明的精神标识和文化精髓，加快构建中国话语和中国叙事体系，讲好中国故事、传播好中国声音，展现可信、可爱、可敬的中国形象。加强国际传播能力建设，全面提升国际传播效能，形成同我国综合国力和国际地位相匹配的国际话语权。深化文明交流互鉴，推动中华文化更好走向世界。"中国文化的意义世界流注于时间和空间之际，若要走进它，理解它，发掘并揭示它的现代价值，令它岁久而弥光，便还需要中国文化关键词这把神奇之匙。

所谓"文化关键词"是一种比喻性的说法，指某一种文化中核心的、重要的术语、概念、范畴和命题。德国文化哲学创始人卡西尔早已论证："只有那些以某种方式与意志和行动的焦点相关联的东西，只有那些证明是生命与活动的整个目的的本质的东西……才能受到语言的特别重视，从而获得一个名称。"①换言之，在某一种文化中，唯有与人们对宇宙、社会、人生的思考密切相关，与人们对生存实践的理解频繁发生内在联系的核心因素，才可能得到语言的"加冕"，并最终成为文化的关键词。

就中国文化关键词而论，文化语言学学者周光庆指出："它们是中华民族与其生存空间互动以创造文化的关键性中介符号，是那些建构、组合、表征和传承中华文化基本要素特别是其核心观念和价值系统的基本范畴的特殊语词。"②轴心时代的中华先民以创制"关键词"的方式来昭示他们对天—人、人—人、人—我关系的体悟和理解，如"天"、"道"、"德"、"文"、"仁"、"中"、"和"、"礼"等；后人又常常以自觉返回轴心期"关键词"的方式来赓续、传承、阐扬、新变中国文化，如西汉董学之重释"天人"、魏晋玄学之重释"三玄"、唐代韩柳之重释"道"、宋代程朱之重释"理"、明代王学之重释"心"，等等。可以说，中国文化关键词乃是中国人的名号与实质，是中国人的文化基因和遗传密码，是中国人之所以为中国人的文化依据，是中国文化生生不息、代代相续、有古有今的语义学源泉。它们直抵民族文化—心理的深处，直抵中国人安身立命的根荄，更承载着中华民族的核心价值、人文精神和道德理想。

每一个中国文化关键词都有其从诞生、成长、成熟到更年、再生的生命历程。我们这里且以"元生—衍生—再生"的路径来追寻中国文化关键词的源起、通变和转义，在多重历史语境的交光互摄中去揭示关键词对中国文化的内在传承机制。

（1）元生词根性。从汉语词源学的层面考察，中国文化关键词的"词根"深深

---

① ［德］恩斯特·卡西尔著，于晓等译：《语言与神话》，北京：三联书店，1988年，第64页。

② 周光庆：《中华文化关键词研究刍议》，《汉语词汇认知·文化机制研究》，北京：商务印书馆，2012年，第171～172页。

地扎在先秦元典之中。依据著名历史文化学家冯天瑜《中华元典精神》的相关论述，"中华元典"指的是"五经"以及《论语》、《墨子》、《孟子》、《老子》、《庄子》、《荀子》等先秦子书①。在前面的章节和课程中，我们已经讲过《周易》的"文"与"象"、《论语》的"仁"、《孟子》的"义"、《荀子》的"性"、《老子》的"道"、《庄子》的"言"与"意"、《礼记》的"乐"与"和"，等等。其实这些单音节的词，在其所表述的特定领域之中，是最早的（本源），也是最根本的（本原），故可称为"元关键词"。凡与它们相关的术语、范畴和命题，都以它们为"词根"或者说从它们的根基上生长出来。因此，就其"元生性"而言，元典关键词的元生义既形成轴心期华夏文明的文化根底，又从源头上构成中国文化关键词的词根。

（2）历史坐标性。源起于轴心时代、扎根于先秦元典的中国文化关键词，在之后漫长的演变历程中，以"词根"的方式沉潜，以"坐标"的方式呈现，其衍生义既标举特定时空的文化观念，又接续前世与后代的文化命脉，从而成为不同历史时期的文化坐标。我们以"体"为例。在《诗》《礼》《易》以及《孟》《荀》等元典中，"体"意指身体之总属、主体之认知和与"用"相对的"本"。六朝创"体性"张扬生命风骨，三唐用"体貌"识鉴诗性品质，两宋有"文体"辨析文章种类，而前面所讲清季以降则以"体用"应对中西文化冲突……一代有一代之"体"和之"所体"，不同时代以"体"为词根的关键词标识着特定时代的"体"和"所体"，而其根底却在文化元典的"体"所先在铸成的生命本体、认知本体乃至哲学本体之中。

（3）现代转义性。在世界文化史的范围内考察，作为轴心期诸种文明之一的中国文化，之所以能绵延不绝、传承至今，与中国文化关键词的再生性特质是密不可分的。在今天这个文化多元的全球化时代（或曰新轴心时代），中国文化关键词以词根性固其本，以坐标性续其脉，以再生性创其新，从而在与异域文化对话、交流的过程中获得现代转义。以这本书及这门课程最关注的"文"为例。"文之为德也大矣"，如果说，《易》之"天文""人文"之分、"以文教化"之用以及"文言"之美，已在源头上赋予"文"以多元性和开放性；那么，现代社会仍然频繁使

---

① 冯天瑜：《中华元典精神》，武汉：武汉大学出版社，2006 年，第 1 页。

用的"文明"、"文化"、"文学"、"文章"乃至"文体"、"文辞"等关键词，就先天地秉有广阔的再阐释空间以及在现代语境下转义、通约和再生的巨大潜能。

可以看到，在全球化时代的语境下，正是中国文化关键词的再生性赋予了中国文化以现代转型之机。这种再生性、转义性不仅折射出中国文化现在所面临的传统与现代、东方与西方的冲突、对话、交流及融合，更展示出中国文化亘古不灭的盎然生机，和它极为充沛的应对力、转换力、更新力与传承力。

以"和"这个中国文化关键词为例。"和"在先秦元典中频繁出场，它或者表示音乐之"和"，如"诗言志，歌永言，声依永，律和声，八音克谐，无相夺伦，神人以和"（《尚书·尧典》）；或者标举伦理秩序之"和"，如"礼之用，和为贵"（《论语·学而》），"礼之以和为贵"（《礼记·儒行》）；或者呈现宇宙秩序之"和"，如"道生一，一生二，二生三，三生万物。万物负阴而抱阳，冲气以为和"（《老子·四十二章》）；或者展示精神人格之"和"，如"君子和而不同，小人同而不和"（《论语·子路》）；或者表征天人合一的极致之"和"，如"乾道变化，各正性命。保合太和，乃利贞"（《周易·乾卦·彖传》），等等。多个参照系的转换与组合共同揭示出"和"的取之不尽、用之不竭的深广意涵，同时也允诺了"和"的可以无限扩充、无穷变化的多元潜能。之后，"和"的和谐、调和、协和、圆和、中和等含义逐渐渗透到中国文化的方方面面，"和"因之成为中国文化的根本追求与核心价值，成为中国文化中最具再生力、承续力的"元关键词"之一。太山遍雨，河润千里，当今提倡的"和谐社会"正是对轴心时期华夏文化生命之根的遥远呼应，是对代代相续、一脉相连的中国文化精神的坚守与传承；而"和谐世界"则更是对《尚书·尧典》"协和万邦"思想的创造性阐释，是对"和"在现代语境下的完美转义。从这个意义上讲，"和"这一"元关键词"乃是我们今天获取全球化时代与异域文化平等交流的话语权，提升文化多元格局下中国文化软实力和影响力的枢机之所在。

可以说，文化关键词是开启中国文化现代意义世界的钥匙，是贯通轴心时代与全球化时代华夏文明的密码，是让古老的中国诗性智慧在今日焕乎为盛、郁哉可从的点金棒，是历经多次风雨仍然支撑民族精神不死的文化心灵！因而，要实现中国文化的现代化，或许"关键词"不失为一个很好的切入点。它在那个文明炳耀的遥远时代里奏出温润和煦的无声乐曲，于代代相续的传承中会通而适变，历久而弥新，引领我们去追寻那动人心弦的中国梦！

◎ **思考题：**

1. 哪些因素导致佛教传入和西学东渐对中国本土文化产生了截然相反的影响？明末与清末的西学东渐有何不同？

2. "中体西用"的含义是什么？如何评价这一思想的历史作用？

3. 在全球化时代如何处理中西文化的关系？试结合自身体验谈谈你的见解。

4. 在中国文化现代化的进程中如何处理传统与现代的冲突？

5. 如何理解 20 世纪 30 年代"中国文化本位"论和"全盘西化"论的认识误区？

6. 中国传统的生活方式、行为方式产生了哪些负面影响？

7. 中国传统思维方式与西方现代思维方式有哪些方面的差异？

8. 结合你所熟悉的文学艺术作品谈谈中西情感方式的差异。

9. 试述你对儒、道两家情感论的理解与评价。这两种理论在哪些方面成为了现代中国人表达情感的导师？

10. 选择几个你所熟悉的中国文化关键词，试述它们的源起、演变以及它们在现代语境下的意义，谈谈关键词对中国文化现代化的作用与价值。

◎ **关键词：**

【文化现代化】文化的现代化是整个现代化进程的重要方面。广义的文化现代化包括四个方面：一是物质文化的现代化，主要是生产工具、劳动方式、生产方式、消费工具、消费方式的现代化；二是符号文化的现代化，其基础是知识体系的现代化，当然包括哲学、科学、文学、艺术等的现代化；三是制度文化的现代化，即人际关系模式的现代化，如人际关系的平等化、民主化、市场化、理性化，普遍主义人际关系代替特殊主义人际关系，等等；四是人格的现代化，即人的精神的现代化。中国文化的现代化进程始于晚清，并与整个中国近代社会从传统农业社会走向现代工业社会的转型是相一致的。它最初发生在器物层面，包括"师夷长技以制夷"和洋务运动；戊戌维新运动之后，它推向改造政治经济制度的更深层次；直到"五四"新文化运动，发生了社会心理和思想观念层面的转型。如何处理传统与现代的关系、中外文化的冲突，始终是文化现代化的中心论题，而解答这一问题同样也是中国传统文化现代转型的重要机遇。

【体用】"体"与"用"是中国传统哲学文化中的一对重要范畴。概而言之，"体"指本体，是事物最根本的、内在的、本质的方面；"用"指作用，是事物的外在表现，是从生的、第二性的。体、用二字早就见诸先秦元典，而体用并举则始于《荀子》。魏晋玄学、隋唐佛学和宋明理学对"体用"都有深入的辨析。到了近代，张之洞等人借用"体用"范畴来论述中西文化的关系，提出了"以中学为体，西学为用"的主张，力图建立一种体、用二分的文化类型，这种类型既保留中国传统文化的基本精神及理论要义，同时又引进西方的物质文化，把西方文明的技术知识拿来充当制作器物的技艺原理。谭嗣同则把洋务派的"道体器用"观完全颠倒过来，"器"上升为"体"，"道"转化为"用"。严复也与张之洞发生了体用之争，称"未闻以牛为体、以马为用者也"。孙中山用体用范畴来说明物质和精神的关系问题。近代学者熊十力更以体用范畴作为基本结构，建立起"新唯识论"的哲学体系，并把体用明确地解释为本体和现象。"体用"范畴在中国哲学史、文化史上产生过长期而深远的影响，而它在用于译注西方哲学范畴时也折射出了文化的对话与交流。

【洋务运动】又称自强运动、同治维新、同光新政，是清后期至清末时，以奕䜣、曾国藩、李鸿章、左宗棠、张之洞等人为代表的清廷洋务派官员，抱持"师夷长技以制夷""中体西用"的口号和目的，大力引进西方的机器生产和科学技术，在全国开展的工业运动。该运动自1861年底（咸丰十年）开始，至1895年（光绪二十一年）大致告终，持续了近35年。洋务运动的内容十分庞杂，涉及军事、政治、经济、教育、外交等各个方面，而以"自强"为名兴办新式军事工业并围绕军事工业开办其他企业，建立新式武器装备的陆海军，则是它的主要内容。70年代以后，由于面临经费困难等问题，洋务派开始涉足以"求富"为目的的民用工业，采取官办、官督商办和官商合办等方式，开办各类新式民用工业，"借求富以求强"。在当时的历史条件下，洋务运动内有守旧派的阻碍，外有西方资本主义的钳制，加之洋务派的主观目的是维护清朝统治，而不是把中国引向资本主义，所以洋务运动所取得的成就是相当有限的。但是，洋务运动把西方先进的科学技术和机器生产引入中国，创办了第一批近代工业，并在一定范围内相应地改变了一部分人的思想观念和价值取向，从而起到了促使当时的中国向近代社会嬗变的催化作用，为中国近代化开辟了道路。

【新文化运动】指 1919 年五四运动前后由陈独秀、胡适、鲁迅、李大钊、钱玄同等人发起的一次反对封建文化的思想启蒙运动。1919 年 5 月 4 日前夕，陈独秀在其主编的《新青年》刊载文章，提倡民主与科学，批判传统的中国文化，并传播马克思主义思想；另一方面，以胡适为代表的温和派，则反对马克思主义，支持白话文运动，主张以实用主义代替儒家学说，此即为新文化运动滥觞。新文化运动前期的主要内容即"四提倡，四反对"：提倡民主，反对独裁专制；提倡科学，反对迷信盲从；提倡新道德，反对旧道德；提倡新文学，反对旧文学。它涉及国民性改造、国语运动、文学革命、伦理解放、新文字、新史学等多个方面。新文化运动后期的主要内容则转向宣传俄国十月革命的胜利和传播马克思主义。因而前期的实质是资产阶级民主主义的新文化反对封建旧文化的斗争，后期的实质则是无产阶级领导的新民主主义文化，即以马列主义为指导的新文化。新文化运动可谓是一次前所未有的思想解放和启蒙运动，它动摇了封建思想文化的统治地位，令民主和科学思想得到弘扬，为马克思主义在中国的传播开辟了道路，更对中国文化的现代化进程起到了巨大的作用。

【新民主主义文化】新民主主义文化是无产阶级领导的民族的、科学的、大众的文化。1940 年 1 月 9 日，毛泽东在陕甘宁边区文化协会第一次代表大会上以《新民主主义的政治与新民主主义的文化》为题作演讲，明确提出了"新民主主义文化"这一概念，并把它确定为"民族的、科学的、大众的文化"。由无产阶级领导是新民主主义文化同旧民主主义文化相区别的根本标志。"民族的"，强调文化的民族特性，它反对帝国主义压迫，主张中华民族的尊严、独立和解放，提倡民族自信心，以民族的特有方式走向世界。"科学的"，强调科学的内容与形式，它反对封建思想和迷信思想，主张实事求是，主张客观真理，提倡理论和实践相一致，提倡批判地继承。"大众的"，强调文化的大众方向，主张文化为最广大的人民群众所有，主张文化普及于大众又提高大众，因而这种文化既是大众的，又是民主的。这一新民主主义的文化纲领可以说是对中国文化现代化过程中遇到的传统与现代、中国与外来文化冲突的一次尝试性的解决。

【轴心时代】"轴心时代"是德国哲学家卡尔·雅斯贝尔斯（1883—1969）的著名命题。他在 1949 年出版的《历史的起源与目标》中提出，公元前 800 年至公元前 200 年之间，尤其是公元前 600 年至前 300 年间，是人类文明的"轴心时代"。"轴心时代"发生的地区大概是北纬 30 度，即北纬 25 度至 35 度区间。这段时期是人类文明的重大突破时期。在轴心时代里，各个文明都出现了伟大的精神导师：古希腊有苏格拉底、柏拉图、亚里士多德，以色列有犹太教的先知们，古印度有释迦牟尼，中国有孔子、老子……他们提出的思想原则塑造了不同的文化传统，也一直影响着人类的生活。而且更重要的是，虽然中国、印度、中东和希腊之间有千山万水的阻隔，但它们在轴心时代的文化却有很多相通的地方。在那个时代，古希腊、以色列、中国和印度的古代文化都发生了"终极关怀的觉醒"。换句话说，这几个地方的人们开始用理智的方法、道德的方式来面对这个世界，同时也产生了宗教。它们是对原始文化的超越和突破，而超越和突破的不同类型决定了西方、印度、中国、伊斯兰等不同的文化形态。这些轴心时代所产生的文化一直延续到今天，当我们在全球化时代面临文化的困惑时，总是要回溯到轴心时代，谛听先哲的诗思。

【诗性思维】思维方式指人类观察、思考世界（包括人类自身）的方式，它是人类文化的核心之所在，与人类文化是同步产生的。按照意大利人类学家维柯的说法，全人类的思维方式在史前时代（即原始社会）是相同的，大体上都是以一种诗意性、想象性、直觉性、以己度物和以象喻义的方式来看待并思考这个世界。与文明时代人类需要借助概念、判断、推理的分析性、思辨性、逻辑性思维相区别，维柯将史前社会人类的思维方式称之为"诗性智慧"，他认为这些原始人虽然没有推理的能力却浑身都是旺盛的感受力和生动的想象力。就中国传统文化而言，其思维方式既有着形而上的、思辨的特征，同时也保持了诗性的特征，这种绵延几千年的"诗性智慧"成为中国传统思维方式区别于西方逻辑化、哲学化思维方式的重要特征之一。概而言之，中国传统文化的思维方式主要表现为：以己度物的类比式思维，物我同一、天人合一的整体性思维，以及直寻妙悟的直觉式思维。诗性思维有助于现代人的"诗意的栖居"，但其缺陷也是显而易见的，如缺乏科学思辨、逻辑分析、理性推理。现代思维方式应是开放的、多元的，应寻求诗性与理性的完美统一。

【文化关键词】所谓"文化关键词"，按照英国文化学家雷蒙·威廉斯(1921—1988)的论述，主要有两种相关的意涵：一方面，在某些情境及诠释里，它们是重要且相关的词；另一方面，在某些思想领域，它们是意味深长且有指示性的词；它们的基本用法与了解"文化"、"社会"的方法息息相关。简而言之，"文化关键词"其实是一种比喻性的说法，喻指某一文化中核心的、重要的概念、术语、范畴和命题。它们原本乃是日常语言中的普通语词，但在文化形成、演进、发展和传播的历程中，它们基于自身的内因外缘，逐步上升而成为关键词，并在特定的领域中或特定的条件下发挥重要的认知功能、组织功能、实践功能和转化功能。就中国文化关键词而言，它们是中国文化的基本要素与精髓，是中国文化核心观念和价值系统的建构者与传承者，也是中国人的文化命脉和民族精神的根本依据之所在。因而，掌握了文化关键词，就等于掌握了打开中国文化大门的钥匙。在当今的全球化时代，遵循"元生—衍生—再生"的路径考察中国文化关键词的源起、通变和现代转义，既追寻其在轴心时代的丰富意涵，又追踪其在生生不息的演变历程中的承续，更发掘其在现代语境下的新义，以昭明中国文化的生命活力、核心价值和民族精神，提升中国文化的软实力及影响力，这不仅是科学的可行的，更是必要的。

主要参考书目

1. 梁漱溟：《中国文化要义》，上海：上海人民出版社，2003。

2. 王力主编：《中国古代文化常识图典》，北京：中国言实出版社，2002。

3. 冯天瑜：《中华元典精神》，武汉：武汉大学出版社，2006。

4. 阴法鲁、许树安主编：《中国古代文化史》，1—3 册，北京：北京大学出版社，1989—1991。

5. 张岱年、方克立主编：《中国文化概论》，北京：北京师范大学出版社，2004。

6. 马敏主编：《中国文化教程》，武汉：华中师范大学出版社，2002。

7. 金元浦、谭好哲、陆学明主编：《中国文化概论》，北京：首都师范大学出版社，1999。

8. 谭家健主编：《中国文化史概要》，北京：高等教育出版社，1997。

9. 李建中：《中国文化与文论经典讲演录》，桂林：广西师范大学出版社，2007。

10. 钱玉林、黄丽丽主编：《中华古代文化辞典》，济南：齐鲁书社，1996。

11. 陈久金、杨怡：《中国古代的天文与历法》，北京：商务印书馆，1998。

12. 李根蟠：《中国古代农业》，北京：商务印书馆，1998。

13. 钱宝琮主编：《中国数学史》，北京：科学出版社，1992。

14. 吴文俊主编：《中国数学史大系》，北京：北京师范大学出版社，2000。

15. 乌丙安：《中国民俗学》，沈阳：辽宁大学出版社，1985。

16. 王建：《中国古代避讳史》，贵阳：贵州人民出版社，2003。

17. 赵强主编：《中国民间民俗礼仪大全》，南宁：广西民族出版社，2002。

18. 费成康：《中国家族传统礼仪》（图文本），上海：上海社会科学院出版社，2003。

后　记

　　编撰本书的近因是一年前获"武汉大学通识教育课程建设"项目的立项资助，而远因或者说更深层的原因则是缘于二十多年大学教师生涯的一种感受。在高校任教二十多年，接触过许许多多的青年学生，他们的性情、才气、爱好等或许因人而异，而对中国传统文化缺乏系统而深入的了解则大体相同。这当然不是学生自身的责任，而是他们为适应现行考试制度所付出的代价。上大学以前，过重的负担，单一的目标，使得孩子们无缘亦无暇接触中国传统文化；进大学以后，要应付各种课程，要考英语四、六级，要恋爱或者考研，然后是找工作……如果是学文科，或许还会翻一翻语孟老庄；如果学理工科，则继续与传统文化绝缘。有学生告诉我，他们所阅读过的传统文化典籍，仅限于中学语文教材中的一些篇目。一个用汉语言思维和交流的大学生，对祖国文化缺少基本的知识储备和义理领悟，既谈不上陈寅恪所说的"了解之同情"，更不可能理解冯友兰所说的"旧邦新命"，这对于他们日后做人做事显然是有负面影响的。

　　我的专业领域是中国古代文学理论，在珞珈山也开一些与中国传统文化有关的专业选修课和全校公选课。以自己对在校大学生的了解，我认为学校所设计并实施的通识课程教育是一件大好事，对于拓宽学生的知识基础，提高学生的人文素质以形成和谐健全的人格，有着重要的意义。基于此认识，尽管自己琐事缠身，还是愿意参与其间以尽绵薄之力。

　　本书由李建中设计体例，拟定章节目录。李建中撰写导论和结语，高文强撰写一至三章，孙宗美、闵耀锋、马洁、严平分别撰写四、五、六、七章，最后由李建中和高文强统稿。

　　本书的责任编辑陶佳珞女士做了大量细致而艰苦的工作，在此谨致谢忱。

李建中

甲申（2004）年孟春于东湖名居心远斋

修订版后记

　　《中国文化概论》首次刊行于 2005 年，当时主要用于高校的通识课教学。后来武汉大学文学院将《中国文化概论》定为汉语言文学专业和国际汉语教学专业的必修课程；与此同时，全国不少兄弟院校亦将本书选为不同类别课程的教材，有的大学还将本书用作研究生入学考试的参考书。2013 年，武汉大学将我主讲多年的《中国文化概论》遴选为全校精品通识课程，建设期为十年。近十年来，国内各种类型的研修班或培训班亦邀请我去讲授《中国文化概论》。为了适应新的社会需求，适应更为多元更为长久的教学需要，也为了吸收本领域新的学术成果，我们用了将近一年的时间修订《中国文化概论》。

　　本书的修订由高文强教授主持，修订工作包括两个方面：一是将我正在主持的国家社会科学基金重大攻关项目《中国文化元典关键词研究》的相关理论观点增补进"结语"，这一部分由李立博士后承担；二是对各章内容进行删改和修正，并配上与内容紧密相关的插图若干，然后在每一章后面新增"思考题"和"关键词"，这一部分由各章原撰稿人承担（其中"导论"和"结语"部分由李立承担）。

　　本书的修订得到武汉大学出版传媒集团学术分社胡程立社长的大力支持，责任编辑白绍华亦付出辛勤劳作，武汉大学文艺学专业研究生袁劲、郭帅帅、张萌、张嘉薇、程婷婷、陈舒楠、熊均等同学参与了书稿的校订工作，在此一并致谢！

李建中

癸巳(2013)年冬至于东湖名居心远斋

新 版 后 记

    《中国文化概论》第一版于 2005 年 4 月问世,第二版于 2014 年 2 月刊行。近二十年来,《中国文化概论》被武汉大学和国内多所兄弟院校选作相关课程的指定教材,并荣获中国大学出版社首届图书奖教材一等奖。为适应新时代中国文化概论课程教学的新需求,我们于 2023 年启动新一轮的教材修订。本次修订工作由袁劲承担,在订正全书正文、插图、注释的基础上,增加了党的二十大报告和《在文化传承发展座谈会上的讲话》中有关中华文明、中华优秀传统文化与中国式现代化的新表述。修订工作得到武汉大学本科教育质量建设综合改革项目的资助和责任编辑白绍华的协助,在此谨致谢忱。

李建中

甲辰(2024)年孟春于东湖名居心远斋